Klauspeter Bungert

Dramen, Band 1

Klauspeter Bungert

Dramen

BAND 1

VERLAG 28 EICHEN
BARNSTORF

Bühnen- und Aufführungsrechte
werden wahrgenommen vom
CANTUS Verlag, Batschenhoferstr. 37
73569 Eschach.
www.cantus-verlag.com.

Die Deutsche Bibliothek verzeichnet diese Publikation
in der Deutschen Nationalbibliographie.
Detaillierte bibliographische Daten sind im Internet über
http://dnb.ddb.de abrufbar

ISBN 978-3-940597-83-0

Cover unter Verwendung einer Fotografik der
Trierer „Porta Nigra“ von
Olaf R. Spittel, © 2015.

Inhalt

Die Irrenden

MIA, *63, Schauspielerin*
RICHARD, *61, Kritiker*
ERICH, *Anfang 60, Inhaber einer Druckerei*
HAUSMEISTERIN, *50*
URSULA, *ihre 19jährige Tochter*
PASSANTIN

– I –

Schreibtisch in einem Büro (Vorbühne). Richard und Erich.

ERICH: Ja dieser Ärger immer. Die verletzten Eitelkeiten. Die Kämpfe, die Intrigen. Aber du hast nicht vor, das Kritisieren aufzugeben?

RICHARD: Nicht ganz. Doch wer wollte sich nicht verändern?

ERICH *mit einem flüchtigen Seitenblick*: Wer nicht. Aber hast du was in Aussicht?

RICHARD: Über ungelegte Eier soll man altem Theaterbrauch zufolge schweigen.

ERICH: Ein bißchen mehr ist man schon von dir gewöhnt gewesen, Richard. Kannst du denn davon leben? Hast du genug geklebt, daß du es einfach nicht mehr brauchst?

RICHARD: Wenn du so direkt fragst.

ERICH: Ich frage nicht mehr. Was macht Mia?

RICHARD: Weiß nicht.

ERICH: Du bist Ihr Bruder.

RICHARD: Als Zeitungsmacher weißt du mehr von ihr als ich.

ERICH: Das kann nicht dein Ernst sein.

RICHARD: Doch, mein allerernstester Ernst. Auf Vermutungen bin ich angewiesen. Aber nicht einmal die erlaube ich mir. Wir wissen gegenwärtig voneinander nichts.

ERICH: Wie konntet ihr so auseinandergeraten?

RICHARD: Das erzähl ich dir ein andermal.

ERICH: Das erzählst du mir jetzt, wo ich dich schon einmal hier habe! Ihr seht euch nicht mehr?

RICHARD: Es war bei der Beerdigung meines Vaters, als wir uns das letztemal sahen. Die Beerdigung der Mutter fand dann ohne den Sohn statt. Ich nehme an, daß ich nicht einmal da zur Stelle war, hat Mia mir nie verziehen.

ERICH: Da magst du rechthaben.

RICHARD: Wie kommst du darauf?

ERICH: Wie ich darauf komme? Einfach: ich war auf der Beerdigung. Habe dich sozusagen vertreten, wenn ich das einmal so sagen darf. Du warst damals stark unterwegs.

RICHARD: Konzerte, Konzerte, Konzerte. Berichte für hundert und aberhundert Zeitungen. Der reinste Wanderzirkus. Die Wahrheit war: wir vertrugen uns nicht.

ERICH: Mia und du?

RICHARD: Meine Mutter und Mia, und ich. Ihre dauernden Vorhaltungen von wegen der mißglückte Sohn, der mißglückte Bruder. Das ewige Fragen, was ich mache.

ERICH: Ein starkes Stück.

RICHARD: Ich hätte Mia in dieser Situation nicht allein lassen dürfen. Ich versteh sie.

ERICH: Machen dir jahrelang Vorhaltungen. Du hältst still. Dann endlich der Erfolg. Und die, die dich am meisten bedrängen, können nicht mehr sehen, wie du ihre Vorwürfe einen nach dem andern entkräftest. Das nenne ich eine Ironie des Schicksals.

RICHARD: Das waren noch Zeiten für Journalisten, was, Erich! Aber das ging auch damals nur, wenn du nichts ausließest. Und darum mußte ich damals durch die Weltgeschichte reisen.

ERICH: Ich habe ein Attentat auf dich vor.

RICHARD: Schieß los!

ERICH: Meine Rundschau. Wir suchen jemand, der die Kultur für uns macht. Jemand mit deiner Charakterisierungskunst, deinem Talent. Ein bißchen lesbarer vielleicht, als du beim Tagesblatt schreibst. Ein kleinwenig weniger intelligent. Auch ein etwas anderer Touch, ein kleinwenig freundlicherer Akzent. Für unsere Leser, verstehst, die vielleicht nicht ganz so gebildet sind wie du. *Augenzwinkernd* Auch ein bißchen, weil wir die Unzufriedenheit mit dem bösen alten Kritiker vom Tagesblatt ein wenig auffangen möchten.

RICHARD: Und du meinst..?

ERICH *lacht*: Warum denn nicht!

RICHARD: Weißt du, Erich, ich würde ja gerne einspringen. Alte Kameraden, *augenzwinkernd* verschwägert fast. *Erich nickt lachend.* Aber wie stellst du dir das vor? Soll ich meinen Job beim Tagesblatt schmeißen? Soll ich über jedes Konzert, jede Aufführung, jede Opernpremiere zwei Berichte schreiben, einen wie bisher fürs Tagesblatt und einen, unter falschem Namen, für deine Rundschau?

ERICH: Über Oper schreibst du doch eh nicht mehr, seit der Neue da ist.

RICHARD: Der Neue ist für die Stadt untragbar. Man wird auf meine korrekte Art, meine Charakterisierungskunst, wie du es nennst, zurückkommen.

ERICH: Das glaub ich dir erst, wenn ich es sehe. Einem alten Hasen machst du nichts vor. Für die paar Kritiken, die du noch zu schreiben hast, kannst du dich doch nicht binden.

RICHARD: Ich habe es in der Hand, das jederzeit zu erweitern, Erich.

ERICH: Richard, du wirst, gewandt wie du deinen Stil nun einmal jeder Lage anzupassen weißt, meinem Feuilleton einen derart überraschenden Touch geben, daß keiner auf dich kommt! Und wir in unserm jungen Redaktionsteam werden über deine Identität schon aus Eigeninteresse absolutes Schweigen wahren.
Ich werde dir ein gutes Zeilengeld zahlen.

RICHARD: Über Zeilengeld bin ich lange hinaus! Sogar beim Tagesblatt!

ERICH: Ach, Richard, du schreibst so ein Artikelchen in zwanzig Minuten für mich runter. Was sag ich? In fünfzehn. Schnell wie du bist. Alte Kameraden, verschwägert fast.

RICHARD: Denk an das Rätselraten, denk an den Widerstand, der gegen das Tagesblatt und seinen alten bösen Kritiker starkwerden wird! Nein, Erich, du und deine Wochenzeitung, ihr sitzt noch nicht fest genug im Sattel, und wenn ich beim Tagesblatt gefeuert bin, macht deine Rundschau gerade pleite.

ERICH *räuspert sich*: Waren viele Leute da?

RICHARD: Wie meinst du?

ERICH: Du hast doch unlängst ein Zeugnis gegeben, daß du mehr kannst als diese blöden Kritiken schreiben. Hast du nicht eine Lesung gegeben? Was nochmal hast du gelesen?

RICHARD: Aus meiner Jugend, aus unsrer Jugend.

ERICH: Hieß der Titel nicht „Frühlingsrund“ oder, ich entsinne mich, er lautete: „Frühlingskreis“.

RICHARD: „Kranz“, nicht „Kreis“, und auch nicht „Rund“, Erich.

ERICH: „Frühlingskranz“. Ein geschmackloser Titel, wenig bestsellerverdächtig, findest du nicht?

RICHARD: Titel waren nie meine Stärke.

ERICH: Gedichte, die mir Mia einmal zeigte, hießen …

RICHARD: „Frühlingskranz“.

ERICH: Richard, das hätte ich nicht von dir erwartet.

RICHARD: Warst du da? Kannst du es beurteilen?

ERICH: Ein Zeitungsmensch hat Ohren überall.

RICHARD: Wenn du nicht da warst, wie kannst du es dann wagen …

ERICH *lacht gekünstelt*: Ich werde deinen künftigen Redaktionskollegen ganz schön beschwichtigen müssen, sonst weigert er sich am Ende noch, mit dir zusammenzuarbeiten, Richard. Er sagt, daß ganze sieben Besucher erschienen waren, und ganze zwei seien bis zum Schluß geblieben: er selbst und ein Schauspieler vom Theater. Stimmt das?

RICHARD: Wenn du es doch weißt, warum fragst du dann.

ERICH: Kennst du den Namen Bernd Kloiber? Bernd Kloiber, der dann zum Fernsehn ging und Krimis drehte? Mit ihm hat Mia einen Film gedreht. Aber das mußt du doch wissen. Der Film hieß, er hatte eine Verlängerung, der Film hieß … ich muß meine Jüngste fragen. Ist das reinste Lexikon auf dem Gebiet. Und jetzt probt sie irgendeinen amerikanischen Familienschinken. Hier *holt ein zeitungsartiges Werbeblatt und schlägt es auf*. Was um einen alkoholischen Schwager, Behördengeschichten und Sorgerechte. *Reicht Richard das Blatt, der es aber ungelesen hinlegt* Am Ende das unvermeidliche Happy-End.

RICHARD: Frage deine Jüngste doch!

ERICH: Das Kind ist eben fünfzehn geworden, Richard. In zwei, drei Jahren werde ich sie fragen. Du machst das schon. Du läßt mich nicht im Stich. Die Zeichen stehen gut. Es sind viele Geschäftsleute in der Stadt, die mich unterstützen. Und wie du selber nicht erst seit gestern weißt, sind viele Menschen in dieser Stadt mit uns einer Meinung, daß ein Blatt allein kein Monopol auf das haben darf, was wir zu denken haben.

RICHARD *mit halber Stimme*: Ich brauche Geld.

ERICH *holt ein Einwohnerverzeichnis; liebenswürdig*: Wenn du Mia besuchen möchtest, bestell ihr von mir einen schönen Gruß. Hier ist die Adresse. Für alle Fälle. *Schreibt eine Adresse auf ein Zettelchen und gibt es Richard, der es mechanisch einsteckt. Steht auf, Richard folgt.*

Es täte mir leid, wenn du beim Tagesblatt fliegst. Wenn wahr ist, was ich hörte?

RICHARD: Was hörtest du?

ERICH: Das mit den Chorleitern. Man munkelt von einer Initiative gegen dich.

RICHARD: Ach, die läuft doch schon, seit ich das mache. Ich stehe wie der Fels in der Brandung.

ERICH: Aber es stimmt doch, daß du keine Koryphäe bist. Du hast nicht studiert. Und man möchte dir jetzt nachweisen, Punkt für Punkt, daß du keine Ahnung hast.

RICHARD: Das versucht man doch schon, solange ich das mache, Erich, und immer ohne Erfolg. Das wird auch so bleiben, verlaß dich drauf. Ich brauche 14.000 Euro.

ERICH: Ohne Schein wird niemand groß in der weiten Welt, das solltest du allmählich gelernt haben.

RICHARD: Ohne Scheine vor allem! Du mußt mir etwas vorschießen.

ERICH: Das ist nun einmal so.

RICHARD: Du kennst meine Stärken.

ERICH *klopft ihm auf die Schulter*: Ihretwegen schätze ich dich ja auch so und bitte ich dich, bei uns mitzuarbeiten.

RICHARD: Für Zeilengeld müßte ich dreihundert Jahre arbeiten!

ERICH: Ich gebe dir einen Job, einen soliden Job. An deiner Stelle wäre ich hübsch zufrieden.

RICHARD: Unser Großkritiker Arm-Amatzki schreibt auch nicht für dreißig Cent die Zeile und hat auch den Magister nicht. Was zählt, ist die Ausstrahlung.

ERICH *tupft sich mit einem Taschentuch Schweiß von der Stirn*: Kommst schon fast mit denselben Sprüchen wie Mia.

RICHARD: Muß in der Familie liegen, Erich.

ERICH *gibt ihm die Hand*: Dann war unser Treffen ja leider nicht sehr vielversprechend. Aber vielleicht überlegst du dir's nochmal? Und dann sagst du mir auch, was vorgefallen ist damals. Versprochen?

– II –

Ausgeräumtes Wohnzimmer. Eine vergammelte Matratze, ein Telefon, zwei Koffer und eine Aktentasche bilden das übriggebliebene Inventar. Rechts hinten Eingang und Diele mit (nicht sichtbaren) Türen zu Bad und Küche. Links vorn ein Fenster. Hausmeisterin, Block und Schreibstift in Händen, und Richard.

RICHARD: Ich habe alle Schäden gemeldet.

HAUSMEISTERIN: Davon weiß ich nichts. Aber wenn Sie darauf bestehen, kommt er selbst.

RICHARD: Machen Sie schon!

HAUSMEISTERIN: Wissen Sie, ich weiß nur, was der Hausbesitzer mir anvertraut.

RICHARD: Machen Sie!

HAUSMEISTERIN: Schließlich findet so ein Wohnungswechsel nicht alle Tage statt.

RICHARD: Schweigen Sie!

HAUSMEISTERIN: Ich tue nur meine Pflicht.

RICHARD: Dann tun Sie sie endlich!

HAUSMEISTERIN *zeigt zur Decke*: Was ist das?

RICHARD: Ein Wasserschaden nach dem Brand vor fünfzehn Jahren. Von der Feuerwehr verursacht und ordnungsgemäß gemeldet.

HAUSMEISTERIN *sieht in ihren Unterlagen nach; entdeckt einen Flecken im Fußboden*: Und das? Auch vom Brand? Sie haben unerlaubtermaßen Wäsche in der Wohnung getrocknet.

RICHARD: Das ist eine unverschämte Unterstellung.

HAUSMEISTERIN: Und was bitte soll es sein?

RICHARD: Schauen Sie in den Unterlagen nach!

HAUSMEISTERIN: Das sieht nach Wäsche aus.

RICHARD: Hatte ich je eine Waschmaschine?

HAUSMEISTERIN: Waschen kann man auch mit der Hand.

RICHARD: Ich gehe in den Waschsalon.

HAUSMEISTERIN: Aber woher kommt das?

RICHARD: Der Schaden war bereits bei meinem Einzug vor 22 Jahren dort. Bezeugt und zu Protokoll gegeben am 13ten … Schauen Sie nach. Oder muß ich das Duplikat aus dem Koffer holen?

HAUSMEISTERIN: Sie haben schon gepackt?

RICHARD: Ich werde mit dem Letzten nach Köln fahren. Ich habe dort eine wichtige Besprechung.

HAUSMEISTERIN: Gut gepflegt haben Sie den Stall gerade nicht. *Blickt, die Augen beschirmend, gegen die Sonne in Richtung Fenster.* Da blickt man ja gar nicht durch!

RICHARD *wendet sich plötzlich direkt an sie*: Wenn Sie mir eine Monatsmiete vorstrecken, kann ich vielleicht noch einmal bleiben.

HAUSMEISTERIN: Ich Ihnen Miete vorstrecken?

RICHARD: Ich habe diese Stelle in Aussicht. Bei einer großen Zeitung. Große Sache. In Köln. Morgen. Vorstellungsgespräch.

HAUSMEISTERIN: So! Vorstellungsgespräch!

RICHARD: In einem großen Kölner Hotel.

HAUSMEISTERIN: Immer gleich Hotel. Café täte es auch. Aber bei Ihnen muß es immer gleich Hotel sein.

RICHARD: Das Dorinth-Hotel, gleich neben der Hohen Straße.

HAUSMEISTERIN: Ich soll Ihnen leihen so wie meine Freundin damals?

RICHARD: Ich hatte keine andre Wahl. Es ist alles auch zurückgezahlt.

HAUSMEISTERIN: Ich hätte den Handel vorgeschlagen und meine Freundin zum Anpumpen empfohlen, Ihnen empfohlen! Ich soll Sie als einen grundsoliden Mann bezeichnet haben, ich! Was hat sie für ein Bild von mir bekommen!

RICHARD: Es tut mir leid.

HAUSMEISTERIN: Aber daß Sie in den Laden gehen würden, sie anpumpen, Sie kannten sie gar nicht, waren sich wildfremd!

RICHARD: Ich habe sie angepumpt, und ich habe das Geld zurückgezahlt.

HAUSMEISTERIN: Aber mit 'nem Mercedes vorm Laden vorfahren!

RICHARD: Ich bin eben diesen Mercedes damals gefahren.

HAUSMEISTERIN: Suchen Sie jemand andern!

RICHARD: Dann geben Sie mir wenigstens einen Teil der Kaution.

HAUSMEISTERIN: Die kann Ihnen erst überwiesen werden, wenn das mit den Schäden geklärt ist.

RICHARD: Ernsthaft, ich habe manchmal ... über meine Verhältnisse gelebt ... Aber ich habe meine Grenzen immer wieder erkannt. Nur diesmal ... Die Zeit rennt davon. Die Krise kommt um einen Tag zu früh. Genau um einen Tag. Morgen, in Köln, das Gespräch. Ich werde es schaffen. Es ist fast alles klar. Ich habe den Abschluß in der Tasche. Gewiß, man sollte nichts sagen, wenn man's noch nicht schriftlich hat. Alter Theaterbrauch. Aber in diesem Fall. Und ich verrate Ihnen noch etwas: selbst wenn ich, entgegen aller Erwartung, diese Stellung nicht bekomme, erwartet mich hier ein mindestens ebenso großartiges Angebot. Aber davon darf ich Ihnen nun wirklich nicht reden. Das ist eine geheime Angelegenheit, über die ich mit meinem Geschäftspartner absolutes Schweigen vereinbart habe.

Für einen Monat. Für zwei Monate. Bitte. Ich zahle Ihnen 15 Prozent!

Telefon. Richard hebt ab.

Kannst du in einer Viertelstunde nochmal anrufen? Ich kann nicht zurückrufen. Defekt am Apparat. Ist mir, als ich vorhin ein wichtiges Gespräch führte, runtergefallen. Schusselig, wie ich nun einmal bin. Morgen kommt jemand von der Telefongesellschaft und bringt es in Ordnung. Ein höheres Angebot? Zehn Prozent? Du, ich kann jetzt nicht sprechen. *Legt auf.*

Mit einer verzweifelten Gebärde Das werde ich mir immer vorwerfen. Das ist das einzige, ich hätte es niemals dürfen: Ursula. Aber ich wollte nicht zum Sozialamt gehen. Schließlich bin ich eine stadtbekannte Persönlichkeit.

HAUSMEISTERIN: Wie wollen Sie das vermeiden?

RICHARD: Sie werden es aus der Zeitung erfahren, wie ich das vermeide.

HAUSMEISTERIN: Immer hoch hinaus! Unsereins begnügt sich, wenn er einmal im Leben in der Zeitung steht. Und das noch auf der letzten Seite. Aber Sie? Immer auffallen!

Geht durch die Diele in einen anderen Raum; außerhalb
Wenn Sie etwas Rechtes gearbeitet hätten, wäre das alles nicht gekommen.

RICHARD: Daß ich etwas Rechtes hätte arbeiten sollen, gebe ich im nachhinein allerdings zu.

HAUSMEISTERIN *zeigt sich in der Diele*: Diese blöden Konzerte immer hören und dann diese Aufsätze verzapfen, die keiner versteht. *Verschwindet.*

RICHARD: Abfallcontainer der andern. Eimer für die Müllideen unbegabter Priester der Kunst. Wie eine Putzfrau den Ideenmüll von den Planken wischen. Diese Kritiker. Ein ganz fußmattenmäßiges Dasein. Fußmattendasein. Wenn man immer so brillante Ideen gehabt hätte!
Sie haben völlig recht. Ich bilde mir auch gar nichts mehr auf meine Stellung ein.

HAUSMEISTERIN *außerhalb*: Was sagen Sie?

RICHARD: Ich produziere Ideenmüll.

HAUSMEISTERIN *kommt nach einem letzten prüfenden Blick in Diele und angrenzende Räume zurück*: Sie reden von Ihrem Beruf?

RICHARD: Müllideenbeseitigungscontainer, verstehen Sie, was ich meine?

HAUSMEISTERIN: Ich sagte doch, daß keiner versteht, was Sie meinen.

RICHARD: Das sage ich die ganze Zeit.

HAUSMEISTERIN: Nebenan hat sich eine Schraube aus der Mauer gelöst und den Verputz heruntergerissen.

RICHARD: Ich ließ den neuen Spülkasten von einer Fachfirma auf eigene Kosten vor sechzehn Jahren anbringen. Die Wand war morsch. An der Morschheit der häuslichen Verhältnisse kann ich nichts ändern.

HAUSMEISTERIN: Ich muß es melden. *Notiert etwas.*

RICHARD: Dabei hat die Kleine mich liebgehabt.

HAUSMEISTERIN: Ach, Herr Schneider, gutmütig wie die Ursel ist. „Spatz“, hab ich zu ihr gesagt, „Onkel Schneider hat’s nicht behalten wollen. Er hätte es dir zurückgegeben, wenn du’s ihm gegeben hättest.“ Die Kleine hat’s angehört, und damit war der Fall erledigt.

RICHARD: Das haben Sie gut gemacht, gute Frau. Danke.

HAUSMEISTERIN *tippt ihm auf die Schulter, läßt ihn los, lacht*: Sehen Sie, es gibt noch gute Menschen auf der Welt.
Übergibt ihm Protokoll und Schreibstift. Richard liest während des Folgenden mechanisch und unterschreibt.

HAUSMEISTERIN: Hat Ihr Freund die Bürgschaft nie zurückgezahlt?

RICHARD *sieht sie freundlich von unten an*: Das ist es doch gerade, gute Frau.

HAUSMEISTERIN *nimmt Notizblock und Schreibzeug entgegen*: Für seine Dummheiten muß man gradestehn. Den Schaden im Bad müssen Sie bezahlen. Das geht von der Kaution ab. Den Rest wird der Hausbesitzer überweisen. Die alte Kontonummer stimmt doch noch? Und sparen Sie sich ein bißchen gute Laune auf. Die Ursel möchte sich noch verabschieden kommen.

Und jetzt wünsch ich Ihnen in Ihrer neuen Wohnung alles Gute, Herr Schneider. Tut mir leid, daß Sie hier nicht bleiben konnten.

Gibt ihm die Hand und geht ab.

Telefon.

RICHARD *hebt hastig ab*: Ach du, Erich. Hatte ein aufregendes … aufbauendes Gespräch, Erich. Zwanzig? Zwanzig Cent mehr pro Zeile? Dafür müßte ich dreihundert Jahre arbeiten. Und außerdem, Erich: ich habe das nicht nötig. Von den paar Cents, die du mir anbietest, kann ich mir nicht mal ’ne ordentliche Bratwurst kaufen.

Geräusch im Hintergrund: Ursula steht in der Tür.

RICHARD *in gleicher Blickrichtung wie Ursula dastehend; legt auf*: Sie sind es?

Ursula hält ihm, von hinten auf ihn zugehend, die Augen zu. Sie läßt die Hände an seiner Brust heruntergleiten.

RICHARD: Die Kupplerin hat Sie reingelassen?

URSULA: Meine Mutter. Sie sind unverschämt!

Läßt ihn los, er dreht sich zu ihr um.

Wenn Sie so von mir denken, werde ich gehen. Es gibt andere Leute, die es besser zu schätzen wissen.

RICHARD *streichelt ihr über die Hand*: Selbstverständlich freut es mich, daß Sie mich besuchen, Ursula.

URSULA *zieht ihre Hand weg und weicht, die Arme hochhaltend, zurück*: Ich werde gehen, zu Menschen, die es höher schätzen.

RICHARD: Ach bitte nicht doch, Ursula. Sei nicht so.

URSULA: Habe ich Ihnen erlaubt, mich zu duzen?

RICHARD: Ich bitte Sie auf Knien um Vergebung.

URSULA: Eigentlich müßte ich Sie auf der Stelle verlassen. Was bilden Sie sich ein. Sind wir befreundet? Sind wir verwandt?

RICHARD: Beschämen Sie mich nicht!

URSULA: Das haben Sie sich selbst zuzuschreiben. Mich und meine Familie so zu beleidigen!

RICHARD: Ach, Urselchen, laß das Spiel!

URSULA: Sie meinen, weil’s heute zum letzten Mal ist, *streicht ihm ruppig mit beiden Händen durchs Gesicht* Mister Schneider?

RICHARD: Eine Monatsmiete oder zwei, Urselchen, und ich bin aus dem Schneider.

URSULA: Sie kommen nie aus dem Schneider. Nicht als Schneider und nicht als Mister Schneider.

RICHARD: Richard Schneider macht dem Namen Schneider alle Ehre.

URSULA: Ursula und das arme Schneiderlein.

RICHARD: Ursula und der alte Rezensent.

URSULA: Ursula und der **bankrotte** Rezensent.

RICHARD: Habe nichts mehr zu sagen. Hatte nie etwas zu sagen. Ein Rezensent, der nichts zu sagen hat, ist ein geistiger Bankrotteur. Alle Rezensenten sind Bankrotteure. Dir hab ich immerhin Konkursmasse abgegeben.

URSULA: Kostbare Konkursmasse.

RICHARD: Masse aus einem bankrotten Geist.

URSULA: Dem allerneuesten Geist: Bankrottgeist!

RICHARD: Zeitgeist.

URSULA: Und nach dem Zeitgeist kommt, na was schon, Onkelchen?

RICHARD: Nach dem Zeitgeist kommt … die Geistzeit.

URSULA: Wirst du uns als Gespenst erhalten bleiben, Onkel Schneider?

RICHARD: Nachtgespenster werden die Toten. Wer weiß, vielleicht bin ich eine Ausnahme und werde schon lebendig zum Gespenst?

URSULA: Ich stelle fest, Sie sind nicht besonders flüssig, Herr Schneider.

RICHARD: Ich habe noch ein paar Euro für die Rückfahrkarte nach Köln im Portemonnaie.

URSULA: Was haben Sie in Köln verloren?

RICHARD: Weißt du, ich soll … vorsprechen.

URSULA: In Ihrem Alter? Herr Schneider, niemals!

RICHARD: In Köln. Kannst du mir wirklich nicht ein, zwei Mieten vorstrecken?

URSULA: Möchten Sie, daß das Urselchen sein kleines Sparbuch für Sie räubert? Onkel, Onkel!

RICHARD: Ich weiß, ich weiß. Aber das war die schlimme Geschichte mit jenem Menschen, den ich für einen Freund hielt. Der sich unentwegt verschuldete und es mich nicht hat wissen lassen. Bis ich eines schönen Oktobertages in Bürgschaft treten mußte.

URSULA *küßt ihn auf die Stirn*: Noch ein Versuch, Herr Schneider, und ich werde Sie mit Abwesenheit bestrafen.

RICHARD *heißblütig*: Liebe Ursula, bleiben Sie!

URSULA *zieht sich gelassen bis auf Strümpfe und Unterwäsche aus*: Ich verlange, daß die blonde Frau wieder kommt. Als sie noch kam, ging's Ihnen besser. Nicht wahr, Onkelchen?
RICHARD: Anfangs.
URSULA: Dann nicht mehr?
RICHARD: Sie war überheblich. Sie hatte keine Achtung vor meiner Arbeit.
URSULA: Geld regiert die Welt.
RICHARD: Sie schrieb mir gestern. Sie schreibt zu jeder Gelegenheit. Zum Geburtstag, zum Jahrestag unsrer ersten Nacht, zum Jahrestag unsrer Trennung und jetzt, zum Anlaß meines Auszugs. Sie möchte, das merk ich, doch ich will nicht mehr.
URSULA *betatscht ihn*: Sie können auch keine Niederlagen wegstecken, Herr Schneider.
RICHARD: Sie geht soweit, daß sie mir schreibt, wenn ihr eine Antwort einfällt auf eine Frage, die ich ihr gestellt haben soll. Erinner mich bloß nie an Fragen.
URSULA: Sie sind ein ausgewachsener Trottel, daß Sie diese Post nicht zurückgehen lassen.
RICHARD: Zuviel der Mühe, Ursula. Ich mache diese Post einfach nicht auf.
URSULA: Was hat die Blonde in ihrem Brief geschrieben? Heraus mit der Sprache!
RICHARD: Ich weiß es nicht.
URSULA: Über welche Frage spitzfindelte sie?
RICHARD: Ich weiß es nicht.
URSULA: Herzeigen!
RICHARD: Ich weiß nicht, wo ich ihn habe.
URSULA: Suchen Sie ihn heraus! Sie werden ihn jetzt vorlesen und dann mit mir gemeinsam zu ihr gehn und sie bei ihr zu Hause anpumpen!
RICHARD: Was machen Sie da?
URSULA: Ich entblöße mich. Darf ich mich nicht entblößen? Aber ich mache nur weiter, wenn Sie mir den Brief zeigen! Avanti! Avanti!

Pause. Dann macht Richard einen der Koffer auf und fängt an, die Kleidungsstücke, die er enthält, auszuräumen und nebeneinander auf den Boden zu stapeln. Ein ganzer Berg liegt mittlerweile da.

Telefon. Richard hebt fahrig ab.

RICHARD: ... Ich habe Ihrem Kollegen das längst gestanden. Ich habe mich dafür in aller Form entschuldigt. Er hat die Entschuldigung angenommen, Sie ... Intrigenbastler! Hören Sie, ich erkenne Sie nicht. Nennen Sie Ihren Namen! Ich erkenne niemand. Ich lehne das Persönlicherkennen ab. Sie sehen daran, daß ich es nicht persönlich meine. Wo ich doch niemanden erkenne. Wenn das Tagesblatt meinen Widerruf nicht abdruckt ... Ich darf auflegen.

Legt auf. Ursula blickt forsch. Richard schluckt.

RICHARD: Verderben mir die schönste Stimmung. Intrigenbastler! Diebe!

URSULA: Wenn Sie möchten, daß ich bleibe, müssen Sie auf der Stelle mit dem Gezeter aufhören, Herr Schneider!

Richard blickt sie an.

URSULA *spielt mit den Bändern ihres Büstenhalters*: Wieviel bin ich Ihnen wert?

RICHARD: Was du verlangst.

URSULA: Beweise es!

RICHARD: Wieviel?

URSULA: Das muß ich mir noch überlegen.

RICHARD: Du brauchst dich nicht genieren.

URSULA: Was fällt Ihnen ein! Ich bin kein Teppich, den man kaufen kann! Ich bin kein Spielzeug! Wer hat Ihnen erlaubt, so mit mir zu reden! *Fängt an, sich wieder anzukleiden; Richard hindert sie, indem er sie fest umschlingt.*

Ich schreie! Ich rufe die Polizei!

Er gibt nicht nach, sie läuft weg.

Mamma!

RICHARD: Bitte, spielen Sie nicht so mit mir!

URSULA: Ich spiele mit Ihnen, solange es mir paßt!

RICHARD: Ursel, Sie sind doch das einzige, was ich habe auf der Welt.

URSULA: Dann benehmen Sie sich auch entsprechend!

RICHARD: Ich tu auch schon keinen Mucks mehr.

URSULA *nach einer Pause; vielsagend*: Alles!

RICHARD: Meine gesammelten Arbeiten.

URSULA: Die Kritiken.

RICHARD: Sie sind schlimm! *Nimmt sein Portemonnaie.*

URSULA: Sie dürfen mir auch ein wenig Geld überlassen. Die Kritiken werde ich ein ander Mal verlangen, wenn Ihnen das lieber ist.

RICHARD: Wählen Sie!

URSULA *nimmt ihm das Portemonnaie für einen Augenblick aus der Hand*: Das Geld für die Rückfahrkarte.

RICHARD: Dann bleibt gerade noch die Kaution.

Ursula faßt sich in den Slip, läßt ihn hineinschauen, lacht.

RICHARD: Du bist ein verflixt hübsches Ding verdammt!

Macht eine Bewegung auf sie zu. Ursula weicht augenzwinkernd aus und fängt zügig zum zweiten Mal an, sich anzukleiden. Richard entleert hastig sein Portemonnaie und gibt Ursula das Geld. Sie läßt die Banknoten neckisch durch die Finger gleiten, die Münzen gibt sie zurück. Richard wirft sich über sie, sie weicht lachend aus. Jetzt erwischt er sie. Die beiden fallen über die Koffer auf die Matratze. Ursula streckt wie eine Ertrinkende die Arme in die Höhe.

RICHARD: Rom sehen und dann sterben!

– III –

Oberes Stockwerk in einer Brandruine (Vorbühne). Durch eine zerstörte Balkontür, an der noch einige Glasscherben haften, dringt der Widerschein einer Großstadtstraße herauf. Es ist an einem frostigen Abend. Am Schauplatz ist es nahezu dunkel. Schwache Konturen einer nicht mehr verschließbaren Innentür sowie einer kastenartigen Sitzgelegenheit – Richards Koffer – heben sich undeutlich ab.

Eine Gestalt tritt jetzt hastig an die angelehnte Balkontür und reißt sie auf. Steht unbewegt da.

Die Tür ins Haus knarrt. Knarrt noch einmal.

Eine zweite Gestalt tritt ein. Sie sieht den wie angewurzelt Dastehenden, geht auf ihn zu und berührt ihn an der Schulter. Er zuckt zusammen, ohne sich aber herumzudrehen.

RICHARD: Wer sind Sie?

PASSANTIN: Ich kam eben mal vorbei.

RICHARD: Sie haben sich im Appartement geirrt.

PASSANTIN: Du hast mich erwartet.

RICHARD: Sie wolln mich bekehren?

PASSANTIN: Wenn ich es könnte … für einen Tag?

Er wendet sich vorübergehend.

RICHARD: Mir wird übel.

PASSANTIN: Was willst du hier?

RICHARD: Was will ich?

PASSANTIN: In der Ruine.

RICHARD: Was man in einer Brandruine halt so will.

PASSANTIN: Du mußt es sagen.

RICHARD: Es geht mir glänzend, geben Sie sich keine Mühe!

PASSANTIN: Ich heiße Rita, ich bin Dozentin, ich bin an deiner Bekanntschaft interessiert. Und du?

RICHARD: Was?

PASSANTIN: Dein Name.

RICHARD: Richard.

PASSANTIN: Wie noch?

RICHARD: Nehmen Sie Ihre Hand weg!

PASSANTIN *tut es*: Dann kann ich gleich wieder gehn.

RICHARD: An Ihnen ist eine Zirkusnudel verlorengegangen.

PASSANTIN: Schade, daß die Menschen so mißtrauisch sind. Was lernen und lehren wir nicht alles und rücken unsern Mitmenschen nicht das näher *schnappt mit den Fingern*. Wir leben einsam und wir sterben einsam. Da versagt selbst Psychologie.

RICHARD: Man sucht, findet nicht, gibt auf. Sucht wieder, hält inne, sucht neu. Plötzlich stehst du vor einem leeren Haus und eine Minute später stehst du mittendrin. Sind Sie Psychologin?

PASSANTIN: Was hat man dir getan?

RICHARD: Therapeutin?

PASSANTIN: Sag …

RICHARD: Schule?

PASSANTIN: …was hat man dir getan?

RICHARD: Taten, Gespräche, einerlei.

PASSANTIN: Worauf wartest du?

RICHARD: Schlaue Fragen nach alten Hüten.

PASSANTIN: Daß jemand dich zurückhält?

RICHARD: Erhebungen.

PASSANTIN: Du hast soviel vor dir.

RICHARD: Überflüssig.

PASSANTIN: Bei deiner Gesundheit.

RICHARD: Schade, daß sich nicht mehr daraus machen ließ.

PASSANTIN: Etwas wird sich schon finden. Etwas findet sich immer, Moritz.

RICHARD: Institut für psychosoziale Störungen?

PASSANTIN: Du mußt zufrieden sein können.

RICHARD: Die Liebe, das Leben und der Tod.

Passantin steht seitlich vor ihm.

RICHARD: Sie kommen sich verdammt wichtig vor. Was bringt Sie dazu, einem armen verlorenen Menschen nachzuspionieren? Ich trinke nicht!

PASSANTIN: Ich bin dir wegen deiner Augen gefolgt.

Richard lacht.

RICHARD: Wie wolln Sie die sehn!

PASSANTIN: Solange du es nicht glaubst, wirst du nicht wissen, daß du schöne melierte Augen hast.

RICHARD: Bis vorhin hatte ich noch braune Augen. Steht sogar im Ausweis: Augenfarbe braun.

Passantin fixiert ihn.

PASSANTIN: Erkennst du mich nicht mehr? Sieh genauer hin! Nein? Die Clique, es ist ein paar Jährchen her. Wir haben oft miteinander gespielt, Moritz! Ihr hattet eine Anführerin, es war die älteste von den Kindern. Erkennst du eure Rita nicht? Wir könnten jene Verbindung auffrischen.

RICHARD: Sie verwechseln mich.

PASSANTIN *nähert sich ihm ziemlich dicht*: Wo bist du gelandet – Moritz!

RICHARD *stößt sie zurück*: Moritz, Moritz! Ich bin nicht Moritz!

PASSANTIN: Das Apartment könnte ein bißchen komfortabler sein, findest du doch auch. *Legt ihm die Hand auf den Arm.*

Das sind fünf Stockwerke! Das überlebst du nicht!

RICHARD: Fassen Sie mich nicht an! Sie solln mich loslassen! Suchen Sie sich ein anderes Objekt!

Passantin nimmt auf den Koffern Platz und streckt ihm die Hand entgegen.

PASSANTIN: Ich bin Dozentin. Dozentin für Psychologie. Aber ich möchte kein ... Objekt. Meine Interessen sind ... persönlicher Natur.

Es vergeht eine Weile, bis Richard zögernd ihrer Aufforderung folgt und sich im Abstand neben sie setzt. Sie rückt näher und berührt ihn an der Schulter.

Du könntest mit mir kommen, ich könnt dir Logis geben, ich leb ganz allein.

RICHARD: Gibt es nur Könnte, Würde, Dürfte in eurer Welt? Eigentlich ziemlich schwach! Leihen Sie mir lieber 14.000 Euro!

PASSANTIN: Du mußt verstehen.

RICHARD: Wenn Sie's nötig brauchen, müssen Sie schon ein wenig in die Taschen greifen!

PASSANTIN *läßt ihn los*: Hier ist kein Bordell! *Berührt ihn erneut.*

RICHARD: Ich kann nicht.

PASSANTIN: Was?

RICHARD: Mit Ihnen kommen.

PASSANTIN *steht auf*: Das ist schade.

RICHARD *faßt sie am Ärmel*: Sie müssen mich dabehalten! Als Gegenwert! Wo ich Sie doch nicht anziehend finde. Sicher wohnen Sie hübsch und haben es wärmer als in diesem verflixten Freiluftzirkus.

PASSANTIN: Wir werden sehen.

RICHARD: Natürlich. Es ist immer das, daß man sich irgendwo dranhängt, aber nirgendwo einen Anfang macht. Jeder Tag fängt mit Aufwachen an und endet mit Schlaf mal da und mal da.

PASSANTIN: Ich bin keine Rumtreiberin!

RICHARD: Damit muß man leben, wenn man sich an solchen Plätzen aufhält, gute Frau.

Er leuchtet mit einer Taschenlampe auf seine Aktentasche und die Koffer.

Im Sommer hielte man das noch aus. Aber jetzt? Wissen Sie, irgendwelche Leute haben mir … nichts gewollt. Ich bin etwas knapp bei Kasse. Gerade die Kaution meiner aufgelösten Wohnung.

PASSANTIN: Du trägst so ein Schild auf der Brust.

RICHARD: Bis jetzt noch nicht.

PASSANTIN: Ich habe dir nichts gegeben.

RICHARD: Wer gibt einem was?

PASSANTIN: Du bist so sympathisch.

RICHARD: Das hat mir dieses nette Aas, dieses Urselchen, immer gesagt je nachdem, wie sie drauf war. Apropos, Sie haben schöne Möbel? Ich hatte nie schöne Möbel. Einen Ohrensessel zum Beispiel?

PASSANTIN: Ich habe nur einen Drehstuhl und einen Schaukelstuhl. Dafür aber dicke Teppiche.

RICHARD: Badewanne?

PASSANTIN: Dusche.

RICHARD: Fernseher?

PASSANTIN: Auch.

RICHARD: Dann gehen Sie vor!

Drängelt. Sie *wehrt sich. Ein kleines Handgemenge entsteht. Richard leuchtet ihr mit der Taschenlampe ins Gesicht. Sie ergreift seine Hand und richtet die Lampe auf ihn.*

PASSANTIN *weicht einen Schritt zurück*: Herr Richard Schneider.

RICHARD: Frau Dr. Rita Lambing.

PASSANTIN: Wie kommen Sie hierher?

RICHARD: Wie kommen Sie hierher!

PASSANTIN: Ich dachte … Ja dann sind Sie nicht der junge Mann, den ich hier zu treffen hoffte?

RICHARD: Nein, der Melierte bin ich nicht.

PASSANTIN: Dann entschuldigen Sie. Und, bitte, wir haben uns nicht gesehen.

Sie hastet stolpernd in die Nacht.

RICHARD *lacht ihr hinterher*: Frau Dr. Rita Lambing.

*

– IV –

Zweigeteilte Bühne. Vorn ein Streifen freien Platzes (Vorbühne). Dahinter Mias Wohnung. Durch eine Seitentür erkennt man Einrichtungsgegenstände einer kleinen Küche. Zwei weitere Türen führen in Hausflur beziehungsweise Bad.

Mia sitzt an einem Tisch auf einem Sofa, vor sich ein Textheft, daneben eine Tasse Kaffee. Es ist vorgerückter Abend.

Während der ersten Sätze, die sie spricht, kommen im leisen Gespräch Passantin und Erich auf die, leicht abgedunkelte, Vorbühne.

MIA *ab und zu während des Aufsagens in das Textheft blickend*: Meine Schwester ist verunglückt. Sie hinterläßt zwei kleine Söhne und einen Mann, der trinkt. Ich muß für die Neffen sorgen. Bitte geben Sie mir eine ... bitte gebt mir eine kleine Spende.

Eine Gabe, wenn's gefällig ist. Meine Schwester ist gestorben. Ich muß für die Neffen sorgen. Der Kummer hat meine Schwester getötet. Der Mann, der ein Trinker ist.

Sie schlürft an der Tasse.

Meine Schwester ist verunglückt. Sie hinterläßt zwei Söhne und einen Mann, der trinkt. Bitte geben ... gebt, gebt mir eine kleine Spende, ich muß für die Neffen sorgen. Der Kummer hat meine Schwester getötet. Eine Gabe, wenn es gefällig ist. Eine kleine Gabe.

Sie legt das Heft mit der bedruckten Seite nach unten auf den Tisch und trinkt aus. Sie steht auf, um die Tasse in die Küche zu bringen, da läutet es an der Haustür. Sie tritt ans Fenster und sieht hinaus. Sie bedient den Türdrücker. Sie hält die Korridortür einige Zentimeter geöffnet.

PASSANTIN: Und dann hat Richard Schneider tatsächlich seine Schwester aufgesucht?

ERICH: Irgendeine innere Stimme hatte mir gesagt, daß ich ihm die Adresse geben sollte.

PASSANTIN: Ich hatte ihn zufällig an einem Ort gesehen, der seiner gesellschaftlichen Stellung nicht gerade entsprach. Was mich mit höchster Sorge erfüllte.

MIA *löst die Kette*: Richard?

RICHARD *in einem ungepflegten Zustand; auf der Schwelle verharrend*: Mia?

MIA: Richard! Wir haben uns lange nicht gesehen.

RICHARD: Sehr lange. Aber bist du wirklich Mia?

MIA: Mia. Keine andre.

RICHARD: Mia. Daß ich das erlebe! Mein Gott!

MIA: Warum sollst du das nicht erleben?

RICHARD: Darf ich eintreten?

Er tritt ein und sieht sich um.

Deine Wohnung?

MIA *schließt die Tür*: Meine Wohnung.

RICHARD: Schick, sehr schick. Deine Möbel?

MIA: Meine eigenen.

RICHARD: Gratuliere! Du warst das ewige Möbliertwohnen satt?

MIA: Wo lebst du! Daß ich möbliert wohne, ist ewig her.

RICHARD: Wenn ich dein erstes Zimmer vor mir sehe. Keine Dusche, nichts. Und jetzt, wie groß das alles, nichts Erdrückendes. Wieviele Zimmer hast du?

MIA: Dieses, eine kleine Küche, Bad und einen Raum, wo ich schlafe.

RICHARD *sieht sich um*: Ich habe lange gebraucht, bis ich dich fand. Ich habe alle Telefonbücher durchgeblättert, die ich auftreiben konnte. In einem älteren fand ich dich, du wohntest nicht mehr dort. Dann hörte ich beiläufig, daß du hier wohnst.

ERICH: Beiläufig ist gut. Ich hatte ihm die Adresse aus dem Einwohnerbuch herausgeschrieben.

MIA: Du hättest beim Einwohnermeldeamt nachfragen können, du hättest mich schnell gefunden.

RICHARD: Ich wußte nicht, daß du noch hier lebst.

MIA: Du hättest am Theater nachfragen können.

RICHARD: Ich wußte nicht, daß du am Theater bist.

MIA: Nicht aus der Zeitung?

RICHARD: Ich beziehe keine Zeitung.

MIA: Richard! Du arbeitest für die Zeitung!

RICHARD: Woher weißt du?

MIA: Ich denke es …
Aber du schreibst doch noch?

PASSANTIN: Glauben Sie wirklich, daß Richard von seiner Schwester nichts wußte?

ERICH: Das behauptete er. Aber was schwindeln wir Menschen uns nicht zusammen! Das wissen Sie als Psychologin so gut wie ich als jemand, der im Zeitungswesen tätig war.
Passantin lacht künstlich.

RICHARD *nimmt eine Fotografie von der Wand*: Weißt du, ich kann das undankbare Geschäft nicht mehr machen. Es geht an die Nerven. Ist man so wichtig, wie man sich einmal fühlte als frischer, idealistischer Anfänger? Das gehört alles einer langvergangenen Zeit an.
Also du lebst hier. Lebst du gut?

MIA: Man kann es sagen.

RICHARD: Kriegst du ordentlich Gage?
Mia preßt die Lippen aufeinander und schweigt.

ERICH: Diese Frage hörte Mia nicht gern. Er hatte schon mich um eine namhafte Summe angebettelt. Aber ich hatte mich taub gestellt. Ich bitte Sie: 14.000 Euro!

PASSANTIN: Er sprach davon, ich solle ihm eine Summe, dieselbe Summe, 14.000 Euro, geben. Etwas viel verlangt, in der Tat.

RICHARD: Ja als so prominente Person, die eine Geheimnummer hat und in keinem Telefonbuch mehr steht!

MIA: Das war wegen der vielen Anrufer. Eine Zeitlang war ich vor Belästigern und Verehrern nicht mehr sicher. Aber eigentlich bin ich aus dem Schlimmsten jetzt raus.

RICHARD: So geht das. Um die fünfzig kann man sich vor Angeboten nicht mehr retten, mit sechzig zieht man sich zurück und mit 75 ist man vergessen.

MIA: Die Zahl ist hoch gegriffen.

RICHARD: Wir machen alle sehr lang in unserer Familie.

MIA: Und Vater?

RICHARD: Vater war eine Ausnahme. Schweigen wir davon.

MIA: Es war bei seiner Beerdigung, daß wir uns das letztemal sahen. Er hatte eine letzte Zurücksetzung nicht verkraftet. Er vertrug solche Zurücksetzungen nicht. Bei der Beerdigung von Mutter fehltest du dann. Ein paar Nachbarn folgten dem Sarg. Und ein alter Freund. Es war ein trostloser Zug.

Richard sieht mit einem leichten Lächeln zu ihr rüber.

ERICH: Warum nennt sie meinen Namen nicht? Aber sie weiß nicht, daß ich ihm sagte, daß ich es war, der dem Trauerzug folgte.

PASSANTIN: Sie waren mit der Familie gut bekannt?

ERICH: Meine erste Liebe. Ich lernte sie über Richard kennen. Richard ging mit mir in dieselbe Klasse.

RICHARD *hängt das Foto zurück*: Ich hatte für hundert Zeitungen zu berichten.

MIA: Du hast dich auch vor jenem Festspielsommer nicht nach Mutter erkundigt. Du hast dich nicht um Mutter gekümmert.

RICHARD: Wir vertrugen uns nicht.

ERICH: Aber recht besehen vertrugen Mia und Richard sich auch nicht.

MIA: Ich wollte sie zu mir nehmen. Sie lehnte ab. Ich hätte es auch beruflich nicht gepackt. Wenig später starb sie: Nierenversagen. Was folgte, lastete auf mir. Du warst unterwegs. Ich mußte mich um alles kümmern. An mir blieb es hängen: Familie, Mutter, Grab.

Pantomime: Richard spricht zu Mia.

ERICH: Jetzt erklärte er ihr, wie berechtigt es doch war, seine Familie dem Beruf zu opfern. „Weißt du", sagte er und verwendete ein Zitat, das ich ihm bei unserm Gespräch gesagt hatte … „Weißt du", sagte er, „ich lese in Abständen immer wieder meine Kritiken durch, und ich finde, ihre fantastische Lesbarkeit, ihre exakte Charakterisierungskunst … Aber ich habe keine Beziehungen. Es liegt in der Familie. Wie bei Vater. Wie alt war er noch? Anfang 60. Wie wir jetzt."

Richard geht mit einem Ausdruck von Amüsiertheit im Zimmer umher und scheint irgend etwas zu suchen. Weiter Pantomime.

PASSANTIN: Dann erzählte er ihr von der Intrige, die gegen ihn lief.

ERICH: Das mit den Chordirigenten.

PASSANTIN: Genau. Von einem Attentat sprach er. Redete von Tonbändern, die diese Intrigenbastler sammelten mit seinen Irrtümern. Wie man ihm nachzuweisen versuche, daß er falsch hörte. Alle Begriffe liste man auf, die er falsch angewendet hatte.

ERICH: Soweit hatte ich davon Wind bekommen.

PASSANTIN: Sie suchten für Ihre Rundschau einen Kulturjournalisten. Ist das richtig?

ERICH: Das ist richtig.

PASSANTIN: Und angesichts der Gefahren, die ihm drohten, dachten Sie, er müsse für eine Anfrage dieser Art empfänglich sein.

ERICH: Das dachte ich.

PASSANTIN: Und, war er's?

ERICH: Er überlegte hin und her. Über jedes Konzert statt eines zwei Berichte schreiben, einen wie bisher fürs Tagesblatt und einen, unter falschem Namen, für mich, er traute sich das nicht zu. Außerdem konnte er sich mit dem Gedanken nicht anfreunden, sich zu verleugnen, zu tarnen sozusagen, indem er, mir zuliebe, seine Zweitberichte freundlicher färbte.

RICHARD: Was meinst du? Darf ich zusagen? Es könnte ruchbar werden und mir schaden.

MIA: Sei versichert, das Tagesblatt weiß von deinen Verhandlungen, ehe du eine Zeile für Erich geschrieben hast.

RICHARD: Ein heißes Eisen, denkst du doch auch.

MIA: Aber was stimmt ihn denn so zuversichtlich, daß du annimmst?

RICHARD: Ich habe etwas behauptet, das den Tatsachen nicht entsprach. Eine Nachlässigkeit. Ich war aufgestanden und hatte wie einige andere Kenner den Raum verlassen, ein Teil des Publikums tobte, wie das immer ist.

MIA: Und du behauptetest, die Aufführung sei schlecht angekommen.

RICHARD: Ich behauptete, der Dirigent hätte den Beifall mehr auf den Solisten lenken müssen, der herausragte.

Pantomime: Richard spricht zu Mia.

ERICH: War die Situation wegen seines Fauxpas denn wirklich so kritisch für ihn, wie er annahm?

PASSANTIN: Schwer zu sagen.

ERICH: Es ging um den Schluß einer Kritik, in der er kritisch und, entschuldigen Sie meine Offenheit, berechtigt mit einer Aufführung einer Bachschen Chorkomposition ins Gericht ging.

PASSANTIN: Ob die Kritik so berechtigt war, wie Sie sagen, möchte ich doch dahingestellt sein lassen, verehrter Herr!

ERICH: Entschuldigung, wenn ich Sie verletzte, Frau Dr. Lambing. Als Mitakteurin hörten Sie das sicher anders als die Besucher dieses Konzertes.

PASSANTIN: Waren Sie anwesend?

ERICH: Ich war leider aus familiären Gründen am Besuch gehindert.

PASSANTIN: Dann sagen Sie nichts.

ERICH: Als sich der Applaus noch immer nicht legte?

PASSANTIN: Als sich der Applaus noch immer nicht legte, wurde ein Abschnitt wiederholt. Genau der Abschnitt, der dem Trompeter ausdrücklich die Gelegenheit bot, noch einmal zu glänzen. Von einer Vernachlässigung des Solisten durch den Dirigenten bei den Standing Ovations nach dieser angeblich miserablen Aufführung konnte also keine Rede sein.

ERICH: Doch Richard erfuhr das zu spät, da er den Saal bereits verlassen hatte.

PASSANTIN: Zur Schande des gesamten Zeitungswesens sei es gesagt!

MIA: Ein starkes Stück, das du dir da geleistet hast.

RICHARD: Eine Belanglosigkeit. Man greift ein Detail heraus und diskutiert mich in Grund und Boden. An einer Formulierung scheitert ein Urteil. Da kann doch etwas nicht stimmen.

MIA: Wo stimmt's? Man spielt seine Rolle großartig. Am übernächsten Morgen liest du vom Versprecher beim hunderttausendsten Wort in der Presse.

RICHARD: Kritiken müssen hart sein, damit ihr am Theater nicht übermütig werdet, Mia.

MIA: Und das soll uns helfen? Wollt ihr uns helfen? Wie könnten wir uns heute an der Kritik orientieren? Im übrigen weißt du, ich lese keine Kritiken.

RICHARD: Das glaube ich dir nicht.

PASSANTIN: Glauben Sie es?

ERICH: Sie wäre die erste Künstlerin, die keine Kritiken liest.

MIA: Siehst du ein Pressefoto von mir an der Wand? Ich verabscheue den derzeitigen Journalismus.

ERICH: Das nehme ich ihr ab, sagt aber nichts darüber aus, ob sie sie liest oder nicht.

RICHARD: Ein Künstler muß jede Kritik begrüßen, sogar wenn sie von einem Journalisten stammt, Mia.

MIA: Solange sie redlich ist und nicht aus Prinzip und eigenem Unvermögen erfolgt, wie das bei euch stets der Fall ist.

ERICH: Jetzt erzählte er ihr von einem Theaterstück, das er begonnen hatte, um den Vorwurf der mangelnden schöpferischen Begabung zu widerlegen.

MIA *amüsiert*: Ein Stück hast du geschrieben?

ERICH: Er hat in seinem Leben beinahe nichts unversucht gelassen, müssen Sie wissen. Und das, solange ich ihn kenne. Das muß man ihm neidlos lassen.

MIA *heiter*: Führt es jemand auf?

RICHARD: Noch nicht. Aber ich soll mich weiter bemühen.

MIA: Also du bist nicht durchgekommen.

RICHARD: Beim nächsten Mal schaff ich es sicher.

MIA: Wenn man dich dann noch zur Kenntnis nimmt. Aber man wird. Jeder wächst einmal aus einer Kritik heraus, nicht wahr?

RICHARD: Ganz richtig, Mia.

MIA: Man wird dich ignorieren. Einmal gescheitert, immer gescheitert. Das reicht bis in dein nächstes Leben.

RICHARD: Dieses Leben ist hart genug.

MIA: Wem sagst du das.

RICHARD: Ich bin froh, endlich den Weg gefunden zu haben. Unbegreiflich, daß wir uns aus den Augen verlieren konnten. Wir haben **ein** Leben gelebt, wir haben einander die Kindermäntel aufgetragen, du fünfzehn Monate älter. Wie das Leben so spielt.

MIA: Wie wir mit dem Leben anderer spielen.

RICHARD: Wir? Die andern mit uns. Mit mir, Mia. Ich will nicht jammern, aber das darf ich behaupten: mit mir wird gespielt. *Pantomime: Dialog.*

PASSANTIN: In unserm Chor sahen wir immer schief auf ihn herab. Er machte viel, aber nichts perfekt. Er redete in alle Fragen, die er unter die Feder kriegte, rein. Maßte sich an, der Musik eines Johann Sebastian Bach eine heute nicht mehr akzeptierbare bibelgläubige Gesinnung anzulasten, benutzte die Fachkritik als Plattform, das Repertoire von uns Konzertchören in Bausch und Bogen zu verdammen und klugscheißerte sogar in Psychologie.

ERICH: Wenn ich Sie unterbrechen darf, Frau Dr. Lambing. Ist es nicht so, daß man in dieser Stadt es jedem übelnimmt, der über den engen Tellerrand seiner eigenen engen Umgebung schaut? *Passantin wendet sich mit einem trotzigen Kopfschütteln ab.*

RICHARD: Du hast es angenehm hier.

MIA: Ich finde es etwas kühl. Ich muß die Heizung mehr aufdrehn.

RICHARD: Das kostet viel Geld!

MIA: Ich habe es immer wärmer als jetzt. Vielen Dank, daß du mich darauf aufmerksam machst. *Sie dreht an der Heizung. Dann geht sie in die Küche, Richard nimmt Platz.*

RICHARD: Neuerdings versteift man sich darauf, daß ich kein Studium habe.

MIA: Ohne Examen zählt man nichts in der heutigen Welt. Mutter und ich sagten dir immer, du solltest dein Studium zu Ende bringen.

RICHARD: Du warst Zeuge meiner zahlreichen Studien.

MIA: Du bist Spezialist für dieses und jenes.

RICHARD: Und das Formulieren, der Ausdruck, zählt das nicht?

MIA: Fördert mit euern Ausdrücken uns! Die Stars des Films besitzen genügend Gaben, ihren Hintern in jeder Seifenreklame zu vermarkten.

ERICH: Echt Mia! Ihre starken Schauspielerinnensprüche!

RICHARD: Der Geschmack hängt immer an diesen Dingen, Mia. Manche Kritik würde besser nicht geschrieben.

PASSANTIN: Wegen dieser Befangenheiten. In der Tat. Er hat die Menschen, und vor allem uns Frauenstimmen, oft verletzt.

MIA: Wir am Theater würden es überleben. *Kommt mit einem Tablett mit Kanne, Tassen etc. zurück.*

RICHARD: Du hast recht, verdammt recht, ich habe Schwächen.

Passantin faßt sich so lautstark lachend an den Mund, daß Richard und Mia kurz herüberblicken.

MIA: Waren viele Leute da?

RICHARD: Wo?

MIA: Was hast du gelesen?

RICHARD: Aus meiner Jugend, aus unsrer Jugend.

MIA: „Frühlingskranz“.

RICHARD: Richtig.

MIA: Der Titel deiner Jugendgedichte.

RICHARD: Du erinnerst dich?

MIA: Aber ja. Unvergeßlich.

ERICH: Mia und ich haben uns damals köstlich über seine Stilblüten amüsiert.

MIA: Es stand im Werbeblättchen, das jeder kostenlos bekommt. Tatsache!

RICHARD: Ich habe dich nicht gesehen.

MIA: Gehst du in meine Vorstellungen?

RICHARD: Ich hielt dich immer für eine mittelmäßige Schauspielerin.

MIA: Und ich dich für einen grauenvollen Stilisten. Deine Ergüsse triefen von Schmalz.

PASSANTIN: Glauben Sie, daß Mia Schneider eine gute Schauspielerin ist?

ERICH: Nein.

PASSANTIN: Und er?

MIA: Sie **schwitzen** geradezu … *hält sich lachend den Mund.*

ERICH: Als Journalist passabel, sonst eine Null.

MIA: Ich habe es von einem Kollegen, dessen Urteil ich schätze. Er gehörte zu den drei oder vier Besuchern, die erschienen waren.

RICHARD *flunkert*: Feinde überall. Die Ablehnung übersteigt schon jede Vernunft.

PASSANTIN: Jetzt rieb sie ihm in ihrer süß-liebenswürdigen Weise das unter die Nase, was er selber immer wieder in Gesprächen gefordert hatte, nämlich: daß ein wahrer Künstler Schuld zuerst bei sich selber sucht.

RICHARD: Warum hast **du** nicht meine Gedichte gelesen, unter einem falschen Namen?

ERICH: Das ist das Merkwürdige: er, der Kritiker, der nicht zimperlich war, wurde zum Ausbund an Empfindlichkeit, wenn man ihn angriff.

MIA: Ich habe es nicht nötig, mich für unbekannte Autoren einzusetzen, die es auch besser bleiben.

PASSANTIN: Und jetzt äußerte er die unverständliche Bitte, sie möge an seinem Grab Gedichte von ihm lesen.

RICHARD *riecht an der Teekanne*: Wie das riecht!

MIA: Ich habe besseren Tee im Haus.

RICHARD: Es kommt mir vor, als hättest du vor zwei Minuten erst Wasser aufgesetzt.

MIA: Ich hatte noch warmes im Kessel. Das geht mit dem Zitronenteeextrakt jetzt schnell. Man muß den Tee nicht mehr ziehen lassen.

RICHARD: Nichts, das sie nicht hätte, meine Mia. Ich bewundere dich.

ERICH: Er bittet sie um Erlaubnis, sich in der Wohnung umzusehn.

PASSANTIN: Wozu?

ERICH: Vielleicht um die Platzverhältnisse zu erkunden.

PASSANTIN: Sie meinen wirklich?

RICHARD: Aus Stolz.

MIA: Worauf?

Richard betritt die Küche. Mia gibt in beide Tassen Tee.

MIA: Ich habe Schauspiel nach Schauspiel aufgezeichnet. *An die beiden Akteure im Vordergrund gewandt, die ihr aufmerksam folgen* Ich habe im Hörfunk gesprochen und mit Bernd Kloiber, von dem Sie sicher gehört haben, Filme gemacht. Ich war auf Tourneen bis nach Moskau unterwegs und man engagierte mich hier wieder. *Zu Richard* Aber hast du wirklich nichts von mir gewußt?

RICHARD: Ich habe weder Zeitung noch Radio noch Fernseher noch geh ich ins Kino.

MIA: Irgendwoher mußt du es doch erfahren haben. Läufst du blind über die Straße? Ich war auf dem Plakat von „Ein Blatt im Märzwind" zu sehen. Der Film lief mehrere Wochen.

RICHARD: Ich schau mir keine Plakate an. Ich habe dich nicht erkannt.

MIA: Ich erkannte dich sofort.

RICHARD: Ich ahnte nur, daß du es bist. *Hält plötzlich einen Teller mit Torte in Händen.* Wunderschöner Teekuchen. Mein Lieblingskuchen.

MIA: Das ist Linzertorte! Als Junge bekamst du kein Stück davon runter.

RICHARD: Du irrst, du konntest nichts davon essen.

MIA: Erinnere dich, weder du noch ich aßen davon.

Er fängt zum Erstaunen Mias in hastigen Bissen zu essen an.

Aber Richard!

RICHARD: „Aber Richard" – deine dauernden Ermahnungen!

MIA: Ich habe dich nie ermahnt und ermahne niemand, der sich zu benehmen weiß.

RICHARD: Ich kauf's dir zurück. Ich hatte wahnsinnig Lust darauf, schon als ich herkam. Die Cafés waren zu, ich konnte mir keines kaufen.

MIA: Du hättest morgen oder übermorgen kommen können.

RICHARD: Es ging nicht.

MIA: Warum diese Eile?

RICHARD: Die Bahnverbindung.

MIA: Du wohnst am andern Ende der Stadt!

RICHARD: Ich war unterwegs.

MIA: Wir hatten keinen Termin!

RICHARD: Vaters Jahresgedächtnis!

MIA: Vaters Jahresgedächtnis ist erst in einer Woche.

RICHARD: Ich komme immer eine Woche zu früh.

MIA: Du kommst nie!

RICHARD: Ich komme immer früher, um dir nicht zu begegnen. *Stochert mit der Gabel im festen Teig* Aber wir sind Geschwister, du fünfzehn Monate älter, und dieser Mann war unser, unser Vater. Wir haben Anspruch darauf, sein Andenken würdig zu begehen.

MIA: Du wirst nicht erwarten, daß ich dir diese Sentimentalitäten glaube.

RICHARD *stellt den Teller ab*: Die vielen Dinge, die du hier um dich siehst! Ohne mich würdest du noch heute von Theater zu Theater betteln gehen, für den Bruchteil deiner Gage spielen und bangen, daß es andere für noch weniger tun.

MIA: Du hättest das von mir abgewendet?

ERICH: Den Hinweis auf den Grabbesuch hätte Richard sich in der Tat schenken können. Richard war absoluter Atheist und glaubte nicht, daß Tote in ihren Gräbern das mindeste von den Besuchen ihrer Verwandten hätten.

MIA *steht auf*: Raus! Auf der Stelle!

PASSANTIN: Warum reagierte sie unvermittelt so schroff?

Erich zuckt die Achseln.

RICHARD *gabelt einen Bissen, ißt*: Du hast es wirklich sehr schön.

MIA *nimmt Platz*: Erzähl mir von dir.

ERICH: Er wiederholte vor ihr das Märchen seiner bevorstehenden Veränderung. Er räume aus. Das eine oder andere verkaufe er. Auf dem Flohmarkt. Das habe seinen Reiz.

Mia trinkt mechanisch und gießt sich zu.

ERICH: Er habe nach dem Telefon Fernseher, Radio und Tageszeitung abgeschafft. Dann habe er die Teppiche verkauft. Es sei nichts restgeblieben als die Tapete an der Wand.

PASSANTIN: Wie reagierte sie auf seine märchenhafte Erzählung?

ERICH: Als Frau der Sprache reagierte sie sehr typisch: „Wie kannst du all das Plunder nennen!“ schnauzte sie ihn in ihrer direkten Schauspielerinnenart an.

RICHARD: Kannst du mich bei dir aufnehmen, bis ich Klarheit in meine Angelegenheiten gebracht habe?

MIA: Was sagst du?

RICHARD: Kannst du mich aufnehmen?

MIA: Warst du da, als ich die Sache mit Mutter am Hals hatte?

RICHARD: Nein. Aber es gibt so etwas wie Familie.

MIA: Wir haben uns seit 25 Jahren nicht gesehen. Die Verbindung ist lange abgerissen.

RICHARD: Es ist nur für paar Tage.

MIA *sieht auf ihre Uhr*: Ich habe Probe.

RICHARD: Montag? Montags ist frei am Theater.

MIA: Heute nicht.

RICHARD: Es ist elf vorbei. So spät finden keine Proben statt.

MIA: Heute ist eine Ausnahme.

RICHARD: Aber bis zu Vaters Jahresgedächtnis nimmst du mich bei dir auf?

MIA: Ich habe keinen Platz.

RICHARD: Ich nehme auf dem Boden vorlieb.

MIA: Ich lerne eine schwere Rolle. Geh gleich ans Grab, nimm dir ein Hotel, tu sonst was!

RICHARD: Ich brauche eine Bleibe, keinen Luxus, Mia.

MIA: Wieviel soll ich dir vorschießen?

RICHARD: Höre, ich hatte eine Auseinandersetzung. Ich konnte mich von dem, was man mir zahlte, nicht mehr halten. Man hatte seit Jahren nicht erhöht. Der Verleger nahm im ersten Ärger, der Verblüffung des ersten Augenblicks, nun, nahm ein paar Ausgaben seines Blatts aus dem Regal und gab mir zu verstehen, daß er mit meiner Arbeit nicht zufrieden sei. Er führte mir vor Augen, wie angenehm es doch wäre, kürzerzutreten.

Er wird zur Besinnung kommen. Nach der ersten Überraschung. Ich habe ein paar hübsche Eisen im Feuer.

MIA: Du bist ohne Arbeit, du sitzt auf der Straße.

RICHARD: Aber meine Sachen können hier bleiben? Zwei, drei Tage?

MIA: Eine Nacht.

RICHARD: Mit einer Nacht ist mir nicht gedient.

Setzt sich auf das Sofa.

Der Neue soll für die Stadt untragbar sein.

MIA: Er hat seinen Ton gemildert.

PASSANTIN *schmunzelt*: Woraus hervorgeht, daß sie sehr wohl Kritiken liest.

Richard nimmt das Textbuch und blättert.

ERICH: Er fragte sie nach der Rolle, die sie gerade studiere. Obwohl er es von mir wußte.

PASSANTIN: Was spielte sie?

ERICH: Eine Frau muß nach dem Tod ihrer Schwester für die Neffen sorgen. Die Behörden weigern sich, sie aber kämpft, bettelt, hat Erfolg und bekommt das Sorgerecht.

RICHARD *legt das Textbuch zurück*: Es ist das Günstigste, du hilfst mir unbürokratisch.

Mia blickt ihn an. Dann nimmt sie ohne Kommentar das Tablett und geht in die Küche. Richard holt von draußen seine Koffer und die Tasche.

ERICH: Die Sozialgesetze. Sippenhaftung. In so einem Fall der reine Skandal.

PASSANTIN: Was ist Familie, verehrter Herr?

ERICH: Was ist Familie, Frau Dr. Lambing, das fragen Sie gut.

Mia kommt zurück und stellt das Tablett mit Brot und Aufstrich ab.

MIA: Was soll das Gepäck?

RICHARD: Ich stelle die Koffer hierher.

MIA: Was nimmst du dir heraus!

RICHARD: Ich appelliere an deine Verantwortung. Es ist vorübergehend!

MIA: Ich hatte dir am Anfang das eine oder andere zu verdanken. Gut. Dann begannen junge Männer, sich um mich zu bemühen, Männer, die mich zum Teil genauer, sensibler verstanden als du. Vor allem dieser zarte schöne Mensch … wie hieß er denn noch … er hätte nie den ersten Schritt gewagt. Es war eine reine, unschuldige Freundschaft. Aber dich machte es rasend, wenn wir zusammen waren. Du hast alles darangesetzt, mein Ansehn zu untergraben, du hast ihm erzählt, ich hätte mit dem Regisseur in Wiesbaden ein Verhältnis. Ich spielte meine Rolle großartig, du schriebst das Gegenteil, denn du wolltest mich schlechtmachen und mir jede Chance nehmen. Auch hinter meinen geschäftlichen Beziehungen hast du anderes vermutet. Ich habe dich erkannt, deine eifersüchtige Fantasie, ich werde dir nie wieder nachgeben!

ERICH *schmunzelt*: „Dieser zarte schöne Mensch … wie hieß er denn noch …“ unverwechselbar Mia! Starke Sprüche! Unschlagbar!

PASSANTIN *lacht*: „Dieser zarte schöne Mensch … wie hieß er denn noch!“

MIA: Soll ich meinen Beruf an den Nagel hängen und dir den Haushalt führen? Soll ich dir rechtgeben und dir deinen Anteil an meinen Provinzjahren vergessen? In deinen Augen bin ich noch immer eine mittelmäßige Anfängerin!

RICHARD *tritt ans Fenster, sieht hinaus*: Ich wünschte, du würdest einmal in dieser kalten Jahreszeit in einer Brandruine übernachten. Der feuchte Frost dringt durch deine Kleider, du verzweifelst ob deiner Vogelfreiheit. Ich schwor mir, das nie wieder zu erleben. Ich will das um keinen Preis je wieder erleben.

MIA: Ich lege mich schlafen!

RICHARD: Gib mir eine Viertelstunde. Wir müssen erst alles sagen.

MIA: Ich decke dir hier dein Bett.

RICHARD: Dein letztes Wort?

MIA: Eine Nacht.

RICHARD: Wo kann ich mich rasieren?

MIA: Dort.

Er nimmt aus der am Boden liegenden Tasche einen Elektrorasierer älteren Typs und schüttet den übrigen Inhalt – zahllose Zeitungsblätter und -ausschnitte und die Taschenlampe – auf den Boden.

RICHARD: Mein Lebenswerk … ist es nicht gewaltig?

Er geht ins Bad. Man hört den Rasierer.

PASSANTIN: Diese Härte ist mir dennoch nicht ganz klar geworden. Schließlich steckte er, warum auch immer, in einer absoluten Notsituation, und Mia, als seine Schwester, als Frau?

ERICH: Ich hielt seine absolute Notsituation eher für eine relative Notsituation. Heute muß niemand mehr in einer solchen Lage zugrundegehen, Frau Dr. Lambing.

PASSANTIN *lacht bemüht*: Es sei denn, der Stolz läßt es nicht zu!

ERICH: In der Not ist sich der Mensch zu nichts mehr zu stolz, Frau Dr. Lambing.

PASSANTIN: Da bin ich aber ganz, ganz anderer Meinung als Sie!

MIA: Ich weiß nicht, wie dein Urteil heute ausfallen würde, wenn du mich siehst. Bestimmt nicht anders als damals.

RICHARD *erscheint in der Tür*: Ich könnte dich beim Rollenlernen abhören. Wir würden uns gut vertragen.

MIA: Ich kann dir nicht helfen.

RICHARD: Einen Monat! Bis ich aus dem Schneider bin.

MIA: Ich will's überschlafen.

RICHARD: Deine Antwort wird „Ja" lauten.

Er verschwindet hinter der Tür, die offen bleibt. Geräusch des Rasierers. Mia holt aus der Küche ein Glas Wasser und nimmt zwei Kopfwehtabletten ein.

MIA: Eigentlich könntest du bleiben. Eine Woche. Auch zwei, wenn es sein muß. Einen Monat, wenn es wirklich nicht anders geht. Die Geschichten von damals – vergessen. Und dann, es ist vorübergehend.

Ich bin geworden, was ich hab werden können. Ich habe die Welt gesehn und bin an das Theater meines Ursprungs zurückgekehrt. Ich darf jetzt spielen, was ich will. Zwei, drei Rollen im Jahr. Königinnen, Dienerinnen, treusorgende Tanten. Ich bin sehr glücklich.

Du warst eifersüchtiger, als ein Bruder seiner Schwester gegenüber sein darf, aber wir waren jung. Wir stehen über diesen Dingen. Gewisse Auswüchse würden sich nicht wiederholen. *Bringt das Glas in die Küche.*

Eine Nacht! Ich decke dir auf dem Sofa dein Bett.

Sie räumt die Kissen weg und beginnt das Sofa mit Bettzeug zu beziehen. Plötzlich verstummt der Rasierapparat und die Lampen gehen aus.

Mia leuchtet mit der Taschenlampe ins Bad.

Nach einer Weile kommt Mia zurück und geht, mit der Taschenlampe nervös herumfuchtelnd, auf und ab. Dann legt sie die Lampe so hin, daß sie Tasche und Papierhaufen anstrahlt. Sie verstaut Richards Zeitungsarbeiten hastig in der Tasche, verschließt sie und stellt sie neben die Koffer.

Erich und Passantin verlassen unauffällig die Szene.

– V –

Friedhof (Vorbühne). Trauerzug mit Erich, Hausmeisterin, Ursula und Passantin, angeführt von Mia mit dem Typoskript von Richards „Frühlingskranz". Es regnet. Erich trägt in einer Hand die Urne und hält mit der andern den Schirm über Mia.

ERICH: Er hatte einen Regisseur entdeckt. Er hatte diesem Regisseur seine Schwester empfohlen. Der Regisseur hat dich genommen. Es war dein erstes Engagement.

MIA: Als ich dann den Schritt zu einem zweiten machen wollte, hat er es verhindert. Ein berühmterer Regisseur von einem noch bedeutenderen Hause war gekommen, mich zu sehen. Er hatte die Wahl zwischen mir und dieser Zimtzicke. Er war unentschlossen. Er sah sich unsere Papiere an und entschied für die Zimtzicke. Eine Kritik gab den Ausschlag, und der Verfasser dieser Kritik war niemand anderes als ... als Richard. Verstehst du jetzt? In der einzigen Schauspielkritik, die Richard je geschrieben hat, verreißt er seine leibliche Schwester ... verreißt er seine leibliche Schwester in der Luft.

ERICH: Das wußte ich nicht.

MIA: Jetzt weißt du es. Und ich erfülle diesem Bösewicht auch noch den letzten Wunsch!

Die kleine Gesellschaft hält vor der Grabstelle inne. Mia schlägt das Typoskript auf.

Mein Bruder Richard Schneider hat in seinem letzten Willen verfügt, zusammengefaßt auf einem Zettel, der sich unter seinen Papieren fand, daß an seiner Asche von seiner einzigen leiblichen Schwester und einzigen noch lebenden Verwandten, mir, Mütter, Königinnen, Tanten *schnieft*, Gedichte aus seiner Jugend vorgetragen werden.

Sehr früh hat Richard sich mit dem Thema Tod und Abschied befaßt. *Wischt sich eine Träne, hakt bei Erich unter, faßt sich.* Wenn andere sich ihrer Jugend freuten, zog es Richard an den Schreibtisch und er dachte an das Ende, ungefähr so, wie es jetzt mit seiner Asche gekommen ist. Nichts bleibt, nur ein Hauch. Ein letzter Ton, der verweht.

„Erkämpfen, Richard, mußt du deinen Tod
und reifen reichlich hin zu jenem Sein.
Nicht haschen, unbegehrtes Ziel zu fassen,
nicht leiden unter zwingendem Gebot –
nein, frei, als Mann zu sterben will dir passen.

In Todeswehen wird uns einst egal,
was wir geliebt noch lieben, was wir hassen.
Du duldest keinen Zwang in Fleisch und Bein,
du atmest, mutig ohne Heldenmal,
du handelst, um dich selber zu entlassen.“

Schlägt eine neue Seite auf.

„Der Vater

Was ist das für ein Kerzenflackern,
was für ein Weihgeruch?
Er soll doch bald gesunden. Sagt ihm:
was liest man aus dem Buch?

Ein Wassertropfen auf der Stirn –
er kennt doch, die da kamen?
War das der Krankenschwestern Schritt?
War das des Priesters Amen?“

Blättert. Gibt in plötzlichem Entschluß die Mappe weiter.
Ich kann das nicht! Ich will das nicht!
Erich übernimmt, Passantin hält solange Urne und Schirm.

ERICH:
„Gedanken zeigen mir ein Urnenfeld,
darin ein Loch, in das der Wind zuletzt
die Asche weht. Und was im Leben quält,
ist wahr: kein Pope, der mein Grab benetzt,
und auch kein Phrasendrescher sonst erscheint.

Kein lieber Mensch, du warst es, tritt heran –
wie gerne wärst du's wieder … Ruhig jetzt!
Kein Mensch, der sich gedenkend mir vereint.
Ein Vorteil doch, daß ich nicht sehen kann,
wie weder Frau noch Schwester um mich weint.“

Mia reibt sich Tränen aus den Augen und reißt das Typoskript wieder an sich, Richard übernimmt Urne und Schirm.

MIA:
„Was nähert ihr, der Nacht Gespenster,
euch hastig, unsichtbar,
umwickelt mich mit glitschigen Fesseln
und reicht mir diese Tropfen dar?

Nur zugegriffen, tapfrer Richard,
in Rage schluckt sich es!
Ein jeder muß beizeiten trinken
den Becher Sokrates'.“

Blättert. Gibt das Typoskript, das Gesicht in der Hand vergrabend und den Kopf wütend schüttelnd, blind weiter.

PASSANTIN:

„Nun ist er da, der Augenblick,
verstummt der Zweifel um dies Sterben,
die Frage nach dem Wann, der Stunde.
Ein letztes Flüstern bleibt zurück,
nein, nicht … erstirbt wie Namensscherben
und Niegeschmeckten Stich im Munde.

Gesetz von allem Anfang ist ein Muß:
Zeit stirbt in Zeit, Sekunde für Sekunde.
Es stirbt das immergleiche letzte Werben.
Es stirbt dem Glücklichsten der letzte Kuß.
Es stirbt sogar zuletzt die Abschiedswunde.“

Mia reißt Passantin das Typoskript aus der Hand und schleudert es in das Urnenloch. Dann nimmt sie die Urne, läßt sie fallen und spuckt darauf.

MIA: Liebhaberinnen, Königinnen, Köchinnen! Sie verstanden mich besser als du! Du wolltest mir jede Chance bei ihm nehmen, und es ist dir gelungen! *Tritt heftig gegen die Urne, sie kullert in das Loch. Sie wirft sich Erich an die Brust, der sie beschwichtigend streichelt.*

Hausmeisterin zieht einen Kassettenrekorder aus der Tasche, tritt vor und setzt zum Reden an, findet aber keine Worte. Sie macht eine entschuldigende Gebärde. Ursula nimmt den Kassettenrekorder und schaltet ihn an.

RICHARDS STIMME:

„Scheußliche Nacht. Grübelte. Starrte
die Decke müde an, unruhig wach.
Befand mich in Gedanken
auf der Straße. Dir nach
ging mein Blick, haftete an deinen
Spuren. Die führten weit weg von meinen.

Ein Regenwurm im Erdreich,
ging ich in deiner Mitte auf.
Der Erdkreis ist weit. Verschwinden wir darin?
Wo find ich dich? Der Lauf
der Dinge trennt uns. Doch gaben wir acht?
Hinter uns liegt voll Schalnis eine Nacht.

War sie nicht überwunden,
diese Schalnis? Ich war

darüber hinweg, bejahte den Traum,
bejahe, bejahe ihn noch, o ja!
Doch Träume meinen es nicht ehrlich.
Die Welt ist die Welt und Träume darin entbehrlich.

Im Zuge des Vergessens werde ich irgendwann,
wenn der September vorüber ist, wieder ein Mensch.
Ich will mich in meiner Genesungszeit
in meiner Nachbarschaft in Schweigsamkeit
verhüllen. Mein einziges Bestreben
liegt im Routinezwang des Lebens: leben!“

MIA: Ganze sieben Personen waren bei seiner Lesung erschienen, ganze sieben!

PASSANTIN: Drei, keine sieben, drei!

Ursula nimmt die Kassette aus dem Abspielgerät, legt sie in Hülle und festes Kuvert und wirft sie dem Typoskript andächtig hinterher.

Dann schaufelt sie gemeinsam mit ihrer Mutter munter das Grab zu.

Erich begleitet die erregte Mia hinaus. Die Frauen schaufeln weiter, Passantin schaut schweigend zu. Die Szene blendet langsam aus.

Kleist – Ein Traumspiel

Personen

Heinrich von KLEIST, *junger Mann*
ULRIKE von Kleist, *etwas älter, seine Halbschwester, in Männerkleidern*
MARIE von Kleist, *wesentlich älter, seine angeheiratete Cousine*
Ernst von PFUEL, *sein Freund, gutaussehend, junger Offizier in Zivil*
WILHELMINE von Zenge, *Kleists Verlobte*
HENRIETTE von Schlieben, *junge Frau* / die aufgetakelte FREMDE
KAROLINE von Schlieben, *Henriettes Schwester*
LOHSE, *junger Maler, Karolines Verlobter*
FREMDER, *mit einer ähnlichen Stimme wie Pfuel, doch etwas älter*
KRUG, *ein Beamter, späterer Ehemann Wilhelmines, etwa 40jährig*
2. BEAMTER, *Krugs Vorgesetzter*
MINISTER Altenstein
Adam MÜLLER, *Kleists Geschäftspartner und Propagandist*
DAHLMANN, *ein angehender Historiker*

Die Bühne ist zur Ermöglichung des Simultanspiels karg und abstrakt gehalten (vielleicht in einem einheitlichen Ton, z. B. einem ungesunden, lackglänzenden Schmutzigrot). Im vorderen Mittelgrund werden von rechts aus drei Fünftel der Breite von einer untergliederbaren beweglichen Wand mit einer Fensteröffnung beherrscht. Diese Wand wird später entfernt, und man sieht auf einen (quergespannten) Gazevorhang auf halber Breite. Die Szene ist im ersten Teil von fünf jeweils bezeichneten Positionen aus zugänglich: vorne rechts (A), vorne links (B), Mittelgrund links (C), Hintergrund links (D) und hinter der Schiebewand (E), im zweiten Teil ferner Mitte Rückwand (F) sowie, hinter dem Gazevorhang, Mittelgrund rechts (G) und rechtes Drittel Rückwand (H).

BÜHNE

1. Teil:

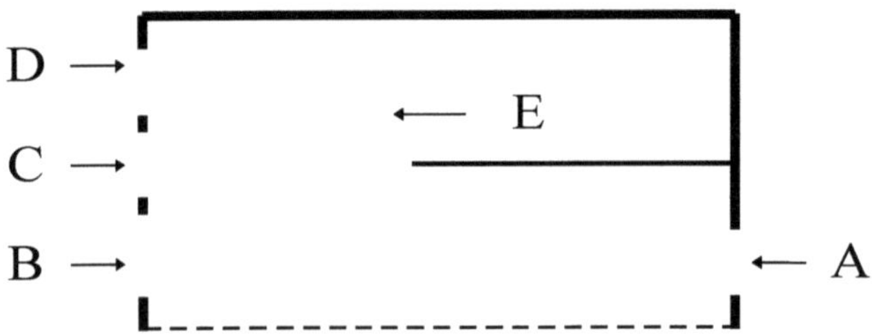

2. Teil:

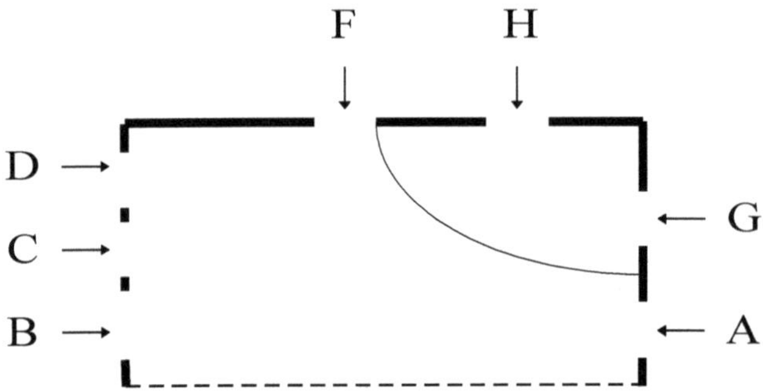

*Die Kennzeichnungen der Gassen **A** bis **H** entspringen nicht einem Mutwillen des Autors, sondern möchten Spielorte markieren. Sie meinen zugleich den Gassen jeweils zuzuordnende Ausschnitte der Spielfläche. Das so skizzierte Neben- bzw. Ineinander der Spielhandlungen muß beim Lesen wie bei der Inszenierung beachtet werden. Es gehört zum Textverständnis unverzichtbar dazu. Gleichwohl sind im konkreten Detail davon abweichende Lösungen denkbar.*

Dringender Hinweis: der Schluß des Stücks ist langsam, mit lapidaren Pausen zu nehmen!

– I,1 –

Krug und der andere Beamte, beide uniform korrekt gekleidet, stellen links von der Wand einen Tisch ab und gehen (D); Kleist, weiter rechts im Vordergrund, sieht geistesabwesend hin. Pfuel tritt auf (A).

PFUEL: Leutnant a. D. Kleist, stillgestanden!

KLEIST: Pfuel? Komm in meine Arme! *Umarmen sich.* Gib mir ein Stück Optimismus von dir ab!

PFUEL: Als frischgebackener Hauptmann, wer wollte nicht optimistisch sein! *Sie strahlen sich an.* Auch du wärst jetzt Kompaniechef bei einem Potsdamer Regiment.

KLEIST: Ja. Wenn ich hätte strafen können.

PFUEL: „Kleist, Sie kennen die Verordnungen, Sie dürfen die Schlamperei des Gefreiten Oberfleck nicht durchgehn lassen, Sie gefährden das Ansehn des Offiziers!" Erinnerst du dich an die Worte des Kommandanten? – Ernsthaft, dein Erscheinungsbild macht mir Sorge: ich dachte, du hättest die abgelegte Uniform jetzt gegen die zivile vertauscht.

KLEIST: Uniform – Uniform. Spielregeln, die ein Betrieb dir abverlangt, hier wie dort. Gehorsam. Strafe. Für was bloß werde ich bestraft?

Der 2. Beamte legt ein dickes Buch auf den Tisch und blättert (D). Kleist hebt ein Klarinettenmundstück vom Boden auf.

KLEIST: Weißt du, woran ich denken mußte, als mich der Kommandant überraschte und zur Disziplinierung des Gefreiten anhielt? Wir hatten einmal auf der Hochzeit eines Kameraden gespielt. Zuletzt befand ich mich allein bei den Eichen, ihr wart schon fort. Eine Melodie spann sich mir im Kopf aus. Es war, als töne eine vollständige Partitur, in Wirklichkeit klang natürlich nur die Klarinette durch die Baumreihen. Ich verpaßte den Zapfenstreich, wurde einen Tag eingesteckt.

PFUEL: Spielte der Gefreite ein Instrument?

KLEIST *rätselhaft*: Ich weiß nicht. Sicher.

PFUEL: Du meinst, er lief verlottert rum, weil man ihn ein Instrument nicht recht spielen ließ?

KLEIST *bläst in das Mundstück*: Genau das!

Der 2. Beamte geht (D).

KLEIST: Ich hasse das Instrument! Angst, eine längerfristige Entscheidung zu verpassen. Tagelang beschreib ich einen Kreis herum, schließlich berühr ich's, es verstaubt mir sonst noch an seinem Platz. Ich möchte es auf den Schrank legen. Doch dann – wieviel Spaß, wie sehr viel Spaß kann's bringen, darauf zu spielen! *Bläst erneut durchs Mundstück.*

Die Beamten stellen zwei Sitzgelegenheiten hinter den Tisch, der 2. Beamte setzt sich, Krug ab (D).

KLEIST *in Gedanken*: Was kann ein Instrument dafür, wenn sich jemand den Kopf zerbricht! Kaum hab ich jenen Satz, den ich auswendig weiß, beendet, als mich der alte Schmerz auch schon wieder überkommt, stärker als zuvor, wütender, wilder. Ich setze an, das Instrument zu zerschmeißen, halte inne – Junge, wie legte ich's hin! Wie einen zerbrechlichen Gegenstand, der mir nicht gehört, einen Fund, dessen Eigentümer ich nicht kenne. *Steckt das Mundstück ein. Krug stellt einen weiteren Stuhl an den Tisch (D).*

2. BEAMTER: Leutnant a. D. Kleist ist nun schon über ein Quartal bei uns Volontär. Es wird Zeit, daß er sich entscheidet, ob er das Amt antreten will. Er scheint unsre Geduld zu mißdeuten, überhaupt auf unausgesprochene Fragen taub zu reagieren.

KRUG: Ein Intellektueller, zögernd gegenüber Angelegenheiten der Betriebsräson, etwas ins Große, Weithinausgreifende gerichtet.

2. BEAMTER: Ihm muß eine Brille verordnet werden, die ihm das Nächste nahebringt, z. B. die Innenmaße dieses Gebäudes. Ob er sich überhaupt noch daran erinnert?

KRUG: Er soll wieder genesen sein. *Beide ab (D).*

KLEIST *der Pfuel in die Augen geblickt und die flachen Hände auf seine vorgestreckten Unterarme gelegt hat*: Weißt du, daß du ein grundguter Kerl bist? Strafend, schleifend, durchgreifend, gleichviel, du bist unangefochten gut. Dein Besuch ist der einzige Lichtblick seit langem. Ich weiß nicht, du bist so unwiderstehlich.

PFUEL: Du nimmst das Leben zu schwer und mich zu wichtig. Komm mit in die Stadt! Machen wir eine Tour, rudern auf dem Wannsee, essen Kuchen.

KLEIST *gedankenabwesend*: Am Wannsee fischten sie gestern zwei Selbstmörder aus dem Wasser. Der Dienst ruft. Ich bin wieder gesund.

Pfuel tritt auf die rechte Seite. Krug stellt einen Schemel links an die Wand, der 2. Beamte eine Holzbarriere zwischen Schemel und Tisch (D).

2. BEAMTER: Der Minister geht zu nachsichtig mit von Kleist um. Wo kommen wir hin, jeden erst das Für und Wider einer Anstellung lange abwägen zu lassen!

KRUG: Sie werden sehen, Kleist wird sich fangen und Bedeutendes leisten, er hat das Zeug dazu.

Der Minister tritt auf (D). Die Beamten grüßen ehrerbietig und nehmen Platz.

MINISTER: Sie sind genesen, Kleist? *Blättert beiläufig in dem Buch.*

KLEIST *zusammenzuckend, Verbeugung*: Leidlich, Herr Minister. *Tritt zögernd neben den Schemel vor die Schranke.*

KRUG *zum 2. Beamten*: Kleist besitzt eine schwache Konstitution.

2. BEAMTER: Kondition, wollen Sie sagen, das ist was anderes!

KLEIST *mit Pfuel*: Ich habe kein gutes Gefühl. Kleist, besorgen Sie Akten des Ministers von Altenstein, Kleist, verfertigen Sie eine

Abschrift der Akte 19, anschließend, Kleist, versenken Sie sich in die Paragrafen vom 15.August, das ging schon in den ersten Tagen so. Es hat mich fertiggemacht!

KRUG *zum 2. Beamten*: Der Chef hat für die Lektüre niemand von uns im Auge?

2. BEAMTER: Das dürfte zu unsrer Zufriedenheit geregelt sein. *Legt den Finger an den Mund.*

KLEIST *mit Pfuel*: Die Geduld der Herren mit meinen ständigen Attesten geht zu Ende. Sie erwarten Bekenntnisse!

MINISTER: Herr von Kleist wird ab heute wieder den Sitzungen beiwohnen. Seine Mitarbeit fiel bislang zu unserer Zufriedenheit aus und wir erwarten, daß er entschlossen nun die Laufbahn antritt.

KLEIST *Verbeugung; dann mit Pfuel*: Mein armes Mädchen daheim!

2. BEAMTER *zu Kleist*: Sie sind nicht bei der Sache, Herr Leutnant a. D.!

MINISTER: Zunächst einmal ist eine bescheidene, doch wichtige Frage abzuklären. Es handelt sich um ein neues, tausendseitiges Werk über „Möglichkeiten in der Wasserwirtschaft“. Wir möchten zügig und sachkundig vom Inhalt unterrichtet werden, der Referent hat drei Monate Zeit.

2. BEAMTER *an Kleist vorbei*: Man merkt, daß Sie schlecht exerzierten, Kleist!

MINISTER *blickt in die Runde*: Wer unter Ihnen besäße die Gefälligkeit, diese Aufgabe zu übernehmen? Sie wissen von meiner Möglichkeit, einen Referenten nötigenfalls zu bestimmen!

2. BEAMTER: Herr Minister, wer von den Beamten hätte Zeit und Sachverstand, über den Stoff in der Kürze der zur Verfügung stehenden Zeit …

MINISTER: Er wird sich einarbeiten, da bin ich sicher, und zwar rasch.

KLEIST *mit Pfuel*: Bei meiner Gründlichkeit, ich werde erneut von ihr ferngehalten!

MINISTER *blickt flüchtig zu Kleist*: Blamabel!
Kleist zuckt.

MINISTER *erfreut*: Sie wollten sich melden, Kleist? Korrekt, Sie haben Vorlesungen in Mathematik gehört, Sie sind der geeignete Mann für die Aufgabe.
Kleist nimmt das Buch, verbeugt sich, tritt zurück, setzt sich mit dem Rücken zu den Beamten auf den Schemel und vergräbt das Gesicht in den Händen. Verdunklung im Fensterbereich. Läden werden von außen vorgeklappt. Der 2. Beamte entfernt die Schranke.

2. BEAMTER *an Kleist vorbei*: Herrrr Leutnant a. D.! *(D)*

Der Minister setzt sich. Pfuel geht ab (A).

KRUG *zum zurückkommenden 2. Beamten*: Schwieriger Anfang, wenn man wie er schon an die 25 geht.

2. BEAMTER *an Kleist vorbei*: Leider läßt unsere Verfassung keine Beamtinnen zu. Sonst könnte ja Ihre Schwester oder Ihre Verlobte für Ihren Unterhalt bei uns sorgen. Setzen Sie sich doch für Reformen ein!

MINISTER: Zur Tagesordnung.

Er und die Beamten, die jetzt beide wieder sitzen, schauen, er neugierig, der 2. Beamte hämisch, Krug unkonzentriert, zu Kleist herüber.

Ulrike kommt von rechts (A). Im Vordergrund vor den Beamten wenig später Wilhelmine von Zenge und Marie (C). Sowie Wilhelmine auftritt, erhebt sich Krug von seinem Platz und dreht sich überrascht und aufmerksam in ihre Richtung.

KLEIST *steht auf*: Wie findest du deinen Bruder vor, Ulrike! Tag und Nacht sperrt er sich ein und bringt nichts zustande!

ULRIKE: Draußen scheint die Sonne, und du ziehst die Läden vor!

Will die Fensterläden aufstoßen.

KLEIST: Nicht, ich mag nicht sehn, was ich im Licht versäume, zu was dieser Sonnentag jedes lebende Wesen auffordert!

ULRIKE: Am Wannsee fischten sie gestern zwei Selbstmörder aus dem Wasser, wußtest du schon?

WILHELMINE: Ihr Cousin bringt mich ganz schön in die Zwickmühle, Marie. Einzig mir zuliebe wäre Heinrich bereit, schreibt er, die Laufbahn anzutreten. Sie wird ihn oft auf Inspektionsreisen führen, und er wird selten Zeit bekommen, mich zu besuchen. Wenn ich es ausdrücklich von ihm verlange, will er sich für das Amt entscheiden. Kann ich das? *Schaut Marie ratlos an. Die streicht ihr über die Wange.*

ULRIKE *hat das Fenster geöffnet, Helligkeit dringt in die rechte Bühnenhälfte*: Schau welch ein Tag! Mir wirst du eine Spazierfahrt nicht ausschlagen!

WILHELMINE: Soll ich darauf bestehn, daß Heinrich diese Reisen macht?

MARIE: Wenn Sie's nicht tun?

WILHELMINE: Wenn ich's nicht tu, übernimmt Heinrich das Amt nicht und hat wieder nichts. Und wenn er wieder nichts hat, wird auch nichts aus der Heirat. Er hat gesagt, er rührt mich nicht eher an, bis er was Festes hat.

MARIE: Dann müssen Sie ihn wohl zwingen.

Wilhelmine vergräbt das Gesicht in den Händen.

Krug tritt an seinen Platz zurück.

ULRIKE: Ich komm wohl nicht ganz gelegen, Träumer? *Lacht burschikos und zupft Kleist am Ärmel* Auf der Spazierfahrt werden wir einen Ausweg finden!

Beamtenpantomime: Lachen, vernehmliches Klappern auf dem Tisch.

KLEIST *an den Beamten vorbei*: Sie haben keine Ahnung, was Sie anrichten, meine Herren!

MINISTER: Die Sitzung ist aufgehoben! *Ab (D). Die Beamten erheben sich grüßend.*

2. BEAMTER: Ich fürchte, Kleist kommt an einer Aufgabe, die sich gewaschen hat, nicht vorbei!

KRUG *leicht erbost*: Kleist ist gewissenhaft, das wollen Sie nicht leugnen!

Beide ab (D).

KLEIST: Die Gewißheit, die Frechheit, wie sie mit dir rechnen, deine Notlage ausnutzen, sich hinwegsetzen über deine Interessen!

Ein Ungeist hindert mich, mit Wilhelmine vereint zu sein! Ich werde nicht einmal Zeit mehr haben, ihr zu schreiben! Wir werden von unsern Übungen ablassen müssen! Dieses Buch, dieses wahnsinnig dicke, schwierige Buch!

WILHELMINE: Manchmal glaube ich, ihm ist es ganz lieb, von mir getrennt zu sein. Dabei geb ich mir alle Mühe, interessant vor ihm zu erscheinen.

MARIE: Diese Mühe lohnt eine gewisse Zeit, Wilhelmine. Danach ist Hopfen und Malz verloren. Ich seh's doch bei mir und meinem Mann!

KLEIST: Ich sollte ins Ausland gehn! Ich könnte dort Sprachen unterrichten und mich für eine neue Philosophie einsetzen, von der ich gelesen hab. Fünf Jahre bräucht ich zur Vorbereitung.

ULRIKE: Du kannst Wilhelmine doch nicht schon wieder mit was anderm kommen! Dann mach doch wenigstens etwas, worin du gewisse Grundkenntnisse hast!

Kleist sieht sie mürrisch an und hebt das Buch auf.

ULRIKE: Sagte ich schon, gestern fischten sie zwei Selbstmörder aus dem Wasser?

Beide ab (A).

WILHELMINE: Ist Briefeschreiben die einzige Art, wie Männer Frauen, mit denen sie verlobt sind, lieben?

MARIE: Für schüchterne Männer ist Briefeschreiben möglicherweise die einzige Art. Aber haben Sie Anlaß, sich zu beschweren? Ist er Ihnen untreu?

WILHELMINE: Er sagt, er werde nie eine andere haben. *Blickt Marie an.* Ich will, daß ich glücklich werde!

MARIE: Sie lieben ihn nicht genug.

WILHELMINE: Was will er denn noch!

Marie blickt die ratlose Wilhelmine achselzuckend an. Beide ab (C).

Der 2. Beamte begibt sich mit Akten an seinen Platz (D). Kleist, das Buch unterm Arm, unterbricht ihn (E).

2. BEAMTER *blickt auf*: Sie wünschen?

KLEIST: Ich habe meine begraben geglaubte Neigung zu den Wissenschaften wieder entdeckt. Ich bitte um Urlaub. *Legt das Buch auf den Tisch.*

2. BEAMTER: Das Werk über Möglichkeiten in der Wasserwirtschaft **ist** wissenschaftlich, Herr von Kleist. Wir hätten mehr Interesse von Ihnen erwartet!

KLEIST: Ich werde die Zwecke Ihrer Behörde immer unterstützen.

2. BEAMTER: Nun werden Sie mal nicht kniefällig!

KLEIST: In Paris werde ich meiner Liebe zu den Wissenschaften am besten nachgehen können.

2. BEAMTER: So, in Paris? Im Ausland!

KLEIST: Es gibt dort gute Professoren.

2. BEAMTER: Sie haben keine 20 Seiten durchgearbeitet und bringen das Buch zurück!

KLEIST: Ich kann das Pensum nicht schaffen. Ich würde über meine Gründlichkeit stolpern.

2. BEAMTER: Tja, effektives Arbeiten will gelernt sein.

KLEIST: Ich kann nicht anders!

2. BEAMTER: Reden Sie sich doch nicht heraus! Sie gehen der Unannehmlichkeit aus dem Weg. Wann werden Sie dazu bereit sein, eine Arbeit von der Pike auf zu lernen? Sie sind unbescheiden. Aus Ihnen wird nie was! *Winkt ihn mit einer wegwerfenden Handbewegung weg. Kleist ab (E).*

Krug tritt zum 2. Beamten und überreicht ihm Papiere (D).

2. BEAMTER *überfliegt, unterschreibt*: Glauben Sie, daß Kleist ein Studium, das er schon einmal Hals über Kopf abgebrochen hat, jetzt durchhalten wird?

KRUG: Was ist geschehen?

2. BEAMTER: Er hat seinen Abschied genommen. Will nach Paris. Wo ihn niemand kontrolliert. Auch liebt er Deutschland wohl nicht.

KRUG: Er zieht jedenfalls früh den Kopf ein!

2. BEAMTER: Er darf ihn auch nicht so billig hinhalten wie unsereiner, nicht wahr? *Klopft auf das Buch.*

KRUG: Was er getan hätte bei Übernahme des Referats?

2. BEAMTER *nickt*: Der Minister und ich haben die Situation ganz richtig erkannt. Sorgen Sie bitte dafür, daß Sie zur Ausarbeitung

des Referats jetzt schleunig einen Dummen aus Ihrer Abteilung mit den nötigen Überstunden belegen. Meine Leute sind ausgelastet. *Blickt auf seine Uhr und geht. Krug nimmt die Papiere gebündelt auf, dann das Buch, und folgt ihm (D).*

– I,2 –

Marie und Wilhelmine treten in denselben Bereich der Bühne wie die Beamten vorhin (C).

WILHELMINE: Jetzt fährt er nach Paris. Von der Reise schickt er mir wieder Fragen. Schaun Sie! *Gibt Marie eines von zwei handbeschriebenen Blättern.*

MARIE *liest*: „Wer verliert beim vorzeitigen Tod des Partners mehr, der Mann oder die Frau?

Erster Abschnitt: Was verliert der Mann? Zweiter Abschnitt: Was verliert die Frau?" – Was, Wilhelmine, verlieren Sie, wenn Sie ihn verlieren? Sie scheinen es nicht zu wissen. Ich wüßt es in meinem Fall auch nicht.

WILHELMINE *liest*: „Eine Frau hat sich Achtung und Vertrauen eines Mannes erworben, wodurch gewinnt und erhält sie sich sein **Interesse**?"

MARIE: Mein Cousin ist schlau: hat kaum ein Mädchen gewonnen und bezweifelt schon ihr Niveau.

WILHELMINE: Er hat mir diese Frage schon mal gestellt. Durch Talente macht ein Mädchen sich interessant, hab ich antworten müssen. Bloß, welche Talente hab ich? Keine!

MARIE *tätschelt sie am Arm*: Das ist nicht wahr!

WILHELMINE: Welche Talente habe ich schon?

MARIE: Zum Beispiel geht Ihnen der Sinn für das Schöne nicht ab, wenn ich mich so umseh.

WILHELMINE: Ich besitze normal viel … höchstens.

MARIE: Bestimmt! Bloß Heinrich hat des Guten **zu**viel. Er fände noch das Mobiliar im Paradiese schäbig.

WILHELMINE *setzt sich, liest*: „Darf man in der Welt das Vollkommene erwarten? Muß man sich nicht begnügen, am Bestehenden zu arbeiten, es zu vervollkommnen?"

MARIE: Zeigen Sie her! *Wiederholt langsam und aufmerksam* Kann man … das Vollkommene erwarten? Muß man sich, in der Welt, in der **Welt**, nicht begnügen, am Bestehenden zu arbeiten, **es** zu vervollkommnen?

WILHELMINE *genervt*: Er bringt mich noch um!

MARIE *liest*: „Wenn die Flamme sich selbst den Zugwind verschafft, inwiefern ist sie mit den Gefühlen zu vergleichen?" *Wiederholt zergliedernd* Wenn die Flamme … sich selbst … Wollen Sie die Fragen beantworten?

WILHELMINE: Ich will ihm schreiben, daß er mich damit in Ruhe läßt!

MARIE *setzt sich*: Ich finde die Fragestellung nicht uninteressant. Wenn die Flamme sich selbst den Zugwind verschafft, inwiefern ist sie ... mit den Gefühlen zu vergleichen?

Sie schreiben, Marie aus den Blättern ab, Wilhelmine einen Brief.

Verteilen sich (A): Karoline von Schlieben und der Maler Lohse auf Stühlen, die sie mitbringen, an der Wand, Pfuel und Ulrike, mit zwei gleichen Stühlen weiter vorne rechts stehend, sowie auf dem Schemel, den sie vorne in die Mitte rückt, mit einer Stickarbeit Henriette von Schlieben.

KAROLINE: Haben Sie Ihren Bruder an Land steigen sehen?

ULRIKE: Nein. Sie hatten noch nicht angelegt, als ich den Anlegeplatz verließ.

LOHSE: Mit so 'nem alten Fischkahn die Elbe lang, Karoline? Schade, der taugte nicht viel, ein bißchen Sturm, hatte reichlich gefangen, und schon kippt er ab. Ich habe schon mit dem Gedanken gespielt, es wäre damit mal ein guter Kauf für unsre Flitterwochen zu machen.

ULRIKE *zu Henriette*: Mit bemerkenswertem Elan kämpfte er gegen Wasser und Sturm an!

HENRIETTE: Der Sprung vom Bord des Passagierschiffes in den Fischkahn war waghalsig. Er verachtete die Gefahr, er registrierte sie nicht, er sprang einfach hinunter und setzte glücklich auf.

ULRIKE: So handelt er jetzt – als hätte er nichts zu verlieren, nichts zu gewinnen. Gleichgültig gegen andere und sich selbst. Er spricht nicht, deutet nichts an, steht wortlos neben einem an Deck und plötzlich, jäh, springt er in einen kenternden Kahn.

PFUEL: Der Satz ins Fischerboot hätte mir alle Ehre gemacht. Die rasche Entschlossenheit Heinrichs zeugt von seiner soldatischen Vergangenheit.

LOHSE: Seit ich hier ein und aus geh, werde ich den Gedanken an tote Fische nicht los! Spürt ihr's eigentlich nicht, liegt es euch nicht in der Nase, Fischgeruch?

PFUEL *beiläufig, kühl*: Gelegentlich.

LOHSE: Du bist zu selten hier. Jedesmal wenn wir Westwind haben, dieser eklige Geruch.

ULRIKE: Ich esse sehr gerne Fisch.

LOHSE: Wenn das Aroma nicht wäre. Ihr müßt verstehen, wenn ich mich mit Karoline gleich ins Hinterhaus zurückzieh und euch mit Henriette alleinlaß. Ich will den Geruch aus der Nase. *Neckend* Auch würde Karoline nie porträtiert, wenn sie nicht immer gleich mitkäme.

KAROLINE *scherzhaft*: Er will mich heiraten, weil ich gut stillhalten kann!

ULRIKE *lächelt*: Porträtiert er Sie jede Nacht?

KAROLINE: Fast.

ULRIKE: Bekommen wir ein Bild zu Gesicht?

KAROLINE: Jede Nacht bildet und zerstört auch ihr Bild. Außerdem behält er das, was ihm von seinen Werken gefällt, für sich, so sein einziges, das er mit 17 gemacht und in den Schatz seiner privaten, unverkäuflichen Sammlung aufgenommen hat!

ULRIKE: Indiskretion lag mir fern!

LOHSE *beleidigt*: Es riecht **kolossal** nach Fisch hier.

KAROLINE *beschwört ihn*: Der Abend gehört uns allen, die Nacht, die heutige lange Abschiedsnacht, uns allein.

Lohse läßt sich widerstrebend auf ihre Zärtlichkeiten ein. Kleist tritt auf (A).

KLEIST *zu Pfuel*: Wir hätten gegenübersitzen und uns anspornen sollen!

PFUEL: Du verstelltest mir den Weg. Ich wäre gerne nachgesprungen.

HENRIETTE: Ruhen Sie sich aus, nehmen Sie Platz.

KLEIST *rückt Ulrikes Stuhl neben Henriette und setzt sich rittlings*: Kennen Sie dies Bewußtsein körperlicher Stärke, dies Fühlen der eigenen Vitalität? Es beglückt, es macht frei.

HENRIETTE: Sie haben Menschen aus der Klemme geholfen.

KLEIST: Das ist ein Nebenaspekt. Ich habe mich angespannt meiner Körperkraft stellen müssen, das war's! Wo sonst wird der Mensch sich selbst zum Maßstab, beurteilt, fordert heraus sich selbst? Man findet im Grunde nur in einfachen Dingen die Bestätigung seiner Kraft.

HENRIETTE: Ein bißchen Rudern ist ein Tropfen auf den heißen Stein, Heinrich.

KLEIST: Man sollte sich ganz aufs körperliche Arbeiten verlegen!

LOHSE *zu Karoline*: Werdet ihr das Haus verkaufen?

KAROLINE: Wer will den Schuppen, wo's doch den ganzen Tag nach Fisch riecht?

LOHSE: Ich will versuchen, den Geruch zu vergessen, wenn du mir jetzt gleich eine Chance gibst, dich mir noch einmal einzuprägen.

Schaut ungeduldig zu, was um Kleist/Henriette geschieht.

ULRIKE *zu Henriette*: Nun haben Sie Heinrich und mir den Gobelin ausgeredet, den wir als Geschenk vorgesehen hatten, und wir stehen beim Abschied mit leeren Händen da.

KLEIST *zu Henriette*: Sie hätten nicht so befangen tun brauchen, als Ulrike auf den Wandbehang hinwies, Ulrike verschwendet nicht, müssen Sie wissen.

HENRIETTE: Er war seinen Preis nicht wert.

ULRIKE: Ohne Ihnen nahetreten zu wollen und ohne mein laienhaftes Urteil zu überschätzen: er erinnerte mich an Ihre und Karolines Arbeiten. Er war seinen Preis sicher wert.

KLEIST *zu Henriette*: Sie haben immer so hübsche Sachen in Arbeit.

HENRIETTE: Es wären Eulen nach Athen getragen gewesen. Wir sind täglich von diesen Dingen umgeben. Außerdem, wie hätten wir noch die begründete Erwartung Ihres Wiederbesuchs, wenn wir den Gobelin als Geschenk angenommen hätten? Wir besitzen alle nicht viel. Wir können uns derartige Geschenke nur einmal machen.

WILHELMINE *blickt zu Marie auf*: Ich hoffe, er ist seiner Behörde nicht nahegetreten und hat sich den Rückweg nicht verbaut. Er soll an seinen Platz zurückkehren, wenn er in Paris fertig ist. *Schließt den Brief.*

LOHSE *macht sich gelangweilt von Karoline los; in Richtung Henriettes*: Warum kommt sie nicht her, sitzt wie angewurzelt auf ihrem Stammplatz, stickt? – Henriette, möchtest du nicht feiern den Abend, bevor dein Schwager euch eine Zeitlang alleinläßt? Ich dachte, ein Abschied ist was! Aber während der Studienreise bleibt mir Raum en masse, den Gedanken an liebe, besondere Schwägerinnen zu hegen, mit denen ich, wenn die Frau nicht will, nach meiner Rückkehr ein regelmäßiges Mal- und Schäferstündchen einlegen sollte! Außerdem stehn meiner abendlichen Leinwand allenthalben nackte Schöne zu, die gekürt sein wollen. *Henriette läßt ihre Arbeit fallen und geht eilig ab (B).*

KLEIST *steht auf*: Henriette! *Betretenes Schweigen.*

Wilhelmine macht eine besitzergreifende Bewegung in Richtung Kleists, der zusammenzuckt.

LOHSE: Hab ich was Falsches gesagt?

KAROLINE: Ich vertrag vielleicht auch nicht die Art, wie du laut vor dich hindenkst, Lohse!

LOHSE: Es war nur Scherz.

ULRIKE: Mich veredelte bis heute keiner, Herr Künstler. Wie wäre es mit mir morgen vormittag gegen fünf als eine kalte Erfrischung?

KAROLINE: Ich hab einen andern Vorschlag: du solltest mir zur Abwechslung einen hübschen Mann malen! Pfuel ist so ein ansehnlicher Typ!

Kleist nimmt unruhig wieder Platz.

WILHELMINE: Heinrich soll auf dieser Reise erwachsen werden!

MARIE: Er hat durch das Wohlwollen von Minister Altenstein und Ihre Geduld, Wilhelmine, eine Menge Förderung erfahren.

LOHSE: Pfuel, vielleicht ist diese Kunstreise nicht das Richtige für mich. Sind alle was nervös. Was meinst du, wär's beim Staat für mich besser? Du bist beim Staat. Wie siehst du als Offizier den Staat?

PFUEL: Vertrauend.

LOHSE: Blind? Blindes Vertrauen ist meine Sache nicht.

PFUEL: Ich billige dem Staat einen gewissen Vollmachtenüberschuß zu. Ich bringe seinen Einrichtungen ein gewisses Grundvertrauen entgegen. Ich kenne darüber hinaus so etwas wie stille Liebe zum Plan am schwarzen Brett. Schon von der Kaserne her. Aber auch als Zivilist solltest du's kennen, wenn du eine staatliche Laufbahn erwägst.

Wilhelmine und Marie, jetzt ebenfalls mit Schreiben fertig, ab (C). Henriette mit einem kleinen Paket zurück. Kleist auf sie zu, hält sie am Arm.

LOHSE *zu Karoline*: Gehn wir?

KAROLINE *erleichtert*: Ja.

Lohse und Karoline sowie Pfuel, der etwas zögert, und Ulrike in entgegengesetzten Richtungen ab (BB/AA).

KLEIST *läßt Henriette frei*: Manchmal, wenn ich frei sprechen kann, weil ich mich angenommen fühle, stell ich ganz seltsame Fragen. Bleibt uns ein Mensch das wert, was er war, oder wird er noch mehr in der Trennung?

Ich darf Ihnen schreiben, Henriette, einen langen recht langen Brief, Sie haben nichts einzuwenden?

HENRIETTE: Die Erinnerung an Menschen verblaßt, wenn man sie längere Zeit nicht sieht. Sie werden in einigen Tagen nicht mehr wissen, wie ich aussehe, während ich hier wie immer sitze und arbeite.

KLEIST: Ich werde Ihnen in meinem Herzen ein Denkmal setzen.

Wetterleuchten und entferntes Donnern. Henriette überprüft ihre Arbeit. Kleist tritt ans Fenster.

Wie wenig man in wechselnder Umgebung doch vom Kerl verliert, der man zu Beginn einer Reise war! Was verbergen Sie, Henriette, durch was sind Sie verletzt worden?

Wetterleuchten und Donnern.

Aus einer Tätigkeit, der wir alle nachgehn, dem Gehen, macht der Postbote einen Beruf, während Leute wie ich zum Spaß so herumgehn. Unter einem Gerüst duckte ich mich gestern durch, lugte heimlich hinauf, wo der Maurer seine Kelle führte, schon erschreckte mich das Schleifen der Polierscheibe aus einer Schmiede zwei Häuser weiter. *Blitzen, Donnern.*

Sie – sagen Sie nichts –, Sie verstehn mich besser als die rauhen Mitmenschen, die viel schwätzen. Öfter und öfter wird mir unmöglich, dem müden Blick eines Menschen mit hartem, verdienstvollem Arbeitstag standzuhalten. Nur auf dem Boot, plötzlich, den Fischern gegenüber, fühlte ich mich zu was nütze. Sie nahmen mich in ihre Crew auf, und zum Schluß trank ich sogar ein Bier auf ihre Kosten.

Geht einen Schritt auf Henriette zu, zieht das Klarinettenmundstück aus der Tasche Klingt ein Mensch, Henriette?

HENRIETTE *unterbricht sich beim Sticken*: Ja, jeder Mensch klingt. *Während sie hektisch stickt und, ohne es zu merken, sich verheddert* Der Mensch ist ein Laut, der das Nichts durchkreuzt. Er kommt aus dem Nichts und geht in das Nichts. Er geht in die Dämmerung eines Gewitters, und das Gewitter schwillt näher und greift um sich. *Tritt ans Fenster.*

Wir leben von diesen Arbeiten. Pfuels Eltern gehören zu unsern Kunden. Aber diesmal werden sie den Auftrag nicht geben. Pfuel stellte ihnen die Gefahr eines neuen Krieges dar. Unsere Arbeiten sollen nicht Napoleons Truppen zum Opfer fallen. *Verzweifelt* Bedarf noch **ein** Mensch unsrer Arbeiten?!

KLEIST: Aber wir wollten doch den Wandbehang kaufen!

HENRIETTE: Ja, er war unser Werk. Jetzt müssen Sie uns für sehr seltsam halten!

Blitzen und Donnern. Das Gewitter ist über ihnen.

Lassen Sie uns nach draußen gehn.

KLEIST: Es wäre gefährlich, so nah am Fluß!

HENRIETTE: Vielleicht will ich, daß es gefährlich wird! Ich liebe das. In Ermangelung anderer Genüsse liebe ich den Rausch der Gefahr. *Sieht Kleist forschend an.* Ich verschwende Worte. Wir werden uns nicht wiedersehn.

KLEIST: Ich werde dieses einfache Haus und seine Bewohnerinnen vermissen.

HENRIETTE: Wo's doch immer nach Fisch roch!

KLEIST: Ich nehme daran keinen Anstoß.

HENRIETTE *hartnäckig*: Ich möchte einer Freundin meine neuen Arbeiten zeigen, es liegt auf dem Weg zu Ihrem Logis.

KLEIST: Wenn wir das Gewitter überleben, werde ich wiederkommen.

HENRIETTE: Ehrenwort?

KLEIST: Ich pflege mich an Versprechen zu halten. *Bietet ihr den Arm. Beide, Henriette mit dem Päckchen, vorne rechts ab (A). Blitze und nahe Donnerschläge.*

Auf der andern Seite der Bühne treten die verzweifelte Wilhelmine und Marie auf (C).

WILHELMINE: Lesen Sie! Reisebeschreibungen. Dresden. Neue Bekanntschaften, Pfuel führt sie überall ein. *Gibt Marie einen*

Brief. Beim Militär ist er nicht geblieben, ein Studium bricht er ab, am Ministerium will er Geld verdienen, um mich bald heiraten zu können, und jetzt ist er wieder unterwegs und schweigt von seinen wahren Gedanken zwei Kritzelseiten! *Entreißt Marie den Brief und schleudert ihn auf den Tisch.* Belangloses Zeugs!

MARIE: Ich frage mich, ob er wirklich nie eine andre haben wird als Sie, Wilhelmine.

WILHELMINE: Ich bin nicht hübsch.

MARIE: Sie müssen Ihren Reisenden prüfen. Schreiben Sie ihm noch ein letztes Mal, er gibt Ihnen Auskunft.

Krug tritt auf (E).

Herr Amtsrat Krug, ein Förderer Heinrichs in Berlin. Wilhelmine von Zenge, Kleists Verlobte.

KRUG *überrascht und angeregt*: Ich schäme mich nicht, zu bekennen, daß mich der Anblick einer so liebenswerten jungen Dame freut! Ihr Verlobter hat nicht zu viel erzählt.

WILHELMINE *unwillkürlich bei ihm unterhakend*: Kennen Sie Menschen, die sich lieber nach jemand sehnen, als bei ihm sind?

KRUG: Der Augenblick gibt einem wunderliche Dinge ein, Wilhelmine.

Beide mit Marie links hinten ab (D).

– I,3 –

Die Schliebens bringen den Tisch weg und nehmen mit Stickarbeiten und einem Brief, Karoline auf einem der Stühle, Henriette auf dem Schemel, den sie beirückt, links neben der Wand Platz (B).

HENRIETTE: Von wo schreibt er?

KAROLINE: Aus Koblenz. Sie werden dort aufgehalten. Durch einen Streik der Schiffer.

HENRIETTE: Was ist das, ein Streik?

KAROLINE: Die Schiffer weigern sich zu arbeiten, solange bis sie mehr Lohn bekommen.

HENRIETTE: Das ist unmöglich, wenn sie wirklich arm sind.

KAROLINE: Wie meinst du das?

HENRIETTE: Ich meine, wer arm ist, muß immer arbeiten. Er kann sich nicht leisten, die Arbeit zu unterbrechen für, wie sagtest du?

KAROLINE: Für einen Streik.

Ulrike tritt auf und entfernt die vor der Wand befindlichen Stühle (A).

KAROLINE *legt den Brief ab und nimmt ihre Arbeit auf*: Übrigens scheint es ihm ganz lieb zu sein, daß sie nicht weiterkommen. Es gefällt ihm in Koblenz.

HENRIETTE *den Brief aufhebend, mit gierigen Blicken streifend, aber nicht lesend*: Findest du nicht auch, daß seine Schwester etwas herb ist?

Im äußersten Vordergrund etwa in der Mitte nehmen Lohse und Kleist einander gegenüber auf dem Boden Platz (A). Ulrike, in Lohses Blickfeld, schaut teils aus dem Fenster, teils geht sie davor auf und ab. Lohse nimmt einen Zeichenblock vor und fängt an, Ulrike zu zeichnen.

HENRIETTE: Warum Lohse sich nicht meldet?

Karoline wirft ihr einen haßerfüllten Blick zu.

LOHSE: Hast du Karoline einen Gruß von mir bestellt?

KLEIST: Sollte ich? Ich dachte, du schreibst ihr selber.

HENRIETTE *den Brief zurücklegend, gereizt*: Wer nichts hat, hat nichts zu verlangen!

KAROLINE *entrüstet*: Ich kann deine Reden allmählich nicht mehr hören! Du bist ja verrückt! *Mit ihrer Arbeit ab (B). Henriette hektisch stickend.*

KLEIST: Weißt du, daß ich dich um das Bild beneide, das du dich hartnäckig weigerst zu zeigen und zu verkaufen?

LOHSE: Karoline zieht mich oft genug seinetwegen auf.

ULRIKE *Hände außer Daumen in den Jackettaschen, für sich*: Wäre er auf dem Schiff geblieben bis zur Nordsee, und in Koblenz sehe ich auch wieder schwarz! Einmal Post, zweimal die verflixte Tischlerei, ein Rundgang mit der Schwester, Arbeiten an seinen Schriften, so hängen wir eine Woche jetzt hier!

Sie lehnt sich mit dem Rücken gegen das Fenster, winkelt ein Bein an und zupft Flusen weg. Hastige Striche, Korrekturen von Lohse.

Krug (E) begegnet Wilhelmine (C), die gerade einen Brief aufbricht und mehr zu überfliegen als zu lesen beginnt. Er sieht ihr aus höflichem Abstand zu.

Ulrike lehnt sich aus dem Fenster. Lohse reißt das Blatt heraus und zerknüllt es. Er packt zusammen und bricht die Sitzung ab. Die beiden Freunde verlassen den Platz.

Wilhelmine bemerkt Krug. Sie blickt ernst auf, aber antwortet nicht. Dann, während sie wieder liest, wird sie zunehmend wütend.

ULRIKE *aus dem Fenster rufend*: He, kennen Sie niemand, der uns übersetzt?

Lohse und Kleist passieren den Bereich vor dem Fenster.

KLEIST *zu Ulrike*: Übrigens quartier ich mich beim Tischler ein. Auch für dich ist ein Zimmer reserviert.

ULRIKE: Die Rechnung hast du ohne den Wirt gemacht. Wir begeben uns auf dem schnellsten Weg nach Paris!

KLEIST: Die Schiffer streiken.

ULRIKE: Dann schwimmen wir eben!

LOHSE: Das möcht ich sehn! Zwei Nichtschwimmer über den Rhein, die Koffer über den Häuptern haltend.

ULRIKE *zu Lohse*: Wo ein Wille ist, ist auch ein Weg.

KLEIST: Ich **will** aber nicht.

ULRIKE *sieht ihn gerade an*: Was willst du?

KLEIST: Ich will an meinem Drama dichten und sterben.

ULRIKE: Sie gibt dir den Laufpaß.

Wilhelmine und Krug schauen einander wortlos an.

ULRIKE *ruft barsch aus dem Fenster*: Ein Boot bitte!

LOHSE: Ich führte meine Braut ja nicht so an der Nase herum.

KLEIST: Und ich fertigte in ihrer Abwesenheit keine Skizzen an von Frauen, die ich in Gedanken nackt auszieh.

LOHSE: Sachte, sachte.

KLEIST: Ich nützte die Situation meiner Braut nicht so aus.

LOHSE: Wie bitte meinst du das?

KLEIST: Du weißt, wie ich das meine.

LOHSE *packt ihn am Kragen*: Sprich laut: was soll ich wissen?

KLEIST: Daß die Schwestern Schlieben kein Geld haben und darum keine Ansprüche stellen.

Sie ringen miteinander.

ULRIKE *sich umdrehend, den Streit beendend*: Und wovon willst du leben, wenn deine Ersparnisse aufgebraucht sind und ich dir nichts mehr schicke? Willst du beim Tischler eine Lehre machen?

Keine Antwort.

Nach draußen rufend Ein Boot! *Energisch ab (A). Lohse, der die Szene amüsiert beobachtet, tänzelt grinsend hinterher (A).*

KRUG: Ich wollt's Ihnen erst nicht sagen. Aber Sie müssen's ja doch erfahren.

WILHELMINE *neugierig*: Ja?

KRUG: Ich hörte von Pfuel, Sie kennen doch Pfuel?

WILHELMINE: Sein alter Regimentskamerad, ja sicher, der gute Ernst.

KRUG: Derselbe, der sich für die Wiederbelebung des olympischen Sportes bei uns einsetzt. Pfuel also, hörte ich, ist unterwegs, um ihren Verlobten bei der Fertigstellung eines Gedichtes, das ziemlich lang ist, zu unterstützen.

WILHELMINE *taumelt*: Ich habe die Nase voll! Ich kündige!

Krug fängt sie auf. Sie hakt bei ihm unter.

KRUG: Sie wollen …

WILHELMINE: Ich kündige!

KRUG: Wenn das so ist, ja dann … ich kann's gar nicht fassen!

WILHELMINE *mit geschlossenen Augen*: Was können Sie nicht fassen, Herr Krug? Ich rechne mit allem.

KRUG: Ja wenn das so ist, dann, dann halte ich hiermit, halte ich hiermit … um Ihre Hand an!

WILHELMINE *glücklich*: Ist das Ihr Ernst?

KRUG: Mein bitterer Ernst!

WILHELMINE *fällt ihm um den Hals*: Dann sage ich mit wenig bitterem Herzen ja! *Küssen sich.*

Während dieser Wendung geht Kleist unauffällig ab (A). In dem Augenblick, in dem er verschwindet, hört Henriette mit Sticken auf, steckt den Brief verwirrt ins Dekolleté und stürzt in Panik von der Bühne (B).

WILHELMINE: Was er sagen wird? Es darf ihn nicht überraschen.

KRUG: Sie zeigten nun wahrhaft viel Geduld.

WILHELMINE: Ich habe ihn gemocht. Wer weiß, wenn er sich anders angestellt hätte?

KRUG: Nun machen Sie mich nicht eifersüchtig im nachhinein!

WILHELMINE *nimmt sein Gesicht in die Hände, gibt ihm einen Kuß*: Bestimmt nicht!

KRUG *bietet ihr den Arm; im Gehen plaudernd*: Ich hörte von einem Fall, wie eine einfache Phimose – Sie wissen doch, was eine Phimose ist? Phimose ist die Verengung der Haut, durch die er hindurchmuß – wie eine banale Phimose einen Mann jahrelang davon abhielt, mit seiner Frau Verkehr zu haben. Es hätte ihm Schmerzen gemacht. Als sie ihm mit der Scheidung drohte, ging er heimlich zu einem Arzt, ließ den Schaden beheben und lebt seitdem glücklich.

WILHELMINE *erheitert*: Da tat er wahrhaft gut. Mögen er und sein Freund wenigstens eine schöne Zeit haben! *Beide ab (jetzt C).*

– I,4 –

Die Wand wird zu ungleichen Teilen nach hinten abgewinkelt, die verbliebenen Stühle entfernt. Links von der Mitte, in Blickrichtung hinter die Wand, setzt sich Kleist, ein Notizheft in Händen, auf den Schemel (A). Pfuel zeigt ab und zu Kopf und bloße Schultern im Fenster.

PFUEL *im Fenster sichtbar; seine Erklärungen gestikulierend unterstreichend*: Das Gerät ist einfach. Stell dir eine Stange vor mit einem Griff am einen und einem Ring am andern Ende. Hier faß ich an und dort ist der Rekrut. Der Ring ist gerade groß genug, daß der Rekrut hindurchpaßt, sich bewegen, aber nicht herausschlüpfen kann. Ich will das Gerät Angel oder, genauer, Schwimmangel nennen.

KLEIST: Ich möchte nicht an der Angel zappeln.

PFUEL *verdeckt*: Lohse kennt für das Ding noch eine andere Verwendung: wenn der Rekrut, meint er, nicht pariert, schmeißt du ihn kurzerhand ins Wasser, zwingst ihm das Eisen um den Leib und tunkst ihn, sooft und solange du willst, einfach unter. Übung im Wasserschlucken! Ich muß schon sagen, wo heutzutage kein Soldat mehr zum Spießrutenlauf verurteilt wird, wird die Angel zum geeigneten Disziplinierungsinstrument. Jedenfalls für diejenigen Rekruten, die das Schwimmen noch nicht beherrschen.

KLEIST: Rettungsgerät, Vernichtungsgerät. Küsse, Bisse. Müssen Dinge immer drohen?

PFUEL: Die Grenzen fließen. Das ist das Leben.

KLEIST: Nimm zum Beispiel deinen Rücken. Dein Rücken ist, mit Abstrichen zwar, doch immerhin in weiten Teilen, besonders was den unteren Teil betrifft, zumindest dem Gebrauchswert nach, nicht verschieden vom Rücken einer Frau.

PFUEL: Komm! Nichts Schöneres als ein offenes Gewässer bei so einem Wetter.

Kleist wiegt den Kopf und sieht ihm schweigend zu. Pfuel passiert kurz im Fenster. Eine größere Partie seines Oberkörpers wird dabei sichtbar.

KLEIST: Der junge Mann, um seine Unruhe abzudämpfen, unternimmt eine Reise. Er gibt vor, in einer ausländischen Stadt sein Studium wiederaufzunehmen. Er muß das versprechen, denn von dem Offizier, der er gewesen, erwartet man, daß er das verspricht. Daß er von der Laune des Augenblicks getrieben wird, Pläne von einer Minute auf die andere umstürzt, verschweigt er. Soll ich ihn Paris, seinen vorgesehenen Studienort, erreichen und **dort** scheitern lassen, oder bricht er die Reise vorher ab?

PFUEL: Als Chronist wirst du das erzählen müssen, was der Wahrheit entspricht.

KLEIST: Und als Romancier?

PFUEL: Das Problem?

KLEIST: Es würde den Fluß der Erzählung hemmen, wenn ich ihn alle Reisen, die er in Wahrheit macht, die den Leser aber ermüden, auch im Roman machen ließe.

PFUEL: Du sprichst unentwegt von deinem Roman. Aber hast du dein Drama fertig?

KLEIST: Sagte ich, daß ich den jungen Mann verloben will? Er hat die Unvorsichtigkeit besessen, um ein Mädchen zu werben, das er nicht begehrt. Die Reisen, die er macht, erweisen sich als außerordentlich hilfreich. Er stellt sie damit vor ständig neue Situationen. Übrigens: wenn du einmal verlegen wirst, dir eine Braut vom Leibe zu halten, mußt du sie einfach immer stärkeren Geduldsproben aussetzen. Sie wird von sich aus die Verbindung lösen, du kommst an Freiheit und Ehre ungeschoren davon.

PFUEL: Schönes Offiziersverhalten! Ohne mich!

KLEIST: Küsse, Bisse. Roman meines Lebens. Wie findest du den Titel?

PFUEL: Es ist nicht gut, daß die Soldaten heutzutage kaum schwimmen können. Das schwächt die Einsatzbereitschaft der Truppe. Nicht zu reden vom Vorzug, den das Schwimmen für die körperliche Ertüchtigung jedes Rekruten bildet.

KLEIST: Was soll ich mehr bewundern: deine halbaufgerichtete Männlichkeit oder den Schwung der Wölbungen, die ...
Der Arsch der Aphrodite!
Warum brauchst du Kleider? Ich nehme dir deine Kleider weg.
Bemächtigt sich der hinter der Wand deponierten Kleider Pfuels, legt sie aber wieder zurück.

PFUEL *sichtbar, mit nassem Gesicht*: Du bist erhitzt vom vielen Arbeiten. Komm jetzt!

KLEIST: Nicht doch!

PFUEL *verdeckt*: Der Kriegsminister und der Erziehungsminister wollen mit mir zusammenarbeiten. Körperliche Ertüchtigung soll beim Militär, auf den Schulen, ja im ganzen Volk gepredigt und verbreitet werden.

KLEIST: Der Arsch der Aphrodite ist nichts gegen den Hintern meines Freundes Ernst von Pfuel.

PFUEL: Komm schon!

KLEIST: Darf ich dich ablecken?
Ich begehre dich.

PFUEL *im Fenster; aufmunternd*: Ich tobe mich aus im Wasser, in meinen Plänen für die Sportakademie. Du dich in deinem großartigen Text. *Verschwindet.*

KLEIST: Es ist nicht.

PFUEL: Ich bin hier, um dir dabei zu helfen.

KLEIST: O ja, mein Drama, mein Roman.

PFUEL: Werde nicht kindisch!

KLEIST: Deine Haut ist das Reiseziel, das ich kriechend zentimeterweis durchmessen möchte.

PFUEL *ungehalten*: Heinz!

KLEIST: Sei du mir Frau, Verlobte, Kind und Eltern, Leib und Seele.

PFUEL: Komm jetzt! Im Wasser ist es kühl.

KLEIST *steht zornig auf*: Das dumme Drama taugt nichts.

PFUEL: Du tust mir weh.

KLEIST: Kennst du die dritte Verwendung? Wir saufen uns den Kopf voll. Dann kommen wir wieder, du bindest mich an deine verdammte Angel, ich ziehe dich mit und wir löschen zusammen aus!
Im linken Hintergrund wird Lohse sichtbar (D). Pfuel, der ihn bemerkt, tritt, ein Handtuch um die Hüften schlingend, hinter der Wand hervor (E). Kleist benutzt den Augenblick, indem er

auf Pfuel zueilt, eine Hand unter das Lendentuch schiebt, mit der anderen Pfuels Gesicht an sich zieht und es abküßt. Pfuel setzt sich zur Wehr. Dabei fällt das Lendentuch zu Boden. Lohse kommentiert die Szene mit einem Pfiff. Pfuel besorgt zögernd seine Kleider und wendet sich Lohse zu. Kleist holt in der Zwischenzeit von einem Platz außerhalb einen großformatigen, prall gefüllten Umschlag (A).

LOHSE *schluckt; erregt*: Wenn man euch sieht, kann einem anders werden.

PFUEL *kleidet sich an*: Heinz hat sich überarbeitet.

LOHSE: Nicht, daß ihm die Hitze noch den Kopf verdreht!

PFUEL: Wenn du sein Drama liest, spürst du, zu was ein Mensch fähig ist.

LOHSE: Flotte Komödien sind zur Zeit sehr beliebt.

PFUEL: Komödien? Seit Shakespeare kennen wir nichts von so abgrundschöner Poesie.

KLEIST *zurück, den Umschlag vor den andern verbergend*: Haben wir die Auseinandersetzung neulich vergessen, Lohse?

LOHSE *mit einem gewissen Argwohn*: Ich laß meinen Hübschen in Dresden jetzt Nachricht zukommen. Das Vergnügen eines Freundes, der seine Zeit und seine Mittel opfert, hat nicht jeder …

KLEIST *dazwischenfahrend*: Warum sollte ich auch zweifeln, daß du für Karoline sorgst.

PFUEL *zu Lohse*: Die Schliebens waren wirklich beunruhigt.

KLEIST *zu Pfuel*: Besorg doch bitte mein Manuskript und lies Lohse eine Stelle daraus vor.

Pfuel sieht ihn stutzig an, geht dann aber in dieselbe Richtung ab wie vorhin Kleist. Während dieser dem Umschlag Blätter entnimmt und sie bündelweise aus dem Fenster fallen läßt

LOHSE *verlegen*: Bei meiner Ausstellung neulich ließ mich das Publikum im Stich. Mit Almosen aus einem neben meinen Straßenmalereien postierten Klingelbeutel mußte ich die Raumkosten bestreiten. Mit dem, was ich für mein Bestes hielt, hab ich nicht mal in einer kleinern Stadt eine Chance. Im nächsten Jahr kann ich als Bühnenmaler beginnen. Das wird Karoline und mich ernähren. Was schmeißt du ins Wasser?

KLEIST: Mein Manuskript.

LOHSE *ironisch*: Ist's nicht so ausgefallen, wie's dir erträumt hast? Soll vorkommen! Aber warum machst du kein Feuer davon? Ich kann mich dann nach dem Schwimmen davor abtropfen lassen und spare das Handtuch. Ich bin auch nicht zu verachten, Chéri!

Kleist sieht hinaus und läßt das jetzt leere Kuvert auf den Boden fallen.

Pfuel zurück (A).

PFUEL *bleich*: Wo ist dein Manuskript? *Entdeckt den leeren Umschlag.*

KLEIST *zu Pfuel, aggressiv*: Du hättest mir sagen müssen, daß ich nichts zustandebring!

PFUEL: Mach mich nicht leichtsinniger, als ich bin! Du hast dein Drama fertig! Wo liegt's?

LOHSE: Wahrscheinlich lesen die Fische einander daraus vor. Übrigens hab ich bei einfachen Leuten nach wie vor weniger Schwierigkeiten. Gleich, ob meine Arbeiten mir gefallen oder nicht: Hauptsache, sie gehn. Bei schlechten Lichtverhältnissen zahlen sie sogar das doppelte.

Kleist raubt Pfuel einen Kuß und verläßt fluchtartig die Bühne (D). Pfuel hastet ihm ein paar Schritte nach, tritt aber dann ans Fenster und blickt fassungslos hinaus. In einem raschen Entschluß zieht er sich aus und verschwindet hinter der Wand. Lohse sieht ihm kopfschüttelnd zu.

LOHSE: Der See muß doch ein kosiges Gewässer sein, daß du immer wieder hineinsteigst. Ich sollte mein Farbtalent an seiner Abklatsche beweisen. Wie drückt man in Öl aus, daß er ein kosiges Gewässer ist? Schwer zu sagen. Dein toller Literat kann das besser. Ungefähr so: nichts geht über ein Baden zu zweit, gründliche Spülung von vorn und unten, bei dir, bei der Frau. Und so hopst ihr noch am Strand einander nach, laßt euch abtropfen, hier, und pflanzt euch in voller Kreatürlichkeit vor das niedliche Feuer. Aber halt, er hat's ja gar nicht verbrannt.

PFUEL *im Fenster; mit nassen Haaren*: Wo hat er's versenkt?

LOHSE: Im Wasser.

PFUEL *schüttelt fassungslos den Kopf*: Alles mit Tinte geschrieben!

LOHSE: Komm schon raus, da ist nichts mehr zu retten.

Pfuel taucht unter.

– I,5 –

Die Wand wird in den ursprünglichen Zustand zurückversetzt. Henriette, mit Stickarbeit, bringt einen Stuhl und rückt den Schemel in den Vordergrund (B). Sie nimmt auf dem Schemel Platz. Klopfen.

HENRIETTE: Ja bitte? *Nochmal Klopfen.* Wer ist da?

KLEIST *tritt zögernd auf (A)*: Ich bin's.

HENRIETTE *steht auf*: Kleist? Wie sehen Sie aus!

KLEIST *setzt sich auf den Stuhl; erschöpft*: Sind Sie allein?

HENRIETTE: Karoline wohnt nicht mehr hier. Ihr Mann arbeitet bei einem Dekorationsunternehmen. Ich hüte jetzt allein das Haus. Wie geht es Ihnen?

KLEIST: Ich hatte eine schlimme Zeit ... Ich habe bei dem Tischler gearbeitet, bei dem ich schon einmal war. Ich wäre beinah sein Lehrling geworden. Man hat mich gut behandelt. Ich muß recht krank gewesen sein.

HENRIETTE: Es ist manchmal eine Wohltat, krank zu sein. Die Menschen schenken einem dann mehr Beachtung.

KLEIST *lächelt befangen*: Und man muß sich seiner Schwäche nicht so schämen!

HENRIETTE *tritt ans Fenster*: Pfuel ist Major, wußten Sie schon?

KLEIST: Ich habe seit über einem Jahr von niemand etwas gehört.

HENRIETTE: Die andern schaffen den Sprung nach vorn. Sogar Karoline. Dieses Ungeheuer hat sie aus dem Loch hier geholt.

KLEIST: Sie meinen Lohse?

HENRIETTE *bejaht; dreht sich um*: Und was werden **Sie** machen?

KLEIST: Ich werde **nichts** sein.

Henriette macht sich während des folgenden immer wieder mit diskreten Berührungen an den reglos dasitzenden Kleist heran. Zuletzt steht sie hinter ihm und massiert leicht seine Schultern.

Im linken Mittel- und Hintergrund, häufiger stehen bleibend, im Gespräch miteinander Pfuel, der Minister und der 2. Beamte (E).

2. BEAMTER: Eine brandgefährliche Sache, ein Deutscher, der sich ins französische Lager verirrt. So etwas tut man allenfalls, wenn man zum Feind überlaufen will.

PFUEL: Wäre er dann als Spion festgehalten worden, Herr Legationsrat? Das erzählen Sie keinem erfahrenen Soldaten.

2. BEAMTER: Hatte Ihr Freund einen Auftrag, ins französische Lager zu gehen, Herr Major? Sie geben zu, daß sich kein normaler Bürger mit gewöhnlichen Absichten der Gefahr aussetzt, in die Ihr Freund sich begab.

HENRIETTE: Es ist schön, daß Sie an Ihr Versprechen gedacht haben.

MINISTER *hinhaltend*: Von einem geheimdienstlichen Auftrag Herrn von Kleists ist mir nichts bekannt.

2. BEAMTER: Was also trieb er in Frankreich?

PFUEL: Er war in einer kritischen Lage.

Kleist steht auf, befreit sich.

Er sah sich vor ein Nichts gestellt. Es war unglücklicher Zufall, daß er die französische Linie überschritt. Er dachte, die Franzosen wären weg. Aber Napoleon hatte seinen Feldzug nach England zwei Tage vorher abgeblasen. Herr von Kleist wußte es nicht.

KLEIST: Das war's. Wir haben uns wiedergesehn.

Henriette tritt brüskiert einen Schritt zurück.

2. BEAMTER: Lebt Ihr Freund hinterm Mond, Herr Major?

HENRIETTE *aggressiv*: Für diese Gemeinheit hätten Sie Ihr Versprechen nicht einlösen brauchen!

MINISTER: Zur Krise Ihres Freundes! Bevor Herr von Kleist nach Nordfrankreich ging, haben Sie sich getrennt, überraschend offenbar. Sie kamen früher aus dem Urlaub zurück, auch ist mir nicht bekannt, daß Herrn von Kleists Reise in den Norden eine vorgesehene gewesen wäre. Gingen Sie im Streit auseinander?

PFUEL: Würde ich im Fall, daß dem so wäre, mein Ehrenwort als Offizier für ihn einlegen, Herr Minister?

KLEIST: Gemeinheit? Was erwarten Sie? Daß ich Sie berühre? Daß ich zärtlich mit Ihnen bin? Ich **war** verlobt. Mit Wilhelmine von Zenge. Ich werde nie mit einer andern verlobt sein!

PFUEL: Ich wiederhole, Herr von Kleist ist ein bedeutender Mensch, der noch etwas Zeit zum Reifen braucht. Der Staat hat die Schuldigkeit und Pflicht, ihn zu schützen.

HENRIETTE: Warum sind Sie nicht beim Tischler geblieben?

MINISTER *zum 2. Beamten*: Ihre Meinung, Herr Legationsrat?

KLEIST: Warum? Weil die, die man küssen will, nicht geküßt werden wollen, und weil man die, die einen küssen wollen, nicht liebt. Vielleicht hatte ich Heimweh nach Berlin und Frankfurt an der Oder. Vielleicht hatte ich Heimweh nach der Sicherheit einer bürgerlichen Existenz.

2. BEAMTER: Herr von Kleist ist für die Beamtenlaufbahn und für den Staat Preußen nicht tragbar.

Henriette eilt von vorne auf Kleist zu, zögert und hängt sich an ihn dran. Er bleibt unbewegt. Daraufhin bringt sie stillschweigend Stickarbeit, Stuhl und Schemel von der Bühne (B).

Der Minister schweigt nachdenklich, Pfuel ungehalten. Die drei, am Bühnenende angelangt, gehen ab (D).

Nach einer Weile sieht es Kleist als geboten an, unauffällig zu verschwinden (A).

Im linken Wandbereich begegnen einander Ulrike (A) und das Ehepaar Krug (C).

KRUG: Wann ist er auferstanden?

ULRIKE: Donnerstag vor vierzehn Tagen.

WILHELMINE: Wo war er die ganze Zeit?

ULRIKE: Weiß ich's?

KRUG: Sie sind seine Schwester.

ULRIKE: Er schweigt sich aus und ich frage nicht. Ein paar Erledigungen machen, damit er fürs erste wieder Tritt fassen kann, aber nicht an Dinge rühren, das ist seine Vorstellung vom geschwisterlichen Umgang mit mir.

Henriette kommt mit einem bunten, fantasievoll geflickten Kostüm und einem verrotteten Schminkköfferchen einschließlich

Handspiegel wieder (B). Sie zieht sich im linken Vordergrund um, wobei sie sich immer wieder verzweifelt-übermütig im Spiegel betrachtet.

WILHELMINE *schämig*: Er soll mich heute lieber noch nicht sehn! Er soll morgen seine Überraschung bekommen! *Ehepaar Krug ab (C).*

Kleist von rechts (A). 2. Beamter, mißmutig, das Buch von der Eingangsszene unterm Arm, und Krug stellen den Tisch wie zu Anfang auf (D).

KLEIST *übermütige, stürmische Begrüßung mit Ulrike*: Berlin behagt mir! Die Leute sind die putzigsten von Europa!

ULRIKE *schüttelt ihn ab*: Wie oft spielst du die Szene runter?

Er läßt sie frei. Ich hab dir eine Einladung zu Amtsrat Krug zu übermitteln.

KLEIST: Wie revanchiere ich mich bei dir und allen für diese ganzen vielversprechenden Überraschungen? Hat sich die Welt verändert?

Tritt zögernd an die vom 2. Beamten aufgestellte Schranke; Ulrike bleibt hinter ihm stehen.

2. BEAMTER *kalt*: Herr von Kleist, der Minister erwartet von Ihnen gute Arbeit. *Gibt Kleist das Buch.*

ULRIKE: Besonders Wilhelmine wünscht dich zu sehen.

KLEIST: Wilhelmine?

Der 2. Beamte registriert Kleists Zerstreutheit und geht ab (D).

ULRIKE: Wilhelmine ist die Gattin von Krug.

KLEIST: So?

KRUG *mit einem wohlgefälligen Lächeln*: Ich bin hocherfreut über Ihren Entschluß, die Laufbahn doch nun endlich anzutreten. Darf ich Sie zur Feier des Tages morgen zu einem guten Schluck zu mir nach Hause bitten?

KLEIST: Gern.

KRUG: Sie lesen uns aus Ihren Gedichten vor?

KLEIST: Ich schreibe Dramen.

KRUG: Seien Sie auch als Dramatiker meiner Sympathie gewiß. *Ab (D).*

Henriette lacht, sich im Spiegel kontrollierend, auf wie ein hysterisches Kind.

KLEIST: Wie rede ich sie an?

ULRIKE: Wilhelmine und Sie. Wie damals. Vor eurer Verlobung.

KLEIST: Vor hundert Jahren.

ULRIKE *wiederholt mit vorwurfsvollem Unterton*: Vor hundert Jahren.

HENRIETTE *frontal zum Publikum, doch nicht zu ihm sprechend*: Nichts **an**nehmen, nichts **unter**nehmen, alles **hin**nehmen, Armut ist Tod.

ULRIKE: Jetzt stehst du da, wo du schon lange stehen könntest.

HENRIETTE: Weil sie hindert, etwas zu verändern. Krankheit ist Tod, schleichender Tod. *Sie stutzt. Sie hat eine Idee. Ohne Übergang fröhlich beginnt sie, sich zu schminken, und zwar auffallend und schrill zu schminken.*

KLEIST: Ich muß mich für was Beßres gehalten haben. *Hakt bei Ulrike unter.*

HENRIETTE: Krankheit … macht frei!

KLEIST: Es hat sein Gutes, wie's geworden ist.

HENRIETTE: Frei zur Veränderung!

KLEIST: Man kommt nicht auf Gedanken.

ULRIKE *verbessert ihn*: Man kommt nicht auf **dumme** Gedanken.

HENRIETTE: Frei zum Tod … und frei zum Leben!

KLEIST: Der verplante Tag! *Mit Ulrike ab (A).*

HENRIETTE *aufblickend*: Kein Mensch ist so heruntergekommen, daß er den Versuch nicht wert wäre, nicht? *Sie schminkt sich immer tollkühner, bunter, schriller. Sie verwandelt sich in die aufgetakelte Person, die als „die Fremde" im zweiten Teil wie ein exotischer Engel mehrfach die Bühne passiert.*

*

– II –

Bühnenausstattung: der Gazevorhang, dahinter, etwas erhöht, ein leichter Sessel. Im mittleren Vordergrund eine Parkbank.

Marie hinter dem Gazevorhang auf dem Sessel. Kleist im Vordergrund auf der Bank. Beide sitzen mit dem Gesicht zum Publikum. Dämmerung.

KLEIST: Marie, freuen Sie sich mit mir! Ihr Cousin ist seit langem wieder froh. Die Gitter meiner kalten Zelle wurden über Mittag zu Signalen erster Freiheit. Ohne Beklemmung atme ich die Schneeluft, die über den Stein fegt. Châlons-sur-Marne ahnt den Krieg, doch auch die Ferne, die jenseits liegt. Manchmal schlägt ein Gruß von euch sich in einer Schneeflocke nieder. Ich mache mir kein Gewissen heute, ich fühle mich frei, göttlich frei. *Räkelt sich.*

MARIE *lächelt*: Sie verkörpern die Blume Ihrer Dichtungen, die im Sturm unbehelligt davonkommt, während die großen Bäume entwurzelt werden.

KLEIST *nüchtern*: Der Sturm schlägt nicht über mich hinweg, er wütet woanders. Ich bin vom Schuß, außer Gefecht, unverschuldet. Châlons-sur-Marne hält die Beschämung fern, wenn ich des Ministers Bemühungen vor mir seh oder eure Sendungen empfang. Ich darf unbekümmert sein, und so bring ich denn was zustande. *Er ergeht sich „auf den Wällen“.*

ULRIKE *tritt zu Marie (G)*: Der neuerliche Antrag von Altensteins verlief sich irgendwo. Hält man unter dem Schutzwall der Gesetze ewig offen, ob Heinrich als Kriegs- oder als Zivilgefangener zu gelten hat? Steht es mit der französischen Staatskasse so schlecht, daß man an einem bedeutungslosen Opfer seiner eigenen Fahrigkeit knausert?

MARIE: Das ist das unfein böse Spiel einer Besatzungsmacht, Ulrike.

ULRIKE: Aber er ist guter Dinge. „Bin guter Dinge“, schreibt er, „aber du kennst das Übel mit dem ungeklärten Status, bitte schicke Hemden und Socken!“ Für was setzen seine Freunde sich eigentlich noch ein, wenn er bester Verfassung ist?

MARIE: Er harmoniert mit den Tatsachen, an deren rasches Ende er glaubt, Ulrike.

ULRIKE: Mußte er seine Laufbahn auch schon wieder abbrechen und den Franzosen übern Weg laufen? Er hätte in Frankens Verwaltung einen sichern Posten bekommen können. Was ist von seinen Plänen geblieben? Zuversicht in das, was hinter den Mauern wartet, Optimismus im idyllischen Gewahrsam einer Burg. Zu Hause dann Hilflosigkeit gegenüber den einfachsten Dingen, und mit seiner Zuversicht steht er dann da!

MARIE: Ich freue mich kindlich, wenn er kommt!

ULRIKE: Ach. *Unwirsch ab (G).*

Kleist hat sich erneut auf die Bank gesetzt und sein Notizzeug genommen.

KLEIST: Meine militärgefangenen Kameraden ertragen nicht die Strapazen ihrer Einzelhaft und ziehen sich zunehmend Krankheiten zu. Ich entwickle zu meiner Verwunderung erstaunliche Widerstandskraft. Sehn Sie, halbfrei lebe ich besser als frei, dieses mir heute gewährte Stück Bewegung auf den Mauern der Festung läßt meine Vorhaben gedeihn! *Schaut sie, solange sie spricht, an.*

MARIE: Ein Tier, das die Schlachtbank wittert, sträubt sich nicht stärker gegen seine Unfreiheit!

Kleist macht Notizen. Pause.

MARIE: Wenn Sie frei sind und wiederkommen ... angenommen, ich lasse mich scheiden, ich werde wieder die Marie Gualtieri, angenommen, ich bin wieder ... zu haben – werden Sie mich dann heiraten?

KLEIST: Glauben Sie, ich werde mit „Amphitryon“ und den Erzählungen reich? Wovon wollen wir leben!

MARIE: Ich habe mein kleines Landgut. Wir könnten uns dorthin zurückziehn. Sie fänden gute Arbeitsbedingungen vor.

KLEIST: Mir steht der Kopf nicht nach Landgütern. Bewähren will ich mich! Ein Mann muß sich bewähren, verstehn Sie!

MARIE: Das tun Sie doch! Mit ganzer Kraft!

KLEIST *verneint*: Warum sitze ich noch hier und warte? Müßte ich, nach soviel gescheiterten Petitionen, nicht längst versucht haben, von hier zu fliehen?

Marie versenkt sich in eine Lektüre oder träumt nur darüber hinweg.

Ein in dicke Wintersachen gehüllter Fremder stellt sich vor Kleist, bemüht, nicht zu stören (B).

Kleist bemerkt ihn.

FREMDER: Später Märzfrost im Anzug.

KLEIST: Ihre Stimme, Herr, kommt mir bekannt vor.

FREMDER *setzt sich neben ihn; befangen*: Einmal, wenn ich mich recht entsinne, schob ich vor Ihrer Zelle Wache.

KLEIST: Nicht von daher diese Bekanntschaft. Ihre Stimme erinnert mich an Pfuel.

Der Fremde blickt fragend.

Verlegen Ein junger Offizier, der gerade gegen Napoleon kämpft.

FREMDER: Sie sind kein militärischer Häftling.

KLEIST: Ja und nein, erst ja, dann nein. Die Sache verhält sich so: nahe Berlin, nachdem ich meinen Abschied aus dem Staatsdienst genommen hatte – wie oft schon? zum dritten Mal? zum hundertsten? –, fassen sie eine Gesellschaft von vier Offizieren und einem Zivilisten. Der Zivilist bin ich. „Die Ausweise bitte!" Ich krame in meinen Taschen. Was zieh ich heraus? Eine Bescheinigung, die ich von meiner Militärzeit her hab. Ich muß sie bei der Abreise mit dem Ausweis verwechselt haben. Man hält uns für Spione, schenkt unsern Dementis keinen Glauben. Ich werde mit den andern nach Châlons gekarrt. Erst hier behandelt man uns verschieden. Meine Kameraden gelten als kriegsgefangen und erhalten Gefangenensold, ich dagegen bin niemand. Ich erhalte keinen Sou und müßte verhungern, wenn nicht liebe Verwandte und ein gönnerhafter preußischer Minister aus der Ferne mich davor bewahrten. Einen Trost gibt es immerhin: ich darf mich seit heute mittag frei im Umkreis der Festung bewegen.

FREMDER *schaut nachdenklich ins Weite*: Während wir uns unterhalten, beißen draußen Soldaten ins kalte Gras.

Können Sie mir sagen, warum?

Steht auf, die Hände tief in die Manteltaschen vergrabend In der Abgeschiedenheit Châlons-sur-Marnes kommt einem das Gesetz der Menschheit aus dem Sinn. Wir stumpfen ab gegen die Schulterklapse des Hintermanns. Aber ich lasse mich bewußt erinnern, ganz bewußt. Bei jeder Übernahme. Ich will das Lebensgesetz spüren, die ganze Sinnlosigkeit des Lebens.

Blickt Kleist an. Auch hier drückt und schiebt der Hintermann und will, daß man Platz macht. Das Wacheschieben wird zum schlimmen Spiel unausweichlicher Ablösungen, ich fühle mich von Mal zu Mal ein Stückchen näher an den Abgrund gedrängt.

KLEIST: Ich finde das Leben hier ruhig und unbedenklich.

FREMDER: Wer sagt Ihnen, daß Sie nicht schon vom Trittbrett gefallen sind, nur anders, leise vielleicht? Wir wachsen unter Mühen auf, dann sind wir **er**wachsen und drängen unsern Vordermann aus dem Wagen, dann dürfen wir uns, wenn wir Glück haben, ein Stückchen Lebensstrecke in der Welt darin umtun, und zuletzt werden wir selber wieder verdrängt.

Ein Kampf um einen Kutschenplatz für einen kurzen Sommer, das ist das Leben. Verdrängen und verdrängt werden. Entstehen, sein, enden. Das Ziel ist der Tod.

KLEIST: Vielleicht ist Châlons mein Sommer, mein kurzer Sommer?

FREMDER: Sommer? Nacht! Die Sonne hat vergessen, hierhinzuscheinen. Was bekommen Sie mit? Nichts!

KLEIST: Wenn nicht Sommer, dann halt bescheidene Nacht. Im Krieg ist die Nacht die bessere Tageszeit, und meine beste ist's ohnehin … Nacht. Diese meine Nacht gibt dem Sterben Sinn.

FREMDER *streng*: Sie sind der erste, der mir einen Sinn dafür nennt.

KLEIST *versonnen*: Solange das Sterben dauert, kann ich arbeiten, solange bleibe ich in der Abgeschiedenheit Châlons-sur-Marnes vergessen.

FREMDER *bohrt nach; enttäuscht*: Damit Sie arbeiten können, soll der Soldat sein Leben lassen?

KLEIST *nickt*: Der da draußen kämpft für die Verlängerung meines Aufenthalts.

FREMDER *schüttelt den Kopf*: Sie haben einen Kutschenplatz erwischt, und die Nacht bedeckt nur Schrecken!

KLEIST: Sie sind nicht ausgelastet, darum denken Sie so negativ.

FREMDER *sarkastisch*: Wer arbeitet, grübelt nicht. *Geht fröstelnd auf und ab.* Das Ganze muß man sehn, das Ganze! Vermögen wir bis heute mehr, als einander zu dezimieren? Was war mit den Bemühungen der Denker, den Bestrebungen der Dichter?

Kleist geht auf und ab: ihm wird ungemütlich. Der Fremde wendet sich schmerzlich gegen die linke Seite.

Lehrer wollte ich werden. Werde ich je vor Schüler treten können und wissen, daß wir immer noch dort stehn, wo unsre barbarischen Vorfahren standen? Dabei könnte alles so anders sein. Eine einfache Vorstellung, ein Dreh im Gehirn. *Wendet sich Kleist zu.* Stellen Sie sich vor, Sie nehmen Ihrem sogenannten Feind mit den Kleidern die letzte Fühlung zur Kaserne. Ein Mensch zittert Sie an, fröstelnd, und Ihre Zunge voll von: „Nimm, kauf dir gegen den Frost was, lebe!" Oder sehn Sie das anders? Ich jedenfalls habe keinen Feind. *Sieht ihn direkt und ganz mit dem ursprünglichen Wohlwollen an.*

KLEIST *schluckt*: Ich habe auch keinen Feind.

FREMDER: Ich bin ein Mensch, und Sie sind ein Mensch. Wir stammen von verschiedenen Vorfahren aus verschiedenen Ländern. Aber auf derselben Erde sind wir großgeworden, von derselben Erde ernähren wir uns, wir waren die Hoffnung sorgender Eltern, Sie so gut wie ich. Der Mensch sollte dem Menschen kostbar sein und schön, immer, in jeder Situation, in jeder!

Pause.

FREMDER *legt Kleist eine Hand auf die Schulter*: Ich lad Sie zu einem Bier in Châlons' überheizte Militärkantine!

Kleist berührt die Hand, die länger auf der Schulter liegen blieb. Der Fremde reißt ihn plötzlich an sich und preßt Mund auf Mund. Kleist wehrt sich. Marie macht eine Bewegung, die aber nicht auf das Geschehen im Vordergrund bezogen ist.

KLEIST *reißt sich los; bestimmt*: Darf nicht. Muß noch etwas an meinen Sachen machen.

FREMDER *enttäuscht*: Sind Sie Schriftsteller?

KLEIST *rätselhaft*: Der Ruhm einiger Auserwählter wird den Sumpf dieser Zeit überstrahlen. Sie wissen nichts vom Glanz des Ruhms! Wenn ich hier rauskomme, werde ich nicht mehr niemand sein. Große Pläne sind dann in Châlons-sur-Marne Wirklichkeit geworden.

FREMDER *pikiert*: Gewähren Sie mir Einblick, wenn Sie etwas fertig haben?

KLEIST *achselzuckend*: Vielleicht.

Fremder irritiert ab (A). Kleist setzt sich, verharrt wie gelähmt. Schweigen.

MARIE: Schreiben Sie!

Kleist fährt zusammen und schreibt. Die aufgetakelte Fremde irrt im Hintergrund über die Bühne (D-F).

Die Szene erhellt sich um einige Grade. Ulrike tritt neben Marie (G).

ULRIKE: Frankreich schiebt eine nunmehr unleugbare menschliche Verpflichtung aus dem Land. Ich schicke ihm nochmal Geld, recht viel, recht genug. Ich handle zu meinem, der Familie und Preußens Ruhm, nicht wahr, und der Krieg, den man unterbricht, entläßt meinen Bruder in die leidige Freiheit. Ich werde mich der Mühe unterziehen, ihn nach Preußen hereinzukatapultieren, und mich gegen früher etwas zurückhalten.

MARIE: Ich warte nur drauf, daß er kommt! *Kleist macht jetzt eine legere Handbewegung von vergnügtem Stolz über die Notizen, die er fortgeführt hat. Dann läßt er Schreibgerät und Blätter fallen und geht mit raumgreifenden Schritten auf die Frauen zu. Erhöhung der Helligkeit um eine weitere Stufe.*

ULRIKE: Ein gewisser Adam Müller und Pfuel wollen eine Zeitschrift gründen und Heinrich zum Chefredakteur machen. Müller muß ein Gelehrter oder wohl eher ein Tausendsassa sein mit Verbindungen überallhin. Hat auch schon Dramen von Heinz bei einigen Theatern vorgelegt. Mit diesem Fantasten und Pfuel, der von Geschäften keine Ahnung hat, will Heinrich sein Glück versuchen!

Ab (G). Marie lesend/beobachtend. Kleist läßt nach einer Weile nachdenklich, fast niedergeschlagen die Hände sinken, das Gazegewebe streifend, als würde er durch Tasten von einer gespielten Realität in eine wirkliche oder auch nur andere, ebenfalls gespielte, versetzt. Die Fremde irrt erneut, doch hastiger, in Gegenrichtung von zuvor, verstört über die Bühne (F-D). Bühne taghell. Pfuel kommt von links (B).

KLEIST *erwartungsvoll*: Bringst du Abonnenten?

Pfuel verneint.

KLEIST: Wenn das so weitergeht, müssen wir zumachen.

Sie blicken sich an.

MARIE: Ich soll ihn mit verbesserungsbedürftigen Stellen hinhalten, damit er noch nicht sterben braucht! *Lächelt gequält, blättert.*

MÜLLER *mit Ulrike von rechts (A)*: „Phöbus" ist eine kleine Zeitschrift für deutsche Kunst und Kultur. Sie will dem Bürger ein neues Nationalgefühl vermitteln. Unterscheidendes Merkmal von Nationen ist ja gerade das Schöne, das sie erschaffen.

ULRIKE: Die Welt beschäftigt sich zur Zeit aber mit ganz andern Dingen, Müller!

MÜLLER: Die Welt ist für einen Napoleon und seine Truppen zu groß, mein Fräulein. Wir werden auch wieder Luft bekommen. *Wendet sich mit einem verlegenen Achselzucken Pfuel zu.*

KLEIST *setzt sich in Ulrikes Nähe schräg auf die Bank*: Ich möchte mich mit einem stattlichen Zins revanchieren, ein entschiedener Beweis von Unterstützung deinerseits – bitte!

ULRIKE *zu Müller*: Die luxuriöse Aufmachung Ihrer Zeitschrift mißfällt mir. Muß das sein?

Kleist steht unruhig auf. Sein Blick trifft zufällig die Fremde, die aus Eingang C hereinschaut.

MÜLLER *achselzuckend*: Würdig.

MARIE *steht auf*: Ich versteh nicht sehr viel von Ihrem neuen Werk. Müssen Sie sich mit solchen Stoffen befassen? *Ab. Nimmt den Sessel mit (H).*

MÜLLER *geht suchend umher*: Lag hier kein Spruchband: „Dem Dichter Heinrich von Kleist"? Macht nichts – „Phöbus" wird diesem Menschen den Lorbeer winden!

ULRIKE *ironisch zu Pfuel*: Müller könnte mittels eurer dollen Zeitschrift den Blankvers von fünf Betonungen auf eine Betonung heruntersetzen. Heinrich ließe sich wie immer auf die Seite bezahlen und hätte plötzlich genügend fertig, um von euern ach so spannenden Abdrucken leben zu können!

Die Fremde geht langsam, wie im Tran, an den andern vorbei, die sie nicht bemerken (C-F).

MÜLLER: Gewiß, die großen Namen fehlen noch: Goethe, Jean Paul. Aber sonst?

ULRIKE: Heinrichs Art geht nicht, seine Komödie „Amphitryon" ist überhaupt nicht lustig, ich sehe für euer Unternehmen schwarz!

PFUEL *etwas gereizt*: Ja wenn Sie nichts für uns tun?

ULRIKE *zückt einen Umschlag; zu Kleist*: Der Rest aus unserm Erbe. *Wirft den Umschlag vor ihn auf den Boden und geht (A). Kleist hebt ihn samt dem vorhin hingeworfenen Notizzeug auf.*

MÜLLER: Es hat keinen Sinn. Wir haben zu wenig Abonnenten.

KLEIST *zu Pfuel*: Und welche Hiobsnachricht bringst du?

PFUEL: Meinen Gestellungsbefehl. *Zeigt hastig ein Schreiben, will gehen. Müller hält ihn zurück. Sie bringen die Bank von der Bühne (D). Kleist steckt Umschlag und Notizzeug ein.*

Bühne in weiß-mattem, irrealem Licht. Im Hintergrund passiert Dahlmann (D). Die Fremde sieht von F aus zu.

KLEIST *zu Dahlmann; strahlend*: Das wäre doch gelacht, wenn ich mich nicht zum Kriegskorrespondenten Preußens herausmauserte. Es ist ja jetzt so weit, daß die einen sich am Sterben der andern gesundverdienen. Krieg ist. Im Krieg gelten andre Maßstäbe.

Dahlmann setzt sich im Hintergrund im Schneidersitz auf den Boden.

Hier treffen wir den Erzherzog und entwickeln ihm unsern Plan!

Dahlmann beschirmt die Augen.

Setzt sich auf den Boden Ich hatte ja schon immer eine besondere Witterung, und wenn ich mich bis heute immer auf Dinge einließ, die scheiterten, so war's doch nur, damit ich für die richtige Sache frei blieb! Heute, endlich, trete ich in den Kreis nützlicher Kräfte!

Zückt enthusiastisch seine Notizen Der Erzherzog wird unsern Ideen folgen. Er wird sich unterordnen dem hohen Ziel, allen voran, Motor für eine geeinte deutsche Nation.
Dahlmann scheint irgend etwas, das er sieht, nicht zu begreifen. Er dreht sich in zunehmender Spannung immer mehr nach links hinten.
Wer bin ich, daß ich nicht schaffte und besser schaffte, was minder begabte Freiheitsdichter vor mir erreichten! Meine mutigen Lieder werden das ganze Vaterland durchlaufen! Mein Name wird unverbrüchlich mit dem Schicksal Preußens verbunden sein! Pfuel, Marie, Ulrike, alle werden's erleben! Berlin wird seinen ehemaligen Leutnant mit militärischen Ehren empfangen! Ich werde rehabilitiert, hörst du, ich werde rehabiliert, und du wirst auf dem Triumphwagen neben mir stehn, wenn wir durch die jubelnde Menge fahren.

DAHLMANN *freudig*: Signale, deutlich, die Schlacht … *verschluckt den Rest.*

KLEIST *hellhörig*: Was?

DAHLMANN *scheu*: Die Schlacht … die Schlacht …

KLEIST *springt auf*: Geschlagen?

DAHLMANN *steht auf, sieht ihn an; einfach*: Die Schlacht ist aus.
Kleist läßt die Notizen fallen und faßt ihn am Kragen. Sie ringen miteinander. Das Ringen geht in ein Balgen, das Balgen in ein Umarmen über. Sie küssen sich.

DAHLMANN *drückt ihn weg; traurig*: Wir kommen zu spät. Die entscheidende Schlacht ist schon geschlagen. Dein ganz auf diesen Augenblick berechneter Aufruf ist durch die Ereignisse überholt. Deine Arbeit und unsere Reise hierher waren umsonst.
Nach links ab (D). Kleist schluckt und blickt ihm nach.
Inmitten der wieder taghell erleuchteten Bühne tritt die Fremde jetzt auf ihn zu. Sie scharwenzelt um ihn herum. Sie faßt ihn, geschäftig tätschelnd, am Arm.

FREMDE *geheimnisvoll*: Lieb mich!
Er versteht nicht.
Drängend und nnig Lieb mich!
Sie geht vor ihm auf und ab. Sie steckt in der Art eines schmollenden Kindes, die Lippe wegdrückend, einen Finger in den Mund.
Magst du nicht?
Agil Möchten Sie einer armen elenden Kreatur *bei jedem Adjektiv zaghafter* eine schauderhafte, entstellende, schmerzende … *schluckt, aufgeregt* Tortur ersparen?
Wieder munter Der Tod ist kurz. Doch das Sterben lang.

KLEIST *nach einer Weile, wie aus Ungedanken erwachend*: Ja?

FREMDE *verträumt*: Sie sollen … *Unterbricht sich. Plötzlich ausgelassen; lauernd* Kannst mich doch im Himmel lieben, wenn's dir auf der Erde nicht behagt.

KLEIST: Im …

FREMDE *unschuldig*: Du kannst mich im Himmel lieben, wenn dir die Wunde … *schluckt* **meine** Wunde *faßt sich an den Unterleib* … zu sehr … *wischt sich eine Träne* stinkt.

KLEIST *brüskiert*: Aber bitte!

FREMDE *geheimnisvoll und zärtlich*: Oben ist es schöner, viel, viel schöner.

Kleist forscht in ihrem Blick.

KLEIST: Was wollen Sie?

FREMDE *zielt sich mit dem Zeigefinger gegen die Brust; dann mit flehender Miene*: Ich soll mich einer schauderhaften Operation unterziehen.

KLEIST *streng*: Unausweichlich?

FREMDE *mit verzweifeltem Charme*: Lieb mich!

KLEIST: Ich?!

Die Fremde zielt sich erneut mit dem Zeigefinger, langsam bohrend, gegen die Brust. Kleist kommt eine Idee.

FREMDE *merkt, daß er begreift*: Lieb mich!

KLEIST: Sie … *drückt ihr den Zeigefinger in die Brust* „lieben"?

FREMDE *insistiert*: Lieben.

Pause.

KLEIST: Erst Sie – *richtet den Zeigefinger gegen die eigene Brust* und dann mich … *schluckt; flüstert* …töten? *Löst den Finger.*

Sie nickt.

Hinter dem Gazevorhang treten die beunruhigte Marie, ein Schreiben in der Hand, und Pfuel auf (H). Sie gibt ihm das Schreiben, das er ernst und befangen liest.

Die Fremde tätschelt Kleist ausgelassen am Arm und läßt die flache Hand auf ihm ruhen.

Pfuel sieht traurig ins Weite.

KLEIST *mit wachsender Begeisterung*: Ja! Ich mach's! Ich tu's! Ich erlös Sie!

Sie berühren einander an der Innenseite des Oberarms. Er kneift sie schmerzhaft ins Fleisch. Sie blickt ihn mit Festigkeit an. Sie lassen die Hände die Arme heruntergleiten. Die Hände berühren, fassen, umschließen sich.

FREMDE *einfach*: Meine Seele … frohlockt dem Herrn. *Blinzelt Kleist mit verhaltener Freude an.*

PFUEL: Damals … als er sein Manuskript den Fischen … zur Speise gab … *Gibt Marie das Schreiben zurück und sieht sie gerade an; gepreßt* da machte er mir den Vorschlag, gemeinsam mit mir … zu sterben. „Was hältst du davon“, sagte er, „wir saufen uns einen Rausch, dann kommen wir zurück, du bindest mich an deine verdammte Angel, ich ziehe dich mit und wir löschen zusammen aus.“

Marie bedeckt die Augen.

Die Fremde zieht Kleist mit sich fort. Sie hüpfen wie närrisch geworden, er sie ständig kneifend, sie sich immer wieder entziehend, von der Bühne.

KLEIST: Ich töte dich! Ich liebe dich! Dein Erlöser bin ich!

FREMDE *glücklich*: Meine Seele.

KLEIST: Peng!

FREMDE: Frohlockt.

KLEIST: Ich bin dein Erlöser. Dein Erlöser bin ich!

Sie halten, den Rücken zum Publikum, inne und schauen, an den Händen fassend, einander an.

PFUEL: „Dein Hintern“, sagte er, „ist das Land, das ich kriechend zentimeterweis durchmessen möchte.“

FREMDE: Dem Herrn.

Mit Kleist ab (D). Der Gazevorhang wird in die Höhe gezogen.

MARIE *zu Pfuel*: Er hätte sein Auskommen gehabt!

PFUEL *bietet ihr den Arm*:

Gott mischt
auf andern Sternen
Sympathie und Liebe
gerechter
als auf Erden.

Beide ab (A).

Hinter der Szene aus Richtung D krachen im Abstand zwei Pistolenschüsse.

Hartwig

Ein symbolisches Trauerspiel in drei Akten

HARTWIG, *Anfang 20*
MARIANNE, *genannt Anne oder Mariann, Hartwigs Mutter, Anfang 60, etwas älter wirkend*
Ansgar, ARZT *ohne Promotion, Anfang 60*

Wohn-Eßbereich in einer Altbauwohnung.

Erster Akt

HARTWIG *irgendwo zwischen Schrank und Tisch innehaltend*: Ich würde es ja selbst kaum glauben: die Schwelle, obwohl Alice mich zog, an der Kante der ersten abwärtsführenden Stufe, Punkt, verharrt stockfest in ihrer Eigenschaft als wirkliche, als hänselnde, hart entgegenpreschende Schranke. Eine Teppichleiste. Die Zeit? *Schaut auf seine Uhr.* 12 Uhr 34. Seit Jahr und Tag tritt Hartwig nicht über die Leiste weg. Auch nicht, wenn Alice ihn Stufe um Stufe in einer schwül und schwüler werdenden Höhe zurückläßt.

Alice, Stufe um Stufe schaffst du mir einen Ballast aus dem Magen, Ballast, der mir wie ein Haufen ineinandergekeilter Trümmer erst den Halt am Treppengeländer überflüssig machte, dann aber, als du wichest, aus meinem Magen stürzte in der Weise, daß mir der Hunger verging. Und Hunger allein hält mich hier zurück, wenn es *schaut wieder auf seine Uhr* nach zwölf Uhr 30 ist.

Ich konnte nicht, verlangte nicht weg, verlangte und verlangte doch nicht.

Ein kraftloser Mensch, nicht wahr? Memme kommt von Schwung, den man nicht hat, und das ist eine Begriffsbestimmung des Namens Hartwig.

Streichelt ein Stofftier, das in der Schranknische liegt. Zu dem Tier:

Alice hat sich ausnahmsweise früher freinehmen können, dafür hat Hartwig sie am Mittag in der Wohnung geküßt.
Hört mit Streicheln auf, als ertappe er sich bei einem falschen Traum.
Hartwig, Hartwig, du mußt dich ändern, wesentlich ändern!
Alice, hast du's darauf abgesehn, mich stehnzulassen wie 'nen Elfjährigen, der was falsch gemacht hat und mit Blicken eines kleinen Köters nun bittet, daß man ihn schwesterlich bei der Hand nimmt und ihn sein Schrittchen wiederholen läßt?
Hebt unbeabsichtigt das Stofftier auf.
Alice, so darfst du nicht tun, Hartwig leidet's nicht, als Elfjähriger über das Geländer lehnen müssen, und überhaupt, Hartwig ist hinaus über seine Kindheit, er leidet's nicht, sich als Junge behandelt sehn!
Horcht gebannt, als wolle er nachvollziehen, wie Alice durch den Hausflur am Geschäft der Mutter vorbei hinausgeht und er oben Ohrenzeuge ist. Lächelt; sich seiner sicher:
Und dann der Hokuspokus von nicht getätigten Anstalten! Sie geniert sich. Auch kein zufällig arrangiertes Begegnen. Sie preßt das Ohr an die Tür. Bestimmt. Doch solange sie ein bißchen Würde im Leib hat, und das hat sie, gesteht sie das nimmer ein. Sie kommt nicht. Sie tritt nicht in den Flur. Draußen aber bleibst du verdeckt.
Es wohnt sich praktisch in einem Eckhaus, gelt? Nicht alles spielt sich vor Schaufenstern ab!
Tritt ans Fenster, greift sich wie in Trance an die Stirn.
Warum tret ich erst jetzt hierher? Seh ich Alice so oft? Kann ich mir dies Versäumnis nachsehn? Wo ist sie hin, hin, hin?
Lehnt sich nach intensiv draußen umhersuchenden Blicken mit dem Rücken gegen die Fensterbank.
Zum Essen ist sie gegangen. Und morgen nach Geschäftsschluß Rendezvous, dann nach Hause, Imbiß, Frischmachen …
Will das Stofftier zu Boden schleudern, behält es aber in der Hand.
Nach Hause, immer nach Haus, elendes Zuhaus! *Reibt sich jähzornig die Augen, wirft sich neben das Tier auf den Teppich und weint.*
Nach einer Weile:
Als der Krüppel noch im Haus war, ist der Berberteppich gekommen *streichelt den Teppich*. Hat er ihn ausgesucht? Ich weiß nicht. Langeher. Nicht mal am Rand hinten, wo man reinkommt, wird er fadenscheinig. Ich kraule dich mit der Hand, Hartwig legt das Gesicht an deine weichen Lamellen, Berber,

zieht deine immer ruhige Kühle ein, kein Staubgeruch darin, keine Vernachlässigung, nein, keine Vernachlässigung.
Dreht sich auf den Rücken.
Der Vater, in der Mutter potenziert, begabte das Ei mit der elendesten Fähigkeit. Daher rührt es, daß Hartwig schon gegen elfe immer fertig ist und seinen Überschuß von zwei Stunden hinter windstillen Mauern verpuffen läßt. Es gibt nichts zu tun am Mittag.
Schlägt die Beine übereinander; im Plauderton:
Ich hatte nie Lust, kochen zu lernen. „Topfgucken tut man nicht", sagte sie, „oder übernimm die Küche ganz!" Ja, Alice, so hieß die Alternative: „Übernimm die Küche ganz!" Und dann waren schon die Gäste da, und sie hatte mehrere Gänge geplant und Remouladensoße, und alles wurde sehr festlich. Sie hat nie gewollt, daß ich kochen lern, und was mich am meisten kränkt, Alice: sie gibt es zu, daß sie's nicht wollte, nie wahrhaft.
Hebt das Stofftier auf, drückt es an sich und geht zum Fenster. Gegen das Fenster, mit sadistischer Freude:
Ohne Plan lauf ich durch die Stadt. Von der Grundirrtümerallee in die Forschenstraße. Die Forschenstraße ist unüberschaubar breit. Man tut gut daran, sich auf **einer** Seite zu halten, sonst verlierst du die Orientierung und drehst dich im Kreis. Doch folge deiner Laune oder folge ihr nicht, verliere die Richtung, verliere sie nicht: in jedem Fall mündet die Forschenstraße in die Querstraße der Determination. Ein Unterschied besteht: wenn's dich in der Forschenstraße auf einer Seite hielt, dann stößt du auf die Kreuzung und wirst in der Qual der Wahl jetzt zu 'nem harten Knick gezwungen. Hast du dagegen im Kreis dich drehend der Querstraße der Determination dich angenähert, so mag der glückliche Fall eintreten, daß du unterhand die Richtung schon gewählt hast und am Krisenpunkt der Freiheit ohne Aufwand vorbeigelaufen bist.
Einem Tobsuchtsanfall nahe:
Sauerstoff! Es war doch ausgestanden! Werde ich wieder hysterisch auf dem Brustkorb rumtrommeln müssen, Luft einpressen? Dann will sie nicht herein, die Luft, und dann riecht sie wie abgetragene Kleider, die nicht verstaut werden können in dem Sack, und dann drücke ich die Luft wieder nicht heraus. Klamotten von früher, moderig, stickig, lasten mir in der Brust, asthmatisches Luftkissen. Mein Brustkorb randvoll und ich hab mich durch die Lumpen noch nicht zu zwei Dritteln durchgefressen, diesen elenden Müll, Müll!
Wirft sich hart auf den Teppich.

Und auch du, Berber, gibst den Sauerstoff nicht her, wie's nottäte, feucht, füllig, wie kühler Wein.
Dreht sich um.
„Komm, ich brauch 'nen Kuli, Memme!" Sahst du nicht, ich an der Leiste, du scheidend, Alice, daß ich 'ne Aufforderung brauchte?
Nimm mich mit, Alice, nimm mich mit!
Springt auf.
Mir gehen niederträchtige Dinge auf!
Gefährlich zornig Ich wollte, ich könnte diesen ganzen Klüngel von Dingen auseinanderreißen oder, zumindest, 'nen Teller doch zerdeppern! Könnte ich wie einmal mit 'ner wollüstigen Willkommensarmbewegung das gesamte obere Brett abdecken, klaatsch!
Drückt das Stofftier fast kameradschaftlich an seinen Platz zurück.
Alles hängt an imaginären Fäden. Ein imaginärer Hausgeist macht Eingriffe deines Spiels zunichte. Sie kam, Alice, und brachte das Service aus Steingut, daraus ich dir vorhin Kaffee anbot. „Mein Junge, wir hatten nie ein so praktisches Service", war ihr Kommentar.
Öffnet plötzlich eifrig die Schranktür, genießt den hervorströmenden Duft.
Ich werde sie bitten, die Kartoffeln aufzuheben und mir stattdessen von dem würzigen Brot zur Soße zu geben. Drei Scheiben Mischbrot liegen dort, zwei Scheiben Weißbrot, zwei angeschnittene Laibe, die sich übermorgen dem Ende zuneigen. Schon wird ein stark gebackenes frisches auf den Anschnitt warten. Es ist fast feierlich, das Brot. Und das Service darüber paßt auf den Tisch, zu dem Teppich, zu Hartwig, zu dem wohnlichen, wohnlichen …
Schließt die Schranktür. Klingelzeichen außerhalb unten, wie in alten Läden.
„Daher die Schüchternheit!" Du meintest den Kuß neulich, Alice, auf der Straße. „Hierbei muß einer ja sein Leben lang zu Haus wohnen und mit den Füßen unterm Tisch seiner Jungenszeit sein dreimal täglich Brot verzehren immer pünktlich, immer dann, wenn die Jungensmutter den Laden unten dichtmacht, nicht anders, genau dann." – „Aber es steigert sich doch! Nächste Spielzeit werd ich die Rolle meines Lebens bekommen und beßre Gage. Alicechen!" – Alice sieht mich an, als wär sie mir bös. „Ich mag dich", sagt sie, „ich mag dich." Ich mag sie nicht mehr anrühren. Ganz scheu tret ich zurück. „Doch, Hartwig, im

Ernst“, sagt sie, „ich mag dich“, und fackelt nicht und dreht sich und geht. Sie ist im Treppenhaus. Ich steh am Geländer, klammere mich dran fest, und sie verschwindet. Einige Halle, Schritte, Hausflur, Steinbodenfrösteln, Türkette, nein, zu leise – ein Autogeräusch, Haustür.

Setzt sich an den Tisch.

Alice, mußt wiederkommen, ganz wenn **du** willst! Du kannst dich zwischen uns setzen, vielleicht mit uns essen.

Lebhaft Bestimme, daß ich dich ausführen soll! Essen wir anderswo! *Schluckt. Ladenklingel.*

Dein Auge, das die Dinge von außen sieht, deine Berührung, dein Gespräch können mir dann erklären, an welchen Fäden die Dinge hier hängen. Ich werde sie mit deiner Hilfe durchtrennen oder, besser noch, in Frieden alles so belassen. Du kannst die Ruhe vermitteln, die ich brauch, um mich von all den kleinen gewichtigen Gesetzmäßigkeiten hier zu trennen.

Sieht erst etwas verstört, dann heller vor sich hin. Schlägt zuletzt hastig ein Rollenheft auf, darin er aber erst ernsthaft zu lesen mimt, als außerhalb die Korridortür geöffnet und jemand geschäftig wird.

Marianne schaut kurz zwischen dem Vorhang herein, der Küche und Wohnzimmer voneinander trennt.

MARIANNE: Du bist in Verzug? *Wieder außerhalb*: Es gibt Gewärmtes: Braten, Erbsen, Kartoffeln.

HARTWIG: Ich weiß, gestern war Sonntag und montags gibt’s immer Gewärmtes. Die Kartoffeln könntest du für morgen aufsparen.

MARIANNE *hinter dem Vorhang in der Küche geschäftig*: Du meintest? Du hast einen Wunsch? Die automatische Zündung funktioniert nicht.

HARTWIG: Ich meinte, die Tauben regten mich auf. Sie gaben keine Ruhe. Gu-gurruh, gu-gurruh! Man sollte sie nicht mehr füttern, das schadet den Tieren. Verlernen das Fliegen, werden schon ganz fett.

MARIANNE: Du hattest Schwierigkeiten im Beruf? In einer halben Stunde kannst du dich an den Tisch setzen.

HARTWIG: Ich werde mich in einer halben Stunde nicht an den Tisch setzen, ich werde in einer halben Stunde lernen, ich bin über eine halbe Stunde im Verzug.

MARIANNE: Es wäre das erste Mal. *Schaut herein und bleibt zwischen den Vorhanghälften stehen; in Gedanken*: Er, den ich meine, trägt’s als Auszeichnung, aber auch als Leid; er hat damit fertig zu werden. Niemandem ist gegeben, ihn von seiner Pflicht zu entbinden, denn sein Talent hat ihn verpflichtet. Talent spricht durch und für sich selbst.

Hartwig, als du noch nicht 15 warst, habe ich dir gesagt, du wirst einsam bleiben dein Leben. Es hat sich bewahrheitet. Einsamkeit ist dem Könner gemäß. Warum tust du nicht mehr? Du könntest leicht das doppelte leisten, du hast Fähigkeiten. Wenn ich nur zurückdenke, wie lag alles offen, klar und gegeben da! Du verabscheust deinen Beruf. Aus unerfindlichen Gründen verabscheust du ihn.

HARTWIG: Mir sind die Glieder gebunden gewesen.

MARIANNE: Sonst findest du immer zum Arbeiten. Sieh dich um! Bequem ist es, das mußt du zugeben, und ruhig. Geräusche von der Straße, Taubenlaute, wo findest du die nicht? Aber es ist wieder so bequem nicht, daß es dich ablenkt.

HARTWIG: Ich finde oft nicht zum Arbeiten. Du bist unten, du wirst nicht Zeuge meiner ewigen Aufschübe, meiner Ausbrüche von Haß gegen mich selbst, Haß gegen die … angebliche Aufgabe, Haß gegen diese … Bequemlichkeit. Anne, hier kann ich nicht wahrhaft für etwas dasein.

MARIANNE: Du nennst mich bei meinem Namen? Nie hast du mich Anne genannt, was fällt dir ein?

HARTWIG: Eine Anwandlung, vergib – Anne! Jungensmutter!

Sie kommt und setzt sich an den Tisch.

HARTWIG: Dein Braten brennt an!

MARIANNE: Wie schwer fällt es dir zu arbeiten?

HARTWIG *ohne sie anzusehen*: Wie einem mit Steinen gefüllten Magen.

MARIANNE: Es war ausgemacht, du hattest dich für den Schauspielberuf entschieden.

HARTWIG *hitzig*: Ich?

MARIANNE: Du.

HARTWIG: Du! Wenn ich ihn nicht manchmal hätte mögen lernen! Das ist das schlimme: ich mag ihn, mag ihn auch.

MARIANNE: Dann kann ich beruhigt sein.

HARTWIG *aufhorchend*: Steh auf, ich will nicht, daß du dich breitmachst!

MARIANNE *steht auf*: So? *Geht einen Schritt in Richtung Ausgang.*

Halte mich doch als deine Anne, deine Dienstmagd, deine Komplizin beim Diebstahl, den wir alle am Leben begehn, du im besondern!

HARTWIG *leise-entrüstet*: Ich gehe.

Stillschweigen.

MARIANNE *setzt sich wieder; in einem Auskunft fordernden Ton*: Wer war hier?

HARTWIG *aufbrausend, da sie sich wieder gesetzt hat*: Der Arzt war hier!

MARIANNE: Ich kenne den Schritt des Arztes.

HARTWIG: Er hat seinen Gang verstellt.

MARIANNE: War er zufrieden?

HARTWIG *stottert zunächst*: O ja. Ich werde wieder Anfälle bekommen, er wird öfter nach mir sehen müssen, er war darüber zufrieden, Honorare, du weißt.

MARIANNE: Wovon solltest du wieder Anfälle bekommen?

HARTWIG: Vielleicht ein Wunder, daß sie aufgehört hatten?

MARIANNE *steht auf*: Du beleidigst mich. Aber ich weiß, daß dir etwas fehlt.

HARTWIG: Vielleicht war ich es selbst, der ging. Das ist unmöglich … Es war ein Nachklang von mir, die Wände des Flurs echoten, gellten wider: „Hartwig, Hartwig dein Sohn geht raus!" Erkanntest du nicht meinen Schritt, Mutter? Willst doch sonst immer alles erkennen, was mit mir im Zusammenhang steht.

MARIANNE: Wer war hier?

HARTWIG: Vielleicht dein Gewissen. Als es die Tür hinter sich zuzog, war es erst richtig wach.

MARIANNE: Ich mache uns einen **Kaf**fee, daß er unsere Hirne entschleimt!

HARTWIG: Oder ist Hans aus dem Grab emporgestiegen? Für Tote gilt das Gesetz nicht, daß, wer geht, gekommen sein muß. Sie gehen, indem sie kommen, kommen, indem sie gehen.

MARIANNE *bricht klagend heraus, ohne ihn anzublicken*: Hartwig sagt nichts, Hartwig ist nicht aufrichtig, vertraut nichts an.

HARTWIG: Wie sollte Hartwig sich nicht verstellen, dem sich verstellen Beruf ist?

MARIANNE: Mir bleibt nichts als Zucker und Kleinigkeit. Wenn Hartwig nun auch das verwirft, was soll ich noch? Für kleine Annehmlichkeit steh ich unten und poche drauf, daß er nichts zahlt. Hartwig mag meinen **Kaf**fee nicht. Wisse er, was er verachten darf! Lasse er unser Verhältnis zu einem Schweinehandel werden: ich war seine Jungensmutter und damit gut! Warum läßt Hartwig mich nicht allein?

HARTWIG: Du verkennst …

MARIANNE: Nichts verkenn ich!

HARTWIG: Besteh nicht so auf der Jungensmutter, der Braten brennt an!

MARIANNE: Nicht sagt er mir seinen Wunsch!

HARTWIG: Ich hatte keinen Wunsch.

Draußen pfeift der Wasserkessel. Marianne verschwindet hinter dem Vorhang zur Küche. Hartwig zeigt erste Symptome eines Krampfs, der mit Atemnot und Brustbeklemmung verbunden ist und durch sein nervöses Gebaren nur noch verstärkt wird. Nach einer Weile wird ein Zustand völliger Erschöpfung eintreten, die Glieder werden erschlaffen.

Marianne kommt mit zwei dampfenden Tassen und Zuckergefäß zurück, er zeigt noch keins der späteren Anzeichen.

HARTWIG: Ich mag keinen Kaffee, ich kann Kaffee nicht ausstehn, vertrag keinen Kaffee!

MARIANNE: Duftet Kaffee so? Rieche hin, lasse dich überraschen!

Er fährt sich an die Brust und läßt sich auf das neben dem Tisch befindliche Sofa gleiten. Sie stellt beide Tassen den Positionen entsprechend hin.

HARTWIG: Ich mag nicht.

MARIANNE: Was spielst du? Ich soll dem Manöver glauben?

HARTWIG *mit einem verkrampften Gesichtsausdruck; von Erinnerungen okkupiert*: Die Luft wollte nicht durch. Die Lunge stieß in ihrem Bemühen immerzu verfrüht an die Schwelle stechender Schmerzen aus der Herzgegend. Dann schrie er nicht mehr. Kalter Schweiß trat ihm auf die Brust. Er war tapfer. Jetzt dauerte es nicht mehr lange, und er lag noch, lag, lag, lag. Er starrte die Decke an, blies, wischte sich unaufhörlich Schaumandrang vom Mund. *Wischt sich unwillkürlich den Mund und schüttelt schlaff etwas von der Hand ab.* Ein Klumpen Energie, der nicht wußte wohin, so lag er da, ein Haufen gepreßten, gärenden Mülls. Die Entladung kam, zunehmend still, nach innen, tragisch. Eines Tages war es dann aus, erst das Gehirn, dann der Rest. Hans erstickte.

MARIANNE *höhnisch verblüfft*: Er starb an Heimweh nach einem Naseweis! Der Krüppel hatte übersteigertes Heimweh!

HARTWIG *mit einem leidenden Ausdruck*: Immerhin war er mein Vater.

MARIANNE: Und ich deine Mutter! Ich überstand deine Trauer, er nicht. Aber du warst gar nicht traurig.

HARTWIG: Wohl.

MARIANNE: Du siehst das heute in einem übertriebenen Licht.

HARTWIG *kalt rhetorisch*: Und hast du ihn getröstet, du warst seine Frau?

MARIANNE: Das hätte er nicht vergessen dürfen, daß ich seine Frau war.

HARTWIG: Hat er das vergessen?

MARIANNE: Sein Heimweh nach dir war mir gegenüber unbotmäßig. *Sie schlürft Tee.*

HARTWIG *würde ebenfalls gern trinken, tut es aber nicht; richtet sich mit einem verhaltenen Aufschrei auf*: Er hatte niemand zuletzt. Früher hatte er uns. Seltsam, sein Verhältnis zu dir, sein Verhältnis zu mir waren von derselben ... durchlässig undurchdringlichen Art. Er liebte die Personen, die er hatte, gleich und liebte sie doch mit ganzer Person. Eigenartig! Dieser Person ging etwas ab, das hart ist, etwas ... ja, das eigentlich Persönliche ging dieser Person ab.

MARIANNE: Hans hatte einen sehr festen, später eigenwilligen Charakter.

HARTWIG *zerschlagen*: Was hast du an ihm gemocht? **Lieben** konnte man ihn nicht.

MARIANNE: Ich habe ihn sehr geliebt! Hans war, als ich ihn kennenlernte, die erbarmungswürdigste Kreatur. Hartwig, du kennst die große, machtvoll rufende Weise der Liebe nicht. Du kennst den großen Zauber nicht solcher Kreaturen, armen Kreaturen. Ich hatte eine große Liebe, ihr Menschen, die ihr voller Gedankenlosigkeit seid, die ihr nie hineinsaht in das, was mein eigen ist, eigen war!

Hartwigs Gesicht nimmt einen durch physischen Schmerz und Feindschaft gegen Marianne erbitterten Ausdruck an.

MARIANNE *setzt sich; tiefer als zunächst, doch sentimental in die Erinnerung einschwingend*: Sie starrten uns an. Sie hatten etwas gegen uns. Das machte Hans' Leiden. Manchmal starrten sie mich auch allein an, wenn ich aus der Stadt kam. Zuletzt hatten sie kein Auge mehr für uns.

Hartwig, ich habe mir den Blick für die Not in der Welt bewahrt. Ich gehe der Not nicht aus dem Weg. Ich gehe auf sie zu und nehme mich ihrer an. Hans und ich hatten eine große Liebe.

Stillschweigen.

HARTWIG *spöttisch*: Du tratest ihn an mich ab: aus Liebe? Oder ich sollte auch lernen diese ... Liebe? Eines Tages sagte er: „Hartwig, du bist ein erwachsener Junge“ – ich war kaum elf – „entlaste deine arme alte Mutter!“ Du warst kaum 50, er nannte dich alt. Von da an führte **ich** ihn aus. Du tratest ihn ab, einfach ab. Die Leute mieden jetzt **mich**.

MARIANNE: Du hattest ihn, was solltest du mit den Leuten ... *sieht ihn an* so dachtest du. Ich dachte anders. Ich hatte Gespräche darüber mit Hans, ich wollte dich auf die Straße schicken, dir nachmittags gar den Umgang mit ihm verbieten.

HARTWIG: Mit meinem Vater.

MARIANNE: Ja. Doch dann sah ich, wie begeistert du warst, wenn er zuhörte. Ich ließ euch.

HARTWIG: Willst sagen, du hast es forciert, es war deine Inszenierung, von Anfang an. Er hatte recht: „Laß den Jungen, Anne. Es gibt andere Dinge als Theaterspielen. Laß ihn **richtig** spielen, laß ihn neugierig sein!“

MARIANNE *empört, der Lüge überführt zu sein*: Er wollte dich nicht weggeben, er entpuppte sich als Egoist!

HARTWIG: Er hielt meine Internierung für verfrüht!

MARIANNE: Er war ein musisch unbedarfter, beschränkter Mensch!

HARTWIG: Und hörte Nachmittage zu!

MARIANNE: Ohne Verstand, ohne Sinn für das, was in dir steckt!

HARTWIG *insistiert*: O nein, er wußte es. Nach euerm Streit war er so verändert. Schuldgefühle erfüllten ihn, Schuldgefühle, meiner Begabung im Weg zu stehn. *Mit dem Sarkasmus eines Schwerkranken* Monate später war er tot.

MARIANNE *steht auf; leuchtet*: Und er ließ dich gehn! Wenn ich von deiner Ausbildung sprach, wandte er nichts mehr ein, sagte gar, bat, zuletzt flehte: „Gib ihn weg, es ist das beste, dein Sohn ist begabt!“

Sie geht ans Fenster, Hartwig keucht kaum merklich.

HARTWIG: Hat es geläutet?

MARIANNE *in Gedanken; begeistert*: Von hier aus sahst du deinem Publikum ins Auge, über dein Heft hinweg, denn du kanntest alles auswendig. Du lerntest auswendig, auswendig! Du brauchtest ein Buch nur anfassen, und du hattest alles im Kopf. *Sie wiegt begeistert ihren.*

Immerzu kopiertest du in die Hefte und trugst Hans vor, auswendig. Einmal hat er mir gestanden, er glänzte übers ganze Gesicht, wir begaben uns gerade zu Bett …

HARTWIG: Entschuldige: ihr hattet getrennte Schlafzimmer.

MARIANNE: Später. Anfangs war das nicht … Hans gestand, daß er die Texte jetzt selber auswendig wußte. Wenn du es sagtest, lag es ihm auf der Zunge.

HARTWIG *nickt betulich*: O ja, eine schöne Verbindung. Kommt nicht wieder.

Schweigen.

MARIANNE *bissig*: Ich sagte immer, daß er unverständig war.

HARTWIG *traurig*: „Hartwig“, sagt Vater, seine starken Hände liegen auf den Lehnen, verkleben mit dem Synthetikstoff, „geh wenigstens du hinaus, zu den Nachbarsjungen, die warten.“ Er glaubt sich nicht. Sie warten nicht. Ich nehme einen Text, kopiere in mein Heft und fange abends ein neues an.

Faßt sich krampfhaft ans Herz.

Ich komme aus der Stadt. Niemanden habe ich getroffen. Die Jungen von damals sind ausgeflogen, leben mit ihren Frauen in andern Städten. Wir haben uns aus den Augen verloren. Auch die Mädchen von vorvorfrüher kennen Hartwig nicht mehr. Ich betrete die Wohnung, es ist angenehm heimelig, denn der Januar ist kalt und man sucht Wärme doppelt. Die Januarstadt wirkt nach. Eine Unentschlossenheit gewinnt über mich Macht, ein Patt, entsetzensvolles Patt:

der Januar draußen – der Januar drin;

Menschen in der Kälte – die Leere des Berbers;

Vielzahl von Menschen – aber kein Publikum, mit dem du dich berührst.

Ein entsetzensvolles Patt zwischen Patt, Patt. Ich möchte ein Buch in die Hand nehmen und bring es nicht über mich. Ich habe ernsthafte Rachegedanken, dann, oft, niederzerrende, mich unterminierende Gedanken, Rache an dir, Anne, an dir.

Greift sich erneut an die linke Seite; Marianne steht wie angewurzelt da.

HARTWIG *mit glasigen Augen*: Bitte verständige den Arzt.

MARIANNE *verdutzt*: Der Braten brennt an.

HARTWIG: Vertraute Hartwig seiner Mutter nicht etwas an? Sage sie, er lasse sie als Kameradin nicht zu!

Hartwig fühlt sich sehr schlecht.

MARIANNE *abgehend; bedrückt, halb für sich*: Wann tat ich nicht, zu was man mich anhielt, wenn ich sah, daß es berechtigt war? Es ist berechtigt. Ich sperre mich auch keine Minute. *In den Laden ab.*

Hartwig lehnt sich nervös zurück, schüttelt sich etwas vom Mund, atmet schwer. Blickt unwillkürlich in Richtung einer großformatigen Fotografie, dadurch auf sie aufmerksam machend.

Von der Straße her ein langanhaltendes, leise heulendes und beruhigendes Motorengeräusch wie ein pumpender Heizölwagen.

Marianne kommt zurück, dienstfertig und sich erst setzend, als Hartwig zu reden anfängt.

HARTWIG *freundlicher*: Du kamst heute später aus dem Laden.

MARIANNE: Ein wenig.

HARTWIG: Viel zu tun? War ein Vertreter da? Konntest du Nein sagen?

MARIANNE: Ich hatte Kunden.

HARTWIG: Zweie, drei, oder fünf?

MARIANNE: Genügend.

HARTWIG: Sie kauften Glückspüppchen, wo kommen die noch her? Malaysia? für eins achtzig?

MARIANNE *knapp*: Ich nahm von dem Vertreter nichts.

HARTWIG *über ihre Lüge triumphierend*: Ich sage immer, in ein hübsches Geschäft gehört ein hübsches Gesicht.

Sie brütet vor sich hin.

HARTWIG: Wie lange kann der Laden sich noch halten? Der letzte Besitzer gab auf und der vorvorige. Nicht einmal der Bus macht vor dem Schaufenster Halt.

MARIANNE: Der Laden geht.

HARTWIG: Ein Ding, dran viel Schweiß klebt. Ja der Laden.

Ich werde den Part meines Lebens nicht bekommen. Ich habe ihn verscherzt, ich habe versagt.

MARIANNE: Nicht …?

HARTWIG: Nicht bekommen.

MARIANNE: Du spielst!

HARTWIG: Ich kam an eine Stelle, stockte, die Souffleuse … Ich kam nicht weiter, es war aus, ich hatte den Text vergessen.

MARIANNE: Den Text? Unmöglich!

HARTWIG: Kein Wort war mir gegenwärtig. Das erste Mal in meinem Leben hatte ich eine Ahnung von einem gewissen Talent. Die Rolle umströmte mich wie ein Schwall von Schaum, ich schwebte, schwamm, ich vergaß. Das erste Mal hatte ich die Rolle verstanden. Es war mehr als sonst. Sie hatte mich ergriffen, war ganz ich, und ich war sie. Ich sah keine Grenze mehr, die Grenze schwand, mein Gedächtnis schwand. Rolle und ich waren eins, ich war unfähig zum Spiel.

Sie schaut ungläubig.

HARTWIG: Das ist ein Fenster. Schau hinaus! Eine Brünette, siehst du eine Brünette?

Höre, was ich zu sagen hatte, hatte ich in irgendeinem Zusammenhang schon mal sagen wollen, nicht sagen können. Krapsch, krapsch, schlägt es zu. Die Formulierung sitzt. Ich fahre fort, nicht so, wie's der Text verlangt, da vielmehr, wo ich aufgehört hatte im Leben und geschwiegen. Ich hatte begriffen und … ich versagte. Von diffusen Dingen sprach ich – diese Halsabschneider, Chefs, Regisseure, Herrn über Gedeih und Verderb! Sagen: „Wir besetzen um!“ und ein Mädchen verliert den Part ihres Lebens, die Halsabschneider! Alice flieht vor euch in den Großhandel!

MARIANNE: Wer ist Alice?

HARTWIG: Dann hörte ich die Regie, wie sie mich anschnauzte. Ein Lachkrampf, ein heller, ich lache!

MARIANNE *bissig*: Aus Verzweiflung.
HARTWIG: Sieh durchs Fenster! Hast du sie entdeckt?
MARIANNE *sucht schräg gegenüber*: Wo?
HARTWIG: Im Lebensmitteleinkauf, drüben halb links, gegenüber.
MARIANNE: Ich sehe einen Mann, der 'nen blauen Kittel trägt: der Geschäftsführer.
HARTWIG: Sie bekam ihre Rolle nicht. Ist sie hübsch?
MARIANNE: Ich seh nur den Mann mit dem Kittel.
HARTWIG: Ich sollte den armen Schauspieler machen, der grade sein erstes Engagement mit nach Hause bringt. Sie, 'ne Verkäuferin, seine zarte Flamme. Er muß ihr seine Bezüge zeigen. Er findet keinen Mut mehr, ihr die Ehe anzutragen. Er schämt sich vor ihren Eltern, er schämt sich vor ihr.
MARIANNE: Die Jugendlichen nehmen auch gar keine Rücksicht mehr auf ihre Mütter und Väter.
HARTWIG: Es waren in der Tat ihre Eltern, auf die er Rücksicht nahm, nicht seine.

Pause.

HARTWIG *den Gegenstand wechselnd; mit Haß und Selbstverachtung*: Was hast du gegen den Arzt? Seine Freundlichkeit erwiderst du nicht. Ich vertrau seinen Diagnosen.
MARIANNE: Die er nicht stellt!
HARTWIG: Weil er von seltner Aufrichtigkeit ist.
MARIANNE: Er hat Pfuscherei geleistet. Du solltest geheilt sein! Er hat nicht fertig studiert.

Ladenklingel.

HARTWIG: Schließt du den Laden über Mittag nicht mehr ab?
MARIANNE: Ich hatte vergessen, den Laden abzuschließen.

Sie tritt zwischen den Vorhang, lauscht.

Ladenklingel.

MARIANNE: Er geht. Alles still.
HARTWIG: Der Laden leer. Alles still. Ein Kunde ging.

Mit plötzlich matter Stimme:

Was würde ich denken, in ein immer leeres Geschäft kommen, gar wenn die Ladenliese fehlt? Man merkt so was. Herdengeruch mangelt. Leeregeruch herrscht vor.

Die Ladenliese gleitet die Treppen hinunter, ein unruhig um Zurückhaltung bemühtes, darum umso aufdringlicher sich anbiederndes Thekengesicht.

Die Festigkeit der Stimme zurückgewinnend Der Laden krankt, dächte ich. Selbst Hartwig meidet ihn, verläßt das Haus durch den unbehaglichen Flur, Wege gehend, die mit dem Schaufenster nicht in Berührung kommen. Ich könnte über die Vorzüge eines Eckhauses Bände schreiben.

Rappelt sich unwirsch auf, Marianne stützt ihn, unwillkürlich pflegerinnenhaft seine Hand fassend.

HARTWIG: Darf ich in diesem Haus nicht mehr mit der nötigen Betreuung rechnen? Bin ich hier meinem Schicksal ausgeliefert wie ein ohnmächtiger Knabe?

Sie gehen ans Fenster, er kann allein stehen, sie löst ihren Griff. Der Heizöltransporter hört mit Pumpen auf.

MARIANNE: Du tust meinem Geschäft sehr unrecht. Der Warenbestand ist ganz auf Vordermann gebracht, alles ist sauber, richtig gemütlich, richtig einladend.

HARTWIG: Das behauptet sich leicht, solange sich der andere nicht vom Gegenteil überzeugt!

Sie verhält sich die Antwort. Stillschweigen. Türklingel.

HARTWIG: Der Arzt!

MARIANNE *schweigt, wartet, geht; hart*: Ich schließe die Ladentür.

Hartwig sieht mit langsam aufhellenden Gesichtszügen und scheint's wachsender körperlicher Stabilität hinaus. Er hat etwas entdeckt: Alice, die aus der Mittagspause kommt. Er strengt die Augen an, zwinkert sie plötzlich wie nervenzuckend, verdunkelt sich.

Entsetzensmiene:

Anfahr- und gleich darauf heftiges Bremsgeräusch des LKW.

Hartwig bricht zusammen.

Der Arzt tritt auf. Er hilft Hartwig, der die kraftlosen Beine kaum noch bewegen kann, in einen Sessel.

HARTWIG: Es geht schon.

ARZT: Du fällst, wenn ich's sage.

HARTWIG: Ich bin bald 24 und wir sahen uns länger nicht!

ARZT: Ich duze dich noch – Gewöhnung. Sage auch du Du zu mir wie der Dreikäsehoch, als den ich dich kennenlernte.

HARTWIG *will, aber kommt nicht auf*: Ich war soeben dabei, Ihren Besuch überflüssig zu machen, als ich Zeuge eines Verkehrsunfalls wurde.

Ansgar faßt ihn an den Schultern und kontrolliert seine Augen.

ARZT: Du bist zu ungeduldig! *Läßt ihn frei.*

Wer ist überfahren worden? Eine Bekannte? Jemand Bekanntes?

Martinshorn. Marianne am Vorhang sichtbar. Ansgar fühlt Hartwig den Puls.

ARZT: Die Herzklappen fächeln einander das Blut zu wie den Lebensfluß ein Verliebtes einem andern. Sie jagen einander zum Zerspringen.

HARTWIG *im Tran*: Ich muß telefonieren.

MARIANNE: Er soll seinen Part nicht spielen dürfen.

ARZT: An dem, was man ohnehin nicht will, gehindert werden, hat keinen Kollaps zur Folge. Er log!

Ladenklingel. Hartwig horcht auf.

HARTWIG *matt lächelnd*: Wieder vergessen?

MARIANNE: Ich vergesse abzuschließen, sooft ich will! *Will ab; bleibt aber, verwirrt, da erneut Ladenklingel; ängstlich*: Soll ich Tabletten …?

ARZT *freundlich und sehnsuchtsvoll*: Es wären die falschen, immer, es gibt nur falsche. Mit Tabletten geht's ihm **auch** schlecht, es nützt nichts. Den Krankenwagen rufe, Anne.

Sie sieht ihn haßerfüllt an und geht hinunter telefonieren.

HARTWIG *im Tran*: Telefonieren, telefonieren, passiert, meine Freundin, die Freundin.

Martinshorn fängt wieder an, entfernt sich diesmal. Hartwig wird bewußtlos.

MARIANNE *zurück, zerschlagen; für sich, ganz in Gedanken, während der Arzt ihr halb zuhört und sie beobachtet, halb der Ausfertigung eines Überweisungsscheins für Hartwig obliegt*: Ich kann mir ein Schild „Mittagspause" nicht mehr erlauben. Andrerseits, wenn jemand um 13 Uhr vorbeikommt und um eine spätere Stunde wieder, dann muß er jetzt denken, wär immer geschlossen, wo er doch beim ersten Mal kein Schild sah.

Zu dem doch völlig unansprechbaren Hartwig:

Du hast recht, ich sollte eins anbringen und mittags wieder abschließen. Der Vorbeikömmling sagt dann beim ersten Mal, wenn leer ist: „Ist ja auch geschlossen!"

Ich werde das Schild an die Tür heften.

Aber der Laden ist tipptopp, anders darfst du es nicht behaupten, Junge, ich hab ihn wirklich auf Vordermann gebracht. Ich gab mein bestes dafür, mein Blut, mein Blut! Aber du siehst nicht hin, es interessiert dich nicht, wie alle, die nicht hineinsehn wollen in die Geschäftigkeit einer alternden, zu nichts mehr nütze alternden Frau.

Wozu taugt, daß man altert.

Ich stehe hinter, immer noch hinter der Ladentheke, die du kennst, der brusthohen, du kennst sie, an einer noch mit gothischen Lettern geprägten Kasse. Abends mache ich Abrechnung: an Jahr und Tagen wurd ich reicher. An dem, was ich hatte, Liebe, Duldung, Aussichten für mein wirkliches Alter, das erst anfängt, Freude an meinem Kinde, Teilhabe an seinem Tun und Planen? Defizit, täglich Defizit, Defizit, Defizit. Der Rest ist Nullbilanz ohne Reiz:

was ein Laden so abwirft, was die Ladenliese, deine Anne – Jungensmutter! – so braucht. Soll ich Tabletten …?

ARZT: Die Überweisung ins Krankenhaus. Es war ihm bekannt, er müsse in ein Krankenhaus.

MARIANNE *zum Arzt*: Du hättest nun erreicht, was du suchst, denkst du?

ARZT *bestätigend*: Ruhe, Pflege, andern Umgang, kurz: den nötigen Umgebungswechsel für Hartwig.

MARIANNE: Ich dulde nicht, daß du kommst, wenn er jetzt fort ist!

ARZT: Ich kläre ihn auf.

MARIANNE: Vernichte mein Kind!

ARZT: Du vergißt, er ist alt genug, längst alt genug.

MARIANNE: Empfindlich und sehr krank.

ARZT: Er wird geheilt entlassen werden. Aber niemand erzwingt, was er nicht von selber will, ich am wenigsten. Du gestattest? Drüben geschah eine Kollision. Ich will wissen, ob alle versorgt sind. *Geht ab.*

MARIANNE *für sich*: Auch wenn du dich an mir rächst – ich bin gewöhnt, daß man sich an mir vergeht – : meine Pflege solltest du nimmer angreifen, das ist nicht fein, beileibe nicht fein! *Ab.*

*

Zweiter Akt

Hartwig, querschnittsgelähmt, fährt, eine Decke um Beine und Unterleib geschlungen, im Rollstuhl. Auf dem Tisch eine Vase mit in der Farbe unnatürlich wirkenden Schnittblumen.

HARTWIG *zerrt an seiner Schlafanzugsjacke*: Es wird Zeit, mir Tageskleidung anzulegen! Oder lohnt es nicht, mir ein Hemd überstreifen?

Freilich, wer sieht es, wer stellt fest, ob ich Tageskleidung anhab oder Schlafzeug? Der Spiegel vielleicht?

Trotzdem, ich hab Verlangen nach Tageskleidung!

Läßt den Blick an sich entlanggleiten.

Glieder, sie sehen normalgeformt aus, Füße, sie sind es noch. Werde ich alt, um zu erleben, wie die Füße langsam, langsam Flossengestalt annehmen?

Gerüche, wie Fisch, wie Schwein, Mischgerüche, beißend, in der … *Fühlt nach einer Hose* Habe ich überhaupt eine an?

Wenn es sich mischt, Ammoniak, beklemmend, wie im Stall riecht das. Schande!

Fährt zum Tisch, auf dem Schreibzeug liegt.
Kann ich Alice schreiben, wie es mich verunsichert, wenn ich nach einer Weile glaub, daß der Geruch sich verflüchtigt hat? Hab ich mich nur dran gewöhnt? Auf dem abgedeckten Bett lieg ich, loslassen soll ich, ergeben soll ich mich, an die Decke schaun soll ich, wie der Krüppel tat. Sie macht mich frisch. Und dann streift sie mir etwas, Bein um Bein, über die fühllosen Partien des gelähmten Etwas, das sich Körper nennt. Alice, darfst du wissen, daß ich außerstand bin, mir selbst eine Hose anzuziehn?
Notiert ein paar Worte.
Ich wartete, du kamst nicht.
Was nimmst du dir heraus, die Verbindung feig, ohne ein Wort kündigen!
„Was ist geschehen?“ Ich schaue die Pfleger an. „Sie sind gerade aufgewacht, Sie waren weggetreten.“ „Was ist los?“ Die Pfleger drehen mich auf die Seite. Was war passiert! Einer stemmt mir die Hand ins Kreuz, doch keiner antwortet. „Keine falsche Bewegung, Sie bleiben uns einen Tag sonst in dieser recht unbequemen Lage.“ „Ich muß telefonieren!“ „Wir werden Sie nachher baden.“ Baden, mich, die Pfleger, die Fremden, mich! „Sie haben doch Notaufnahme?“ Sie hatten keine. „Alice muß ich anrufen!“ Sie drehten mich auf den Bauch, etwas, für eine Weile, bequem. Sie drückten mir einen kleinen handlichen Kasten in die Finger. Nach einer Stunde brannte dem Krüppel Hartwig die Weiche. Er griff nach und fand, daß er feucht war. Außerdem hatte er einen Blutstau im Arm, der Arm war ihm eingeschlafen. Er bediente die Klingel, doch da das Mittagessen verteilt wurde, brachte man ihn eine Stunde später erst in eine andre, wiederum nur kurzfristig bequeme Lage. Alice, darüber bin ich bescheiden geworden, Tag um Tag, den sich die Geschichte so oder ähnlich abspielte, mehr und noch immer.
„Doktor, erwirken Sie, daß man mich in ein Mehrbettzimmer verlegt!“ „Wenn wir wüßten. Es ist nicht heraus.“ „Was ist nicht heraus?“ „Solange wir nicht wissen, ob es nicht was Übertragbares ist, solange, leider …“ „So lassen Sie mich wenigstens telefonieren!“
Notiert.
Alle ließ ich mir geben: Krankenhäuser, Chirurgien, Intensivstationen. Du verblutetest auf einer Intensivstation? Friedhofsverwaltung. Nichts. Also doch im selben Haus, die Schwester unten log. Die letzte Hoffnung.
Eine Woche und eine Stunde hielt ich mir alles offen. Dann fragte ich die an der Pforte wieder: „Schwester Siegrid …“

„Sieglinde bitte!“ „Oberschwester Sieglinde, wo ist Alice?“ „Vor zwei Jahren entlassen.“ „Aber nicht diese Alice, Oblinde!“ „Eine andre Alice kennen wir nicht!“

Legt den Kopf auf den Tisch.

Wieder aufschauend:

„Schwester, Pfleger, Doktor, war niemand hier, eine junge Frau, Alice, in der Zeit, in der ich bewußtlos … Lag ich eigentlich … lange bewußtlos?“

Dreht unwirsch den Rollstuhl in Schrägposition zum Tisch.

Warum siehst du nicht nach mir, willst mir doch gut sein! Das Personal mußte doch bescheidwissen! Oder war ich zu lange bewußtlos, hatte das gesamte Personal in der Zwischenzeit gewechselt?

Er kehrt zu seinem Schreibzeug zurück und notiert einen größeren Absatz. Dann fährt er mit unwirscher Kraftaufwendung ans Fenster, setzt dann aber sanft hinzu:

Weißt du noch den Dezember, als wir's miteinander versuchen wollten? Wie lange kannten wir uns? Wir hatten einander vor genau einem Jahr kennengelernt. Schnee lag, der letzte seitdem. Du hattest einen großen Blumenstrauß im Arm, im Dezember! Das Gedränge im warmen Linienbus war groß und du mußtest beim Aussteigen irrsinnig auf die Blumen aufpassen. Da war dir der Helfer lieb, der zufällig vom Grab seines Vaters kam. Hans hat uns zusammengeführt, Alice, mein Vater, der Krüppel Hans. Wie wir uns faßten, wie du dich stützen ließest, an der Bustür, über dem glatten Schnee: griffig *lächelt*, richtig griffig warst!

„Wo wollen Sie hin?“ „Zum Grab meiner Großmama.“ „Wir haben dann einen Weg.“ Das war natürlich geflunkert, ich hatte meinen Grabbesuch hinter mir und wußte gar nicht, wo deine Großmutter lag. „Vertrauen Sie mir den Strauß an bis ans Grab Ihrer Großmama?“ Wir haben ihn arg gezaust, den Strauß, so ausgelassen waren wir. Wir lachten, über den Friedhof, wir lachten!

Ein Jahr war vorüber. Ein kalter, trockener Dezember. Spät nachmittags kam ich von der Probe, sie zog sich in die Länge. Kinder, Rotznasen, spielten draußen. Bei der Kälte spielten sie! Ich hatte dafür kein Verständnis, ich hatte mit **dir** gerechnet, aber du warst schon weg.

Wir hatten uns treffen, Mutter erklären und feiern wollen: ein Jahr!

Auf dem Klingelbrett drückten sie wie närrisch herum. Ein Mädchen von 13 führte sie an. „Ein Schaaospieler, Schaaospieler!“ spöttelte es durchdringend, und die Gruppe lachte beim Refrain,

lachte, lachte: „Ein Schaaospieler, Schaaospieler!“ mit gereckten Schwanenhälsen und einer Dehnung auf der ersten Silbe. Jetzt bemerkten sie mich. Ich schloß auf und hörte noch in der Wohnung das Gelächter.
„Wer hat den Schreihälsen, denen ich nicht mehr aufmache, verraten, daß hier ein Schauspieler wohnt? Das geht niemanden etwas an.“ „Rate, Mutter, von wem sie's wissen!“ Ich hätte es fast gesagt, aber ich hab dich doch selber vorstellen wollen. Und jetzt hattest du mich versetzt und durch die unbedachte Frage, ob hier der Schauspieler Hartwig Großmann wohne, meinen lächerlichen Beruf verraten.
Hättest du doch gewartet! Hättest du doch mir diese Blamage erspart!
Oder noch besser, du hättest bei Großmann geläutet und gesagt: „Ich bin die Freundin Ihres Sohnes Hartwig. Darf ich mich bei Ihnen aufwärmen? Sie haben doch warm?“ „Für meinen Sohn Hartwig ist immer geheizt. Seien Sie willkommen!“
Am Abend läutete es an der Tür. Es war ein neuerlicher Klingelputz, und das Gelächter schallte im hallenden Flur: „Schaaospieler, Schaaospieler!“
Hörst du das Lästern der Kinder vom kalten Marmorflur, Alice? Rotznasen, kommt herauf!
Sie könnten mir sagen, wie lange ich weg war.
Fährt erst unruhig, dann mit Innehalten auf und ab.
Ich hätte sie ins Vertrauen ziehen müssen, es hätte Gelegenheiten gegeben, sie ist doch so übel nicht, nicht so übel, wirklich, sie hätte mich unterstützt, hätte sie, sie hätte den Botengang gemacht, dich gebeten an mein Bett.
Du hättest uns sehen müssen. Es war das, daß ich nicht dazu kam, einfach nicht dazu kam. *Hält sich den Leib.*
Fährt auf und ab.
Verweilt vor der Fotografie.
Dir hatte der Trieb … nie innegewohnt, du hattest … die Kraft nie gehabt.
Fährt unruhig ein Stück, umklammert, als wolle er sie erdrücken, die Lehnen seines Rollstuhls.
Verzweifelt mit einer scherzhaften Komponente:
Kauft mir ein Radiogerät! Leg zusammen mit den Kollegen, die dich als Abordnung herschicken! Ihr werdet euch doch nicht lumpen lassen! Ich wünsch mir ein Radio, ich sehne mich danach, ich will wissen, was in den vergangenen Wochen geschah! *Notierend* Komm denn, ich bitte dich, einmal noch, als meine angebliche Kollegin vom Theater, Alice, und gratuliere in

aller Namen zum 25. Geburtstag! Bitte komm und erklär mir verschiedenes!

Beendet den Brief.

Der Arzt tritt auf.

HARTWIG: Ist was mit Mariann vorgefallen?

ARZT: Ich komme zu dir, Hartwig.

HARTWIG: Sie wurden nicht herbestellt. Außerdem möchte ich ab dieser unfreiwilligen Begegnung – alles, was mir begegnet, wird unfreiwillig – den Namen Hartwig nicht mehr hören. Hartwig ist ein trauriger Abschnitt in der Vergangenheit. Nennen Sie mich Rollstuhldasein oder beim medizinischen Namen meines Leidens oder schlicht „mein Sohn“, nur bitte, nennen Sie mich nicht Hartwig.

ARZT: Sohn darf ich dich nicht nennen.

HARTWIG: Ist mein Geschlecht, das mich zum **Sohn** macht, nicht eindeutig bestimmt, solang ich, optisch wenigstens, eins habe? Meinetwegen: ich heiße Mensch.

ARZT *legt Hut, Handschuhe, Gerätetasche ab*: Der Arzt ist verpflichtet, nach dem Patienten zu schaun.

HARTWIG: Nach einer Frist.

ARZT *mit einer Geste des Platzmachens*: Bitte. Ich bin dem Patienten auch im Ablehnungsfall gehorsamer Diener.

HARTWIG *eilfertig*: Und ein Mann der Klarheit im Fall des Mensch, als dieser noch Hartwig war! Bleiben Sie! *Weist Ansgar an, sich zu setzen, der leistet Folge. Pause.*

HARTWIG: Sie waren am Tag der Unglücke anwesend. Was geschah vor der Tür?

ARZT: Ein Mädchen wurde von einem anfahrenden Heizöltank erfaßt und leicht verletzt.

HARTWIG: Wie war ihr Name? In welches Krankenhaus wurde sie eingeliefert?

ARZT: Ich brachte es nicht in Erfahrung.

HARTWIG: War es das Mädchen, dessen Profil Sie erkennen, wenn Sie Ihren Kopf aus dem Fenster halten und in den Laden schräg gegenüber auf der andern Seite schaun?

ARZT: Vielleicht war es dieses Mädchen. *Heftet den Blick auf Hartwig und schweigt.*

HARTWIG *von einer Unruhe erfaßt*: Ich trete **sein** Erbe an? *Deutet auf Hans' Fotografie.*

ARZT: Erbschädigung? Erbschädigung ist ausgeschlossen.

HARTWIG: Aber ich bin doch ein Krüppel, der wie mein Vater im Rollstuhl fährt, und war längere Zeit – oder kürzere Zeit – bewußtlos?

ARZT *unwillig*: Was willst du hören? Du bist **kein** Krüppel, du bist bloß ein Krüppel, den ich präpariert hab für seinen Auftritt? Die untern Muskeln hab ich dir in kurzfristige Lähmung versetzt, die Geschlechtsteile in Unbedeutung, die Beine in Kraftlosigkeit? Soll ich dir sagen, du bist präpariert, künstlich präpariert, du wirst Urin und Kot wieder an dich halten, es wird ein Erwachen unterhalb der Gürtellinie geben?

Hartwig klopft aggressiv auf die Lehnen, preßt die Lippen aufeinander, schweigt.

HARTWIG *bitter*: Welche Chancen hat ein Krüppel bei einer Frau?

ARZT *trocken*: Das kommt auf die Frau an.

HARTWIG: Welche Mittel hab ich, eine Frau, wohlgemerkt eine Frau, glücklich, hören Sie, glücklich zu machen?

Ansgar schweigt.

HARTWIG: Wie hat die Ehe meiner Mutter funktioniert?

ARZT *steht auf; nach einem Moment des Zögerns fremd und kalt*: Sie sorgt für Menschen. Sie sorgt für Menschen, die in einfacher Weise zu den Bestbewahrten, Sicherbewahrten, Ewigbewahrten gehören.

HARTWIG: Krüppel?

ARZT: Das *sieht Hartwig an* ist Annes unstillbarer Ehrgeiz.

Geht langsam auf und ab.

Der Halbzerstörte, körperlich Gebrochne ist zu höhern Dingen fähig als der Gesunde, nicht wahr?

HARTWIG: Nicht zu glauben!

ARZT: Wenn du einen Begriff hättest, was in der Seele dieser Frau vorgeht, Trauer befiele dich, die du nicht ertrügst.

Zwischen eifersüchtiger Ereiferung und Euphorie:

Welch Irrglaube, Hans' Horizont erweitere sich durch sein Krüppeldasein! Der Blick für das Wesentliche ging diesem Menschen doch ab! Alles war ihm wesentlich und alles war ihm unwesentlich! Er kannte nur diese schmale Welt mit dem feingekämmten Berberteppich und dem betörenden Geruch aus dem Brotfach. Er kannte nichts sonst, nur den Einzugsbereich dieser Liebe, die keine ist, nur ein Sichseinerannehmen.

Faßt sich an die Stirn.

Und dann begriff er nicht die Schönheit dieses sich manchmal vor ihm niederbeugenden, plötzlich wieder jungmädchenhaften Nackens!

HARTWIG: Hören Sie auf, bitte!

ARZT *kalt, mit Haß*: Doch eines Tages war auch er der gewöhnliche Mann, der das Selbstverständliche zur Geschichte macht. Er bestimmt jetzt den Zeitpunkt seiner Säuberungen. Sie folgt ihm, was sollte sie anders tun, es gilt ihr als Pflicht dieser Ehe. Wann's immer ihm paßt, muß sie es über sich bringen. Er kann in seinem Schmutz ja leben, es ist seiner, sie hält den Geruch nicht aus. Er macht sie, mit seinem Schmutz, gefügig.

HARTWIG: Ich bin erledigt!

ARZT *verwirrt*: Etwas geschädigt, wohl wahr. Wir kommen ins Plaudern. *Pause.*

HARTWIG: Was werden Sie empfehlen? Gebe ich mich mit dem Wohlgefühl von Müdigkeit, Schlafen, Aufwachen, Hunger, guter Küche, Blähung, Verdauung und all diesen Abenteuern kräftiger Männlichkeit zufrieden?

ARZT: Soll ich dir das Gegenteil raten? Soll ich beschließen, deine Existenz ist wertlos, häusliche Gefühle billige ich einem jungen Mann nicht zu?

HARTWIG *scheu*: Sagen Sie ehrlich, soll ich nochmal in die Pflicht genommen werden?

ARZT *von Hartwig abgewandt*: Du sollst abrücken von der Eitelkeit, die dich den Erledigten spielen läßt.

Sieht ihn an; eindringlich:

Du wirst deinen Part nach deinen Bedürfnissen einrichten und wieder arbeiten.

HARTWIG: Und der Übergang, den ich nicht begreife, der die Unheilbarkeit der Personen in diesem Drama verrät?

ARZT *geht langsam, angeregt philosophierend auf und ab*: Vielleicht gibt es für alles ein bedeutendes Konzept. Und vielleicht finden wir darum immer Versöhnung mit uns und mit der Welt, sobald wir unsern Haß aufgeben. Wir dürfen beim Haß nicht stehenbleiben. Wir müssen die Liebe finden.

HARTWIG: Schönes Konzept! Ich hatte immer nur nach zufälligen Konzepten zufälliger Regisseure zu tanzen!

Ansgar stützt sich auf die Rückenlehne des Rollstuhls, will etwas sagen, Hartwig kommt ihm zuvor.

HARTWIG: Nein, kein Satz stimmt mehr zum andern, es war ein Wortfehler, der das Stück verdarb.

Stillschweigen. Hartwig drückt die Hände des Arztes sachte von der Rückenlehne weg. Pause. Plötzlich verschattet er die Stirn und läßt sich mit einem durchdringenden Schrei vornüber auf die Tischplatte fallen. Der Arzt setzt sich und legt ihm väterlich die Hand aufs Haar.

HARTWIG *in einer Weise aufblickend, als müsse er sich wieder ans Licht gewöhnen, die Hand des Arztes dabei abschüttelnd*: Seit meinem neuerlichen Eintritt in die Welt hat sich etliches ereignet.

Fährt zum Fenster, sieht hinaus.

Die Tauben gurren nicht mehr. Im Fenster vermisse ich die Spitzen einiger Bäume, die früher die Gärten der Umgebung zierten. Gibt es keine Gärten mehr? Der Himmel hat eine grünliche Farbe, die ich früher nicht an ihm kannte. Die Zeitungen, die ich lese, fühlen sich klamm an, sind vergilbt und riechen stickig. War ich länger weg? Wie lange war ich weg: Wochen, Monate, Jahre? Warum weigert sich meine Mutter, ein Radio aufzustellen, schenkt mir stattdessen Schnittblumen, wo ich Schnittblumen doch so hasse? Was verschweigt man?

Bemerkt beklommen die gewachsene, schlecht verhohlene Unruhe des Arztes.

Fährt zum Tisch und schließt das Kuvert.

Der letzte Trotztrümmer, den ich der Welt aus meiner Festung entgegenschleuder: der letzte Brief, den ich jetzt geheim vor Mariann versende, sofern Sie mir helfen, Arzt. Dann wird sie auch die Botengänge besorgen und die Adressen kennen. Wären Sie so lieb?

Streckt ihm den Brief entgegen, Ansgar nimmt ihn verunsichert an.

Drüben, die Brünette im Lebensmittelladen: Alice.

Marianne tritt unbemerkt auf, sowie Ansgar seine Tasche nimmt.

MARIANNE: Ich sehe nicht gern, wenn mein Sohn gegen seinen Willen Arztbesuch erhält.

ARZT: Der Notfall gebietet einzuschreiten.

MARIANNE: Wer brachte Sie auf den Gedanken, daß hier ein Notfall vorliegt?

ARZT: Mein Beruf. Mein ethisches Gefühl.

MARIANNE: Ich verweise Ihnen mein Haus!

HARTWIG: Kommen Sie wieder, Arzt! Und Dank für Ihre Offenheit, Sie vergessen für mich den Botengang nicht?

MARIANNE: Könnte **ich** nicht diesen Botengang tun?

HARTWIG: Ich erprobe gerade meinen Spielraum in der Wahl meiner geschäftlichen Methoden.

MARIANNE: Geschäftlich?

HARTWIG: So etwa.

Ansgar, den Brief einsteckend, ab.

MARIANNE: Du schreibst an das Theater? Du gibst ihm die Ergebnisse deiner dramatischen Umarbeitung bekannt? Du hast dir deinen Part auf den Leib geschrieben, deinen Auftrag erfüllt, und mir, deiner Mutter, gewährst du keinen Einblick in den Stand der Dinge? *Setzt sich an den Tisch.*

HARTWIG: Wovon redest du bei dem, was ich fürchtete und was der Arzt jetzt bestätigt! Es ist hart, zu wissen, daß das Leiden im Körper sitzt wie … *schlägt sich mit der Faust gegen die Brust*. Davon hab ich einer Kollegin berichtet: Alice. An dem, was du meinen Auftrag nennst, rührte ich keinen Finger.

MARIANNE *steht auf; unbeeindruckt*: Was hat der Arzt gemacht?

HARTWIG: Nichts. Ich muß ein ganz gesunder spastisch gelähmter Krüppel sein, der eines nicht zu fernen Tages an seinem Kot erstickt: normaler hoffnungsloser Fall.

MARIANNE: Was sagte er?

HARTWIG: Er gab deinem traurigen Pflegling die Gewißheit eines nahen Todes. Es wird kein Aufwärts mehr geben, nur Schlaffheit, Schlaffheit. Wie bei Hans. Alles geschieht wie bei Vater.

MARIANNE *erbost*: Euer Leiden hat nichts miteinander zu tun!

HARTWIG: Nein? *Beharrt*: Mein Leiden ist wie seines und mein Ende sicher.

MARIANNE *fanatisch*: Der Beruf! Du sperrtest dich! Das war es! Hier war nie Platz für den Auswurf des Abscheuerregenden! Erkenne die große Warnung, gehe den Weg, den du hättest einhalten sollen, weiter! Dir sind Hände und Mund geblieben. Du kannst das Ziel erreichen. Sei dies von heute an, da du deine Schuld erkannt hast, dein einziger Gedanke!

Hartwig schweigt.

MARIANNE *abbiegend, verbindlich*: Ich mixe uns einen Möhrensaft.

HARTWIG *zornig*: Presse uns deinen Möhrensaft! Warum nicht gleich injizierst du ihn mir! Dir verweist keine Mutter das Haus wie kürzlich einem Arzt, der mir gutwill!

MARIANNE: Du mußt mehr trinken, Hartwig, du bekommst eine Harnstoffvergiftung, du nimmst den ganzen Tag nichts Flüssiges zu dir!

HARTWIG: Ich will auch nichts trinken! Ich will auch nichts Flüssiges zu mir nehmen! Es macht mich fertig! Ich gäbe den Rest dessen, was ich kann, wenn ich Kontrolle hätt!

MARIANNE: Denk lieber, was sich hinter dem Namen Möhrensaft verbirgt! Hörst du den Kessel? Na?

HARTWIG: Möhrensaft!

MARIANNE: Auf dem Herd? Möhrensaft? *Schüttelt den Kopf und geht nebenan. Das Kesselpfeifen hört auf.*

Hartwig dreht den Rollstuhl in Richtung Fenster, wiegt trotzig den Kopf, fährt hektisch umher.

HARTWIG: Hans, dieser Mann, der Krüppel Hans, war kein … gebrochener Mann, er war … niemals Mann, war niemals ganz, war niemals aufgerichtet gewesen! Hans hat … nicht … gekonnt!

MARIANNE *holt Tassen, Löffel und Zucker aus dem Schrank*: Nach welchem Getränk uns zumute ist? *Geht hinter den Vorhang.*

HARTWIG *höhnisch*: War es ein Schauspieler? Die Nummer Eins vom Ensemble? Ein Kollege? Ein Veteran? Ha! Das wäre peinlich! Oder einer, der in ’ne ferne Stadt zog? ’n verkanntes Genie, ein verhinderter Komödiant? Ich neige dazu, es war ein einfacher Bürger, der eines hatte: unaussprechliche Sehnsucht, etwas darzustellen.

Marianne kommt mit einer Teekanne zurück.

MARIANNE: Hans, nun Hans …

HARTWIG *rasch*: Ein Schauspieler?

MARIANNE: Ich hatte nicht die Wahl, wie du denkst. *Schüttet die Tassen voll, setzt sich.*

HARTWIG *empört*: Ich trinke jetzt nicht!

MARIANNE: Ach, der Zucker, ich gebe dir etwas. *Tut es.*

HARTWIG: Zucker, Zucker! Möhrensaft hätt ich wollen, Möhrensaft!

MARIANNE: In Gottes Namen, ich habe seit Hans’ Tod keinen Möhrensaft im Haus!

Schweigen. Ladenklingel. Marianne geht nach unten.

Hartwig fährt ans Fenster. Sieht auf den Teppich, versucht, ihn mit dem Handrücken zu erreichen, was mißlingt. Er zieht die Hand zurück. Fährt zum Schrank vor das Brotfach, das er aber nicht öffnet.

HARTWIG *zerstreut*: Brot duftet. Brot schmeckt. Brot *unwillige Handbewegung an die Augen* ist klar. Ist durchgebacken. Brot schimmelt.

Sieht den Tee unangerührt auf dem Tisch, fährt hin.

Eine Tasse für dich, Mädchen, und eine für mich. *Rückt die Tassen entsprechend.* Wann mußt du gehn, halb zwo? Ich habe noch etwas Zeit und begleite dich an den Korridor. Später lasse ich die Forschenstraße links … rechts liegen und eile … *Hebt den Kannendeckel ab.*

Ladenklingel.

Ohne einen Blick in die Kanne zu tun:

Der Tee hat nicht genügend gezogen.

Fährt mürrisch in Nähe zum Fenster.

Marianne kommt zurück

HARTWIG: Du behauptest, du hast den Krüppel geliebt.

MARIANNE *macht verwundert die Veränderung auf dem Tisch rückgängig*: Du mußt den Deckel auf der Kanne lassen.

HARTWIG: Der Inhalt hat kein gutes Aroma.

MARIANNE: Es verfliegt ja auch!

Ich biete längst nicht mehr den Mut auf, zu gestehn, wie sehr ich wegen deinem Verhalten leide. Dein gewiß nicht leichter Zustand dient dir als Vorwand, dich dauernd gehnzulassen wider mich! Ich koche uns ein Getränk, möchte dir einen Gefallen tun. Ich geb dir Zucker hinein, anderthalb Löffel, wie gewohnt, warte, daß du ihn einrührst, umsonst. Ich frage höflich, biete dir die Ware sichtbar an, und du machst stillschweigend keinen Gebrauch.

HARTWIG *dreht sich zu ihr um*: Ich trinke, wenn du mir sagst, wer mein Vater ist!

MARIANNE *rührt den Löffel in ihrer Tasse um*: Unter diesen Umständen mußt du dein Getränk stehen lassen. Es herrscht Unklarheit in diesem Punkt.

HARTWIG *höhnisch*: Ein Kreis von Männern. Ein Schwarm. Eine Vielzahl. Ein Haufen.

MARIANNE: Insofern geht es dich nichts an.

Hartwig schweigt. Sie setzt nach einem Augenblick die Tasse an den Mund, ohne zu trinken. Setzt die Tasse ab.

MARIANNE: Nicht so! Der Tee wurde nicht gekocht, um in Unfrieden getrunken zu werden! Wann ließ Hartwig je etwas verkommen? Am Abend, als er zum ersten Mal von dem langbegehrten nippen durfte, schmeckte ihm der Tee so gut, daß er Hans' Tasse, dem das Getränk zu Kopfe stieg, und den Sud aus der Kanne leerte. Man mußte hinter dir hersein: „Du sollst angeschimmeltes Obst nicht essen und keine gefaulten Äpfel und Kirschen! Sieh ein, daß dergleichen essen schadet." Du warst kein Kostverächter, Hartwig, und nichts kam um. *Läßt den Blick auf ihm ruhen.*

Wenn ich dich abhalte, brauchst du mich nicht länger hier dulden, ich gehe! *Geht ab.*

Ladenklingel.

Hartwig bläst über seine Tasse und trinkt in einem Zug leer. Er schüttet erneut voll und rührt erregt um.

Fährt heftig in die Zimmermitte.

HARTWIG: Nichts umkommen lassen! Du solltest nachsehn, ob kein angeschimmeltes Brot im Fach liegt!

Trinkt hastig aus Mariannes Tasse und hält inne, als er merkt, daß es nicht seine ist.

Er lauscht. Ladenklingel.

Er versucht, das Fenster zu öffnen, kommt aber nicht an die Klinke. Läßt sich zurücksinken. Außer Atem:

Erstickungsanfall. Am Krisenpunkt der Freiheit. Die ewige Determination. Würgegriff aus dem All. Erwachst in einer anderen Zeit.

Der Arzt erscheint mit einem überalterten Radiogerät zwischen dem Vorhang.

ARZT *räuspert sich*: Ich bringe ein Radio.

HARTWIG *ohne sichtliche Überraschung*: Stellen Sie's an einen Platz, wo ich nicht drankomm!

ARZT: Auch auf die Gefahr hin, daß du drankommst – ich stelle es in die Nische. Es muß etwas repariert werden, es hat seine Macken. *Stellt es in die Schranknische.*

HARTWIG *sieht sich flüchtig nach dem Gerät um*: Ist es nicht dasselbe Radio, das früher hier stand und das Mariann mit runtergenommen hat?

ARZT: Der Krüppel regte sich bei den Nachrichten immer so auf. Er sollte keine mehr hören.

HARTWIG: Sie bringen's als Geschenk?

ARZT *nickt*: Ich habe es gekauft.

HARTWIG: Sie hätten mir ein intaktes Radio kaufen sollen. Oder einen eigenen Telefonanschluß.

ARZT: Du weißt, daß Mariann keine Störung beim Lernen durch Anrufer duldet.

HARTWIG: Erklären Sie ihr, daß ein Telefon für meine weitere Karriere unentbehrlich ist.

ARZT: Das erklärte ich immer. Aber warum duzt du mich nicht? Ich bot es dir an.

HARTWIG: Warum? Provoziert es Sie?

Ansgar unterdrückt eine Unruhe.

HARTWIG *ernst*: Wer ist mein Vater?

ARZT *befangen*: Weiß nicht.

HARTWIG: Sie sind es, geben Sie es zu.

ARZT: Ich habe sie geliebt, immer, wohl wahr, liebe sie noch.

HARTWIG: Öffnen Sie das Fenster, ich halte den Gestank nicht aus!

Ansgar öffnet, in Ungedanken, das Fenster. Pause.

HARTWIG: Der Krüppel ist mein Vater.

ARZT: Der Krüppel ist so sehr dein Vater wie du der Vater seiner Enkel.

HARTWIG: Der Krüppel … hat nicht gekonnt.

ARZT: Von Geburt an.

HARTWIG: Aber Sie, Sie kommen mit einem Schlüssel.

ARZT *nickt*: Eine Kopie des Schlüssels von früher *zeigt den Gegenstand.* Sie gab ihn mir für meine Visiten. Meistens stand sie im Laden, wenn ich kam, da war's am einfachsten.

HARTWIG: Sie wissen, wer mein Vater ist!

Verlegenes Schweigen.

HARTWIG: Werden Sie mich auffordern zu leben, Arzt?

Ansgar gibt keine Antwort und geht. Hartwig sieht ihm nach. Quietschende Autoreifen lassen ihn sich dem Fenster zuwenden. Er bringt einen Fensterflügel in eine Position, die ihm Einblick in einen bestimmten Straßenausschnitt gewährt.

HARTWIG: Alice, du?

Auto brummt ab. Hartwig holt die Blumenvase, nimmt einzelne Blüten zwischen zwei Finger.

Natur der Blumen ist es, nette Farben haben – ihre vornehmste und erste Aufgabe. Schande, sie nicht abzuschneiden, nicht in Behältnisse zu stecken, nicht der johlenden Meute zuzuführen.

Fährt die Vase zum Fenster, stellt sie zitternd ab, betrachtet das Arrangement.

Ihr streckt euch ihr entgegen, Blumen, ihr kündigt mir an, wann sie wiederkommt, um unten zu läuten.

MARIANNE *außerhalb*: Wer rief? Es ist kalt.

HARTWIG: Das Fenster bleibt offen!

MARIANNE: Du erkältest dich. *Tritt ein.*

Er hat das Radio gebracht?

HARTWIG: Mein Geburtstagsgeschenk.

MARIANNE: Dein Geburtstagsgeschenk sind Blumen! Und mit Blumen feiern wir das schöne Wetter, das für morgen gemeldet ist. Ich werde dich erstmals in den frischen März hinausschieben. Es ging dir heute so gut. Du hast die ganze Nacht durchgeschlafen. Es ist jetzt Zeit für den ersten Spaziergang. Wir werden unsre Wege erweitern, Woche für Woche, Tag für Tag. Immer einen Schritt mehr, einen sichtbaren, spürbaren Schritt.

Es ist nicht leicht, mit dem anvertrauten Leben bangen und ihm doch Mut einflößen immerfort. Zumal wenn wir, auch das kommt vor, zurückstecken müssen. „Trotz ungünstigen Einwirkungen, Junge. Du bist im Grunde gesund. Nicht wirklich, gewiß, aber sieh die Relation. Alles muß man in Relation sehn. Wie gut schneidest du in Relation ab. Heute geht es dir schlecht, aber wie lange kommen die Warnzeichen, warum haben wir nicht früher darauf geachtet! Doch im allgemeinen … **Du** hast Widerstandkraft. Das Wetter, das schwere Frühstück, die verschleppte Halsentzündung. Wunder, daß der Rückfall erst heute kommt.“

Mut, Hartwig, Mut und nochmal Mut.

Manchmal glaubt man es selbst, Bestätigung bleibt ja nicht aus. Zugleich lernt man sich bescheiden und mit allem rechnen und immer wieder von vorn anfangen, wenn der Rückschlag kommt. Ausflüchte suchen, Gründe finden, Hoffnung erneuern. Ich bin es gewöhnt, mit dem Kranken fürchten, hoffen, glauben. Wir werden nicht müde werden, wir wachsen zusammen, wir bleiben für alle Zeiten beieinander!

Plötzlich Geräusch eines notbremsenden, heftig quietschenden, ins Schleudern geratenden Autos. Ein hohler Aufschlag, wie wenn ein Mensch gerammt und über die Kühlerhaube schlagen würde.

Hartwig arbeitet sich heftig zum Fenster vor, klammert sich fest, zerrt sich soweit hinauf, daß er hinüberblickt.

HARTWIG *entsetzt*: Gerammt, geschleudert, zerschmettert! Du kommst zurück, zerschmettert, an dieser Wand!

Er fällt zurück, und da er den Rollstuhl verfehlt, stürzt er zum Entsetzen der verblüfften Marianne zu Boden. Neben ihm geht die Vase zu Bruch.

Dritter Akt

Hartwig liegt bewußtlos oder schlafend auf dem Sofa. Die Blumen, einige bereits mit hängenden Köpfen oder welk, obwohl erst kurze Zeit verstrichen ist, stehen wie vor dem Sturz auf der Fensterbank, das Fenster ist jedoch geschlossen, die Vase notdürftig repariert.

MARIANNE: Er kann nicht dasselbe haben wie Hans!

ARZT: Hartwig ist das Opfer unserer Verstrickung.

MARIANNE: Er hatte ’ne Freundin: Alice!

ARZT: Das wäre die Betreuung gewesen, die ich als Arzt empfehle!

MARIANNE: Er wollte beides: den Beruf und sie. Er vernachlässigte den Beruf, er machte Andeutungen. Am Tag seiner Lähmung hatte er Besuch. Es war sie. Ich spürte es. Seine schöpferische Kraft war bedroht. Er wäre vergnügungssüchtig geworden, heimlich, wie alle, alle, schlimmer als alle.

ARZT *lächelt*: Als er am Boden lag und stammelte, wußte ich, was er nie getan, aber in Gedanken hatte. Er war reif für den Tag, für die Nacht.

MARIANNE *blickt mit einem Ausdruck von Jammer zu Hartwig*: Wenn ich ihn so sehe, wünschte ich fast, er wachte nicht mehr auf. Es ist besser, du siehst einen Menschen in der Erinnerung eines gewissen Könnens gehn als in der Erinnerung des Verfalls. Ich halte meine Erinnerung an ein kleinwenig Freude fest, das nicht mehr wiederkehrt.

ARZT: Dank deiner Fürsorge wird er unmäßig essen, dick werden …

MARIANNE *empört*: Dafür habe ich ihn nicht großgezogen! *Leise* Dafür habe ich ihn nicht unter Schmerzen zur Welt gebracht.

ARZT: Soll ich ihn einschläfern wie ein Tier, das seinen Reiz verloren hat und den Menschen jetzt zur Last fällt?

MARIANNE: Zerstöre sein Verlangen zu essen und zu trinken! Lehre ihn sich weigern und wehtun seiner armen alten Anne! Mache ihn das Mitleid mit ihr verlernen, du kannst es, du bist mit Medikamenten erfahren!

ARZT *zieht übermütig eine Schachtel Zündhölzer aus der Tasche und schmeißt sie auf den Tisch*: Entferne alles Brennbare aus dem Haus!

MARIANNE: Wohin soll ich Hartwig bringen?

ARZT: In Pflege, Mariann.

MARIANNE: Du tust mir weh, Arzt.

Hier sieht Ansgar sie aggressiv und direkt an.

ARZT *unversöhnlich*: Und du mir! Was mache ich, wie geht es mir, fragst du dich das nie? Der Arzt hat Fragen zu stellen, nicht der Patient, Einbahnstraße! Nein, ich bin **auch** ein Mensch, Mariann, und hier erst recht! Was vergibst du dir, dich zu erkundigen? Habe ich einen Schatz? Esse ich regelmäßig warm?

Ich lebe sehr einsam. Einmal im Monat gehe ich in ein unauffälliges Restaurant. Ich sehe nach Hartwig …

MARIANNE *schroff*: Mit Visiten heilst du ihn nicht!

ARZT *sarkastisch*: Natürlich nicht. Er wird sich weiter den Kopf nach ihr zermartern, wenn er gleich aufwacht, er wird an nichts anderes denken, unheilbar. Unheilbarkeit steckt in allem. Unheilbar ist, daß die Natur es keinem rechtmacht. Unheilbar ist der Mangel einer gestaltenden Hand in ihr. Was zogst du deinen Sohn in einem Land auf, wo ein inkompetenter Arzt ohne Promotion die Überweisungspapiere ausstellt und nicht Gott persönlich?

Wir sind alle genauso gut und genauso schuldig. Mir wuchs ein Blümchen. Ich hatte mich durchgerungen, wollte mich lossagen, lossagen von dir. Dein Hilferuf und Hartwig kommandierten mich in dieses Haus zurück, und es ist wieder nicht, ist nicht, ist zerstört durch eure Schuld. Alte Wünsche, alte Wunden …

MARIANNE: Ich fühle mich Hans verbunden.

ARZT: Der Krüppel ist tot.

MARIANNE *hält ihm die Schachtel hin*: Ich empfand für dich Abscheu!

ARZT: Du hast das andre vergessen, oberflächlich vergessen!

MARIANNE *legt die Schachtel zurück*: Ich bin seine Frau immer geblieben.

ARZT: Du bist sie nie gewesen – hast sie nie werden **können**!

MARIANNE *empört*: Was sind das für Begriffe von der Ehe, Ansgar! Nach deinen Begriffen hätte ich eine Ehe führen sollen?

Was hast du geleistet? Dich in mich reingeschoben, in einem Akt von beispielloser Trivialität dich abgegeilt, dein Unbehagen in mich reingestoßen, es schmerzte.

Doch ich braucht's nur einmal erdulden, ich hatte ja das Kind. Das interessierte mich, nur das. Dich interessierte nur die Lust, nur die Lust.

Ich hielt Hartwig rein vom Schmutz solcher Ehe, ja, meinen Sohn hielt ich rein.

Ansgar steckt gedankenabwesend die Zündhölzer ein.

Hartwig schlägt einen Moment starr die Augen auf und sieht den beiden unbeobachtet zu.

MARIANNE: Hartwig ist in einer Atmosphäre der Reinheit aufgewachsen. Und wenn ich eines erreichte, dann das, daß ich Hartwig den Anblick einer Ehe nach deinem Bild, Ansgar, ersparte!

Schweigen.

ARZT *in einem plötzlichen Entschluß Tasche und Hut nehmend*: Wenn er aufwacht, die üblichen Medikamente.

MARIANNE: Ansgar!

ARZT: Ja?

MARIANNE: Ist das alles: „die üblichen Medikamente"?

Ansgar nickt.

MARIANNE: Geh nicht so, geh nicht so!

ARZT: Eine Trennung von Hartwig könnte dich für meine Vorstellungen vom Leben offen machen. Das läge im Interesse von allen, Mariann.

Hartwig schlägt die Augen auf.

HARTWIG: Worüber redet ihr? Ob er kann, ob er nicht kann? Wie oft soll er betonen, er kann **nicht**?

Marianne und Ansgar hieven Hartwig in den Rollstuhl.

HARTWIG: Ich sah einen Körper gegen die Wand schleudern.

ARZT: Nichts war.

HARTWIG: Nicht Alice?

ARZT: Nein.

HARTWIG: Ist sie gestorben?

ARZT: Ein Junge lief vor ein Auto. Es bremste. Kleiner Schock. Niemand verletzt. Nicht der Rede wert.

HARTWIG *sich im Rollstuhl einrichtend*: Schaun Sie nach dem Jungen!

ARZT: Mein Platz ist hier.

HARTWIG *spöttisch*: Mariann ist doch da!

Arzt verhüllt betreten die Augen und geht hastig ab.

HARTWIG: Du sagtest Ansgar zu ihm.

Stillschweigen, in dem sich Hartwig an Mariannes Unruhe weidet.

MARIANNE *herausbrechend*: Du, die Arme von dir gestreckt, bewußtlos. Die Souffleuse … flüstert, wiederholt, schreit, doch du … wirst nicht wach! Ich seh's … dein Körper, deine Verfassung, das hält nicht mit, nicht mit!

Ladenklingel.

HARTWIG: Geh, du bist dem hörig!

Marianne bleibt. Ladenklingel.

HARTWIG: Ein Junge hat nicht aufgepaßt, ein Junge!

Es ist immer zusammengezogen in der Decke jetzt und ganz klein, gummisteif. *Spricht zu den Blumen, als registriere er Mariannes Gegenwart nicht*: Aber **ihr**, porös werdet ihr, und nach und nach bröselt ihr auseinander, wenn der Saft nicht mehr kommt.

Streift mit zwei Fingern demonstrativ über einige Stengel. Marianne reißt ihm angeekelt die Vase aus der Hand und fängt an, die Blumen zu behandeln, welke aussondernd, Stengel kürzend, Blätter entfernend.

HARTWIG: Man hat euch die Wurzeln abgeschnitten. Jetzt lauft ihr unten aus. Richtet eure Geschlechtsorgane noch einmal auf, so hoch *umspannt mit beiden Händen die Ausmaße eines übergroßen Phallus*. Vielleicht kommt ein Insekt und nimmt eure Samen wie von einem Sterbenden, der auf seinem verpißten Bett das letzte Mal onaniert.

Fühlt ihr's, Alice wartet, vor der leis schließenden Haustür, wartet, daß jemand ihr öffnet. Aber kein Schritt vom Hausflur tönt, kein Pantoffelschlurfen, denn: Alice wartet auf 'nen Kannichtmann! Na was schon kann er nicht? Kommen kann er nicht, laufen kann er nicht und … was noch kann er nicht?

Zu Marianne Ich entbehre das Gu-gurruh der Tauben. Ich entbehre die Dächer, darauf sie stolzieren.

MARIANNE: Die Tauben sind fortgezogen, die Dächer sind abgedeckt.

HARTWIG: Du bist merkwürdig gealtert.

MARIANNE *reißt ein Blatt ab*: Man altert in Schüben. *Legt die Blumen auf den Tisch, will frisches Wasser in die Vase einfüllen gehen. Hartwig hält sie fest.*

HARTWIG: Bist du eine zärtliche Frau?

MARIANNE *verwirrt, aufgebracht*: Ich führte keine … wie meinst du … Ehe?

HARTWIG: Nun hast du **auch** so ein Schwein in die Welt gesetzt.
MARIANNE *knapp*: Du wirst aber einsam bleiben.
HARTWIG *schließt sie in die Arme*: Wie's dem Könner gemäß ist. Du hast es prophezeit.
MARIANNE *von einem Grauen erfaßt*: Darum lehnst du mich ab!
HARTWIG *drückt sie fester*: Ich bin dir dankbar!

Er preßt ihr den Kopf in die Magengegend. Sie kommt in Atemnot. Sie fuchtelt mit den Armen. Sie läßt die Vase fallen. Sie greift ihm in den Haarschopf.
Er drückt fester, obwohl sie mit allen Kräften zerrt.
Sie schlägt ihn ins Gesicht, da läßt er los.

MARIANNE *lehnt sich an die Schranknische, ringt nach Atem, Hartwig ständig im Auge*: Widerling! Widerling! Widerling!

Schaltet befangen das Radio an.
Sendestörung. Ein erster Brocken: „stark bewölkt, Schauerneigung, später" – Störung – „auflockernd" – Störung – „die weiteren Aussichten" – lange und starke Störung.
Marianne schaltet aus.
Hartwig fährt rasch – fluchtartig – an ihr vorbei.
Verschwindet hinter dem Vorhang.
Kollision mit der Korridortür. Der Rollstuhl passiert.
Poltern auf der obersten Stufe, Poltern im Treppenhaus.
Das Geländer kracht.
Aufprall gegen die Wand. Aufschlag im Hausflur. Aufschrei.
Marianne schluckt, aber bleibt, starr geradeausblickend, wie angewachsen an ihrem Platz.

Einkehrtage

Eine Komödie

BÄUMLER, *Anfang 40*
GROSS, *junger Kreisverbandsvorsitzender der neumarxianischen Partei*
ALFRED KANT, *etwa 60jährig*
SUREK, *praktizierender Christ, Mitte 50*
SCHWESTER MARIA, *eine Nonne, noch nicht 40*

Etwas zwischen Sakralraum und Tagungszimmer. An der Wand gleich wenn man reinkommt, ein Weihwassergefäß. Gegenüber der altersdunklen Tür eine Ecke mit Kirchenbank, Kruzifix und antikem Sarg. In der Mitte gemütlicher Verweilbereich mit ausladendem Tisch und festen, bequemen Sitzmöbeln. Ein Schrank, wie zur Aufbewahrung von Meßgewändern und Utensilien der katholischen Liturgie verwendet. Eine Säule, die einen weiteren Ausgang verdeckt.

1

Bäumler und die Nonne treten ein.

NONNE: Sie haben wunderbar gespielt.

BÄUMLER: Danke.

NONNE: Unser Orden sucht einen guten Organisten. Seit Schwester Reginberta aus Altersgründen ausscheiden mußte, singen wir trocken. Zweimal kam auch ein junger Mann aus dem Dorf. Aber der wollte die Gegend verlassen. Wissen Sie, bis Schwester Carola die Anfangsgründe des Orgelspiels erlernt hat.

BÄUMLER: Nett für das Angebot. Dennoch: nein danke.

NONNE: Aber Sie könnten das so gut. Die Gottesdienste hier, im Dorf …

BÄUMLER *nimmt am Tisch Platz*: Ich liebe die Orgel. Doch kennen Sie einen Musiker in Kirchendiensten, der nicht glaubt?

NONNE: Ach, gehn Sie! Spielt so schön die Orgel und sagt, daß er nicht glaubt! Ohne Glauben könnten Sie gar nicht so schön spielen.

BÄUMLER: Geht in Ihren Kopf nicht rein, Schwester …

NONNE: Schwester Maria.

BÄUMLER: Schwester Maria, *klimpert auf der Tischplatte* ist aber dennoch wahr.

Ich spielte bei den Mormonen neulich. Spielte zu aller Zufriedenheit. Und doch wußten alle, daß ich nur mitgekommen war, um zwei Sänger meiner Bekanntschaft, Mormonen, auf der Orgel zu begleiten.

Inspiziert den Raum. Bleibt bei der Gebetsecke stehen.

Übrigens erlebt man bei allen religiösen Gemeinschaften so seine Überraschungen.

NONNE: Sie meinen den Raum? O ja, der Raum ist ungewöhnlich. Aber wir bieten ihn unsern Besuchern bei den Einkehrtagen an.

BÄUMLER: Im Sommer nicht so warm, im Winter nicht so kalt. Verstehe.

NONNE: Auch.

BÄUMLER: Und dann das Grab Ihres seligen Ordensgründers, das die Versammelten zur Andacht inspiriert.

NONNE: Gewiß. Aber das ist nicht der Grund. Der Grund ist: der Raum ist unterirdisch. Es ist wegen der Luft. Wissen Sie, das Kraftwerk, in der Nähe, die Gäste sollen nicht den ganzen Tag, draußen, im Freien, man weiß ja nie …

BÄUMLER *lacht*: Sie sind in Ihrem Orden auch kein bißchen ängstlich.

NONNE: Eigentlich nicht. Aber eben … *lacht* Vorsicht ist die Mutter der Porzellankiste. Außerdem brachten uns die Gäste selber drauf. Es ist ja auch ein stimmungsvoller Raum, nicht wahr. Gleich neben den Katakomben.

Und außerdem der einzige Raum außer dem Raum, wo Sie heute vormittag waren, während der Restaurierungsarbeiten jetzt. In der Kapelle diskutieren, das wollten wir nicht – *lacht* bei aller Weltoffenheit, die der Papst ja hat –, und in den Konventssaal dürfen Fremde nicht rein.

Soll ich Musik machen, bis Ihre Freunde kommen?

BÄUMLER: Haben Sie ein Radio hier?

NONNE: Es wird gerade repariert. Aber einen alten Plattenspieler. *Öffnet den Schrank.* Und ich glaube, auch noch eine Langspielplatte.

BÄUMLER: Eine? *Setzt sich.*

NONNE *nimmt eine Platte aus dem Schrank*: Johann Sebastian Bach: „Jesu, meine Freude“.

BÄUMLER: Danke, nein.

NONNE: Ich tue es gern.

BÄUMLER *klimpert auf der Tischplatte*: „Jesu, meine Freude“ ... das schrieb ein Mann, und nebenan starben seine Kinder. Seine Witwe ging nach seinem Tode am Bettelstab.

NONNE: Aber die Musik ist doch wunderschön.

BÄUMLER: Sie haben mich gefragt und ich habe ehrlich geantwortet. Bitte, tun Sie die Platte weg.

Die Nonne legt die Platte zurück und schließt die Schranktür.

BÄUMLER: Als wir ins neue Gemeindezentrum kamen, wurden wir auch von Musik umbrandet: Camille Saint-Saens' „Orgelsinfonie“. Kennen Sie Camille Saint-Saens' „Orgelsinfonie“? Das Maestoso? Mir gefiel's. Bis dahin – bis ich erfuhr, wozu man's benutzt.

NONNE: Und wozu benutzt man's?

BÄUMLER: Zur Erzeugung bombastischer religiöser Gefühle!

NONNE *drängt sich neugierig in seine Nähe*: Erzählen Sie mehr!

BÄUMLER: Eine dralle Ansagerin, 50 oder noch nicht, Rebekka Kramer, neunfache Oma – wissen Sie, daß sie Kindersegen für Gottessegen halten? Heute, in dieser übervölkerten Welt! Wie finden Sie das: neun Enkel in der heutigen Welt und das mit 50 oder noch nicht?

NONNE: Sind Sie denn nicht verheiratet?

BÄUMLER: Nein.

NONNE: Und haben keine Kinder?

BÄUMLER: Wie Bach 20 oder 25?

Nonne zuckt verlegen die Achseln.

NONNE: Als ich noch ein Kind war, habe ich mir auch oft Kinder gewünscht.
Aber der gütige Gott hat es anders gewollt.

BÄUMLER: Und haben Sie es auch anders gewollt?

NONNE: An der Stelle, die **Er** will, muß man sich bewähren.

BÄUMLER: Aber wir sind frei, Schwester Maria?

NONNE: Natürlich sind wir frei. Aber wir Gotteskinder müssen auch die Stelle akzeptieren, die Er uns bestimmt.

BÄUMLER: Frei, aber bestimmt. Gezwungen frei.

NONNE *einfach*: „Herr, dein Wille geschehe“, beten wir in jedem Vaterunser.

BÄUMLER: Wir, die wir keine Familie haben, Schwester Maria, sollten zusammenhalten in der Courage! Denken Sie an die vielen Familienväter und -mütter Tag für Tag, die sich ducken müssen! Wir dagegen können kämpfen, wir dagegen können uns über vermeintliches Gebot erheben!

NONNE *schüttelt den Kopf*: Das geht nicht.

BÄUMLER: Aber wir sind frei!

NONNE *sieht ihn an*: Frei in Gott.

BÄUMLER: Sehn Sie, mein Vater hatte einmal die Stirn, seinem Vorgesetzten in einer Angelegenheit von hoher Wichtigkeit zu widersprechen. Er hatte recht. Aber solange er diesen Chef behielt, wurde er bei jeder anstehenden Beförderung übergangen. Systematisch. Die Familie hätte das Geld dringend gebraucht.

NONNE: Das tut mir leid für Ihren Vater und für Sie.

BÄUMLER *sieht sie an*: Sehn Sie, und darum müssen wir mutig sein.

NONNE *strahlt ihn an*: Sie haben bestimmt viel Liebe in Ihrer Kindheit bekommen.

BÄUMLER: Ja. Und Sie?

NONNE: Man bekommt nie genug davon.

BÄUMLER: Das von einer Ordensschwester!

NONNE: Bei einem Menschen, der nicht glaubt, wie er sagt, kann ja auch eine Ordensschwester offen reden.

Wenn ich nachmittags an der künstlichen Niere hänge, der Fernseher läuft, irgend eine blöde Sendung, junge Leute, das blühende Leben, intakte Familien. Kleine Streitereien, aber so schlimm, wie der Pater immer predigt, ist das nicht. Bei uns früher war's oft schlimmer – was wollte ich sagen? Sie müssen entschuldigen, ich bin so vergeßlich.

BÄUMLER: Sie waren bei Ihrem Pater, der künstlichen Niere und dem Fernsehapparat.

NONNE: Bitte, das vertraue ich nur Ihnen an. Bei einem Menschen, der nicht glaubt, kann man ja nichts verderben. Sie sagen es doch nicht weiter, der Schwester Oberin zum Beispiel?

BÄUMLER *drückt ihr die Hand und verneint*: Bestimmt nicht.

NONNE *mißtrauisch*: Und die anderen sind auch nicht verheiratet?

BÄUMLER: Herr Surek ist seit einem Jahr verwitwet. Er hat zwei erwachsene Söhne. Groß lebt mit einer Freundin zusammen. Alfred Kant ist kinderlos verheiratet.

NONNE: Kennen Sie Herrn Kant schon lange?

BÄUMLER: Seit meiner Kindheit.

NONNE: Erzählen Sie!

BÄUMLER: Er hörte mich bei einem Schülerauftritt. Eine Fuge von Bach spielte ich. Johann Sebastian Bach. Ich war so dreizehn damals. Ein paar Tage später spricht mich ein blasser Herr auf der Straße an. Ich sei doch der und der. Ja, der sei ich. Ich spiele sehr begabt. Doch wenn er eine Einschränkung anbringen dürfe: ich hätte das Musikstück so gespielt, als veranstalte jemand anhand des Lukasevangeliums einen Schnellesewettbewerb.

Seit diesem Tag stehen wir in Verbindung.

NONNE: Herr Kant soll behindert sein.

BÄUMLER: Davon hörte ich. Aber Sie sind schlimmer dran.

NONNE: Ich muß an die künstliche Niere.

BÄUMLER: Das ist furchtbar.

NONNE *munter*: Erzählen Sie!

BÄUMLER: Schwester Kramer begrüßt die Gäste, die sich zahlreich versammelt haben. Dann geht ein etwa 38jähriger zierlicher Herr im dunkelblauen Nadelstreifen, der Obermormone der Region, der Bischof, zum Altar und spricht ein Gebet. Und während er laut betet, schließen die Versammelten außer mir, dem Bürgermeister und der Presse der Stadt die Augen.

Tritt vor den Sarkophag. Die Gebete der Mormonen laufen immer so ab: einer spricht, man schließt die Augen. Die Gebete erscheinen frei erfunden, aber sie laufen immer nach einunddemselben Muster.

NONNE: Diese Gebete wünsche ich mir auch oft! *Vergräbt das Gesicht in den Händen.* Ich schäme mich so! *Dreht sich zur Seite.* Es ist, weil ich so krank bin!

BÄUMLER: Darum brauchen Sie sich doch nicht schämen!

Nonne schüttelt, immer noch die Augen verhüllend, unwillig den Kopf. Dann sieht sie Bäumler aus feuchten Augen tapfer an.

BÄUMLER *munter*: Nehmen wir an, das wäre heute eine Mormonenversammlung. Dann müßte ich ungefähr so beginnen:

„Vater im Himmel oder Unser Herr Jesus Christus oder Weiß der Teufel …"

NONNE *lacht*: Wenn Schwester Reginberta das hört, sie läßt Sie nicht an die Orgel!

BÄUMLER: Er erwähnt den Anlaß, dankt dem Herrn da oben – oder dem Herrn da unten, daß alle Mitwirkenden pünktlich eingetroffen sind, und bittet ihn, daß er alles auch schön gelingen lasse.

Und merkwürdig, die Gesegneten singen und spielen nachher so hübsch, als führe ihnen der Engel Gabriel persönlich die Hand.

NONNE *übermütig*: Da sehn Sie, wie der Gütige seinen Segen auf die Menschen guten Willens herablenkt!

BÄUMLER: Stellen Sie sich vor, ich knie vor den Augen meiner Kollegen nachher nieder und bitte den Gütigen um seine gefällige Aufmerksamkeit für unser ziel- und zweckloses Geschwafel.

Pause.

BÄUMLER *mild*: Wissen Sie, daß die Mormonen glauben, daß die Welt vor 6.000 Jahren erschaffen wurde?

Verlegenes Lächeln der Nonne.

Und wissen Sie auch, warum die Mormonen das glauben?

Wenn die Welt vor 6.000 Jahren erschaffen wurde, dann ist ein Menschenleben darin, sagen wir, zwanzig Minuten. Besteht die Welt dagegen Milliarden von Jahren, wie die Wissenschaft behauptet, dann ist ein Menschenleben darin **nichts**. Und weil niemand gerne nichts ist, glauben die Mormonen, die Welt bestehe erst 6.000 Jahre.

NONNE: Das leiten sie aus der Schrift ab! Immerhin war niemand dabei, als es geschah!

BÄUMLER *verstimmt*: Und Gott hat seinen Sohn vor 2.000 Jahren auf die Erde gesandt, die Kirche gründen lassen und einvernehmlich zugesehn, wie er den Tod am Kreuze starb … Ein Drittel der Ewigkeit, 2.000 Jahre … Als nächstes höre ich dann von Ihnen, daß diese 2.000 Jahre beweisen, daß die Kirche, die ein Drittel dieser sechstausendjährigen Ewigkeit auf ihrem würdigen Buckel schultert, auch noch den Rest der unendlichen Ewigkeit absolviert!

NONNE: Das **wird** sie auch!

BÄUMLER: Eine kleine Katastrophe, eine klitzekleine Weltkatastrophe, Schwester Maria, und Ihre ewige Kirche … ist weg, weg, weg! Oder noch schlimmer … stellen Sie sich vor, es würden ein paar Menschen überleben … angenommen, es würde der Kommunist überleben, der nachher kommt, bloß kein Christ, aber auch kein einziger Christ …

NONNE *charmant*: Sind Sie hier, um unsern Glauben zu beleidigen?

BÄUMLER: Bringt Sie das der Nachfolge des am Kreuz verspotteten Christus nicht näher?

NONNE: Wenn Sie den Nonnen das Vergnügen der Nachfolge Christi bereiten wollen, dann warten Sie doch, bis meine Mitschwestern von der Arbeit kommen!

BÄUMLER *milder*: Darf ich das?

NONNE: Was, Herr …?

BÄUMLER: Bäumler.

NONNE: Bäumler.

BÄUMLER: Träume zerstören, Illusionen zerstören, Hoffnungen zerstören?

NONNE: Der Glaube eines Menschen, verehrter … was wollte ich sagen? Warum sind Sie hier?

BÄUMLER: Träume zerstören, Aberglauben zerstören, diesen ganzen Irrsinn zerstören. Oder ist es Neugier? Eine Erwartung? Irgendeine Überraschung vielleicht?

NONNE: Sie haben Hoffnung! Gott klopft bei Ihnen an!
BÄUMLER: Quatsch!
NONNE: Sie wehren sich, aber Sie wehren sich umsonst!
BÄUMLER: Diese lästigen Unterstellungen immer. Können Sie das nicht lassen?
NONNE: Warum so zornig, Herr …?
BÄUMLER: Bäumler.

Nonne kniet sich, die Stirn bedeckend, zu einem Stoßgebet in die Kirchenbank. Bäumler klimpert unauffällig auf der Tischplatte. Er wartet, bis die Nonne aufsteht.

BÄUMLER *munter*: Wußten Sie, daß sie einander Schwester und Bruder titulieren? Schwester Kramer. Bruder Kant. Bruder Groß. Bruder Surek.
NONNE: Auch wir danken Gott, wenn Schwester Carola bald ein kleines Lied auf der Orgel spielen wird! Sie dürfen nicht so von den Gaben reden, die wir vom Gütigen empfangen, Herr … Herr … Ein so begnadeter Musiker wie Sie und so unzufrieden! Wie konnte der Gütige das zulassen! Sie werden noch erleben, wie erhebend es ist, die Dinge so zu sehen, wie der Gütige sie geschaffen hat, und dem Gütigen auf Knien danken!
BÄUMLER: Und er hat die Welt vor 6.000 Jahren erschaffen und vor 2.000 Jahren seinen Sohn Jesus Christus die Kirche gründen lassen! Er hat einvernehmlich zugesehn, wie er den Tod am Kreuze starb, und wacht zu dieser Stunde darüber, daß ich mit einer glaubensfesten, einer gewissen Schwester Maria in einem unterirdischen Bet- und Diskutierzimmer über seine Existenz einen Plausch abhalte, während draußen seine Welt aus dem Ruder läuft!

Schritte vor der Tür.

NONNE: Ihre Freunde!

Klopfen an der Tür. Nonne macht auf, Groß, Kant und Surek treten ein.

KANT *sich umblickend*: Recht schön, recht schön.
SUREK: Als Christ fühl ich mich gleich zu Hause. Alles beisammen, was das Herz begehrt: Kapelle, Krypta, ein großer Tisch zum Tafeln und Debattieren.
BÄUMLER: Ein Plattenspieler und eine Schallplatte mit religiöser Musik ist auch vorhanden zur Berieselung mit religiösen Gefühlen aus dem Sakristeischrank.
NONNE: Und hier der Eingang zu den Katakomben unsers Klosters.
GROSS: Wenn hier einer denkt, er könne bei einem Neumarxianen damit Punkte sammeln, dann muß ich ihn enttäuschen.

KANT: Aber eine gewisse Übermacht werden Sie dem Christentum in diesen Räumen doch zugestehen, Herr Groß?

GROSS: Das kommt darauf an, ob noch einer mehr inzwischen zum Christentum konvertierte. Sie etwa, Herr Kant?

KANT: Ich stehe unverändert für die Verbindung von Christentum und Marxismus.

BÄUMLER: Leninismus!

GROSS *mürrisch*: Neumarxianismus-Leninismus.

KANT: Lenin und Marx bring ich immer noch nicht auf eine Reihe. Den guten Marx erkennt man mittlerweile ja als Humanisten seiner Zeit, aber wenn ich Lenin höre, denke ich immer gleich an die Oktoberrevolution und die Ermordung der letzten Zarentochter Anastasia.

GROSS *schmunzelt*: Ich soll hier wohl von **allen** Seiten in die Mangel genommen werden?

KANT: Das sind Sie doch gewohnt, Herr Groß. In der kapitalistischen Profitgesellschaft wird der Marxianismus-Leninismus doch immer als etwas weltfremd verspottet.

BÄUMLER: Wie alle Minderheiten.

GROSS *zu Bäumler*: Wir vertreten mit unsern Forderungen – Friede, Frischluft, Arbeit – die Mehrheit und nicht die Minderheit, Herr Bäumler, damit das ein für allemal klar ist zwischen uns.

BÄUMLER: Und denken auch so grobschlächtig wie die Mehrheit! Ich habe Ihre Situation mit Sympathie verfolgt. Anfangs. Leute mit besondern Zielen haben es immer schwer, und als jemand, der Musik und Philosophie betreibt, weiß ich, was ich da behaupte. Aber Sie sagen, seit ich Sie kenne, immer nur dieselben stereotypen Schlagwörter auf, gebetsmühlenhaft, berufen sich darauf, die Mehrheit hinter sich zu haben. Bloß, ich sehe die Mehrheit nicht. Scheint von ihrem Glück nicht viel zu wissen, die Mehrheit. Freilich wie auch! Kann ja auch nichts wissen, mißleitet wie sie nun einmal ist von den falschen Inhalten des kapitalistischen ideologischen Überbaus.

GROSS *zeigt auf Bäumler, lacht*: Der hat leicht reden, der sich immer zwischen alle Stühle setzt!

BÄUMLER: Der Vorwurf „Der setzt sich zwischen alle Stühle! Der hält sich überall heraus! Der ergreift nie Partei!“ tönt milder als: „Wer nicht für mich ist, der ist gegen mich“ – meint aber dasselbe und ist nichts anderes als die übliche Redetour aller Dogmatinskis und Fundamentalinskis. Ärgerliche Sprüche, passend in den Mund eines selbsternannten Marxpropheten wie zum Christentum der Kirche.

SUREK: Die Kirche …

GROSS: Ich bin …

Surek bedeutet ihm zu reden.

GROSS: Ich bin kein selbsternannter Prophet, sondern ein nach etlichen Bewährungsproben berufener Führer meiner Partei. In Zukunft wird die neumarxianische Bewegung dank meiner ganz persönlichen Breitenarbeit wieder ein gewichtiges Wörtchen mitzureden haben!

KANT *zu Surek*: Und was wollten Sie sagen?

SUREK: Das Wort: „Wer nicht für mich ist, der ist gegen mich“–

KANT: Matthäus …

SUREK: …ist sicher weiter zu fassen. Und nach meiner Auffassung legt bereits ein Neumarxiane wie Groß in seinem Leben Zeugnis ab für Christus und wird als ein „anonymer Christ“ dereinst in den Himmel kommen. „Niemand wird verlorengehen“, das ist es, was wir Christen heute unsern andersdenkenden Schwestern und Brüdern heute verkündigen müssen. Wenn ein Christ heute noch glaubt, er müsse, notfalls mit Gewalt, einem Neumarxianen sein Glück aufzwingen, dann **ist** er in meinen Augen kein Christ. Wir müssen von der Vorstellung der alleinseligmachenden Kirche abrücken. Ich glaube, auch bei den Neumarxianen erkennt man heute, daß man mit verschiedenen Leuten zusammenarbeiten muß. Sogar in der großen Politik fordern Einsichtige, daß Partei und Amt getrennt werden müssen. Man beginnt einzusehen, daß der Slogan: „Partei statt Kompetenz“ schnurstracks in die sichere Katastrophe führt.

GROSS: Sie werden unsere Bewegung nicht mit der alleinseligmachenden Kirche und den Parteien der bürgerlichen Untergangsgesellschaft in Verbindung bringen wollen, Surek.

BÄUMLER: Natürlich tut Herr Surek das. Und mit vollem Recht, Herr Groß.

SUREK: Die offene Kritik, die wir von Groß kennen, zeigt, daß auch die neumarxianische Idee immer wieder von neuem erneuert werden muß.

NONNE: Hier geht es zu den Katakomben des Klosters. Wenn jemand Lust hat, sich die Beine zu vertreten, kann er das mit einer Besichtigung dieser interessanten Stätte verbinden.

GROSS: Die Beine sollten wir uns an der frischen Luft vertreten, Frau …

NONNE: Schwester! Schwester Maria.

BÄUMLER: Vielleicht ist die frische Luft gar nicht so frisch, Herr Groß? Vielleicht schickt man uns deshalb unter die Erde, weil’s draußen gefährlich ist?

SUREK: Sie meinen das Kraftwerk?

BÄUMLER: Die Nähe des Kraftwerks, ja.

SUREK: Die Schwestern leben doch auch hier. *Zur Nonne* Was treiben Ihre Mitschwestern eigentlich?

NONNE: Wir betreiben eine kleine Länderei.

SUREK: Sie sehen aber gar nicht so aus, als würden Sie körperlich arbeiten.

NONNE: Ich betreue die Gäste, arbeite in der Küche, pflege Schwester Reginberta, unsre alte Organistin, schmücke die Kapelle.

SUREK: Dann sind Sie ja jederzeit erreichbar.

NONNE: Jederzeit im Hause, aber nicht erreichbar. Nachmittags hänge ich an der künstlichen Niere. Darum kann ich auch nicht mit aufs Feld. Darf ich Sie alleine lassen?

SUREK: O, das tut mir leid.

NONNE: Danke.

Nonne ab. Surek kniet sich spontan zu einem Gebet in die Kirchenbank.

SUREK: Gütiger Gott … so jung und schon so leidend …

Setzt sich zu den andern.

Wo waren wir stehngeblieben?

KANT: Bei der Tagesordnung. Wir haben uns heute früh geeinigt, daß ohne Plan nichts läuft, und einen Zeitplan erstellt. Punkt eins ist abgehakt. Oder hat jemand Änderungswünsche zum Ablauf? Wie ich sehe, ist das nicht der Fall. Punkt zwei *sieht auf ein Notizblatt*: jeder soll einmal aus seiner Sicht den Sinn dieses Treffens erläutern. *Legt das Blatt hin.*

Ja, welche Motive hatten Sie, mit mir, mit uns ein ganzes Wochenende hier im Kloster zu verbringen? Wir hätten alle von diesem Angebot, uns hier im Kloster auszutauschen, Gebrauch machen können. Doch nur Sie und ich, unsers Zeichens vier Personen, keine Frau, sind gekommen. Was waren Ihre Motive?

Nachdenken.

SUREK: Vielleicht erst der Neumarxiane.

GROSS *lacht verlegen*: Ich bin sozusagen der Fremdeste hier.

BÄUMLER: Das bin **ich**.

GROSS: Abwarten! – Also, ich bin zu diesem Treffen mit Leuten aus unserm Gesprächskreis gekommen, weil ich die Motive eines Christen, zum Christentum zu stehen, kennenlernen will. Wenn ich auf der Straße demonstriere, dann gehen neben mir in einer Reihe auch immer Christen. Wir demonstrieren gemeinsam, wir demonstrieren für Frieden, Frischluft, Arbeit. Es ist mir egal, ob der Typ, die Tussi neben mir an Gott glaubt oder nicht; Hauptsache, wir ziehen an einem Strang und dienen der guten Sache. Ich werde bestimmt auch nach dem Gottesdienst im Freien nicht an diesen Christus glauben. Ich stehe daneben und höre still zu, weil es eine gemeinsame Friedens-, Frischluft- und Arbeitsdemo ist. Aber der Glaube eines Menschen gehört nun mal zum Menschen. Und weil ich den Menschen kennen und verstehen lernen will, beschäftige ich mich notgedrungen mit seinem Glauben. Herr Kant wird mir sicher eine Menge Philosophisches zum Thema sagen können, und Herr Surek ist mir als ein praktizierender Katholik ein leuchtendes Beispiel dafür, was das Christentum heute noch bringt. Auch sehe ich in dem, was er in unsern Vorgesprächen so sagte, einen Hoffnungsschimmer im Christentum selber auf den Neumarxianismus zu.

KANT: Sie wollen Herrn Surek also zum Neomarxismus bekehren?

GROSS: Ich will Surek in seinem Glauben kennenlernen und in Erfahrung bringen, wo wir noch besser als bisher zusammenarbeiten können.

SUREK: Ich bin zu diesem Wochenende gekommen, um den Neumarxianismus als Ideologie, als Wissenschaft und demnächst, man kann ja nie wissen, dank der ganz persönlichen Breitenarbeit von Freund Groß, wieder aktuelle Breitenbewegung näher kennenzulernen. Und ich möchte das besser tun *lächelt*, als selbst unser Papst das vermag. Unsere Kirche hat ja in der Vergangenheit sehr wenig getan, um uns aufzuklären. Ich möchte, an der Quelle sozusagen, alles kennenlernen. Natürlich möchte ich auch meinen andersdenkenden Mitbruder besser kennenlernen.

KANT: Und auch Sie hoffen, daß die Saat Ihres Glaubens in Ihrem andersdenkenden Mitbruder aufgeht.

SUREK: Was ich wünsche, ist eine Sache. Was mir erforderlich erscheint, ist eine andere.

KANT: Das hört sich gut an. Aber werden wir unsere Gegensätze mit schönen Worten und guten Vorsätzen aus der Welt schaffen?

BÄUMLER: Wenn ich bestimmte Sätze in dieser Runde höre, etwa von unserm Neumarxianen, wie: die Menschheit bewege sich in einem permanenten Fortschritt auf eine bessere Zukunft hin …
Finsteres Gesicht von Groß …
dann sträuben sich mir die Haare.

SUREK: Warum so stark, warum immer gleich Zorn, Herr Bäumler?

BÄUMLER: Weil Sie alle, meine Herren, keine Frau, ohne Ausnahme einen sozusagen wahrhaft suchenden Menschen sozusagen im Regen stehen lassen. Weil Sie ihm mit unbewiesenen Sätzen kommen, mit aus der Luft gegriffenen Jahrmarktsauskünften – Wunschfantasien aus dem hohlen Bauch heraus statt überlegener Antworten!

Unmutsbewegung von Groß.

SUREK: Aber es ist doch zweifellos ein Fortschritt, wenn wir, heute, uns …

BÄUMLER: Ja wir, ein kleiner Kreis.

SUREK: Ein kleiner Kreis heute. Morgen die ganze Welt.

BÄUMLER: Und übermorgen der Krieg. Wahrlich ich sage Ihnen: nicht das Verbindende wird sich durchsetzen, sondern das Trennende. Das Streben nach Rechtbehalten wird alle Bemühungen überdauern.

SUREK: Und worin sollte mein Rechthabenwollen konkret bestehn?

BÄUMLER: Wenn ein Neumarxiane und ein Christ miteinander tagen, dann müssen sie rechtbehalten wollen. Denn außer dem Drang rechtzubehalten liegt den diversen Menschheitskonzepten keine ernsthafte Substanz zugrunde!

GROSS: Das ist doch eine starke Behauptung!

BÄUMLER: Denken Sie nicht, Herr Groß, daß von den durch Übervölkerung und Klimakatastrophe am meisten betroffenen Zonen eine reale Gefahr auf uns ausgeht, heute, in diesem Augenblick, in dem wir gerade müßige Worte darüber verlieren – und daß das eine Gefahr ist, der wir nicht mehr mit Konzepten, sondern nur noch militärisch begegnen können?

GROSS: Dann sind Sie für die neuen Waffenlager überall?

BÄUMLER: Ich fühle mich in einem beschützten Land im Zweifelsfalle wohler als in einem unbeschützten, das gebe ich offen zu.

SUREK: Auch ich frage mich: wie ist das mit den Waffen, wie ist das mit dem Staat? Was **ist** ein Staat? Ich frage mich das als Christ. Ich frage mich das immer wieder. Bei jeder Nachrichtensendung frage ich mich das. Ein Staat ist ein Schutzraum, ein abgeschlossener Schutzraum sozusagen, ein Schutzraum für die Bürger, die darin wohnen. Das ist seine Aufgabe. Und weil das seine Aufgabe ist, seine vom gütigen Gott so eingerichtete Aufgabe, darum wird es auch einem Christen letztenendes erlaubt sein müssen, wenn er die gebotenen Vorsichtsmaßnahmen trifft. Unsere Aufgabe ist es sozusagen, das Land zu verteidigen. So ein großes Land, so ein Staat kann ja leider nicht mit Wänden und Decken abgedichtet werden wie so ein Raum hier. *Macht eine zeigende Geste.*

BÄUMLER *zu Groß*: Schütteln Sie nur den Kopf, aber das ist die Wahrheit. Wo blieben Sie ab, wenn eine Völkerwanderung ungekannten Ausmaßes aus jenen von Übervölkerung und Klimakatastrophe am meisten betroffenen Zonen über Europa hereinschwappt und Sie samt Ihrer neumarxianischen Partei hinwegfegt wie eine Eierschalenscherbe im Atlantik?

GROSS *lacht*: Bäumler wird poetisch!

KANT *blickt in die Runde*: Halten wir fest: Neumarxianen handeln, Orgelspieler werden poetisch. Eine interessante Frage, wie ich finde: brauchen wir Poesie?

SUREK: Eine **sehr** interessante Frage. Ich darf das weiter fassen: brauchen wir Religion?

Gewiß müssen wir Christen die Erfordernisse des Brotes stärker beachten als in der Vergangenheit, zumal in Verbindung mit den globalen Problemen, und müssen erforderlichenfalls bereit werden, erforderlichenfalls politisch zu werden. Das erscheint mir in der Tat erforderlich. Aber der Mensch lebt auch von Poesie und auch von Religion. Von Religion lebt er noch mehr. Oder einigen wir uns darauf: er lebt von Kultur. Jedenfalls, der Mensch lebt nicht vom Brot allein.

Obwohl: angesichts der Katastrophen in den von Klimakatastrophe und Übervölkerung am meisten betroffenen Zonen klingt das manchmal, irgendwie, zynisch.

Auch, wenn wir von Freiheit reden.

Wünschen tun wir die allen. Wir wollen wirklich, daß alle frei sind, und nach christlichem Weltverständnis ist der Mensch ja auch frei.

BÄUMLER: Wenn ich diese Gleichheitsapostel höre mit ihren ewigen larmoyanten Statistiken, dann will mir in der Tat erscheinen, als treibe die Menschheit außer den Bedürfnissen des Bauches tatsächlich nirgendwo mehr etwas um. Lassen wir uns nicht den letzten Rest von Poesie aus den Köpfen treiben!

GROSS: Bäumler spricht pro domo! Klar, als Treibhauspflanze der Spätbourgeoisie wird er seine Brötchengeber nicht anschmieren wollen!

BÄUMLER: Bei den Gleichheitsaposteln Ihrer Couleur, verehrter Herr Groß, kann man als Verfechter einer gewissen Kultur in der Tat nur der Angeschmierte sein!

GROSS: Die Probleme sind zu global, als daß man auf die Treibhauspflanze der spätkapitalistischen Großbourgeoisie Rücksicht nehmen könnte, Herr Orgelspieler!

BÄUMLER: Danke für die klare Auskunft, Herr Neumarxian. Ich darf mich empfehlen, meine Herrn!

SUREK: Nun bleiben Sie doch sitzen. Sie sind der größte Hitzkopf, den ich kenne. Halten Sie sich ein bißchen zurück. Bitte.

KANT *zu Groß; schmunzelt*: Seien Sie so freundlich und bekennen, daß zum Leben mehr gehört als Brot allein.

GROSS *lacht*: Es gehört auch Wurst dazu und Margarine.

SUREK: Wenn ich Sie in diesem Kreise recht verstehe, setzen Leute wie ich sich zynisch über die materiellen Bedürfnisse der armen Zonen dieser Erde hinweg und haben Leute wie Groß kein Gefühl für das, was den Sinn des Lebens ausmacht.

BÄUMLER: Den Sinn des Lebens kenne ich nicht.

SUREK: Sagen wir: den Reiz.

BÄUMLER: Den kenne ich auch nicht.

SUREK: Als Künstler? Herr Bäumler, Sie **sind** kein Künstler! Als was sind Sie dann hier? Was wollen Sie, wenn nicht wenigstens die Schönheiten der Musik gegen unsere hohlbäuchigen Jahrmarktsauskünfte verteidigen?

Bäumler blickt zu Kant rüber und schweigt.

KANT: Das verhält sich so: ich treffe Bäumler auf der Straße und schildere ihm mein Vorhaben, Christen und Neumarxianen zwei Tage lang in diesem Kloster an einen Tisch zu bringen. Er meint, das müsse übel enden. Er wisse aus frischer Erinnerung, daß falscher Umgang sich nicht auszahlt. Wir kommen vom Hölzchen aufs Stöckchen, Sie kennen mich ja. Zuletzt nagele ich ihn und fordere ihn auf, die Probe aufs Exempel zu machen. Wenn er so negativ darüber denkt, dann müsse er das auch beweisen, dann dürfe er jetzt nicht kneifen.

SUREK *zu Bäumler, bedauernd*: Sie wollen also unsern Glauben zerstören, Sie wollen unser Treffen und wollen **uns** zerstören?

BÄUMLER: Falls ich zum Ergebnis komme, **daß** ich Sie stören sollte, dann **werde** ich Sie auch stören.

GROSS *lacht*: Ich glaube, wir können beruhigt in die nächste Gesprächsrunde gehn!

KANT: Das glaube ich auch. Ich glaube, daß unser Treffen einen Sinn macht. Ich glaube, daß wir das Gute wollen und darum alles versuchen werden, das Trennende zu überwinden. Ich glaube, daß das Abendland ohne die Überlegungen, die wir in diesem Kreise anstellen, keinen Bestand hat und daß wir, indem wir jetzt im kleinen damit anfangen und uns zusammenraufen, ein Zeichen setzen. Ich glaube, daß es dann auch in der großen Politik wieder zum Nachdenken kommt und daß es schließlich auch in Europa wieder so etwas geben wird wie eine abendländische Kultur. Und dem Wunsch nach einer abendländischen Kultur wird sich dann auch ein Bäumler nicht länger widersetzen.

Pause.

BÄUMLER: Womit es Herrn Kant wieder einmal trefflich gelungen wäre, mit verbalen Rechenschieberkünsten eitel Sonnenschein zu verbreiten. Ein gemeinsames Kommuniqué für die Zukunft wird doch jedermann unterschreiben, nicht?

GROSS: Ich schlage vor, wir schauen uns an, wo wir überhaupt sind!

KANT: Gegenvorschlag?

Keine Wortmeldung. Die Runde löst sich auf.

*

2

Bäumler, aus den Katakomben kommend, bleibt neben Kant stehen, der wie im Tran vor dem Sarkophag sitzt. In einer Nische des Schranks steht jetzt ein kleines Transistorradio.

BÄUMLER: Sie betonen immer, daß der Mensch gut sei, und führen dieses Treffen als Beispiel dafür an. Glauben Sie denn wirklich, daß wir gut sind?

KANT *sammelt sich*: Glauben Sie denn nicht, daß wir ... in dieser Runde das Gute wollen?

BÄUMLER: Auch.

KANT: Aber?

BÄUMLER: Wir wollen es nicht erstrangig.

KANT: Ich nehme für mich in Anspruch, daß ich ... eine gute Absicht verfolge.

BÄUMLER: Sie verfolgen eine Absicht und hoffen, daß die Absicht gut sei.

KANT *nach einer Weile; torkelt*: Das verändert die Reihenfolge. Das müssen Sie aber erklären.

BÄUMLER: Werd ich, werd ich. *Betastet zerstreut das Radiogerät. Kant trottet ihm benommen nach.*

KANT: Sagen Sie, welchen Zweck verfolgen wir ... Surek zum Beispiel.

BÄUMLER: Surek? Sucht eine interessante Freizeitunterhaltung. Tagsüber ist alles in Butter, dann kommt er heim, die Wohnung leer, es sei denn, der Älteste ist heute früher aus den Vorlesungen zurück. Die Decke fällt ihm auf den Kopf. Das Fantombild seiner Frau, die vor einem Jahr gestorben ist, ihr langes Leiden, ihre gute Ehe schwirren wie Grabgespenster in den Winkeln. Er hält das nicht mehr aus. Also schnell was gegessen und raus aus dem Haus. Dienste in der Pfarrgemeinde. Und an den freien Wochenenden irgendein Gesprächskreis: ökumenisch, christlich-jüdisch, christlich-marxistisch. Kompensation, Ablenkung. In der Hoffnung natürlich, daß die Absicht gut sei.

KANT *neugierig und amüsiert*: Und Groß?

BÄUMLER: Der Neumarxianismus hat einen langen Atem, zumal er, wie schon der Neomarxismus vor ihm und die Neoformen des ersten Marxismus, nichts zu sagen hat. Ich denke, das Schlachtfeld wird erkundet – Groß ist der Melder.

KANT: Groß ist zu grobgestrickt, um so berechnend zu sein.

BÄUMLER: Das täuscht … Gehört zum Image.

KANT: Das Image eines Proletariers … Ach gehn Sie, Groß ist nicht so.

BÄUMLER: Vielleicht plant er eine gemeinsame Aktion? Oder wenigstens ein gemeinsames Kommuniqué – ein neues **Kommunistisches Manifest**?!

KANT *schmunzelt*: Was wäre daran so schlimm? Wenn er an das Gute glaubt?

BÄUMLER: Natürlich.

KANT: Und welche Absichten unterstellen Sie **mir**?

BÄUMLER: Sie waren in der geschickten Lage, ohne Sorge um das tägliche Brot das Leben eines Privatgelehrten zu führen. Sie haben Ihr ganzes Leben studiert und gelesen. Sie haben das Zitieren aus Büchern zur Virtuosität entfaltet und möchten nicht erst seit gestern damit raus. Ungefähr so, wie ich als Musiker, aus welchen Gründen immer, mich produzieren muß.

KANT: Ist doch nützlich, wenn ich die dogmatischen Christen und die dogmatischen Marxanhänger mit ein paar Zitaten irritiere, sie zum Denken bringe, sie *lächelt* verwirre. Sehn Sie, dabei hab ich mein Vergnügen. Und mein Gegenüber amüsiert mich zuweilen, insgeheim versteht sich, und ohne daß ich dafür Eintritt bezahl'.

BÄUMLER: Amüsiert Sie's auch, wenn ich Sie beim Wort nehm und darauf beharre, daß Sie mir Beweise liefern, daß wir gute Menschen sind?

KANT: Mein guter, mein wirklich guter Herr Bäumler, ich amüsiere mich, ich verspotte niemand. Was haben Sie gegen heimliche Freuden?

BÄUMLER: Nichts.

KANT: Oder dagegen, daß jemand auch, und natürlich auch, egoistische Zwecke verfolgt?

BÄUMLER *sieht ihn direkt an*: Wissen Sie, für mich wäre das, was wir heute hier so reden, glaubwürdig, wenn es die Nagelprobe bestünde.

Sehn Sie, ich stelle mir manchmal vor, probehalber, wir lebten in einer Welt der ernsthaft gerechten Gesetze. Ich stelle mir vor, probehalber, was ich dann aufgeben, auf was ich verzichten müßte, und ich gebe offen zu: dazu bin ich nicht bereit. Jedenfalls nicht freiwillig.

Und Sie, und der Christ, und der Neumarxiane, Sie sollten sich gefälligst auch einmal die Frage stellen, wie opferbereit Sie im Ernstfall sind.

KANT: Muß man denn vollkommen sein, um nützliche Gedanken zu denken? Sind die Ideen von Marx und Christus wertlos, weil Marx und Christus unvollkommen waren?

Surek und Groß treten aus den Katakomben.

KANT: Herr Bäumler und ich werfen gerade die interessante Frage auf, ob man vollkommen sein muß, um wertvolle Gedanken zu denken.

SUREK: Eine gewisse Übereinstimmung sollte schon bestehen. Sonst könnte ja jeder kommen.

KANT: Den Fall gesetzt, jemand ist charakterlich ein Schwein und trotzdem hat er genau die Idee, die seine Mitmenschen vor einer Katastrophe bewahrt. Beispielsweise eine Naturkatastrophe. Oder … ein Kraftwerksunfall, oder, angenommen, ein Vulkanausbruch. Er kennt allein die Warnzeichen. Sollen seine Mitmenschen seine Warnungen jetzt in den Wind schlagen und zugrundegehen, weil er ein Schwein ist, oder sollen sie das Wissen, das er ihnen zur Verfügung stellt, nutzen?

GROSS: Wenn er mit seinem Wissen anderen nützt, ist er bereits kein Schwein mehr.

BÄUMLER: Groß erkennt den Wert des Wissens, Groß ist auf dem Weg zu einem kultivierten Menschen!

GROSS: Ich spreche vom Nützlichen, nicht von irgendeiner dekadenten Schönheitsidee, Herr Orgelspieler!

KANT: Nehmen wir an, Marx wäre ein Schmarotzer gewesen.

SUREK *sich an die Stirn fassend, in Ungedanken*: Was er zweifelsohne war.

Knappes Schweigen.

SUREK: Ich verstehe, worauf Sie hinauswollen. Ich seh's ja beim Leiter unsers örtlichen Wohltätigkeitsverbandes. Der ist seinen Mitarbeitern gegenüber ein Schwein. Sie müssen die Arbeit für sechs andere mit erledigen. Mit dem eingesparten Geld kann er ein paar Greisen und Knackis ein paar Pennies mehr zustecken. Dennoch zweifle ich, ob dieser Mensch idealgesonnen ist oder nicht vielmehr ehrgeizig, rücksichtslos, menschenverachtend.

GROSS *überlegen*: Im wahren Sozialismus wird es eine Verlagerung der Ausbeutung nicht mehr geben, sondern nur noch abgeschaffte! Das darf ich Ihnen mit Briefkopf von meiner Partei geben!

SUREK: Natürlich schaut der Sozialarbeiter nicht auf die Uhr, wenn er eine junge hübsche Selbstmordkandidatin vor sich hat. Natürlich zieht die Pflegerin die Bettpfanne nicht weg, weil die Kirchturmuhr gerade schlägt. Aber das so auszunutzen? Auch der Christ liebt seinen Nächsten „wie sich selbst“. Man muß sich selbst immer zuerst lieben. Erst dann kann man den Mitmenschen lieben. Mehr wäre nicht menschlich, mehr wäre göttlich.

Blickt in die Runde. Bei Jesus Christus war die Nächstenliebe in der Tat so überstark entwickelt, daß man in der Tat nur den einzigen Schluß ziehen kann, daß Jesus Christus in der Tat der einzige leibliche Sohn des gütigen Gottes gewesen sein muß.

KANT *knipst Bäumler und Groß ein Auge*: Und wie wollen Sie das so genau wissen beim vorindustriellen Stand der Medien vor 2.000 Jahren damals?

SUREK: Das sagt mir mein persönlicher Glaube. Das kann ich nur aus meinem persönlichen Glaubensempfinden heraus so empfinden.

GROSS: Wir Neumarxianen bemühen uns doch um realistischere Dinge. Ein Idol wie dieser Christus käme bei uns nicht in Betracht. Hier ist die Welt, hier siehe zu!

KANT: Und nicht einmal das schaffen Sie!

GROSS: Wir bemühen uns. Der Mensch steht ja leider immer noch am Anfang seiner gesellschaftlichen Entwicklung. Reste der bourgeoisen Untergangskultur wird er noch Jahrzehnte, vielleicht Jahrhunderte mit sich herumschleppen.

KANT: Kürzen Sie doch ab! Kleine Genmanipulation gefällig? Kleine heimliche Veränderung in der Frischluft, im Trinkwasser, in der Margarine, in der Wurst?

Lächeln von Kant, Surek, Groß. Bäumler setzt sich etwas seitab und trommelt mißmutig mit den Fingern auf der Tischplatte. Das Radio knistert, ohne daß jemand darangegangen wäre, gibt aber weiter keinen Ton.

SUREK: Was ist das?

KANT: Ich höre nichts.

GROSS: Es ist nichts.

SUREK: Ich dachte, ich hätte etwas gehört.

GROSS *zu Bäumler*: Hören Sie mit dem Geklimpere auf!

Bäumler klimpert leiser weiter.

KANT: Wo waren wir stehngeblieben?

SUREK: Ich wollte sagen: es ist richtig, man muß, was man sagt, nach besten Kräften leben. Ein Christ indessen weiß, daß er nicht viel erreicht. Allenfalls als Heiliger. Strenggenommen erreicht aber nicht einmal der Heilige viel. Die Vollendung wird auch dem Heiligen vom gütigen Gott, in einem Gnadenakt sondergleichen, sie wird ihm vom gütigen Gott … geschenkt.

GROSS *schmunzelt*: Ein Christ kann sich immer auf den gütigen Gott herausreden. Ganz schön praktisch!

KANT: Sie begehen dafür keine Sünde, Herr Groß.

GROSS: Das ist auch wieder wahr.

Bäumler trommelt verdrossen vor sich hin. Wieder Knistern des Radios.

SUREK: Jetzt hör ich's wieder!

GROSS: Jetzt hör ich's auch.

Bäumler geht zum Radio und dreht unsanft daran herum.

GROSS: Wie kommt das Radio hierher?

BÄUMLER: Es war in Reparatur. Jemand hat es, während wir in den Katakomben waren, hingestellt.

KANT *mit einem eigentümlichen Stocken*: Sie … stimmen mir doch zu, daß jedes Ideal … von dem, der ihm folgt … Opfer abverlangt.

GROSS: Alles fließt auf mich zurück.

KANT: Egoismus auf … Umwegen.

SUREK: Was hat er?

Bäumler stellt das Radio achselzuckend hin.

KANT *wieder klar*: Wissen Sie, was ich vorhin in den Katakomben dachte? Ich stellte mir vor: warum läßt du dich nicht essen, Alfred Kant, wenn du stirbst? Beim Leichenschmaus könnten doch die, die dir nahestanden, dich essen. Du läßt dich doch lieber von Menschen essen als von Würmern. Eiweißlieferant wirst du, so oder so. Es sei denn, du läßt dich verbrennen, was du angesichts der globalen Rohstoffeknappheit für eine ungeheuerliche Energieverschwendung hältst. Besser, du läßt dich verzehren. Dann ist dein Leichnam noch zu was nütze. Und die Personen, die dich essen, haben noch einmal das Gefühl einer innigen Verbundenheit mit dir.

Bäumler schüttelt verdrießlich den Kopf.

KANT: Wenn ich keine Angehörigen mehr habe oder meine Angehörigen Vegetarier sind, dann kann ich meinen Leichnam natürlich auch den hungernden Völkern in den von Übervölkerung und Klimakatastrophe am meisten betroffenen Zonen in Form wohlgewürzter Konserven vermachen.

SUREK: Na, ich weiß nicht, ob ich jemand essen würde, mit dem ich vorhin noch über Glauben und Ethik diskutierte.

KANT *zu Groß*: Was meinen Sie?

GROSS: Als Materialist freunde ich mich mit dem Gedanken, mich essen zu lassen, notfalls an. Ich müßte allerdings sichergehn, daß ich auch wirklich tot bin.

SUREK *sachlich*: Wenn man Sie nach drei Tagen aufschneidet, werden sich so viele Gifte in Ihnen angesammelt haben, daß es sich nicht mehr empfiehlt, Sie auszunehmen und in den Gulasch zu schmeißen.

KANT *benommen*: Beim Gespräch mit Bäumler meinte dieser, daß wir nur glaubwürdig sind, wenn wir die Nagelprobe bestehen.

Pause. Das Radio knistert. Ein Signalton. Bäumler nimmt und klopft auf das Gerät.

SUREK: Läßt sich das Ding nicht abdrehn?

Bäumler zuckt die Achseln und stellt es zurück.

BÄUMLER: Wie halten Sie's in diesem Käfig aus – mit Leuten, die so verschieden denken?

SUREK: Kein Problem.

BÄUMLER: Kann man hier irgendwo was zu trinken kaufen?

GROSS: Gute Idee. Ich habe in den Katakomben einen Gang entdeckt. Vielleicht verstecken die Nonnen neben dem Notaggregat ihren Klosterwein?

Bäumler nach draußen, Groß in die Katakomben ab.

SUREK: Wenn ich sehe, was Groß so alles macht und was ich dem entgegensetze. Berufsverbot im öffentlichen Dienst. Private Arbeitgeber winken ab. Schlußendlich eine untergeordnete Tätigkeit als Möbelpacker. Der Mann hat ein abgeschlossenes Ökonomiestudium! Er bessert sein Einkommen jetzt als Kreisverbandsvorsitzender dieser ominösen Neugründung auf, für die er Flugblätter und eine Monatszeitung formuliert.
Wer zahlt eigentlich diese Futuristen?
Plackerei von früh morgens bis spät abends. Und was tut unsereins? Rutscht mit seinem Beamtenränzlein Stufe um Stufe die Karriereleiter hinauf, braucht sich keine Sorgen machen, daß er seinem Vorgesetzten nicht gefällt.
Und meine Aktivitäten in der Kirche? Gesprächskreise, ein bißchen Krankenbesuche, ein bißchen Firmlingsbetreuung. Eigentlich ganz nett. Vergnüglich fast.

KANT *lächelt*: Stellen Sie sich vor, es gäbe nur noch ein Promille Christen, wie zum Beispiel Zeugen Jehovas, wie zum Beispiel Mormonen, dann machte es viel mehr Wirkung, Zeugnis abzulegen. Wo man sozusagen 999 Promille gegen sich hat, da hebt man sich besser ab. Da fällt man sozusagen leichter auf.

SUREK: Ich frage mich manchmal, ob unsere Kirche den anhaltenden dramatischen Mitgliederschwund nicht dankbar begrüßen soll als einen Akt der Gesundschrumpfung und inneren Erneuerung. Sehen Sie die Ordensschwestern hier. Ein verschwindend kleiner Haufen, eine Handvoll nicht einmal – oder doch eine Handvoll? – knapp mal eine Handvoll. Aber das ist Gemeinschaft, das ist Gemeinde.

KANT: Jede Bewegung strebt ins Große, bevor sie eines sonnigen oder regnerischen Tages verschwindet wie ein Stern. Am Ende bleibt ein schwarzes Loch.

SUREK *aufgeregt*: Wird das Christentum verschwinden? Was meinen Sie?

KANT: Fragen Sie nicht mich. Habe mein Adreßbuch mit der Telefaxnummer zum gütigen Gott verlegt.

SUREK *aufgeregt*: Was würden Sie an meiner Stelle tun?

KANT: Ich an Ihrer Stelle würde versuchen, unechte Christen hinauszumissionieren – und mit dem kleinen Rest einen Neuanfang versuchen. Bevor das Christentum eines sonnigen oder verregneten Tages verschwindet wie ein schwarzes Loch.

SUREK: Eines läßt mich nicht los. Ich stelle mir diese Frage immer wieder. Bei jedem Gebet stelle ich sie mir, bei jedem, und ich komme zu keinem Schluß. Demnächst wird doch ein Zimmer bei mir frei. Mein Ältester macht Examen und geht dann nach Frankfurt. Das Zimmer steht dann leer. Ich denke, christlich würde ich handeln in dem Augenblick, wo ich's kostenlos oder gegen Strom-, Wasser- und Gasbeteiligung einem bedürftigen Studenten überlasse.

KANT: Wer hindert Sie daran?

SUREK: Angenommen, ich fände eine … neue Partnerin, würde … wieder heiraten, wie gesagt, und angenommen, sie ist ziemlich jung, jünger jedenfalls als ich – aber natürlich wird sie jünger sein, ich stehe auf jünger – angenommen sie bringt ein Kind mit in die Ehe, einen kleinen Sohn – oder auch eine kleine Tochter – ausbildungspflichtige Kinder jedenfalls … ja dann, was mache ich dann, wie stehe ich denn dann denn da!

Bäumler kommt mit leeren Händen zurück. Gleich darauf Groß: mit einer deckellosen alten Blechbüchse, deren Inhalt er ins Weihwassergefäß kippt. Dem aufschreckenden Surek zuckt es in den Armen, ihn zu hindern.

GROSS *mutwillig*: Verseuchtes Wasser, von der Decke plätschernd. Ich denke, ich suche die Nonne auf, die wird schon sagen, wo's was zu trinken gibt. Kommen Sie mit, Herr Kant?

Kant steht auf, taumelt, faßt sich an die Schläfe.

KANT: Ich werde die Nonne bitten, daß man … in den Raum von heute vormittag geht. Es reicht, daß die Christen … in Katakomben lebten. *Lächelt benommen und sinkt auf seinen Platz zurück. Groß geht nach kurzem Zögern allein ab. Bäumler begibt sich zu Surek, der sich in die Gebetsecke verzogen hat. Die beiden sitzen nebeneinander in der Kirchenbank. Kant nimmt zwei Tabletten aus einer Packung, die er mit sich führt, und schluckt sie mit etwas Wasser, das er in Ermangelung anderer Quellen zitternd mit der hohlen Hand aus dem Weihwassergefäß schöpft. Er schleppt sich an den Tisch zurück und kommt langsam zu sich. Die leere Packung läßt er unachtsam liegen. Signalton und Knistern aus dem Radio.*

BÄUMLER: Ich hatte eine religiöse Phase. So mit dreizehn. Ich betete persönliche Gebete und schloß die Bitte jedesmal mit ein, daß mein Vater, der nicht an Gott und kein Weiterleben nach dem Tod glaubte, von der Verzweiflung verschont bliebe. Ich hatte eine starke Wahrheitsliebe, aber auch eine gewisse Bereitschaft, Erwachsenen zu trauen, wenn sie es denn ehrlich meinten.

Aber irgendwann ging mir die Unlogik der Glaubensdinge auf. Von einem Tag auf den andern war's aus damit.

Wenn ich heute einem Christen begegne, der mir erzählt, er bete täglich, dann staune ich, daß es das Beten überhaupt noch gibt. Mein Wahrheitseifer machte vor nichts mehr halt. Keine Überzeugung, kein Grundsatz blieb vor mir sicher, und wenn ich heute an Prinzipien festhalte, so tue ich es mechanisch.

Glauben Sie, selbst die Liebe ist mir unzugänglich geworden. Ein Buch mit sieben Siegeln. Ein materieller Akt, von dem ich keine bleibende Wirkung erhoffe.

Radio wie zuvor.

Und wenn ich von der Liebe nichts erwarte, bin ich auch nicht mehr fähig, mich in sie hineinzubegeben. Wörtlich.

In dem Augenblick, wo ich meinem diesbezüglichen Bedürfnis folgen möchte, kommt mir die Hoffnungslosigkeit meines Vorhabens in den Sinn und ich versage. Welche Hoffnungen erwecke ich in meinem liebegläubigen Gegenüber und teile sie nicht! Ich bin nicht krank, wenn Sie das meinen. Es ist nur seelisch. Nur wahrheitsbesessen, nur hoffnungslos.

Ich erzähle Ihnen das nicht, um mich zu exponieren. Ich erzähle Ihnen das nur, um zu zeigen, was sich oftmals hinter einer gänzlich anderen Fassade verbirgt.

SUREK: Ich verstehe Sie sehr gut und ich denke, Sie haben sehr viel Gewissen und das könnte einmal der Ausgangspunkt für die Lösung Ihrer Schwierigkeiten sein.

BÄUMLER: Wissen Sie, was das Ende der Wahrheitsliebe ist?

Schweigen.

BÄUMLER: Genau: Schweigen.

SUREK: Aber Sie schweigen nicht.

BÄUMLER: Ich möchte meinen Mitmenschen sehn, wo ich selber stehe. Kann das Alleine-am-Nullpunkt-Stehen nicht ertragen. *Schmunzelt* Sehn Sie, bei den Mormonen neulich ... die Ansagerin, Schwester Kramer, 50 oder noch nicht, neunfache Oma, eine Tonne, kann ich Ihnen sagen, Sie und ich zusammen wiegen nicht auf, was Rebekka Kramer alias Schwester Kramer auf die Waage bringt. Sie strahlt übers ganze Gesicht. Und im Publikum strahlt ihr Mann, ein vergleichsweise gutaussehender Fünfziger.

Oder der Obermormone der Region, der Bischof, ein Männlein wie das tapfere Schneiderlein aus dem Märchen. Oder eher der Zwerg aus Draculas Versuchslabor. Er führt eine ausnehmend hübsche Frau am Arm, die wirklich an ihm hängt.

Eine andere Form der Liebe, irgendwie. Und alle strahlen sie diese Freude aus, die ich immer dort beobachte, wo sich Menschen geborgen fühlen.

Oder Groß. Sein Urgroßvater überlebte Hitlers Konzentrationslager. Wodurch? Durch den Überlebenswillen seiner Partei. Die Partei entwickelte Überlebensstrategien und impfte ihren Mitgliedern ein: „Es gibt viel zu tun für euch nach Hitlers Tod. Ihr müßt überleben, ihr müßt fit sein für die Zeit danach.“

Und gegen so was renne ich an mit meinem Wahrheitseifer oder dem, was ich dafür halte?

SUREK: Wir müssen wieder einfach werden.

BÄUMLER: Glauben Sie an eine Rückkehr in der Zeit?

SUREK: Von der Konkurrenz zum Solidarprinzip?

BÄUMLER: Vom **Miß**trauen zum **Ver**trauen. Vom Wissen, der Schönheit im Leben begegnet zu sein, zur Unschuld, die sich mit der halben Schönheit begnügte.

SUREK: Jetzt sprechen Sie ein Gebiet an, wo einer dem andern sexuell hörig wird. Das kann doch nicht gut sein.

BÄUMLER: So reden Leute, die nie die Chance hatten oder sich nie im Leben trauten, auf den Menschen ihrer Wünsche zuzugehn.

SUREK: Ich war 28 Jahre glücklich verheiratet und war meiner Frau nie hörig in dem Sinne oder umgekehrt!

Groß in guter Laune zurück.

GROSS: Ich darf uns eine erfreuliche Mitteilung machen: die Partei hat für die geplanten Dienstagstreffen einen Referenten gefunden!

KANT: Ja dann können wir demnächst ... unter kommunistischer Leitung tagen.

SUREK: Haben Sie denn telefoniert?

GROSS: Draußen. Gleich neben der Toilette.

SUREK: Und zu trinken fanden Sie auch?

GROSS: Wasser – neben der Toilette.

Bäumler geht auf und ab, hält inne und blickt in die Runde.

BÄUMLER: Ihre Utopien, meine Herren, setzen Menschen voraus, die es nicht mehr gibt: vorausberechenbare Einheitsmenschen mit vorausberechenbaren Einheitsbedürfnissen und Einheitsleidenschaften.

KANT: Niemand will individuelle Unterschiede …

BÄUMLER: Wir treten doch nur für etwas ein, solange wir etwas davon haben, Herr Kant.

Nun, ich finde mich in keiner der von Ihnen heute vertretenen Ordnungen wieder, meine Herrn. Ich müßte die Summe des zu erwartenden Gesamtglücks empfindlich drücken. Wie übrigens auch die Architektur dieses Klosters die Stimmung des Tages eher drückt als sie hebt.

Visionen, die einem Viertel eines zufällig versammelten Haufens mißfallen, verfehlen nun aber den Sinn einer guten Zukunftsvision, nämlich den, **alle** Menschen glücklicher zu machen.

SUREK: Die Menschen werden immer nach Gemeinschaft streben.

KANT *schwerfällig*: Aber das Christentum wird, im Anschluß an dieses Wochenende, diesseitig, sozialistisch **und** … atheistisch werden.

Groß und Bäumler lachen.

SUREK: Alles wartet. Alles lauert. Worauf? Erhaben soll es sein. Poetisch. Etwas, für das sich alles hinopfern läßt. Ein Mann – *blickt in die Runde* oder eine Frau – für die alles, was nicht mein und dein ist, sich kurz und klein schlagen läßt. Eine große Schlächterei ob irgendeiner ominösen Idee.

Mir graut, wenn ich in diese Stille hineinhöre. Es ist die Stille vor dem Sturm, eine Stille, die ausgefüllt werden will von dem Feuerglanz einer großen, poetischen Katastrophe.

GROSS: Verschonen Sie uns mit Ihren gutgemeinten apokalyptischen Ergüssen, Surek! Dafür ist unsere Zeit zu schade!

SUREK: Die Apokalypse ist ein unerschöpfliches Buch, Herr Groß!

GROSS *spöttisch*: Mir graut, mir wird schon ganz kalt, wenn ich das Wort Apokalypse höre!

SUREK: Und mir graut vor einer Zukunft und wird schon ganz kalt mit einem so wenig apokalyptischen Menschen wie Sie! Tut mir leid, daß ich das einmal sagen muß: mir graut vor dem bloßen Gedanken an eine bloße Annäherung an eine so wenig apokalyptische Natur!

Faßt sich an die Stirn.

Verzeihen Sie! Wie kann mir vor etwas grauen, das alle in dieser Runde wünschen! Es muß an der Enge des Raumes liegen. Am

Klima. Was weiß ich. Ich bitte Sie, verzeihen Sie mir! Einmal noch!

Verzerrter Signalton und Knistern aus dem Radio.

BÄUMLER: Fassen wir zusammen: hier sind nicht Freunde beim Sichverbrüdern, sondern Menschen zwangsversammelt, von denen einer dem andern das Pflaster auf der Wunde nicht gönnt.

SUREK: Aber wir müssen uns vertragen, Herr Bäumler! Wenn wir wenigen uns nicht vertragen, wie sollen die da oben das dann schaffen!

BÄUMLER: Die da oben? Krieg und doppeltes Spiel. Diplomaten, zum Schein verhandelnd. Generäle, sabotierend. Auffliegender Schwindel und neuer Tod. Schießen ist die bewährteste Art, mit dem Gegner umzuspringen.

GROSS: Ihr Zynismus ist empörend, Herr Orgelspieler! Dafür habe ich mich nicht hier einsperren lassen, um mir solche Ungeheuerlichkeiten anzuhören!

BÄUMLER: Und ich habe mich nicht einsperren lassen, um mir Ihre ständigen, dreisten, sterbenslangweiligen Vereinfachungen anzuhören, Herr Neumarxian!

GROSS: Über meine „Vereinfachungen“, wie Sie es nennen, werden wir uns hoffentlich noch einmal eingehender unterhalten, Herr Orgelspieler!

BÄUMLER: Es gibt Gefühle, von denen ein unapokalyptischer Mensch wie Sie nicht einmal die Namen kennt!

GROSS: Werden Sie konkret!

BÄUMLER: Bemerken Sie denn nicht die Nervosität in dieser überfüllten, überhitzten Welt, diesem Raum hier?

GROSS: Welche Leidenschaften meinen Sie? Konkret!

BÄUMLER: Das gehört jetzt nicht hierher.

GROSS *wendet sich lachend an die andern*: Das nenne ich Umgangsstil, Dinge anschneiden und unbelegt im Raum stehen lassen! *Schüttelt den Kopf.* Orgelspieler!

Surek schüttelt auch den Kopf, aber mißfällig. Er kniet sich in die Kirchenbank. Verzerrter Signalton und Knistern aus dem Radio. Bäumler geht zum Schrank und klopft unwirsch auf das Gerät, ohne etwas zu beeinflussen.

KANT *auf Surek weisend*: Wir sollten Rücksicht nehmen.

SUREK: Gütiger Gott, du läßt Menschen in strahlender Gesundheit altwerden, und junge Menschen müssen an die Maschine. Du prüfst deine Kinder hart. Bitte, auch wenn es unbescheiden klingt: laß etwas geschehen, was das Leiden von Schwester Maria lindert – laß etwas geschehen, was das Leiden von Schwester Maria … beendet! *Betet leise weiter.*

KANT *mit zurückgenommener Stimme*: Sureks Frau war lange krank.

Pause.

KANT *blickt in die Runde*: Was prognostizieren wir? Womit beschließen wir unser Kommuniqué?

Sagen wir wie dieser Christus das Reich des gütigen Gottes voraus? Oder wie Karl Marx die Weltrevolution?

Wir müssen etwas in die Welt setzen, womit wir Aufmerksamkeit verdienen, meine Herrn! Wir dürfen nicht zulassen, daß die künftigen Generationen die Prognosen der Gründer damals im Raum neben den Katakomben als Irrtum entlarven und immer wieder neue Sophismen entwickeln müssen, um unsern Blödsinn zu retten.

Wir dürfen das nicht zulassen, meine Herrn, denn sonst tun wir nur das, was alle Sektengründer seit Jahrhunderten und Jahrtausenden tun, und das wollen wir nicht.

GROSS: Bezweifeln Sie, daß Marx mit seiner Geschichtstheorie rechthatte?

KANT: Ganz im Gegenteil. Ich will Ihnen das am Beispiel unsers Treffens im Raum hier neben den Katakomben gern einmal erläutern.

Sehn Sie, Marx sagt: da ist zum einen der Bauch – das sind die ökonomischen Verhältnisse; und da ist zum andern der Kopf – das ist der ideologische Überbau. Bauch ernährt Kopf, Kopf lebt aus Bauch.

Wenn wir das auf unser Treffen im Raum hier neben den Katakomben übertragen, auf unser Kommuniqué, das wir mit einer zünftigen Prognose abschließen möchten, dann stellt sich das wie folgt dar: wir verfassen unser Kommuniqué nicht im Vakuum der Geschichte. Unser Manifest gehört zum Überbau unserer Zeit. Unser Manifest erwächst aus den Verhältnissen, die wir beseitigen möchten. Unser Manifest wird mit Ablauf unsers Treffens im Raum hier neben den Katakomben, mit Ablauf des morgigen Sonntags, zur Makulatur. Frei nach dem Motto: „Jedes Wort zu seiner Zeit und die Lehre selbst des besten Mannes zu den Zeiten dieses Mannes!"

GROSS: Was soll denn das jetzt!

KANT *tut verwundert*: Ich verstand Marx immer so, daß er Ideologien als die Tarnmanöver selbstsüchtiger Interessen ansah.

GROSS: Die Ideologie des Neumarxianismus wird im wahren Sozialismus Wirklichkeit geworden sein!

BÄUMLER: Und die Utopie des Kapitalismus gebären!

GROSS: Denunziant!

KANT: Wir stören Surek beim Gebet.

Signal und Geräusch aus dem Radio wie zuvor.

Lärm vor der Tür, die Nonne stürzt herein.

SUREK *springt auf*: Himmel!

NONNE: Schwester Reginberta, draußen, die andern, auf dem Feld!

BÄUMLER: Was ist passiert?

NONNE: Das Kraftwerk!

SUREK *geht die Nonne hart an*: Das Kraftwerk?!

Groß greift ein, Surek läßt die Nonne los.

NONNE *betreten*: Jemand hat das Portal offengelassen. Die Luft, der Gang, wir können nicht mehr raus!

SUREK: Gütiger Gott! *Wirft sich in die Kirchenbank, kniet, begräbt die Stirn in den Händen.* Welcher Idiot hat das Portal offengelassen!

KANT *blickt Bäumler an*: Ist **das** die Nagelprobe, die Sie erwartet haben?

Bäumler sieht ihn vorwurfsvoll an.

3

Die Nonne nah am Eingang stehend, die Männer in unterschiedlichen Positionen.

SUREK *zur Nonne*: Wie weit ist's bis zum Telefon?

GROSS *statt der Nonne antwortend, gereizt*: Über den Hof, die erste Tür rechts, neben der Toilette.

KANT: Der Gang! Die Luft! Das Portal!

SUREK: Wir wissen doch nicht, wie gefährlich die Sache wirklich ist. Ein kurzes Telefonat und wir sind gerettet!

Pause. Zu Groß Wie lange hält man's ohne Wasser aus?

GROSS: Das ist verschieden.

SUREK: Dann muß der, der's am kürzesten aushält, gehn.

GROSS *streift mit einem Blick das Weihwassergefäß; zu Bäumler*: Du hast das Weihwasser gesoffen!

BÄUMLER: Ich habe kein Weihwasser gesoffen!

GROSS: Du hast vorgebaut, die ganze Zeit, dein ausweichendes Verhalten immer.

BÄUMLER *schluckt; sieht ihn ruhig an*: Ich habe das Wasser nicht getrunken.

SUREK: Ich will nichts sagen. Aber Alfred Kant, als Initiator dieses Treffens?

KANT *torkelt*: Ich stehe, was immer kommen mag, für Verständigung, und Verständigung **ist** erforderlich.

Wie, wenn Surek? Als Christ besitzt er besondere … Schicksalsergebenheit.

SUREK: Mein Christsein verlangt keine unkontrollierte Selbstaufgabe von mir. Liebe deinen Nächsten „wie dich selbst", nicht: „mehr"!

KANT *benommen*: Surek muß sich seinen Angehörigen erhalten. Sein Ältester.

Taumelt Ich schlage kollektiven Selbstmord vor!

NONNE *bekreuzigt sich hastig; leise*: Das ist Sünde!

GROSS *stützt Kant grinsend ab und packt ihn am Kragen*: Weil du uns hierhergeführt hast, Schwein?

Kant versucht sich zu befreien, ist aber zu schwach.

Groß läßt Kant spielerisch los und grinst die Nonne laut grölend an. Kant fällt hin und bleibt reglos liegen. Bäumler eilt ihm zu Hilfe, Nonne folgt.

Groß greift nach der leeren Tablettenpackung.

SUREK *leise*: Und?

GROSS *überfliegt den Beipackzettel*: ...Störung, bei der der Patient einen narkoseartigen Zustand erlebt. *Legt den Zettel hin. Laut* Der kollektive Selbstmord steht im Raum! Was sagen Sie dazu, meine Herrn?

Nonne starrt ihn an.

Warten wir, bis der gütige Gott uns hilft?

Surek, der Herr hilft dir bestimmt, wenn du gleich an die frische Luft kommst. Oder wirst du kneifen? Wirst du dir sagen, was ich verstehen kann: „Ich muß gleich elend krepieren. Sollen die andern doch mitkrepieren!"?

Test gefällig, was Meister Gott aus einem gläubigen Angsthasen für einen Helden macht?

SUREK: Sie spielen sich hier zu „Gottes Wille" auf. Ich bin empört über Ihre Art, die mir die Unterlegenheit Ihrer Ideologie nur immer wieder von neuem vors Auge führt!

GROSS: Meine Ideologie ist deiner Ideologie in Wahrheit überlegen, Surek, denn meine Ideologie erlaubt mir zu überleben, ganz im Gegensatz zu deiner!

SUREK *zu Bäumler*: Möchten Sie auch, *schluckt* daß ich gehe?

GROSS: Frag doch den Orgelspieler nicht! Der Orgelspieler drückt sich vor Entscheidungen!

SUREK: Ich will's aber vom Orgelspieler wissen!

GROSS: Glaubst, ich schick dich gern? Aber die Idee muß überleben, überleben durch mich, und darum darf ich dich schicken!

SUREK: Ich soll für **Ihre** Idee..? Niemals! Man geht vielleicht für seine eigene Idee in den Tod, wenn es denn wirklich einmal sein muß, aber doch niemals für die Ideologie seines ideologischen Gegners!

BÄUMLER: Groß hat sich im Kampf um den wahren Sozialismus unentbehrlich gemacht. Somit wären alle in diesem Kreis aus dem Schneider.

GROSS: Der Orgelspieler spricht! Der Orgelspieler findet die Sprache wieder!

BÄUMLER: Und die Poesie. Wie wär's mit folgendem Grabspruch für dich: „Hier liegt ein Großer, der sich opferte, Groß mit Namen. Auf dem Weg zum wahren Sozialismus fand er zu aufopfernder Größe. Über die Parteigrenzen hinweg zeigte er, was Liebe vermag."

Kant steht mit Hilfe Bäumlers und der Nonne auf, faßt sich an den Kopf, schließt die Augen, atmet durch.

KANT: **Ich** gehe.

GROSS: Wie willst du das schaffen, Sack!

KANT: Herr Bäumler geht! Herr Bäumler leidet an der Sinnkrise! *Zu Bäumler; leise* Fänden Sie denn keinen Sinn darin …?

GROSS: Ich seh schon, jede Gesellschaft braucht ihr Fußvolk. Schon die attische Demokratie hatte ihre Sklaven, die die Kohlen aus dem Feuer holten. Das war praktisch. Leider leben wir heutzutage in einer Zeit der Freiheit und der Gleichberechtigung.

Kant droht zu straucheln, Nonne stützt ihn.

KANT *macht sich energisch los*: Losen wir!

SUREK: Nur wenn alle mitmachen.

GROSS: Einer dagegen?

BÄUMLER: Ich! Für ein Losverfahren erscheint die Stunde noch nicht gekommen.

Surek fängt an zu torkeln, klammert sich irgendwo an, fährt sich krampfhaft an den Hals, würgt, hustet, hechelt und keucht. Zuletzt tupft er sich mit dem Taschentuch theatralisch die Stirn.

SUREK: Verflixt, im Raum hier, unten, die Katastrophe, schon!

Die Männer stehen im Quadrat zueinander bewegungslos da und richten den Blick starr und pikiert ins Weite.

Die Nonne bekreuzigt sich und huscht durch die Eingangstür, die sie leise, aber behend hinter sich schließt. Schweigen.

Die Posen lösen sich auf.

KANT: Die Nonne ist weg!

GROSS: Sie ist telefonieren gegangen.

Surek kniet sich in die Kirchenbank und betet mit verhülltem Gesicht.

KANT: Ist es sicher, daß es sich um eine Kraftwerkskatastrophe handelt?

BÄUMLER: Der Strom ist noch da.

GROSS: Notaggregat.

SUREK: Hoffentlich kommt sie durch!

Die Beleuchtung nimmt ab. Bäumler hält das Radio ans Ohr, schüttelt es, wiegt den Kopf und stellt es sachte hin.

BÄUMLER: Wir sollten uns langsam in die Katakomben machen.

SUREK: Gütiger Gott!

GROSS: Einer überlebt bestimmt, der weiß, wo wir stecken, Surek!

Surek sieht ihn entgeistert an ...

Draußen schlurfende Geräusche, matt, schleppend. Zartes Pochen.

KANT *tritt zur Tür*: Schwester Maria?

Noch zarteres Pochen.

KANT *schluckt*: Schwester …

Leises Fallgeräusch hinter der Tür. Kant faßt die Klinke an, Surek springt von der Kniebank auf und fällt ihm in den Arm.

SUREK: Gütiger Gott!

Kant legt das Ohr an die Tür, lauscht, blickt zittrig in die Runde. Surek kniet nieder, wirft sich in die Brust.

SUREK: Gütiger Gott, warum waren wir so schwach?

GROSS: Halt die Fresse!

SUREK *zu Groß*: Jeder will überleben, und hat das Recht – und sogar die Pflicht, ein Geschenk des Schicksals, ein Schicksalsgeschenk …

GROSS: Schicksal?

SUREK *nickt*: Schicksal! *Ringt die Hände, betet; weinerlich* Für welche Winzlinge, Herr, für welche Erbärmlinge gingst du in den Kreuzestod!

BÄUMLER: Sie hätte nicht überlebt, sie hing von der Maschine ab.

GROSS: Halt die Fresse!

BÄUMLER: Geben auch Sie zu, daß Sie erleichtert sind!

Groß schaut weg. Bäumler läßt den Blick zu Kant schweifen.

SUREK: Du hast dich für uns geopfert, Herr. Dein Wille geschehe allezeit!

Groß formt im stillen eine Faust. Die Beleuchtung nimmt weiter ab .... geht fast aus.

Plötzlich erstrahlt sie in alter Kraft, das Radio knistert, von außen wird geöffnet und in zivil steht die Nonne in der Tür.

NONNE: Meine Herren! Das Seminar ist beendet!

Die Männer drehen sich zu ihr um. Surek schluckt, Groß ballt die Faust, Bäumler schlägt die Augen nieder.

GROSS: Verdammt … sie hat uns reingelegt!

SUREK *legt ihm beschwichtigend die Hand auf den Arm*: Laß!

Schweigen. Kant, hellwach, grinst zufrieden und verschmitzt vor sich hin.

Die Schmeißfliegen

Eine antike Komödie

NICHTSNUTZ, *junger Mann*
PUTZFRAU, *Mitte 50*
deren TOCHTER, *Ende 20*
EMIL, *Großmakler, 45*
DER ALTE HAUSBESITZER, *alter Mann*
Vernissagegesellschaft:
ALTE, *klein, munter*
KUNSTKRITIKERIN, *magersüchtig, lang*
JUNGE FRAU, *Freundin des Cellisten, Exfreundin des Pianisten*
FABRIKANT, *dick, Brille*
JUNGFILMER, *mit Videokamera und Fotoapparat*
GALERIST
ein PROFESSOR *der Philosophie*
drei Musiker in Fräcken (an Instrumentenattrappen):
PIANIST
GEIGER
CELLIST
Anonyme Gäste und Helfer

Fast leere Bühne. Bereich im hinteren Drittel rechts als Eingang (quasi Tür). Bereich vorne links als Fenster (quasi Fenster).
Vorne rechts ein Garderobentischchen mit Telefon, Telefonbuch und Schlapphut. (In der Schublade ein sargförmiges, mit schwarzem Kreuz bemaltes Kästchen.) In der Raummitte ein imaginärer Tisch. Zwischen imaginärem Tisch und Fenster ein mannshohes Kleidergestell.
Auf dem Gestell: lose aufgesteckter Porträtkopf – Sokrates, Shakespeare oder Schopenhauer mit herausgestreckter Zunge –, abgetragene Jacke und alte Hose. Vor dem Gestell: schadhafte Schuhe.

Ein Streifen im Hintergrund bleibt frei für simultane Aktionen und dient bei der Vernissage als Stellfläche für zwei schwarze Leinwände und ein langes Büfett.

Akustikeinblendungen: Appläuse der Vernissagegesellschaft, Entleerungen.

Putzfrau – Schürze, Gummihandschuhe – bearbeitet (bürstet, kehrt) mit einem Schrubber den Fußboden. Nichtsnutz steht grollend neben dem imaginären Tisch. Jetzt holt er den Schlapphut, setzt ihn dem Porträtkopf auf und geht ans Fenster.

PUTZFRAU *zuckt entschuldigend die Achseln*: Soll so kleine Schönheitsflecken von der Renofierung neulich beseitigen.

Geht auf ihn zu und stützt sich mit beiden Händen auf den Schrubber.

Hausbesitzer will, daß ich das Haus kondoliere.

NICHTSNUTZ *dreht sich um; freundlich*: Kann ich Ihnen helfen?

PUTZFRAU: Ich mache das schon.

NICHTSNUTZ: Ich helfe aber gern!

PUTZFRAU *macht weiter mit Schrubben; lacht*: Jeden Tag eine gute Tat!

NICHTSNUTZ *wendet sich ab*: Will der Hausbesitzer, daß ich zuseh, wenn Sie arbeiten, oder will er, daß ich wegschau?

PUTZFRAU: Wissen Sie …

NICHTSNUTZ *dreht sich flüchtig zu ihr um; anteilnehmend*: Sie sind 'ne ältere Person!

PUTZFRAU *stützt sich auf den Schrubber*: Wissen Sie: Kontität und Kontinenz. Der Hausbesitzer baut auf mich. Habe mehr Kontinenz wie Sie, mehr Kontinenz.

Macht weiter mit Schrubben.

NICHTSNUTZ: Wieso der auf einmal einen Aufpasser schickt? Ich habe das nicht nötig. Weder das Zimmer noch ich selbst. Überhaupt nicht!

PUTZFRAU: Was denken Sie! Auf das Haus, das Haus soll ich aufpassen. Es muß tipptopp in Schuß gehalten werden jetzt.

Nichtsnutz geht ein paar Schritt.

NICHTSNUTZ: Aber ist denn was mit dem Haus?

PUTZFRAU *zuckt die Achseln*: Alles für Emil.

NICHTSNUTZ: Emil?

PUTZFRAU: Emil? Emil ist Emil.

NICHTSNUTZ: Der Sohn des alten Hausbesitzers?

PUTZFRAU: Das täten Sie gerne wissen, ob der Emil der Sohn von dem ist! *Lacht.* Emil … ist Emil. *Macht weiter.*

NICHTSNUTZ: Sie können sich vielleicht denken, daß ich nicht unentwegt bei meiner Arbeit gestört werden will!

PUTZFRAU *legt den Schrubber hin und geht staunend auf Nichtsnutz zu*: Sie arbeiten?

NICHTSNUTZ *steht parallel zum Porträtkopf vor dem Gestell*: Sieht man das nicht?

PUTZFRAU: Und was bitte arbeiten Sie?

NICHTSNUTZ: Etwas.

PUTZFRAU: Was ist das: Etwas?

NICHTSNUTZ: Öffnen Sie die Augen, dann sehen Sie, was das ist!

Putzfrau runzelt die Stirn, beäugt dann aber munter den imaginären Tisch, herumgehend und tastend, von allen Seiten. Nichtsnutz streckt analog zum Porträtkopf die Zunge heraus.

PUTZFRAU: Was sehe ich?

NICHTSNUTZ *züngelnd*: 'nen Tisch.

PUTZFRAU *tastet*: Etwas Bedeutendes. Etwas Wichtiges!

NICHTSNUTZ *blinzelt verstohlen zu ihr rüber*: Sie sind dumm.

PUTZFRAU *tastet ekstatisch*: Ah. *Beleidigt* Sie sind gemein.

NICHTSNUTZ *beiseite*: Wird der Mensch durch das Gemeine Mensch? Oder durch das Nichtgemeine? Nur durch das Nichtgemeine, Nichtnotwendige wird der Mensch Mensch. Er sammelt davon, bis er überquillt. Er quillt davon über und sondert es ab, nichtnotwendig, nichtgemein.

PUTZFRAU: Einen Tisch sehe ich. Einen blanken Tisch. Blank und leer.

NICHTSNUTZ *dreht sich zu ihr um*: Man sondert es ab, ohne Nutzen, ohne Zweck: Etwas!

Putzfrau lacht ihn aus, er wendet sich ab.

NICHTSNUTZ *kurz angebunden*: Was darauf?

PUTZFRAU: Eine Platte.

NICHTSNUTZ: Durchsichtig?

PUTZFRAU *reibt über die imaginäre Tischplatte*: Nichtdurchsichtig. Undurchsichtig!

NICHTSNUTZ: Natürlich – die Platte ist auch aus Holz. Wie Ihr Kopf.

PUTZFRAU: Sie Lümmel.

NICHTSNUTZ: Was noch?

PUTZFRAU *tastet*: Staub … etwas.

NICHTSNUTZ: Nicht viel. Was noch?

PUTZFRAU: Politur.

NICHTSNUTZ: Etwas.

PUTZFRAU: Ein bißchen.

NICHTSNUTZ: Dann haben Sie ja alles jetzt beisammen, was in Ihren hohlen Holzkopf hineinpaßt.

PUTZFRAU *blickt, die Augen beschirmend, in Richtung Nichtsnutz*: Männer seh ich. Männer mit hohen Stirnen. Stirnen mit Ideen hinter. Viele Ideen. 'nen Körper mit 'nem Kopf drauf mit Ideen.

Nichtsnutz, in Parallele zum Porträtkopf, züngelt nervös.
Und ich sehe jemand, der von diesen Ideen lebt. Licht und Luft und Luft und Licht und diese Fabelmänner mit den hohen Stirnen sind seine Ernährung. Mit denen redet er. Führt Gespräche. Selbstgespräche. Tagein, tagaus.
Dann sind Sie so ein Filluzoof, so ein Kantibus und Arschotropf, Sie wissen, wen ich meine, so ein … ein … wie der da? *Zeigt auf die Puppe und macht weiter mit Schrubben.*
Im Hintergrund bringen Helfer zwei große monochrome Leinwände in Schwarz und halten sie von den Rückseiten her in Staffeleiposition. Tochter bringt, einen Pinsel und ein Wischläppchen in der Hand, von Kritikerin, Jungfilmer und Professor begleitet, Retuschen an.
Kritikerin geht leichtfüßig ein paar Schritt.

KRITIKERIN: Er muß ein außerordentliches Talent sein! Man schwärmt sich stündlich von ihm vor!

PROFESSOR *ihr auf den Fersen; neckt*: In seiner unmittelbaren Umgebung tönt das aber anders.

KRITIKERIN *augenzwinkernd*: Doch kann man dem Verhalten seiner Umgebung beinahe stündlich entnehmen, daß er große Stücke auf sich hält.

PROFESSOR *rasch*: Er kam aber noch nicht weit.

KRITIKERIN *in der Art eines Kindes, das sich sein Idol nicht nehmen lassen will; schmollt*: Egal, wie weit er kam, ich fühle mich geehrt, mit einem Menschen, der an Etwas arbeitet, bekannt zu werden.

PROFESSOR: Vermögen wir den Lauf der Sterne zu ändern? Das Wetter? Den Menschen? Wir vermögen es nicht. Alles was wir tun, heute, Donnerstag den …, bleibt zwecklos, nutzlos, bedeutungslos.

KRITIKERIN: Das Leben ist hart, der Geist schwebt darüber hinweg. Das Leben ist problematisch, die Philosophie verwandle alles in ein Spiel.

PROFESSOR: Das Leben ist ungeordnet, unberechenbar, und das sei auch der Gang einer Handlung in der Kunst. Kunst gebe einen Widerschein des Lebens, aber verklärt.
Postieren sich vor das eine jetzt fertige Bild.

PUTZFRAU: Wetten, daß ich eher kann, was Sie können, wie daß Sie das können, was ich kann?
Nichtsnutz weicht ihr aus.

PUTZFRAU *tippt ihn auf die Schulter*: Wenn Sie mich fragen, Sie arbeiten **nichts**! *Keine Reaktion. Putzfrau schüttelt den Kopf und setzt ihre Arbeit fort.*

PROFESSOR *über der Leinwand fuchtelnd; enthusiastisch*: Die Andeutung eines Zusammenhangs … schon bricht es ab. Die Andeutung eines Gedankens … schon erinnert es an etwas, das du so oder ähnlich schon einmal gesehen hast. Oder es reißt neue Gräben auf, die wiederum nicht weiterführen, sondern, unerschöpflich hintersinnig, wiederum in Gräben enden.

KRITIKERIN *konfus*: Wovon sprechen Sie?

PROFESSOR: Von meinem Leben, Frau Kritikerin.

KRITIKERIN: Gefällt es Ihnen nicht, Herr Professor?

JUNGFILMER *forsch dazwischenfahrend*: Gefallen Ihnen die Bilder nicht, Herr Professor?

PROFESSOR: O doch, großartig.

JUNGFILMER: Darf ich Ihre Äußerung, daß Sie die Bilder großartig finden, festhalten, Herr Professor?

PROFESSOR *nickt und nimmt Haltung ein*: O ja gern!

Jungfilmer kreist mit gieriger Kamera um die zwei Bildbetrachter.

PROFESSOR *räuspert sich, rückt die Krawatte; fuchtelt auf der Bildfläche herum*: Diese Linien, diese Dichte.

KRITIKERIN *fuchtelt; wichtig*: Diese Bewegung, diese Handschrift. Welch trefflicher Kontrast welch: hier – und hier!

PROFESSOR *nickt eifrig; fuchtelt*: Man muß den Leuten immer was Lustiges bieten, Frau Kritikerin.

KRITIKERIN *konfus*: Nach welchem System, Herr Professor?

PROFESSOR: Nach dem System der Notdurft, Frau Kritikerin.

KRITIKERIN: Sie treffen wieder einmal den Nagel auf den Kopf, Herr Professor.

PROFESSOR: Ach lassen wir doch die Förmlichkeiten, Frau Kritikerin!

NICHTSNUTZ *beiseite*: Finden, was niemand fand, wissen, was niemand weiß, die Leere füllen mit … Etwas.

Schlendert ein paar Schritt gegen das Fenster und blickt in die Ferne. Putzfrau entwendet aus der Jacke ein Portemonnaie und steckt es heimlich ein.

Im Hintergrund eilt Fabrikant auf den erschrocken zurückweichenden Jungfilmer zu und packt ihn am Kragen.

FABRIKANT *kurzatmig, asthmatisch*: Ich habe Ihren … unsäglichen, unglaublichen, unvertraglichen … Limonaden-Reklamespot erhalten. Habe ich's nicht gesagt: Ihren Arbeiten fehlt … der Witz. Was habe ich verlangt: der Sportler macht … den Jogginglauf durch die Wüste, steht … mit heraushängender, dick gequollener Zunge vor der Kamera. Jetzt ruft er aus: „Bevor ich Faulsprudel trink, verreck ich lieber!" Doch bei Ihnen?! Dieser Ernst, nein dieser Ernst!

Verschwindet, wo er herkam. Jungfilmer sieht ihm mit aufgerissenem Mund nach.

NICHTSNUTZ *dreht sich zu Putzfrau um; müde*: Lassen Sie mich allein!

Kritikerin wirft sich im Schnittpunkt zwischen den Leinwänden in Positur. Jungfilmer umschwirrt sie filmend von allen Seiten.

KRITIKERIN *räuspert sich*:

Im Ateljensch im Ateljensch,
potz hundert kehricht keil,
da gibt es keine Langeweil,
das merke dir, oh Frau, oh Mensch.
Applaus des Professors.

Vorgestern war's kam neue Mod,
ein Standbild stand da nackt,
und, au, das Wandbild schien gezwackt:
die Hod war weg die Hod.

Das Standbild sprach, o jippijeh
im Mund 'ne Kabelschnur:
Applaus des Professors, böser Blick von Kritikerin.
das is' 'ne lange Nabelschnur,
soll nuckeln dran ach nee.
Geräuschloser Applaus des Professors. Böser Blick von Kritikerin.

Das Wandbild sprach: seh deine Not.
So mach 'ne Korrektur,
zerknabbere die feine Schnur
und reich sie mir als Hod!
Emil tritt auf. Er reicht Tochter spöttisch lächelnd den Arm und lauscht dem Vortrag von Kritikerin.

Das Standbild drauf: das ist ein Wahn,
kann knabbern leider nicht;
ich hab du siehst's ja kein Gesicht
und keinen Zahn kein Zahn.
Gibt dem lästig herumspringenden Jungfilmer einen Tritt und unterbindet mit einem drohenden Blick, daß Professor applaudiert. Das bringt sie aus dem Konzept. Sie sucht den Faden ...
'ne schwarze Wand, an die der Mensch,
grad in der Stadt, gelassen brunzt,
wird kurz und zackig zu 'ner Kunst,

wenn drin in einem Ateljensch.
Verbessert sich
'n schwarzer Anstrich wird zur Kunst
in Schnuckelchens schönem Ateljensch,
wodran als schwarze Wand'n Mensch
gewöhnlich bloß gelassen brunzt.
Sie macht ein betretenes Gesicht. Daraufhin heftiger Applaus, besonders von Professor, der sich nur mit Mühe zurückgehalten hat. Die Helfer legen die Leinwände flach hin und gehen.
Fabrikant läuft wie vorhin auf Jungfilmer zu.

FABRIKANT: Eine Katastrophe, eine Katastrophe!
Die Hände überm Kopf zusammenschlagend ab. Gesellschaft folgt.

PUTZFRAU: Und wenn der alte Hausbesitzer sein Wort vergißt, oder wenn er sterben täte und die Erben nicht mehr wissen, daß Sie hier wohnen dürfen, um an Ihrem Etwas, Ihrem Dingsdada, Ihrem *schlüpfrig* Dings da zu fummeln?

NICHTSNUTZ: Aber ist denn was mit dem Hausbesitzer?

PUTZFRAU *befreit sich*: Wofür bringt man ein altes Haus wohl so in Schuß, Sie Schlauberger?

NICHTSNUTZ: Ja damit die Menschen, die darin wohnen, es, möglichst, angenehm …

PUTZFRAU: Mann sind Sie weltfremd! Das Haus wird so in Schuß gebracht, weil, nun weil?

NICHTSNUTZ: Weil? *Überlegt, zuckt verwirrt die Achseln und geht grübelnd im Kreis.*
Im Hintergrund tritt – als einziger der Akteure von links – alter Mann in Anzug und Krawatte auf und blickt suchend in die entgegengesetzte Richtung.

PUTZFRAU *wendet sich ans Publikum*: Und das wird von der Gesellschaft ausgehalten! Spinniert über dem Kaiser von Tokio seinen nicht gesproßten Bart und kriegt Geld. Und unsereins? Aber das wird sich ändern. Es gibt noch eine Gerechtigkeit und für diesen Scharlonör werden dann ganz neue Saiten aufgezogen!
Schrubbt, doch wütend ...
Ich bin zum Hausbesitzer gerannt, jawohl, und habe ihn gefragt: „Warum machen Sie das? Der junge Mann darf kostenlos looschieren, und meine Tochter? Meine Tochter ist fleißig, und der Bube? Der Bube! Das ist ungerecht." Und der Hausbesitzer hat gesagt: „Ihre Tochter stuttriert Paarmalzie, aber der junge Mann brütet auf Etwas drauf. Das ist eine wichtige Erfindung, eine Meilenschaft in der Historize der Zivilisiz… Zivilisifif … Zivilisipfi … wir müssen ihn refrittrieren lassen.

Und außerdem, die Zeit tut sich ändern, vielleicht wird schon am Donnerstag, Donnerstag den …, neu entschieden, was mit dem jungen Mann passiert.“

Im Hintergrund taxiert der Galerist, von einem Unbekannten begleitet, ein Entwurfspapier in der Hand, mit knappen Blicken von oben die beiden Leinwände.

PUTZFRAU *zu Nichtsnutz*: Nun, wofür bringt man ein altes Haus in Schuß, Sie Schlauberger?

NICHTSNUTZ: Nun, weil?

PUTZFRAU: Weil?

GALERIST *sachlich*: Sie setzen ’ne Idee in die Welt, irgend ’ne Idee, spielen ’ne Rolle, irgend ’ne Rolle, und schon sind alle ganz scharf darauf. **Was** Sie verkaufen, ist egal. Hauptsache ist, **wer** verkauft und **wie** Sie sich verkaufen.

NICHTSNUTZ *sieht Putzfrau an; stammelt*: Verkauft?

PUTZFRAU *faßt Nichtsnutz am Kragen, grinst*: Bravo! Weil er verkauft! *Schrubbt.*

GALERIST: Wie doch sagte Theo Schlappenflick: „Der Erfolg macht eine Sache erst zu was Wirklichem, der Umlauf, verstehn Sie, der Umlauf.“ Wir fügen noch hinzu: der Raum. Umlauf und Raum. Das ist immer so gewesen und wird auch immer so bleiben. Sie werden sehen, was diese Leinwände in meiner Galerie für eine Wirkung tun! *Mit dem Unbekannten ab.*

Helfer stellen im Raum zwischen den Leinwänden ein langes Büfett mit weißer Papiertischdecke ab. Der alte Mann legt einen Vertrag in doppelter Ausfertigung darauf. Emil, in Begleitung einiger anonymer Herren in Anzug und Krawatte, begrüßt ihn freundschaftlich mit Handschlag.

NICHTSNUTZ *verstört*: Verkauft.

PUTZFRAU *munter*: Verkauft.

Emil und der alte Mann besiegeln ihre Unterschriften unter dem Beifall der anonymen Herren mit Handschlag. Jungfilmer läuft herbei und macht eine Aufnahme. Alter Mann nach links, Emil, Jungfilmer und die Herren nach rechts ab.

Nichtsnutz nimmt zitternd Hut und Jacke vom Gestell und zieht sie an. Er knöpft sie versetzt zu. Putzfrau macht ihn lachend auf den Fehler aufmerksam und fährt befriedigt mit Schrubben fort. Nichtsnutz hängt zitternd Jacke und Hut zurück.

Im Hintergrund stellen Helfer einen Stapel mit zwölf flachen Wegwerftellern, eine Rolle Klopapier und zwei Tablette mit Chips beziehungsweise Schwarzbrothappen aufs Büfett, und zwar so, daß zwischen den Eßwaren einerseits, den Papiererzeugnissen andererseits ein breiter Streifen freibleibt.

NICHTSNUTZ: Der alte Hausbesitzer wird dem neuen Hausbesitzer mitteilen, daß ich etwas sehr Wichtiges mache. Er wird ihm sagen, daß ich dafür von gewissen Zwängen … befreit sein muß. Kann doch nicht mit irgendwelchen blöden … Notwendigkeiten …

PUTZFRAU: Die neuen Herren sind von anderem Kassiber, Geschäftsleute, nicht so sendermendal. Lassen Mannibulazionen wie mit Ihnen nicht zu. Und das ist auch richtig so! Auf welche Kosten leben Sie denn? Auf unsere Kosten. Auf Kosten von denen, die hart und fäkalisch arbeiten. Sie wissen ja gar nicht, was es heißt, um sein täglich Brot rackern. Ich bin noch in keiner Frase von meinem Leben so verwöhnt worden, und noch heute muß ich hart arbeiten, niedrige Tätigkeiten salbieren, fäkalische Sachen machen, um meiner Tochter das Stuttrium zu ermöglichen. Und Sie? Verpimpert auf unsere Kosten seine Zeit. Das ist ja nicht mehr zum Aushalten mit Ihnen!

Nimmt zornig ihre Sachen und geht. Nichtsnutz wartet, bis sie verschwunden ist, zeigt den Vogel und geht, weniger wütend als vielmehr belustigt, zum Telefon.

Er sucht aus dem Telefonbuch eine Nummer heraus und telefoniert sie an. Er wartet, bis der Empfänger abnimmt, und legt den Hörer hastig auf. Er wiederholt das Wählen, läßt aber nur kurz durchläuten.

Anschließend telefoniert er mit einem Blumenladen.

NICHTSNUTZ: Ist da der Blumen-Shop? Ich möchte zwölfeinhalb Rosen zur Ansicht übers Wochenende, Wochenende auf Lieferschein … Zwölfeinhalb … Halbe Rosen verkaufen Sie nicht? Auch können Sie keine Rosen auf Lieferschein und ansehn soll ich sie mir bittschön im Laden. Keine halben Rosen und nichts auf Probe, das Leben macht auch keine Probe, was sind Sie für ein Betrieb, ich gehe zur Konkurrenz!

Knallt den Hörer in die Gabel. Wählt eine andere Nummer.

Telefonseelsorge, da bin ich richtig. Ich stieß neulich mit ’nem Tierchen zusammen, so ’nem … Glühwurm, ja Glühwurm, und bin seitdem so … leidenschaftlich. Träume über Träume, kann ich Ihnen sagen! ’ne Nixe, o, die sieht aus, ’ne Blondine mit dicken, Sie wissen … haben Sie auch so dicke, so … nackt, splitternackt über die werktäglich belebte Avenü. Es ist heiß, tittig heiß oder zutreffender, sagen wir, und vielleicht haben wir, wir, das sind die andern, ebenfalls nichts … an. Vielleicht seh ich die junge Person auch wirklich und träume nicht und vielleicht bin ich genauso … nackt. Jedenfalls ist es grauenvoll wie im Sommer, so heiß, daß man, als Mann, die Nixe läuft ja ganz ungenant so herum … Ich habe Ihnen etwas sehr Wichtiges mitzuteilen, das mich sehr berührt … Sie nehmen mich nicht ernst? Warum hören Sie mir dann so lange zu, Sie *grimassenhaft züngelnd* Schleckernönnchen Sie!

Legt schwungvoll auf. Im Hintergrund drängt Putzfrau, offene Schürze, ein Kunstschmuckdiadem im Lockenwicklerhaar, Tochter, beide auf Zehenspitzen und leise kichernd, herein. Putzfrau verschwindet, von Tochter einvernehmlich angenickt. Tochter bringt Brief und Postkarte.

Nichtsnutz sucht eifrig nach der Telefonnummer einer Person, die es ihm angetan haben muß. Er reibt sich die Hände, wählt, läßt einmal durchläuten – man hört es aus unbedeutender Entfernung hinter der Szene – und legt überstürzt auf. Er reibt sich wieder die Hände, wählt aufgeregt, läßt einmal, zweimal, dreimal durchläuten – man hört es –, legt hastig auf: es wurde abgenommen.

TOCHTER: Ist das Telefon heiß?

NICHTSNUTZ *dreht sich erschrocken um*: Was wollen Sie?

TOCHTER: Ich bin die Tochter der Putzfrau.

NICHTSNUTZ: Wer hat Sie reingelassen?

TOCHTER: Die Mutter der Tochter der Putzfrau.

NICHTSNUTZ: So, die Mutter der Tochter … Beim nächsten Mal klopfen Sie bittschön an!

TOCHTER: Sie müssen so in Ihre Arbeit vertieft gewesen sein, daß Sie mich nicht anklopfen hörten. *Geht langsam im Raum umher.* Außerdem meint meine Mutter, Sie hätten nichts dagegen, wenn ich Ihnen diese Post persönlich bringe.

NICHTSNUTZ: Zeigen Sie!

TOCHTER *weicht ihm, die Post hochhaltend, aus*: Emil – Emil ist Emil, wie Sie sicher schon erfahren haben *gibt Nichtsnutz die Karte* – Emil möchte, daß Sie heute abend zu meiner Vernissage kommen. Es soll eine Gemäldeausstellung werden mit anschließender Walpurgisnacht. *Beiläufig* Und das lag ohne Absender an der Tür unten *hält den Brief in die Höhe*.

Nichtsnutz reißt ihr den Brief aus der Hand. Er wendet das Kuvert, das in großen Lettern mit einer einzigen Zeile adressiert ist, aber keinen Absender enthält, nimmt ein mit derselben großen Schrift auf beiden Seiten dürftig beschriebenes Blatt heraus und liest.

Tochter unterdessen zieht sich bis auf Strümpfe und zweiteiligen leichten Turndreß aus, macht ein paar Turnübungen, räkelt sich, als wäre sie zu Hause, und kleidet sich fahrig an, die Bluse offenstehen lassend.

Im Hintergrund bringen Helfer einen großen grauen Metalleimer, eine überdimensionierte heuschreckgrüne Kunststoffplakette, die sie dagegenlehnen, einen Grillautomaten und eine Spraydose mit Goldfarbe.

NICHTSNUTZ: „Bringen Sie Ihr Leben in Ordnung." *Wendet das Blatt.*

Helfer ab.

Im Hintergrund erläutert Galerist, einen Fuß auf den Grillautomaten setzend, Putzfrau, Alter, Kritikerin, Professor, Jungfilmer und Fabrikant gestenreich das Entwurfspapier.

GALERIST: Kot und Kunst – Kotkunst. Sie werden sehen, was das in meiner Galerie für eine Wirkung tut.

ALTE *begeistert*: Wände, behängt mit Anstreicherarbeiten, 'n Haufen goldbesprühten Kotes auf 'nem Grillautomaten mittendrin, mit 'ner Kordel abgetrennt, 'ne deftige Note verbreitend – köstlich!

Tochter gibt Putzfrau ein Zeichen. Putzfrau verschwindet.

Kurz darauf läutet das Telefon. Nichtsnutz, wie benommen, zuckt zusammen. Er will abnehmen, aber schon zu spät.

Es läutet wieder, bricht aber schon im zweiten Signalton ab.

Er geht zur Tür – immer ohne die Vorgänge im Hintergrund zu bemerken – schaut hinaus.

Es läutet zum dritten Mal ... läutet immer noch ...

TOCHTER: Gehen Sie dran. Der Brandstifter antwortet jetzt bestimmt.

NICHTSNUTZ *nimmt ruckartig ab*: Ja bitte? So melden Sie sich! Ja, wenn Sie nicht wollen ... *Wartet, schüttelt den Hörer durch, hört wieder hinein und legt ihn auf den Kopf auf die Unterlage.*

TOCHTER: Nichts?

NICHTSNUTZ: Nichts.

Stellt fest, daß die Leitung tot ist, und legt den Hörer auf. Tochter zieht sich bis auf die Turnsachen aus, Nichtsnutz liest ...

PROFESSOR *kompetent*: Wer bringt die Versicherungssumme auf? Bei soviel Öffentlichkeit! Das Fernsehn, die Kritik, die Wissenschaft! Der Wert des Haufens wird ins Unermeßliche steigen!

NICHTSNUTZ: „Bringen Sie Ihr Leben in Ordnung."

Tochter zieht das T-Shirt aus und steht im knappen Büstenhalter da. Sie fixiert Nichtsnutz.

NICHTSNUTZ: Mit dem Gesprächspartner so zu spielen!

TOCHTER: Möchten Sie als der große Spielverderber dastehn?

Legt Hand an die Shorts, Nichtsnutz schluckt.

GALERIST *verständig, ironisch*: Bringe Dreck, aber wickle ihn in kostbares Material! *Lacht. Schüttelt die Spraydose.*

Putzfrau läßt sich an der Tür sehen. Tochter gibt ihr ein Zeichen. Putzfrau ab.

TOCHTER *macht weiter beim Auskleiden: die Strümpfe*: Es braucht Ihnen nicht peinlich sein.

NICHTSNUTZ *halb abgewandt, immer wieder heimlich herüberblinzelnd*: Es ist mir auch nicht peinlich.

TOCHTER: Es ist Ihnen außerordentlich peinlich.

NICHTSNUTZ: Es ist mir überhaupt nicht peinlich.

TOCHTER: Warum zittern Sie so?

NICHTSNUTZ: Mancher in meiner Lage wurde Opfer von Verfolgungen aller Art.

TOCHTER: Geistigen Attentaten?

NICHTSNUTZ: Plünderungen und Erpressungen!

TOCHTER: Geistigen Entführungen?

Läßt die Strümpfe auf den Boden gleiten. Das Telefon läutet. Nichtsnutz besorgt das sargförmige, mit dem schwarzen Kreuz bemalte Kästchen. Er nimmt eine Pistole heraus. Er lädt sie – mit Schreckschußmunition –, bettet sie sorgfältig wieder hinein und stellt das Kästchen neben das Telefon.

TOCHTER *lacht*: Jetzt kommen Sie aber mit auf die Vernissage! Da stellen Sie wenigstens keine Dummheiten an!

Das Läuten hört auf.

NICHTSNUTZ *beiseite*: Ich bin verloren! *Unvermittelt* Ich habe nichts anzuziehn!

TOCHTER: Dann ziehen Sie es eben aus! *Greift sich erneut in die Shorts und bleibt in der Pose stehen.*

Kritikerin geht, von Nichtsnutz unbemerkt, ans Telefon, sucht aus dem Telefonbuch eine Nummer heraus und wählt.

NICHTSNUTZ *geht nervös suchend umher*: Diese Ausstellung besuchen, wäre der reine Luxus für mich!

TOCHTER *stellt sich frontal vor ihn hin und zieht die Shorts aus*: Im Gegenteil, diese Ausstellung besuchen, ist sehr wichtig für Sie! Auf einer Vernissage trifft man wichtige Leute. Sie erklären ihnen, daß Sie an Etwas arbeiten, knüpfen Verbindungen, connections, verstehst, und sind ein gemachter Mann. Es ist immer vorteilhaft, wenn man sich mit Leuten, die zu einer Vernissage kommen, gut steht!

NICHTSNUTZ: Ich muß aber arbeiten!

TOCHTER *spielt mit dem Band ihres Büstenhalters, Nichtsnutz schluckt*: Sie arbeiten Tag und Nacht – Sie treiben Raubbau an Ihrer Gesundheit!

Kritikerin bekommt keine Verbindung und legt auf.

NICHTSNUTZ *sucht*: Ich hatte noch eine Scheibe Knäckebrot und etwas Limonade im Haus.

TOCHTER: Dann müssen Sie erst recht auf die Vernissage.

NICHTSNUTZ: Ich kaufe ein!

TOCHTER: Die Geschäfte haben vor einer Stunde geschlossen.

NICHTSNUTZ *durchsucht die Taschen der Jacke*: Sie haben mein Portemonnaie geklaut!

Tochter setzt zum Spaß sich, dann erneut dem Porträtkopf den Schlapphut auf und wackelt, Nichtsnutz den Rücken kehrend, mit dem Hintern. Sie dreht sich um und zeigt ihre leeren Hände. Nichtsnutz geht erbost zum Fenster.

Kritikerin legt Tochter schmusend die Hand auf die Schulter, zupft sie am Ohrläppchen und huscht zu Nichtsnutz rüber. Tochter kleidet sich an.

KRITIKERIN *tippt Nichtsnutz an*: Will Gescheitheiten absondern und weiß nicht, was man auf 'ner Vernissage auf der Wäsche trägt!

Ab, ehe Nichtsnutz sich umdreht.

NICHTSNUTZ: Was soll ich sagen!

TOCHTER *grinsend*: Wer etwas Kluges macht, kann auch immer klug darüber reden.

Nichtsnutz staunt sie verständnislos an.

Die Personen vom Hintergrund und weitere Vernissagegäste scharen sich im Türbereich. Putzfrau, dunkle feine Kleidung – Hose, Rollkragenpulli –, fertige schrillfarbige Frisur mit Diadem, die Schürze lose über den Schultern, hält den Schrubber gewehrartig in den Händen.

NICHTSNUTZ *geistesabwesend*: Bringe dein Leben in Ordnung …

Putzfrau tritt polternd näher und jagt ihn wie ein Unteroffizier vor sich her.

PUTZFRAU: Das hat man gern: behauptet muß arbeiten, und vergnügt sich mit Schnuckelchen! Das nenn ich die fäkalisch Arbeitenden für dumm verkaufen! Aber jetzt wird klar Schiff gemacht und ich tu die wohlverdiente Beförderung kriegen, heute, Donnerstag den..!

Wirft schwungvoll den Schrubber hin.

Emil erscheint im Türbereich. Weitere Vernissagegäste treten auf.

PROFESSOR *vortretend; zu Nichtsnutz*: Sie wird sich nichts vorzuwerfen haben am Donnerstag! Aber Sie, was werden Sie sagen müssen am Tag, an dem wir alle das Ei der Rechenschaft legen?

PUTZFRAU *zu Nichtsnutz*: Ein bißchen Übermut, den Leuten was vorgeschwaddelt, sich durchs Leben gemockelt, das ist Ihre Brillanz!

KRITIKERIN *vortretend; zu Nichtsnutz*: Sie jedenfalls schmeißt mit 'nem einwandfreien Gefühl Schrubber und Schürze ihrem Nachfolger hin!

Putzfrau wirft im großen Bogen die Schürze dem Schrubber hinterher. Emil räuspert sich.

Schon steht ihm Nichtsnutz, starr vor Schreck, in der Haltung eines militärischen Untergebenen, ob auch schief, gegenüber.

NICHTSNUTZ: Jawoll, Herr Kommandant!

EMIL: Sind Sie der junge Mann, der in diesem Hause an einer Erfindung arbeitet?

NICHTSNUTZ: Etwas.

EMIL: Ganz oder ja?

NICHTSNUTZ: Ziemlich.

EMIL: Rührt euch.

Nichtsnutz gibt seine versteifte Haltung auf.

EMIL: Ich bin, wie Sie schon erraten haben, Emil der neue Hausbesitzer. Ich möchte die Einrichtungen dieses Hauses beibehalten und möchte, daß auch in der Zukunft eine Ecke der Kontemplation, der Inspiration und des freien Planens, Sie wissen, hier und überhaupt und danach oder auch nicht, wir sind in unserer Gesellschaft, wie Sie ja wissen, neue Männer, neue Frauen. Allerdings nehme ich mir heraus, die Bedingungen, unter denen dies erfolgt, anders als mein Vorgänger respektive Flexibilität das A und O der neuen Epoche nennen. *Lacht stutzig.*
Mit wem haben Sie vor einer Stunde telefoniert?

NICHTSNUTZ: 'ner Seelsorgerin aus dem Telefonkloster.

EMIL: Und davor?

NICHTSNUTZ: Der Seelsorgerin van Blumenbeet.

EMIL *schelmisch*: Und **danach**?

NICHTSNUTZ *windet sich*: Weiß nicht.

EMIL: Ganz oder ja?

NICHTSNUTZ: Etwas.

EMIL *Putzfrau und Tochter ein Auge knipsend*: Warum haben Sie also telefoniert?

NICHTSNUTZ: Weiß nicht.

EMIL: Zeigen Sie, was Sie gemacht haben!

NICHTSNUTZ: Sie meinen?

EMIL *brüsk*: Sie sollen zeigen, was Sie gearbeitet haben!

NICHTSNUTZ *eifrig*: Ich möchte das Leben deuten. Meines und fremdes.

EMIL: Ich will es sehen!

NICHTSNUTZ: Weiße Blätter. Ohne Zusammenhang.

EMIL: Dann tragen Sie es vor!

NICHTSNUTZ:

Nur schwach, ihr Schweigen sagt's, ist dein Beginn.
Sie dulden, werden wärmer, lassen gelten,
eh sie am Ende wieder merklich kühler,
verständnislos und drohend blicken.

An einem Fixpunkt möchte dich dein Wohl,
doch du willst wachsen, weitergehn, erkennen,
was du gewesen bist, was dich vorantrieb,
erfassen, was du sein wirst und was leisten.

Ein weites Feld erstreckt sich ohne Zutun
so vor den Augen, doch der große Maßstab,
kaum klar geschaut, beleuchtet nur den Rückstand.

Ansätze, scheint's doch, häufen sich, und besser,
allmählich freier schaffend lernst du stetig,
dich neu und neu mit deinen Kräften messen.

Emil blickt lachend in die Runde. Die andern lachen mit.

EMIL: Fühlen Sie sich wohl? Ernsthaft, fühlen Sie sich wohl? Meinen Sie nicht, daß Sie sich wohler fühlen, wenn Sie nachher eine *süffisant* Beschäftigung übernehmen, die Sie ... ernsthaft bewältigen können?

Legt Nichtsnutz zwei Finger auf die Schulter. Der kniet nieder.

Die Gesellschaft bildet eine Gasse. Tochter und Putzfrau bringen Gummihandschuhe und das Klopapier und treten vor Nichtsnutz hin.

Er bekommt von Putzfrau die Schürze umgehängt und von Emil mit dem Schrubberstiel den Ritterschlag. Tochter streift ihm die Handschuhe über.

Nach dieser Zeremonie begleiten Tochter und Emil Nichtsnutz durch Gasse und Tür hinaus, wobei Nichtsnutz den Schrubber leicht gebückt vor sich herschiebt, Emil die Schuhe und Tochter Hose und Jacke vom Gestell hinterhertragen. Helfer bringen den imaginären Tisch hinaus. Putzfrau hebt mechanisch die Klopapierrolle auf.

PUTZFRAU: Und jetzt ist's höchste Eisenbahn – Platz für die Fernissarsch!

Gewahrt die Rolle in ihrer Hand und schmeißt sie durch die Gasse unter dem Applaus und Gelächter der Besucher Nichtsnutz hinterher. Die am weitesten zurück stehenden stellen die Rolle auf den Boden. Die Gasse löst sich auf.[1]

---

1 *Bei zweigeteilter Aufführung hier Pause.*

Unter der gestenreichen Leitung des Galeristen werden die beiden Leinwände aufgestellt. Das Büfett wird mit Gläsern, Sektflaschen und Plastikbeuteln voll einer pulverförmigen Substanz bestückt. Die Musiker bringen ihre Instrumente und beziehen Position. Das Klavier ist eine hinten offene hohle Attrappe, die Streichinstrumente sind ohne Saiten, die Bögen ohne Haarbespann. Dem Pianisten beschafft man einen Drehstuhl, dem Cellisten schiebt man einen einfachen Hocker unter, der Geiger bleibt stehen. Die drei stimmen ein und spielen.

Nachdem jeder sein volles Glas hat – in das Putzfrau und Emil emsig Pulver aus den Beuteln hineinstreuen – wenden die Gäste den Blick zur Tür, vor der sich ein dichter Kreis bildet.

Ihm entsteigt, strahlend wie ein Phönix aus der Asche und wie die Grazien tänzelnd, in salopp-vornehmer schwarzer Kleidung – Hose, Rollkragenpulli – Tochter. Sie trägt eine flache Schüssel mit einem stattlichen Kothaufen vor sich her. Ihr folgt Nichtsnutz, Schürze, Gummihandschuhe, mit angebrochener Klopapierrolle.

Man bringt den Grill in die Mitte. Emil zündet mit einem – leeren – goldenen Wegwerffeuerzeug, das er dem Galeristen mit scherzhaft herrischer Gebärde aus der Hand reißt, ein imaginäres Feuer an. Tochter stellt, immer gefolgt von Nichtsnutz, die Schüssel feierlich auf den Grill, läßt sich die Spraydose geben und besprüht das Produkt sorgfältig rundherum mit Goldfarbe.

Emil küßt sie auf Wangen und Mund. Die Gesellschaft applaudiert. Einige Gäste halten sich die Nase zu.

Jetzt wird vor das Kothügelarrangement eine von zwei Eisenständern gehaltene Kordel gespannt und ein Schild aufgestellt: „Berühren verboten. Der Saal darf nur in Pantoffeln betreten werden.“ *Jungfilmer läuft eifrig herum und zeichnet die Ereignisse auf.*

PUTZFRAU *zu Nichtsnutz*: Und, was sagen Sie zu diesem köstlichen Erfolg?

Nichtsnutz weicht ihr, die Nase zuhaltend, aus.

PUTZFRAU *ruft ihm hinterher*: Diese Ausstellung wird meiner Kleinen und mir ganz neue Perspektrinen eröffnen! Sie hat Ansehn erregt, meine Kleine! Das machen Sie erst mal nach!

Geht mit Alter um den Haufen herum wie an früherer Stelle um den imaginären Tisch.

Nichtsnutz wird von Emil hinterrücks am Kragen gepackt und mit dem Klopapier zu den Personen im Türbereich geschickt. Ein wechselnder Teil der Vernissagegäste bildet dort ständig einen Kreis. Nach und nach verschwinden einzelne mit je einem der Wegwerfteller darin und bringen ihn, mal mehr, mal weniger wohlgefüllt, mit einem Kothaufen bedeckt zurück, und zwar entweder gleich zum Büfett oder Tochter vorher zur Begutachtung. Am Ende ist das Büfett mit zwölf benutzten Tellern bedeckt.

Inzwischen werden von verschiedenen eifrigen Händen Zigaretten gedreht und reichlich mit Pulver aus den Plastikbeuteln angereichert. Bald haben alle Anwesenden bis auf Nichtsnutz, der sich weigert, aber als einziger immer wieder hungrig hervorkommt und von den Happen stibitzt, einen Joint und rauchen.

Galerist beschafft den Metalleimer, stellt ihn neben das Arrangement und nimmt Vortragspose ein.

GALERIST:

Im kühlen Keller unbenutzt,
in so 'nem Winkel staubverschmutzt
stand rostend diese graue Wanne. *Klopft im Takt auf den Eimer.*
Dem Emil war sie eine Panne.

So rief er eilig *zeigt in die Runde* uns herbei,
spricht: „Sag mir einer ehrlich frei,
was soll ich mit dem Ding bezwecken?"
„Nun, nasses Naß, Freund, soll es lecken!"

Und weil's so geil ist, lädt zum Feste
er siebenhundert *macht das Zeichen für „Pinkepinke"* teure Gäste. *Zeigt in die Runde.*
Man gießt hinunter vielen Trank.
Man hat's: grünkünstlich gibt's der Tank.

„Ich", spricht er, „ich beschloß,
die Wanne, die mich sehr verdroß,
mit nassem Naß zu füllen – *augenzwinkernd* und zu kaschen,
wer unten sich am Tor will waschen. *Emil tritt vor den Eimer.*
Bei meinem *schlüpfrig* Dingsda schwört mir gleich:
das Huhn legt seine Eier weich!"
Man juckt sich allerseits im Takt …

Da zeigt ein Freund der Hygiene
der Sippschaft strahlend weiß die Zähne *zeigt auf Nichtsnutz, der Chips stibitzt und neugierig, eine Hand auf dem Büfett, stehenbleibt. Alles schaut zu ihm rüber –* :

„Was soll der ganze Laffenzauber,
die Törchens, Leute, halt ich sauber!" *Johlender Applaus.*

Emil, mit dem Rücken zum Publikum, von den Vernissagebesuchern im Halbkreis umringt, läßt sein Wasser in den Eimer prasseln. Nichtsnutz stellt den Eimer, schwer tragend, neben das Büfett.

PUTZFRAU *applaudiert*: Es werden immer nur die besten Pottuktionen ausgezeichnet, immer nur die besten!

ALTE *zwischen den Leinwänden mit einer Taschenlampe fuchtelnd; schafft sich, den Umstehenden ins Gesicht blendend, Raum*:
Es sprach der Herr: „Ich mache Licht!"
Doch Adam meinte: „Jetzt noch nicht!"
Denn Spaß verschaffte ihm die Gattin
nur dunkelteintig, als Mulattin.

Gott tat ihm den Gefallen gern
und hielt sich mit der Lampe fern. *Zeigt auf die eine Leinwand.*
Doch dann schleicht er in zager Helle
neugierig sich zu Tür und Schwelle,

strahlt wortlos überrascht hinein *leuchtet die Leinwand fuchtelnd an*:
an seinem *fixiert mit dem Lichtstrahl einen Punkt; schlüpfrig*
Dingsda spielte Kain
und wußte nichts nicht noch vom Abel –
der hing ja noch an Evas Nabel.

Wie'n Donnerblitz vom Himmel fällt,
hat Gott sich vor sie hingestellt,
holt aus, zu trennen sie und spalten.
Doch da verläßt der Zorn den Alten.

Er hält die Lampe nah beim Paare
bedachtsam vor sich – und sieht Haare.
Leuchtet die andere Leinwand mit der Taschenlampe genüßlich aus.
Mit Wonneblicken, blank der Waffen,
im Schaun, was gestern grad erschaffen,

macht Gottchen, ich vergaß die Stelle,
den Anfang mit der Pornowelle. *Schaltet die Taschenlampe aus.*
Ich leg drum eine Wette ein:
ich werde nie ein Schleckernönnchen sein!

Ausgelassener Beifall.
Eine Vernissagebesucherin kommt aus der Menschentraube und stellt ihren gefüllten Teller aufs Büfett.
Professor stöhnt, zerstreut vor dem andern Bild fuchtelnd, vor sich hin.

KRITIKERIN: Wovon sprechen Sie?

PROFESSOR: Von meinem Leben, Frau Kritikerin. *Sieht sie an und wiegt den Kopf.*
Fabrikant greift sich einen Teller und verschwindet schleunig in der Menschentraube. Allenthalben wird geraucht und Sekt mit Pulver getrunken.

EMIL: Freunde! Das Orakel spricht!
Große Versammlung im Vordergrund.

TOCHTER *schlägt ein Buch auf, das aus leeren Blättern besteht, und hält es freudestrahlend zeigend in die Höhe*: Freunde! Gäste! Mitglieder! Wie Sie sehen, riechen, hören, schmecken, können Sie an diesem Donnerstagabend – Donners Tag? Donnerstag den … – einen Abend der besonderen Note erleben.
Applaus. Einige halten sich die Nase zu.
Wenn Sie dieses Buch *hält es wieder hoch*, dessen Extrakt ich in meinen Händen halte, gelesen haben werden, dann werden Sie wissen, welche Bedeutung hinter allem hier steckt *zeigt die weißen Seiten*. Und hinter dem Leben. Und hinter dem Tod.
Munter Doch jetzt wünschen Emil und ich Ihnen allen, die Sie zu meiner Vernissage gekommen sind, einen guten Appetit und viel Genuß bei unserm schönen Konzert. *Macht eine Verbeugung gegen die Musiker und aalt sich im kurzen tosenden Applaus. Man trinkt und raucht sich zu.*
Die Musiker spielen weiter wie bisher. Die Vernissagebesucher bis auf den hastig essenden Nichtsnutz, den Personenkreis im Türbereich und einige, die zwanglos umherflanieren, mimen andächtig zuhörendes Dasitzen in Reihen. Tochter und Emil, vertraut beisammenstehend, schauen zufrieden zu.

PROFESSOR *unter den Zuhörern; begeistert*: Man sollte ganze Universitätssemester nur mit Schweigen füllen.

ALTE *unter den Zuhörern*: Pssst, ich höre nichts!

PUTZFRAU *unter den Zuhörern; stolz*: Es ist alles von meiner Kleinen inspeziert! Der ganze Abend!

KRITIKERIN *unter den Zuhörern; entzückt*: Hübsch, hübsch!

PUTZFRAU: 'ne perfekte Mischung.

KRITIKERIN: Es gibt nichts auszusetzen.

PUTZFRAU: Bei dem schweinischen Geruch hat man keinen Happentit. Das ist der einzige Mist. Sonst tu ich mich köstlich ammisieren.

ALTE: Pssssst!

NICHTSNUTZ *abseitsstehend, gierig in sich hineinessend*: Die Snacks sind die Krönung.

PROFESSOR *zeigt auf Nichtsnutz; zu Kritikerin und Galerist*: Mancher Lebenskünstler kommt zu diesen Vernissagen nur, um sich den Magen vollzuschlagen, und bleibt auch noch bis zum Schluß! Ist die menschliche Natur nicht schrecklich?

KRITIKERIN *die Musiker anschwärmend*: Bis zuletzt bleibt die Spannung bei derartigen Inszenierungen auf einen Umschwung, eine erlösende Idee hellwach.

PUTZFRAU *geht zu Nichtsnutz*: Schön, daß die Fernissarsch Ihnen gefallen tut.

NICHTSNUTZ: Am Ende ist der Kohldampf weg.

ALTE *ungehalten*: Ich will was hören für mein Geld!

Mehrere der Zuhörer, darunter Kritikerin und Professor, verlassen pikiert die Nähe der Alten.

Fabrikant, halb gebückt mit heruntergelassener Hose, zeigt sich am Rand der Menschentraube und winkt Nichtsnutz herbei. Gäste schubsen Nichtsnutz weg und er verschwindet mit Fabrikant.

FABRIKANT *in der Menschentraube*:

Ein Wischwischwisch muß loben den Thron –
doch nicht erwarten von droben ... *drückt* den Lohn! Putzen! Haha!

PROFESSOR *zu Tochter*: Ihr Werk läßt so viele Fragen offen. So soll es sein. *Nippt an seinem Glas. Zieht an seiner Zigarette.*

Sie dürfen nicht alle Erwartungen befriedigen. Sie müssen Erwartungen unbefriedigt lassen und gerade solche Erwartungen schüren, die Sie am meisten unbefriedigt lassen. Die unbefriedigten Erwartungen sind es, die Ihrem Werk den Zauber des nicht Fertigen, des raffiniert Geheimnisvollen geben und die den Appetit des Käufers auf Ihr nächstes Erzeugnis schüren.

Fabrikant bringt Tochter sein Produkt. Nichtsnutz am Naschen.

FABRIKANT:

Es stört zwar, wenn die Meute lacht –
doch stinkt's, wenn sie vor Leute macht! Haha!

Tochter nickt wohlgefällig. Fabrikant bringt sein Produkt zum Büfett. Es ist ein stattliches Produkt.

KRITIKERIN:

Der Fabrikant tut sich schwer am Tanz –
auf Asphalt kriegt er Teer am' Schwanz!

Grapscht sich, anfallartig den Bauch haltend, einen Teller und ab ...

NICHTSNUTZ *zu Putzfrau*: Der Mann scharwenzelt den ganzen Abend um sie herum.

PUTZFRAU *lacht*: Meine Kleine ist ’ne schamante Person, was!

NICHTSNUTZ: Vielleicht kann er auch mich wieder protegieren?

PUTZFRAU *grinst*: Aber sind Sie denn rausgeflogen?

EMIL *packt Nichtsnutz am Kragen, zeigt auf die Menschentraube*: **Da** wartet Ihre Pflicht!

Nichtsnutz, das Gesicht verziehend, mit Klopapier hinter Kritikerin ab.

PROFESSOR *zu Tochter*: Einige Ihrer Gedanken, wenige, sehr wenige, sind nicht bedeutungslos. So soll es sein.

ALTE *glücklich, händchenhaltend mit Galerist*:

Am Fortepjano saß Herr Liszt
und **sie** im Saal ganz in Batist.
Liszt spielt der Läufe deren vier
auf dem so wunderschön’ Klawier
und auch auf dem Batist.

KRITIKERIN *zurück, zeigt Tochter ihr Produkt; betreten*:

Nicht unbedingt wer Leisten macht,
am meisten lacht.

FABRIKANT *klopft sich lachend aufs Knie*: Schustersfrau, bleib bei deinen Leisten!

Kritikerin wirft ihm einen pikierten Blick zu, macht einen Knicks, worauf Tochter ihr dankend zunickt, und stellt ihr mickriges Produkt in gebührenden Abstand neben das des Fabrikanten.

PROFESSOR *zu Tochter*: Sie regen an, aber Sie beunruhigen nicht. *Zieht an seiner Zigarette. Beifall von Fabrikant.*

PROFESSOR *mit einem bösen, Einhalt gebietenden Blick zu Fabrikant*: So soll es sein.

Pianist steht auf und geht, Kritikerin ablösend, in Krämpfen ab. Galerist bringt Alter den freigewordenen Klavierstuhl und nötigt sie, Platz zu nehmen. Er geht ihr an die Brüste und schüttelt sie kräftig durch. Alte prustet sich vor Freude.

PROFESSOR *zu Tochter*: Alles was wir produzieren, muß den Eindruck des ständigen Fließens erwecken. Das macht sogar den Tod zu einer Art, ja, Fluß. *Nippt, zieht. Beifall von Fabrikant.*

PROFESSOR: Daneben pflegen wir das Imitat.

Galerist löst überstürzt den Pianisten ab.

PROFESSOR: Vergangenheit und Gegenwart: Leben und Imitat. So wird es jedem klar: wir werden niemals sterben!

Der Fabrikant erleidet einen Schwächeanfall und fällt um. Beifall von Putzfrau.

KRITIKERIN *übertrieben ausgelassen, auch schon ein wenig besoffen*: An alle Damen über 50!

Sagte ich Damen? Macht nix. Halte, was ich versprech.

An alle Damen über 50! Wenn wir null Bock mehr haben, dann lassen wir's. Ich gehe immer nur mit Damen, wenn ich Bock hab, und Bock hab ich immer, wenn's 'nem Zweck dient. Und 'nem Zweck dient's immer, wenn ich 'ne neue künstlerische Konstellation für mein nächstes Feuilleton probier. Zeig mir, wie du dich beim … *züngelt* verhältst, und ich sage dir, wer du bist.

Helfer in weißen Kitteln tragen den Fabrikanten auf einer Trage fort. Vor ihm verschwindet Professor unauffällig in der Menschentraube. Im selben Augenblick kommt Pianist zurück, der seinen Teller schämig in der Hand hält.

FABRIKANT *sich auf der Trage aufrichtend; zu Pianist*:

Aus Schlöten kommt öfter feiner Ruß –

wie von den Tasten ein reiner Fuß! Haha!

Passiert mit den Helfern die Menschentraube und ab. Pianist stellt sein Geschenk aufs Büfett, tippelt mit eingezogenen Schultern zur Alten, zieht ihr den Stuhl weg und fährt mit Musizieren fort.

KRITIKERIN *telefoniert*: Spreche ich mit dem Intendan…? Dem Dramatur… dem für die Werbung zust…? Hier die Entdeckerin von … von diesem, diesem … wie hieß er denn noch … Harald Günter. Bin mit Ihrer Werbung für sein Stück „Die Hauswursterin" nicht zufrieden. Empfehle: „Harald Günter, im Frühling wie im Wünter." Das Stück wird bei Ihnen nicht gespielt? Dann nehmen Sie's gefälligst in den Spielplan, ich schreibe Ihnen sonst eine schlechte Kritik! Und nicht vergessen: „Überwintern, am Piephahn wie am Hintern!" *Legt schwungvoll auf.*

*Die den Musikern noch Lauschenden schütteln über Kritikerin den Kopf und bekunden mit einem „*Pssst, pssst!*" ihr Mißfallen. Galerist bringt Tochter sein Ergebnis. Sie nickt zustimmend. Er stellt seinen Teller aufs Büfett. Professor schleicht mit gesenktem Blick hinterher.*

KRITIKERIN *sieht es; barsch*: Herzeigen!

Professor gehorcht und zeigt Tochter den Teller.

TOCHTER: Das machen wir nochmal.

Professor möchte den leeren Teller kopfschüttelnd aufs Büfett stellen, da wird er ihm von Kritikerin entwendet, die lachend damit herumläuft. Professor versucht, den Raub zu verhindern, greift aber in die Luft.

Kritikerin stellt den Teller genüßlich aufs Büfett.

PIANIST *virtuose Passagen spielend; zu Geiger*: Zehn oder fünfzehn, die wahren … bleiben ungehört, weil sie vergessen, daß die Pupse, die sie beim *furzt mit der Zunge* machen, zeigen, daß was drin im Kopfe. *Klopft sich, mit einer Hand weiterspielend, dreimal an den Schädel.*

GEIGER *virtuos geigend*: Du redest groß für jemand, den nicht einmal die eigene Freundin ernstnahm.

Pianist läßt sich mit Kopf und Armen greinend vornüber auf die stumme Tastatur fallen. Junge Frau entführt den Cellisten ein paar Schritt, knipst Geiger ein Auge und schmiegt sich ihrem neuen Liebhaber an die Seite.

Cellist stupst Pianist mit der Bogenspitze an, Pianist läuft zum Büfett und trinkt zwei Gläser gleichzeitig ex. Cellist spielt weiter.

PROFESSOR *klopft Kritikerin derb auf die Schulter*: Sagen wir du zueinander!

Kritikerin entzieht sich und betrachtet ihn mit einem pikierten Blick.

Geiger absentiert sich. Jungfilmer zeichnet's auf und stößt Alte versehentlich übern Haufen. Galerist eilt ihr zu Hilfe und faßt ihr zur Entschädigung in den Busen. Sie schwelgt.

ALTE: Kennst du den?

In Köln gibt's ein A-par-te-mennt,
wodrin die Schwester Marte pennt.
Die singt jetzt keine Lieder mehr,
doch dafür bleibt ihr Mieder leer.
Kommt Pater Josef, pafft – der Gimpel! –
macht's Höschen auf – wie gafft der Pimpel!

GALERIST *hält sich die Nase zu*: Igittigitt.

Die Alte läuft zum Abort. Kurz darauf hört man einen ungeheuren Furz. Nichtsnutz kommt mit zugehaltener Nase hervor. Kleiner Tumult.

KRITIKERIN *zu Putzfrau*: Der Mensch von morgen geht nicht mehr mit romantischen Gefühlen, Sie wissen. Gib mir 'ne Chance und ich mache … *züngelt gierig, trinkt, raucht*. Ich halte, was ich versprech. *Mit Wink zu Nichtsnutz rüber; gereizt* Unser kleiner Pseudolist kapiert das nie!

PUTZFRAU *blickt blöde*: Psüssolist?

KRITIKERIN *gespreizt*: Einen Pseudolisten nenne ich einen Menschen, der alles pseudo tut. Tut geschäftig, hat vor lauter Arbeit niemals Zeit und kündigt sogar das Lieben immer nur an.

PUTZFRAU *blöde*: Ein Mensch, der alles nur sagt?

KRITIKERIN *nickt*: Sie haben es wieder einmal voll erfaßt.

Ein energischer Wink Emils scheucht Nichtsnutz in die Menschentraube zurück. Geiger stellt sein Produkt unauffällig aufs Büfett.

CELLIST *verneigt sich*:

Ihr sollt nicht um den Tender losen,
der muß ja noch durch Länder tosen.
Drum bitte nicht, die Hand am Messer, buhn:
ich will euch ja, o glaubt mir, besser muhn!

In Nöten ab. Er bekommt Extraapplaus und wird von der jungen Frau gefolgt.

Alte bringt, es freudestrahlend herumzeigend, ihr Ergebnis zum Büfett. Sie stellt den Teller des Fabrikanten zurück und ihren eigenen an seine Stelle. Großer Applaus.

Professor verschwindet heimlich in der Menschentraube.

ALTE *drängt sich torkelnd an den Pianisten*: Ach Sie spielen ja so schön!

Galerist zieht sie weg. Sie reißt sich los, doch schon zu spät: Pianist sieht junge Frau aus der Menschentraube kommen und wirft sich Geiger an die Brust. Geiger klopft ihm tröstend die Schulter.

Cellist und junge Frau deponieren ihre Produkte tänzelnd auf dem Büfett. Cellist sperrt den Mund auf: junge Frau hat Vogelschiß auf den Teller gezaubert. Alle, die es sehen, halten den Atem an. Einige zeigen mit ausgestrecktem Finger auf sie.

EINIGE: Verräterin! Verräterin! Sie hat den Alten verraten!

PIANIST *untröstlich, markerschütternd*: Kikeriki, kikeriki!

Cellist und junge Frau sinken, sich gegenseitig stützend, ohnmächtig hin.

Sie stehen unter den strahlenden Blicken der Gäste augenzwinkernd auf und schleichen im trauten Beieinander um Pianist, Geiger und Kritikerin herum, die eine Gruppe bilden.

Putzfrau verschwindet mit einem Teller in der Menschentraube.

PIANIST *betrunken*: Das ist keine Vernissage – das ist das Leben, du!

KRITIKERIN: Natürlich ist das eine Vernissage! Wie wäre Schnuckelchen sonst so erfolgreich!

Putzfrau produziert einen mäßigen Haufen und stellt ihn, sich zierend, hin.

Alles wartet auf den Professor. Tippelnden Schrittes kommt er. Er bringt eine glatte, maßgeschälte, goldgelbe, kurz: das Wunder einer Banane. Man applaudiert.

Nichtsnutz deponiert Schrubber und Klopapier neben den Eimer und tupft sich Schweiß von der Stirn.

EMIL: Jetzt kommen wir zum Höhepunkt des heutigen Abends, zum Fazit, wenn ich es einmal so sagen darf. Bitte!

Tochter, in hautengem metalliglänzendem Trikot erneut aus

der Menschentraube hervortretend, schreitet feierlich zum Büfett und legt sich rücklings auf die Teller.
Sie starrt gen Himmel. Sie dreht sich auf die andere Seite.
Sie dreht sich auf den Rücken. Auf den Bauch ... auf den Rücken, auf den Bauch ... Sie steht auf.
Emil gießt ihr den Inhalt des Eimers über den Kopf.
Er führt sie zum Kothügelarrangement und hängt ihr die Kunststoffplakette um.
Trampeln und Zischen. Während der ganzen Aktion dezenter handgeschlagener Trommelwirbel auf der Klavierattrappe, der, auf Wink des Galeristen, abbricht.

EMIL: Darauf *hebt das Glas*, daß dein zweites Produkt noch schneller fertig wird wie dein erstes und daß du der Gesellschaft noch unzählige Beweise deines außerordentlichen Talentes schenkst!
Begeistertes Pfeifen. Nichtsnutz kippt die Papierteller hastig in den Eimer. Man trinkt und raucht verstärkt. Auf dem Büfett werden Zigaretten gedreht unter reichlicher Hinzufügung des Pulvers. Professor rührt mit einem Kugelschreiber sinnend in dem Kothügelarrangement herum.
Die Aufmerksamkeit wendet sich Nichtsnutz zu.

EMIL: Aber er trinkt ja gar nicht! Ob er keine Zeit mehr hat?
Nichtsnutz bringt Klopapier und Eimer weg.

TOCHTER: Den machen wir zum ersten Mal in seinem Leben richtig blau. Dem werden wir die Zunge schon in einer Weise lösen, wie es in unsere Stimmung paßt.
Putzfrau verteilt an die exponierteren Gäste Gläser.

PIANIST *besoffen*:
Gar mancher gegen Laffen ficht,
da wird das Haar selbst Faffen licht!

KRITIKERIN: Sie sind ja völlig übergeschnappt!

PROFESSOR *zu Tochter*: Sie dürfen niemals fertig sein, wie ja auch das Leben im ständigen Fluß sich befindet und erst mit dem Tod seinen Abschluß findet.
Aber wir werden ja nicht sterben.
Nichtsnutz kommt mit dem Eimer zurück.

PUTZFRAU: Ein Glas für die Ehre meiner Tochter! Auch löst der Sekt die Zunge und vermittelt Einblicke in das Leben.
Nichtsnutz weist das Glas zurück.

EMIL *schüttet in die Gläser der Frauen und das eigene Pulver; zu Nichtsnutz, derb*: Es gibt heute keine Limonade! Nur Sekt! Sei kein Spielverderber! Ich will deinen guten Willen daran messen, daß du unser Spiel nicht verdirbst!

PIANIST: Dem Ochsen seine Haufen, der Närrin ihre Faxen!

Hustet, Kritikerin über den Haufen stoßend, gegen die Rauchwolke an. Kritikerin bringt strauchelnd das Gestell mit dem Porträtkopf zum Schwanken. Umstehende verhindern mit knapper Not seinen Fall.

Nichtsnutz akzeptiert den Sekt, verweigert aber das Pulver, das auf den Boden rinnt, und trinkt, sich schüttelnd, in einem Zuge aus.

Er hält sein Glas zum Nachfüllen hin. Putzfrau gießt ihm zu. Emil versucht, Pulver hineinzutun, Nichtsnutz zieht aber wieder weg. Emil schüttelt den Kopf, die junge Frau saugt mit angenäßtem Zeigefinger das runtergefallene Pulver auf und leckt den Finger ab.

Kritikerin gibt Pianist einen derben Knuff.

EMIL: Er kann's ja. Wenn auch etwas stürmisch. Die erste Begegnung mit dem Sensationellen fällt immer ein wenig hektisch aus, wir kennen das.

Lachen der Gesellschaft. Intensives Ziehen an den Zigaretten. Nichtsnutz leert das zweite Glas bis auf den Grund.

EMIL: Gemach, Sie brauchen noch etwas zum Anprosten, junger Mann.

Nichtsnutz gießt sich, dumpf brütend, nach, während Emil mit den Gästen anstößt. Weitere Sektflaschen werden geräuschvoll geöffnet und Gläser mit Sekt und Pulver gefüllt. Professor stochert. Nichtsnutz trinkt ex.

KRITIKERIN *springt wie ein Känguruh im Kreis, hält sich die Ohren zu*: Ich schreibe eine gute Kritik, ich schreibe eine gute Kritik!

EMIL *zu Tochter*: Du schufst ein flexibles, zeitgerechtes, mildes *zärtlich ihre Hand nehmend*, anschmiegsames *streichelt ihren Arm* Produkt. Eine Alternative zum Leben und doch so lebensnah.

Alte, volles Glas und Zigarette in der Hand, torkelnd, leistet Geiger und Pianist Gesellschaft. Pianist flüchtet ans Klavier.

Alte reibt sich das triefende Auge, bemerkt, daß er weg ist, und wackelt ihm nach. Geiger folgt.

NICHTSNUTZ *besoffen*: Diese Vernissage ist eine schäbige Mischung aus pseudobedeutungsvoller Verständlichkeits-Unverständlichkeit!

EMIL: Sie haben kein Recht, an der Qualität unserer gemeinsamen Produktion *tätschelt Tochters Arm* zu zweifeln.

PROFESSOR *zu Tochter*: Sagen wir du zueinander! *Tätschelt sie. Macht weiter mit Rühren.*

Galerist plustert sich vor Nichtsnutz auf, holt tief Luft und setzt zu einer Strafpredigt an. Emil packt ihn am Kragen und legt mit einem Lächeln den Finger an den Mund.

EMIL: Keine Zensur heute, Donnerstag den..!

Machen einem Helfer Platz, der den Hocker in den Vordergrund rückt. Nichtsnutz bringt torkelnd, von Umstehenden kräftig geschubst, den Eimer.

Tochter steigt auf den Hocker und läßt den Dreck von ihrem feuchten Trikot herunterplumpsen. Ihre Formen scheinen durch, Professor hält den Atem an.

PUTZFRAU *schüttet sich Sekt und Pulver ins Glas; high*: Schnuckelchen ist 'ne attertive ausstuttrierte Presson, die alle Welt mit ihrer Scham beglückt!

ALTE *zu Pianist, mit Fingerzeig auf Putzfrau, jovial*: Was halten Sie von der?

PIANIST *lallend*: Wenn's in der Juppe juckt, 'n Kluger unter Dumme duckt.

Alte schüttet ihr Glas ins Klavier und klatscht wie närrisch in die Hände.

KRITIKERIN *begeistert*: Das Schnuckelchen ist nicht nur 'ne tolle Kanone, es bringt auch seine Scham ins Spiel.

Emil hakt bei der heruntersteigenden Tochter, ihr einen Joint in den Mund steckend, amüsiert unter.

EMIL *während Professor im Takt mit dem Kugelschreiber in der Luft fuchtelt*: Armer Tropf, wer was im Hirn hat, aber kein Talent, den Arsch der richtigen Beleuchtung auszusetzen. Er ist und bleibt ein Arschotropf!

Närrischer Beifall. Die Versammelten zeigen Nichtsnutz ihre grinsenden Fratzen und genießen ihre Joints. Professor verrührt das Kothügelarrangement zur Unkenntlichkeit.

PIANIST *stiert klavierspielend ins Weite; betrunken*: Ich wünsch mir, daß ich für mich selber spiel. Mutterseelenasepp. Spielen, freu mich ... Brauch kein Publikum. Spiel asepp sepp. Demnächst. Diese ... feine Gesellschaft ... Wir künftig Allerzukünftigsten verdienen Gage, wenn Gage Freude is', die wir mutterseelenasepp im leeren Raum, asepp sepp, ohne Publikum.

GEIGER: Das hältst du nicht durch. Wenn du wieder nüchtern bist, tust du dich ja doch wieder produzieren.

Pianist rutscht, von ihm abgefangen, greinend zu Boden und bleibt liegen.

EMIL: Etwas bezeichne die Dinge, wie der Aufnehmer sie wünscht, und versuche nicht, sich über den Aufnehmer zu erheben. Das würde den Aufnehmer verstören. Besserwisserische Werke brauchen wir nicht.

Geht ein paar Schritt, hält am Fenster inne, um einen Blick hinauszuwerfen und fahl mechanisch zu dozieren. Zieht intensiv an seiner Zigarette.

Und wir brauchen keine Produkte für Ewigkeit. Ware ist gefragt, die sich rasch verbraucht, Ware, die dem Ausstoß der nächsten nicht im Wege steht – Augenblicksware für Augenblickserfolge.

Professor läßt den Kugelschreiber stecken und klatscht vehement Beifall.

Beidseitig gestützt tritt Fabrikant auf. Neuer, heftiger Beifall.

EMIL: Die Kunst des Bluffs ist die Kunst der Zukunft.

Fabrikant schüttelt seine Begleiter ab, tritt vor, setzt zum Reden an, bringt aber kein Wort heraus. Er klatscht zornig Beifall. Die Gesellschaft mißversteht und klatscht mit.

Professor geht torkelnd ein paar Schritt und stößt mit dem Gestell zusammen. Es wackelt. Der Schlapphut fällt herunter.

Fabrikant kippt um und bleibt liegen. Putzfrau applaudiert.

PROFESSOR *berauscht*: Und wenn die letzten Ausgaben aus den Zeiten der Dichter und Denker die Ramschstände der Großbuchhandlungen verlassen haben … *Hier fällt, in Folge des Zusammenstoßes mehrerer Personen, die torkelnd über den Fabrikanten stolpern, das Gestell um und der Porträtkopf rollt über den Boden.*

EMIL, GALERIST, PROFESSOR, GEIGER, CELLIST, KRITIKERIN *im Chor, untergehakt wie beim Cancan; übermütig*: Und wenn die letzten Ausgaben aus den Zeiten der Dichter und Denker die Ramschstände der Großbuchhandlungen verlassen haben, dann wird die Saat unsers Triumphes aufgehn. Dann werden die Gesetze der Warenwelt auch die Gedanken bis in die letzte Spalte, hm, Falte durchdringen, dann ist es bis zur Macht, hm *lösen, wie im Takt, ihre Gruppe auf und fassen sich stutzig an den Kopf,* Nacht nicht mehr weit.

EMIL: Und du *nimmt Tochters Hand; begeistert* wirst als unser erster Star in die Annalen der Zukunft eingehn!

PUTZFRAU *überglücklich, aufgedreht*: Chefin im Unternehmen – im Unternehmen Zukunft!

EMIL *trocken*: Nun, bis dahin führt ein weiter Weg.

PUTZFRAU *schmollt*: Aber lieben Sie meine Tochter denn nicht?

EMIL: Es ist gut und in dieser Phase des Aufbaus auch richtig und wichtig, daß Ihre Tochter und ich uns nahestehn. Aber dann? Ich hab's ja. Mir liegt die ganze Welt zu Füßen. Nur wer nur eine Chance im Leben hat, läßt sich auf das ein, was in den Romanen, die wir drucken lassen, Liebe heißt. Ich bin doch weder Frankenstein noch auf den Kopf gefallen noch ein *augenzwinkernd* Arschotropf!

Lachen der Gesellschaft.

TOCHTER *begeistert*: Makler aller Makler, Großmakler, Besitzer der ganzen Welt: Emil! *Küßt ihn. Zu Nichtsnutz*

Wie wär's, wenn Sie zur Feier des heutigen Tages, Donnerstag den ..., ein paar Ausschnitte aus Ihrem Werk, Ihrem Etwas, Ihrem *ironisch* Dings da zum besten geben?

NICHTSNUTZ: Hier! *Tippt mit dem Mut des Betrunkenen an die Stirn und streckt der Gesellschaft die Zunge heraus.* Hier!

Gesellschaft lacht.

EMIL: Ich gebe Ihnen noch eine Chance. In einer halben Stunde: eine Seite, sauber, vorzeigbar, unterstützungswürdig. Sonst, *zeigt zur Tür* sonst..!

Und damit Sie's wissen: ich erwarte neben unzweideutigen Beweisen Ihres Fleißes auch Rücksicht auf meine Interessen. Sie sollen das Leben deuten, Ihres und meines, meinetwegen, aber bittschön so, wie es in unsere Stimmung paßt, und nicht so, wie einige Träumer sich das zurechtfantasieren. In einer halben Stunde. Sie haben mich verstanden.

Es ist mucksmäuschenstill.

NICHTSNUTZ *in die Stille hinein; beklommen*: Etwas?

Neue Joints werden herumgereicht. Übermütige Geschäftigkeit.

TOCHTER: Unsern kleinen Pseudolisten nähm ich gern mal unter die Lupe!

PUTZFRAU: Was sagt Emil dazu?

TOCHTER: Emil wird im eigenen geschäftlichen Interesse nichts dagegen haben, wenn ich mich inspiriere.

Emil kichert künstlich in sich hinein. Nichtsnutz holt das sargförmige Kästchen und verläßt lautlos den Raum.

PUTZFRAU: Aber wo steckt er?

Man bemerkt, daß Nichtsnutz verschwunden ist.

GALERIST *klopft auf das Garderobentischchen*: Ich hab gesehen, wie er etwas wegnahm.

TOCHTER *ängstlich*: Das Kästchen! Er wird sich doch nichts antun!

Im Hintergrund werden Sektflaschen laut knallend geöffnet und ausgeschenkt. Im Augenblick, als man anstößt, jetzt auch wieder der aufgestandene Pianist, während Fabrikant unverändert daliegt, hört man einen Knall massiverer Art außerhalb: ein Pistolenschuß.

GALERIST: Was war das?!

EMIL: Da äfft einer meine Sektstopfen nach.
KRITIKERIN *verärgert drängend*: Zum Wohl!
PROFESSOR *besoffen*: Auf das Unternehmen Zukunft!

Man trinkt sich zu. Funkeln der Gläser. Zufriedene Gesichter. Große Rauchwolke.

PUTZFRAU: Ich geh doch mal schauen.
EMIL: Wird schon nichts gewesen sein.
GALERIST: Das war ein Schuß!

Putzfrau geht. Es bildet sich eine Gasse wie zu Anfang der Vernissage. Tochter und Emil küssen einander mit glaubhafter, aber nicht gefühlvoller Sinnlichkeit.

Putzfrau torkelnd durch die Gasse zurück.

EMIL: Und?
PUTZFRAU: Mitten im Treppenhaus. Wo's hübsch bollert und knallt.
EMIL *zu Tochter*: Musikalischer Mensch. Diese Inszenierung solltest du dir für dein nächstes Projekt aufsparen.
TOCHTER: Ein Besserwisser weniger! Auf das Unternehmen Zukunft!
VERNISSAGEGESELLSCHAFT: Auf das Unternehmen Zukunft!

Man stößt miteinander an. Professor rülpst. Alte furzt. Pause. Das Telefon läutet.

TOCHTER *ein spitzer Schrei; taumelt*: Ah …

Emil fängt sie auf. Doch die Versammelten verlassen bereits, Putzfrau in blinder Panik voran, Fabrikant auf der Trage von den herbeigeeilten Helfern hinausgetragen, Szene. Alte und Pianist, untergehakt, trotten hinterher.

ALTE *fröhlich*:

Wollt ihr Kinder mehren,
dürft ihr nicht minder kehren! Hihi!

PIANIST *wirkt seekrank; schüttelt sie ab*: Alte Scharteke.
ALTE *beleidigt*:

Tadelten oft leidge Zungen,
was zur rechten Zeit gelungen!

Tochter und Emil warten den letzten Klingelton ab. Tochter läßt sich willenlos von Emil hinausbegleiten.

Helfer bringen einen Tisch voller Autogrammkarten, tauschen ihn mit dem Kothügelarrangement aus, stellen das Kleidergestell auf, den Hocker neben den Kartentisch und gehen mit Grill, Absperrung, Drehstuhl und Musikinstrumenten ab.

Nichtsnutz tritt auf, einen abenteuerlichen Staubsauger hinter sich herziehend. Zunächst schaut er nach dem Porträtkopf, reibt ihn ekelerfüllt an der Schürze blank und versucht, ihn erneut auf dem Gestell anzubringen. Es mißlingt. Er findet den zertretenen Schlapphut und probiert, ob er noch paßt. Er probiert ihn in Ungedanken auf dem eigenen Kopf. Er legt Porträtkopf und Hut hin und schaltet den Staubsauger an. Er hält die Düse nach oben und saugt an der Rauchwolke.

Er schaltet das Gerät ab und erneuert seinen Versuch, den Porträtkopf auf das Gestell zu bringen. Während dies wiederum mißlingt, nimmt Tochter, in der elegant saloppen Kleidung wie zu Beginn der Vernissage – Tuchhose, Rollkragenpulli –, leicht schräg Platz und signiert Autogrammkarten.

NICHTSNUTZ: Du beantwortest Fanpost?

TOCHTER: Ich bin jetzt ein Star. Hast ja gesehen, was los war.

NICHTSNUTZ: Gratuliere dir zu diesem starken und unerwarteten Erfolg!

TOCHTER: Ging doch rasch, nicht? Mein Produkt lag in Null Komma nichts in der Schüssel, kam unter die Leute, wurde prämiert und das Ergebnis siehst du ja.

NICHTSNUTZ: Davon kann unsereins nur träumen.

TOCHTER: Ging doch flott, nicht?

NICHTSNUTZ: Wie leicht dir das fällt!

TOCHTER: Nicht?

NICHTSNUTZ: Was ein goldbesprenkelter Haufen doch zuwege bringt.

TOCHTER: Ich beantworte die Briefe, die ich kriege, natürlich nicht persönlich. Wären zu viele.

NICHTSNUTZ: Natürlich.

Legt den Porträtkopf hin.

Solange ich die Seite nicht vollkrieg, muß ich den Job deiner Mutter machen.

TOCHTER: Daß mir nur bittschön kein Staub auf die Karten fliegt!

Nichtsnutz schaltet den Staubsauger an.

TOCHTER: Hör auf, ich verschreib mich!

NICHTSNUTZ: Was sagst?

TOCHTER: Ich versteh dich nicht.

NICHTSNUTZ: Ich sagte, daß ich den Job deiner Mutter mach.

TOCHTER: Du bringst mir die Karten durcheinander!

NICHTSNUTZ: Ich versteh dich nicht!

TOCHTER: Ich verschreib mich, hör auf!

NICHTSNUTZ: Soll ich leiser machen? Stört es dich?

TOCHTER: Man versteht sein eigenes Wort nicht mehr!

NICHTSNUTZ: Was sagst? Ich hör dich nicht.

TOCHTER: Red lauter, ich versteh nichts!

NICHTSNUTZ: Ich kann dich nicht verstehen. Aber ich könnte das, was ich sagen will, verschieben, wenn dir das lieber ist.

TOCHTER: Was sagst?
NICHTSNUTZ: Mann ist das aber ein lautes Ding.
TOCHTER: Ist das aber ein lautes Ding.
NICHTSNUTZ *schaltet das Gerät ab*: Ist das aber auch ein lautes Ding.
TOCHTER: Altes Gerät.
NICHTSNUTZ: Etwas antik.
TOCHTER: Da wird einem ganz schwindlig.
NICHTSNUTZ: Ganz schön laut.
TOCHTER: Nicht auszuhalten.

Nichtsnutz hebt einen zertrampelten Wisch vom Boden auf. Tochter signiert ...

NICHTSNUTZ: „Bringen Sie Ihr Leben in Ordnung." *Läßt den Wisch in die Schürze gleiten und erneuert, wiederum erfolglos, den Versuch, den Porträtkopf anzubringen.*
TOCHTER: Was sagst?
NICHTSNUTZ: Ich sagte nichts.
TOCHTER: Ich **bin's**. Ich sage dir, ich **bin's**.
NICHTSNUTZ: Was?
TOCHTER: Glücklich.
NICHTSNUTZ: Du wirkst ein bißchen nervös, wenn ich ehrlich bin.
TOCHTER *unterbricht sich*: Was fällt dir ein! Ich **bin** glücklich. **Verdammt** glücklich, **verdammt** sogar.

Nichtsnutz nutzt die Unterbrechung und setzt das Staubsaugen fort. Tochter, unwirsch, nimmt ungeachtet der Störung ihr Geschäft auf. Doch nach wenigen Augenblicken schubst sie genervt einen Teil der Karten auf den Boden. Nichtsnutz erschrickt und stellt das Staubsaugen ein.

NICHTSNUTZ: Wenn du mir Erfolg verschaffst, will ich dir sagen, was ich meine. Dann werde ich auch nicht mehr sagen, dein Produkt war schlecht. Dann werde ich vielmehr sagen, dein Produkt war gut, denn durch dich wurde **mein** Produkt bekannt.

Betretenes Schweigen. Plötzlich greift Tochter mit beiden Händen voll in die Autogrammkarten und schmeißt sie in schwungvollen Schüben Nichtsnutz vor die Füße.

TOCHTER: Will in den Ruhm spazierenfahren! Will den Erfolg nachgeschmissen kriegen! Will, daß andere alles für ihn tun! Wisse, zum Erfolg gehört etwas! Mache dich zum Sklaven deines Erfolgs, dann hast du Erfolg! Du bist nicht mehr du und deine Zeit gehört dir nicht mehr! Das ist der Erfolg, du Affenschwanz!

Streicht die letzte Karte schwungvoll vom Tisch, sie Nichtsnutz vor die Füße befördernd.

Schreiend, bis zum Überschlag der Stimme Aufheben!

Nichtsnutz hebt ängstlich die Karten auf, bedacht, daß Tochter nicht zu nahe kommt. Erst sortiert er nach unterschriebenen und unbeschriebenen getrennt, dann legt er die Karten kunterbunt auf den Tisch, wie sie gerade drankommen.

Während er auf den Knien rutscht, tritt, schwarzer Rock, schwarze Bluse, schrillgefärbtes Haar, Putzfrau ein. Sie hängt unbekümmert die Kleider vom Anfang auf das kopflose Gestell und stellt die kaputten Schuhe davor.

PUTZFRAU: Welch herrlicher Anblick. Das hab ich mir immer gewünscht, in Festtagskleidern gemütlich zusehn, wie der da den Mist beseitigt!

Die Frauen schauen grinsend zu.

TOCHTER *gelöst*: Es geht doch mitunter gerecht zu auf der Welt.

PUTZFRAU: Aber wir wollen jetzt nicht hochmütig uns dem Zweifel überlassen, sondern uns bescheiden über unsere Erfolge freuen.

TOCHTER: Ja, wenn du nicht die ganzen Jahre geschuftet hättest, um mir das Studium zu ermöglichen, liebe Mamma!

Herzt sie ausgelassen. Die Frauen strahlen übers ganze Gesicht. Emil tritt auf, Plastiktaschen einmal mit einer Extraflasche Sekt und einmal mit dem sargförmigen Kästchen in Händen. Die zweite Tasche gibt er Nichtsnutz, aus der Flasche bedient er sich und die Frauen mit einem vollen Glas.

EMIL *zu Nichtsnutz*: Was wird aus Ihrer Erfindung jetzt?

NICHTSNUTZ: Etwas?

EMIL: Oder wie Sie es nennen.

NICHTSNUTZ: Ich habe nicht mehr viel Zeit, aber in der Zwischenzeit mache ich viel daran.

EMIL: Daß Sie wenig Zeit haben, ist uns allerdings bekannt.

Die drei Verschworenen lachen.

EMIL: War nicht bös gemeint … Reicht es Ihnen?

NICHTSNUTZ: Ich bin zufrieden.

EMIL: Hört, er ist zufrieden.

Lachen der Verschworenen.

EMIL: Ist es nicht recht weise und nützlich so, wie es jetzt gekommen ist für Sie? Ich meine natürlich beruflich vor allem.

NICHTSNUTZ: Ich werde gewiß nützliche Erfahrungen machen.

EMIL: Er macht nützliche Erfahrungen, hört!

Gelächter der Verschworenen.

NICHTSNUTZ: Dinge, die hinein müssen.

EMIL: Hinein in den Bauch.

NICHTSNUTZ: Hinein in Etwas.

EMIL: Aber werden Sie, neben Ihrem Beruf jetzt, denn jemals jetzt zu Potte kommen jetzt?

NICHTSNUTZ: Jemals: wann ist das? Wissen Sie, was ich mache, erfreut mich selber. Es gibt bequemere Arten, sich selber eine Freude zu bereiten, aber meine Art ist halt meine Art: die Freude der Zukunft. Die Freude hatte übrigens immer die Mühe im Gepäck.

EMIL: Und Ihre Freude ist so 'ne Gaudi?

Unmotiviertes Lachen der Verschworenen.

NICHTSNUTZ: Ich werde mein bißchen Kraft gern in die Freude stecken.

EMIL *zieht ein paarmal intensiv an einem Joint, den Tochter ihm zusteckt; bauernschlau*: Wollen Sie uns denn wirklich nicht, wir vier unter uns, zur Feier des Donnerstages..?

NICHTSNUTZ: Wissen Sie, wenn ich allein meine Gaudi hab – mir reicht's.

PUTZFRAU: Am Ende taugt's nicht viel.

TOCHTER: Am Ende ist's Nichts!

NICHTSNUTZ: Am Ende ist's wirklich Nichts. Beglückwünschen Sie sich dazu, daß Sie mich gezwungen haben, meine Kraft nicht länger Nichts zu widmen!

EMIL *blickt amüsiert zu den Frauen*: Das sollten wir ernsthaft überlegen. Beglückwünschen wir uns dazu, daß wir unsern Helden auf den rechten Weg gebracht haben!

TOCHTER *steckt sich einen neuen Joint an*: Mir hat er vorgeworfen, daß ich zu schnell produziere. Will's besser machen wie ich. Sein Ding soll mal hervorragen, sein Etwas, sein *schlüpfrig* Dings da. Das ist seine Hoffnung.

EMIL: Unter der stillen Oberfläche brodelt ein abgrundtiefer Ehrgeiz!

TOCHTER: So sieht es aus!

EMIL: Doch nur das Beste setzt sich durch, nur das Beste … Und darum habe ich dich vor einer Stunde zu meiner Teilhaberin ernannt.

Ausgelassener Beifall von Tochter und Putzfrau. Am Büfett bedienen sich einige der Vernissagegäste mit Essen, Sekt und Pulver.

PROFESSOR *augenzwinkernd*: Ich habe sein Buch gelesen!

KRITIKERIN *spielt mit, fröhlich*: Und?

PROFESSOR: Redlich erworben.

KRITIKERIN: Gewiß.

PROFESSOR: Für'n vollen Preis.

KRITIKERIN: Das will ich nicht wissen.

PROFESSOR: Ich möchte aber betonen …

KRITIKERIN: Wie du es findest.

PROFESSOR: Im Buchladen.
KRITIKERIN: Nicht wo. Wie!
PROFESSOR: Du mußt fragen, ob man's vorrätig hat.
KRITIKERIN: Wie du es findest, Schatz!
PROFESSOR: Du findest es bei mir gleich wenn du reinkommst um die Ecke links beim Altpapier.
KRITIKERIN: Wie dir sein Buch gefällt, nicht wo ich es finde!
NICHTSNUTZ *gibt Putzfrau die Schürze*: Was suchen Sie in meinem Zimmer?
PUTZFRAU: Kondolieren, daß ich nichts Wichtiges beim Altpapier vergessen hab.
NICHTSNUTZ: Aber ich muß jetzt allein sein!
PUTZFRAU: Die Seite schaffen Sie doch nie!

Hängt die Schürze ans Gestell und nimmt die Jacke herunter. Nichtsnutz tritt vor.

NICHTSNUTZ *beiseite; wie geistesabwesend*:

Ich lag im Wald, wo Holzfäller sägen.
Die sägten mich beinah entzwei.
So muß ich folgenden Zufallssatz prägen:
längere Bäume sind **erst** an der Reih.
Ich stand erschrocken auf und lief aus dem Wald.
Doch eh ich ankam dort wo ich wohne
traf mich zum Scherz
aus dem Hinterhalt
'ne Eisenpatrone
genau in mein Herz.
Rasch komm ich noch hin.
Da reißen mein Häuschen sie ab,
obwohl sie gefragt gar nicht haben.
Beschmeißen die Fenster mit Eingeweiden.
'ne Seitenwand stürzt auf mich herab.
Bleich lieg ich in Trümmern, Kalk überm Kinn.
Abends erstaunt es die rotzfrechen Knaben,
die mich mit ihren Krallen in Streifen zerschneiden,
daß ich hinunterzuschlingen bin.

Im Hintergrund passieren im Gänsemarsch weitere Personen von der Vernissage.

PIANIST *in der Ferne etwas der geschilderten Art mit Blicken verfolgend*:

Vom Haschischdunst verhangen diest das Licht,
das Schüssel, Opfergrill und Kordelsaum
mit seinem Fuselglanz vermulmt. Im Raum
Gestalten, nasenlos. Der Nebel bricht,

und bläulichkeitsgeschwängert strahlt das Meer.
Sie gehen soffen in die Knie. Am Ufer
quäkt ohne Mund im weißen Kleid der Rufer.
Sie grapschen an die Schädel, kräfteleer;

sie sehnen sich in jene Dämmerheit
zurück, der sie entmulmten. Unerträglich
das schattenlose Licht. Sie fliehn verhärmt.

Und setzen ihre Hoffnung in die Zeit,
ihr Ab, ihr Auf, und suchen fort, unsäglich,
und sind, vom Wechselspiel, erregt, erwärmt.

GALERIST *zieht ihn am Ärmel weg; übermütig*: Sinn des Lebens ist, die Antwort zu vertagen, bis deine Tage abgelaufen sind und sich die Frage nicht mehr stellt!

FABRIKANT:
Harze, beschnitten, weinte die Eiche –
begegnende Züge einte die Weiche! Haha!

Professor und Kritikerin stoßen mit den gleicherweise verhakt hintereinander hergehenden Galerist, Fabrikant, Pianist und Alte zusammen und purzeln lachend übereinander.

NICHTSNUTZ *zu Putzfrau*: Sie haben recht, das schaffe ich nicht. Helfen Sie mir?

PUTZFRAU *freudig*: Ja gern!

Sie zieht schmunzelnd das Portemonnaie aus der Tasche, händigt es ihm aus und hilft ihm in die Jacke. Sie verstaut Schuhe und alte Hose in der leeren Plastiktasche, während Emil den Schlapphut aufhebt und ihn Nichtsnutz auf den Kopf drückt. Nichtsnutz klemmt den Porträtkopf unter den Arm. Die beiden Plastiktaschen in den Händen, wendet er sich zum Ausgang.

PUTZFRAU: Und die leeren Blätter?

Nichtsnutz geht, ohne sich umzudrehen, ab.

PUTZFRAU: Und Etwas?!

Keine Antwort. Sie wendet sich dem Paar im Vordergrund zu: Emil und Tochter, einander küssend.

ALTE *ausgelassen*:
Große erfreute oft labende Ehre,
doch kannten sie auch der Abende Leere!
Sie spielen ja so schön!

Die Gesellschaft im Hintergrund vereinigt sich zu einer einzigen Gänsemarschgruppe und verschwindet.

Das Bild, das Spiel, die Stimme

Eine Trilogie

MATHILDE, *Anfang 60* (I)
GERALD, *Mitte 20* (I)
SANNI, *in die 40* (II)
RESI, *in die 40* (II)
ERWIN, *in die 40* (II)
BERT, *in die 40* (II)
HANNA TOBIAS, *in die 40* (III)
KARL-HEINZ TOBIAS, *Anfang 50* (III)
KLAUS BREITBACH, *Ende 20* (III)
JENS SCHRÖDER, *Ende 30* (III)
WEIBLICHE STIMME IM RADIO (III)

Die Dramolette können auch von sechs Darstellern / Darstellerinnen ausgeführt werden:

MATHILDE
GERALD / KLAUS BREITBACH
SANNI / HANNA TOBIAS *oder:* SANNI / STIMME
RESI / STIMME *oder:* RESI / HANNA TOBIAS
ERWIN / KARL-HEINZ TOBIAS
BERT / JENS SCHRÖDER

I. Mathildes Zweisamkeit

MATHILDE
GERALD
Mathildes Wohnzimmer.

Mathilde, in einer zum Reinemachen geeigneten Kleidung, nimmt aus einem Vorrat gekühlter kleiner Sektflaschen eine heraus und öffnet sie. Sie holt ein Glas, gießt sich ein, trinkt. Sie geht zum Schrank, in dessen Nische eine Fotografie steht.

MATHILDE: Alles soll sich um dich drehn, was? Meine Freuden und Leiden. Lächeln, lächeln, lächeln. Seit zwanzig Jahren. Ach wenn du lächeltest! Und, was sagst du? Eine Unanständigkeit, dergleichen Brief offen da liegen zu lassen? Wo er doch genau weiß, daß ich bei ihm heute saubermache? Daß es ein halber Blick ist in du weißt schon welche Sphäre und ein halber Blick verpflichtet zum ganzen? Gott wieviel wird auf diese Weise gezettelt, und als die Vermieterin, was soll ich mich aufregen, wenn er mich erwischt, wenn ich lese, und entrüstet tun? Geschieht's denn vor deinem Bild? Wie viele Frauen interessieren sich nicht nur für junge Untermieter, wie viele treiben's mit ihnen, unter derselben Decke, auf der die Buchstaben ihres Mannes eingestickt sind, der nur abwesend ist, doch du, du bist ja gar nicht mehr da, du kommst ja gar nicht zurück!

Du traust es deiner Witwe nicht zu, was, lächelndes Papier?

Sie bemerkt nahe dem Bild die Verlängerungsschnur und schließt ihren Videorekorder an. Sie setzt sich in einen Sessel.

Hinter dem Rücken deines eigenen Bildes lächelst du, wenn ich an dein Vorhandensein glaube.

Ich wurde sehr langsam älter. Ich starb nicht ganz ab. Ich habe Gelüste. Geh du! hast du gemacht, geh du! werde alt und unglücklich du! Dann hast du mich wirklich allein gelassen. Nicht mal ein Kind. *Geht wieder zu dem Bild.* Obwohl du nichts dazu konntest: ich war lang genug deine Witwe, du hast lange genug mein Leben beengt!

Behaucht das Schutzglas des Bildes, reibt es blank.

Sag, daß ich hingehn soll und meine Neugier stillen und daß ich ein natürliches Privileg darauf habe als die Vermieterin und daß ich niemand was wegnehme, wenn ich lese und ihn ein bißchen ausquetsche und mich um ihn kümmer.

Legt das Foto aufs Gesicht.

Die Traute hast du nicht. Dann sage wenigstens, was drinsteht, ihr drüben seht doch alles, hört doch alles, wißt alles!

Sie trinkt einen Schluck. Hebt das Foto kurz, wie um sich zu vergewissern, auf.

Du glichst kaum mehr dem, der du auf dem Bild bist. Du hattest ein schweres Schicksal, widersprich nicht, es war schändlich, wie ich zuweilen, im stillen, fluchte und dich stundenlang liegen ließ und wegging und manchmal zu einem anderen Mann. Du warst ja so arglos, so gnädig. Glaub mir, es tat in der Seele weh.

Stellt ihr Trinkglas hin. Augenzwinkernd

Du warst nicht der einzige im Leben deiner Frau. Nicht damals – und nicht heute.

Die Korridortür wird von außen aufgeschlossen, man hört sie gegen die vorgeschobene Kette schlagen.

Ruft Ich öffne! *Geht öffnen. Außerhalb* Entschuldigung. Ich bin nicht fertig geworden. Ein Fettflecken vor der Tür, hier, treten Sie nicht hinein! Ich habe versucht, ihn mit Teppichschaum zu lösen, vergeblich.

Erscheint mit Gerald im einsehbaren Teil der Diele. Geralds Äußeres ist ohne Besonderheit einnehmend.

Weist zum Wohnzimmer Nehmen Sie einen Augenblick dort vorlieb!

Er bleibt verwundert vor der Tür stehen.

Außerhalb Sie müssen entschuldigen, ich bin im Verzug. Ich habe den Schrank in Ihrem Zimmer noch nicht abgestaubt.

Kommt, mit Staubwischen fertig, zurück Aber es trifft sich gut. Ich wollte Sie ohnehin mal herüberbitten. Kommen Sie auf ein Fläschchen Sekt heut abend!

GERALD: Sie überfallen mich!

MATHILDE: Ein Stündchen.

GERALD: Ich bin sehr beschäftigt.

MATHILDE: Ein halbes.

GERALD: Sie haben einen Videorekorder?

MATHILDE: Leider nur einen gebrauchten, aber er läuft. Also Sie kommen.

Er geht in sein Zimmer. Sie zieht die Schürze aus und schafft das Putzzeug beiseite. Sie stellt die Fotografie wieder auf und schenkt sich den Rest Sekt ins Glas. Ins Auge fällt ihre gepflegte Erscheinung.

– I, 2 –

Stunden später. Mittlere Beleuchtung. Auf dem Tisch zwei Gläser Sekt. Mathilde sitzt mit Blickrichtung auf den tonlos gestellten Fernseher. Ein kleiner Stapel Videokassetten an einer günstigen Stelle. Die Tür ist offen. Die Beleuchtung geht im Hintergrund aus und Gerald tritt ein. Er trägt auf der Hose ein T-Shirt, das je nach Bewegung einen Streifen Bauch und Rücken freiläßt. Er bringt eine weitere Kassette.

GERALD: Ich dachte, die mögen Sie nicht. *Er legt die Kassette gesondert hin und setzt sich.*

MATHILDE: Vor vierzehn Tagen haben Sie Ihre Verlobung gelöst?

GERALD: Ich sehe, Sie haben den Brief gelesen.

MATHILDE: Sie brauchen keine Angst haben: ich berühre nichts, das offen auf dem Tisch liegt, wenn ich bei Ihnen saubermache!

GERALD: Woher wissen Sie, daß der Brief offen da lag?

MATHILDE: Ich bitt Sie, er war nicht zu übersehen.

GERALD: Begreifen Sie das? Nach einer Zeit, plötzlich, die Gefühle waren weg. Weg, weg.

MATHILDE: Sie ist ein hübsches Mädel.

GERALD: Hübsch. Gesicht, Figur und so weiter ja. Aber ihr berufliches Gejammre, ihre dauernden Krisen? Nein, das war nichts für mich.

MATHILDE: Sie ist bestimmt ein nettes Mädel.

GERALD: Immer wollte sie führen – weil sie gut verdiente und ich nicht.

MATHILDE: Das findet man oft.

GERALD: Sagte ich einmal, ich könnte ein Jahr im Ausland machen, ließ sie die Augendeckel fallen und war tagelang nicht zu gebrauchen. Kind, es steht doch noch nicht fest! sagte ich. Du weißt mehr, als du sagst! sagte sie.

MATHILDE: Und hatte sie recht? Wollen Sie sich um ein Auslandsstipendium bemühen? Steht da was in Aussicht?

GERALD: Wer weiß, was ich tue.

Sie schenkt in sein Glas nach.

MATHILDE: Auf Ihr Wohl!

GERALD: Zum Wohle!

Sie trinken.

MATHILDE: Ich sitze oft hier, beobachte, wie es wirkt, sich ausbreitet, in die Adern, in den Kopf steigt, belebt, den Menschen verändert. Es ist fast immer dasselbe und doch interessiert es mich jedesmal.

GERALD: Wenn ich trinke, kommen mir meine Ideale leise zu Bewußtsein.

MATHILDE: Leise sollte man immer sein. Leise und zärtlich.

GERALD: Eine hübsche Wohnung ist so ein Traum. Ich weiß, welche Sprünge man machen kann und welche nicht. Sehn Sie, wenn ich in meiner Lektüre nicht weiterweiß, richt ich mir in Gedanken eine hübsche niedliche Dreizimmerwohnung ein.

MATHILDE: Das sind bescheidene Erwartungen. Sie gehen bestimmt nicht unter im Leben.

GERALD: Unterschätzen Sie meine Erwartungen nicht! Ein bißchen Luxus muß sein, auch eine nette Gegend.

MATHILDE: Ich **liebe** Ihre Bescheidenheit! Ich hatte einmal jemand, mit dem ich solche Dinge gemeinsam träumte: mein lieber Günter. Es wurde aus allem nichts. Wir wollten im Alter aufs Land. Doch wir waren beide so sehr in der Stadt verwurzelt, wir hätten es nicht vermocht. Hier lebte und litt ich mit meinem Mann. Ich wohnte in meinen anderen Beziehungen hier. Glauben Sie, ich hätte weg gekonnt? Es ist unsagbar, was dieser Mann mir bedeutete. *Sie wischt sich eine Träne.*

Sie haben nun wirklich das Rechte gefunden, um meinen neugebrauchten Videorekorder einzuweihen. *Sie zeigt auf das Gerät. Er legt die Kassette ein und nimmt wieder Platz.*

GERALD: Sie waren ein Mal verheiratet?

Sie nickt und lächelt freundlich.

Haben immer in derselben Stadt gelebt?

MATHILDE: Immer.

GERALD: Ihnen gefällt's hier?

MATHILDE: Ja. Aber Sie sind weniger gut auf die Stadt zu sprechen.

GERALD: Nicht besonders.

MATHILDE: Ärger mit Mädchen.

GERALD: Es geht.

MATHILDE: Studieren müssen Sie wider Willen hier.

GERALD: Wenn man sonst keinen Platz kriegt? Meine geringe Motivation, das Klima, die Atmosphäre, alles macht so träge.

MATHILDE: Im Palastgarten unter den Holunderbüschen ist Ihre Mutter, kaum aus der Pubertät, geschwängert worden.

GERALD: Sie haben ja doch den Brief gelesen, den ich meiner Exverlobten schicken wollte.

MATHILDE *lacht*: Diesen Satz. Er stach so raus.

GERALD *in die Unaufmerksamkeit ihres Lachens hineinsprechend*: Das kann ja heiter werden: wer lügt von uns am besten! *Ihr unmittelbar zugewandt* Einmal ließ meine Mutter mich eine Nacht lang durchschreien. Ich zog mir einen Nabelbruch zu. *Sie sieht ihm auf die betreffende Stelle.* Nicht, er ist gut verheilt?

Er nimmt sein Glas, sie trinkt ebenfalls. Sie sehen sich an.

MATHILDE: Wenn ein Mensch von sich zu berichten versteht!

GERALD: Sie meinen mich?

MATHILDE: Sie wissen nicht, was Sie alles verstehn! *Sie betrachtet ihn mit Bestimmtheit und Wohlgefallen, er weicht ihr kaum aus.*

Wie Sie leben und jung sind und wohlgestalt!

Sie setzt ihr Glas ab, er behält seines in der Hand und nimmt eine im übrigen mehr überschauend abwägende als verlegene Haltung ein.

Hätte ich aufhören sollen nach ihm? Darf ein Mensch, ein verlassener Mensch nicht weitersuchen?

Ich hatte die Vierzig wenig überschritten, als ich ihn verlor. Eine Brücke stürzte unter mir ein. Bekannte, Beschäftigung, Gespräch – nichts, nichts wog es gegen ihn. Er konnte damals noch nicht studieren. Er stammte aus einer kinderreichen Familie. Als er nachher die Büroarbeit bekam, hatte er schon nicht mehr lange. Er war ein Frühinvalide. Es war hart. Noch heute sprech ich mit ihm. Ich sitze hier, wie jetzt, der Fernseher läuft …

GERALD: Ein scharfes Video.

MATHILDE: Er ist dann so schweigsam in seiner Nische. Ich könnte laut schreien … Aber es würde den Untermieter stören, die Leute stören. Bin ich so alt? Bin ich alt genug für ein solches Leben? Ich werde 63.

GERALD: Man sieht Ihnen das Alter nicht an.

MATHILDE: Wenige Tage vor seinem Hinscheiden sagte er noch: Thilde, möchtest mir … Lust machen? *Sie beschreibt eine mehr kreisende Bewegung mit der flachen Hand.*

Ja das sind die Dinge. Wie lebhaft und jung alles, blühend jung, sterbend jung! Fünf noch so schöne Erinnerungsjahre – einmal ist der Vorrat erschöpft.

Sie sieht ihn an. Er schluckt. Dann steht er auf und macht ohne Hast die Lampen aus. Den Fernseher stellt er dunkler, doch bleibt von daher eine minimale Raumbeleuchtung erhalten.

GERALD: Wußten Sie, daß man bei Nacht leicht über seinen Schatten springt?

Er nimmt neben ihr auf der Couch Platz. Sie halten sich eng umschlungen. Sie streichelt seinen Oberkörper, wozu sein Shirt ohne weiteres Gelegenheit gibt.

MATHILDE: Sie fühlen sich oft nicht gut.

GERALD: Die Abspannung, wenn ich stundenlang las.

MATHILDE: Es ist die Stadt.

GERALD: An Sonntagen ist es ganz unerträglich.

MATHILDE: Dann überlegen Sie, wen Sie besuchen können. Aber Sie haben niemand mehr, seit Sie Ihre Verlobung gekündigt haben.

Er macht eine sträubende Bewegung, gibt aber sofort wieder nach. Sie streicht ihm durchs Haar und zieht seinen Kopf an ihr Gesicht. Er liegt auf ihr. Es entsteht eine Bewegung …

Wenn ich Ihnen die Post brachte, was meine Gewohnheit nicht ist, wenn ich's aber trotzdem tat, weil ein Besuch bei Ihnen übernachtet hatte. Oder wenn ich den Papierkorb leeren kam und Ihre Verlobte bei Ihnen fand, die frische Wäsche brachte. Oder wenn ich Ihren Namen durchs Haus rief, weil jemand nach Ihnen gefragt hatte – es war so erniedrigend!

GERALD: Man konnte sich nie etwas sagen.

MATHILDE: Wenn ich Ihnen mit meiner Nebenbeschäftigung kam oder mit meinem neuen Volkswagen Golf oder wenn ich wissen wollte, was Sie denn eigentlich lernen: immer kam etwas dazwischen, immer war jemand da, der uns störte. Einmal haben Sie nach Wittlich wollen.

GERALD: Wo Sie drängten, mich hinzubringen?

MATHILDE: Sie mochten nicht.

GERALD: Zuviel Entgegenkommen.

MATHILDE: Sie mochten **mich** nicht!

Pause. Sie lauschen ...

GERALD: Was hörst du?

MATHILDE: Gespräche von der Straße herauf.

GERALD: Einen Wellensittich im Nachbarhaus.

MATHILDE: Papagei, Papagei!

GERALD *schaut in den Fernseher*: Schnelle Zeit heute, wie?

MATHILDE: Paradiesisch.

GERALD: Wir haben zuviel getrunken.

MATHILDE: Nicht doch! *Sie schmiegt ihren Kopf an seine Schulter, er legt seinen an ihren. Er knöpft ihr ein Stück der Bluse auf. Bevor er sie ihr ausziehen könnte, streift sie ihm das Shirt über den Kopf. Ihre Bewegungen werden heftiger. Gerald schaltet den Fernseher aus. Es ist vollständig dunkel.*

– I, 3 –

Gerald, im Sessel, spricht mit Mathilde, die außerhalb Geschirr spült.

GERALD: Eine Nachbarin nahm sich meiner an: Tante Lehnert. Von ihr wurde ich immer mit einkaufen genommen. Ich langweilte mich in der Bahn und erst recht bei den Freundinnen, mit denen sie ins Café ging. Manchmal gab sie mich zu einem Ehepaar in die Saarbrückerstraße, das hatte keine Kinder und war unfähig, sich mit Kindern zu beschäftigen. Meine Mutter war viel zu jung. Manchmal wenn ich heute einer jungen Frau begegne und erkenne, daß sie mit mir schlafen will, stell ich mir vor, es ist eine junge Mutter, und kann's nicht. Vielleicht ist das der tiefere Grund für mein Scheitern mit Ruth.

MATHILDE *außerhalb*: Noch Kaffee?

GERALD: Gern. Das sogenannte Normale, was ist das? Wie Sie an meinem Beispiel sehen, gilt es nur begrenzt. Es kommt immer auf die Vorstellungen an, die einer beim Sex hat. Die können ganz lächerlich sein, aber auch viel großartiger als das, was man wirklich erlebt. Ich weiß nicht, wie ergeht es Ihnen beim Sex?

Mathilde gießt ihm frischen Kaffee zu und legt Geralds Kuchengabel und Serviette auf den gebrauchten Dessertteller.
Jedenfalls, ich wuchs umgeben von Tanten und einer unreifen Mutter auf.

MATHILDE *setzt sich; strahlt*: Heute weht ein anderer Wind, fühlen Sie's, ein ganz frischer Wind!

GERALD: Die Türen stehn auf.

MATHILDE: Nicht doch!

GERALD: Aber das ist der Grund.

MATHILDE: **Warum** stehn sie auf! **Das** ist der Grund!

GERALD: Nun, was halten Sie von meiner Begründung?

MATHILDE: Wovon?

GERALD: Von meiner Begründung für mein Scheitern mit Ruth.

MATHILDE: Unter Freunden, ich finde Ihre Begründung komisch.

GERALD: Sie jagte mich mit ihrem Geschmack. Sie hat die mieseste Wohnung von der Welt. Couch oder Sessel fehlen. Trotzdem bildete sie sich neulich ein, ich würde bei ihr einziehn.

MATHILDE: Sie haben mir nichts davon gesagt.

GERALD: Wozu? Es wäre voreilig gewesen.

MATHILDE: Das ist wahr, man sollte von den Dingen nie reden, bevor sie auch eingetroffen sind.

GERALD: Sagen wir du zueinander! *Er räkelt und lehnt sich zurück.* Du entschuldigst, der Kaffee treibt. *Er geht hinaus.*

MATHILDE *allein*: Wie er sich ziert! Diese Sprache! Aber du warst in Sprachen nie besonders bewandert, Günter. Er wird warm, er mag Ältere, er hat an Jüngeren nichts! *Sie öffnet eine von ihren kleinen Sektflaschen und gießt in zwei Gläser ein.*

GERALD *mit gewaschenen Händen zurück*: Du strahlst.

MATHILDE: Ich dachte, ich hätte mehr Appetit, wenn ich meine Mahlzeiten nicht mehr so alleine einnehmen müßte.

GERALD: Ja zieht denn jemand ein?

MATHILDE: **Du** sollst bei mir einziehn, Gerald.

GERALD: Kenne ich deinen Geschmack?

MATHILDE: Der Kuchen vorhin war selbstgebacken.

GERALD: Aber das ginge doch zu glatt, Mathilde.

MATHILDE: Ich lad dich zum Abendbrot ein.

GERALD: Ich werde nicht gern gedrängt.

MATHILDE: Ich bewirtete viele Menschen in meinem Leben.

GERALD: Sei nicht empfindlich! Ich will nicht und ich kann nicht. Ich brauche meine Freiheit.
Er steht vor ihr, sie streichelt sein Shirt und drückt den Kopf an seine Hüfte.

MATHILDE: Du willst fort, ich spüre es.

GERALD: Und wo soll ich hin?
MATHILDE: Ins Ausland.
GERALD: Wie kommst du darauf?
MATHILDE: Du schaffst manchmal Sachen weg.
GERALD *lacht und herzt sie*: Wo ich's so heimelig bei dir find? Auf die Uni muß ich. In zehn Minuten. Du kannst mich bis dahin aber gerne noch ein bißchen tätscheln.
MATHILDE: O ja!
Er animiert sie, mit den Hüften wippend, herzhafter zu werden.
Wie glücklich ich bin, daß ich dich gefunden habe. Ich dich! Ich, keine andre! Dich! Zum Wiederjungwerden ist das!
GERALD: Hm?
MATHILDE *weist zum Foto*: Was Günter dazu sagt?
GERALD: Was soll er dazu sagen.
MATHILDE: Es berührt ihn nicht.
GERALD *löst sich sachte*: Bestimmt nicht. Wie willst du das auch feststellen.
MATHILDE: Es **hat** ihn immer berührt.
GERALD: Aber es ist doch nichts.
MATHILDE *preßt ihn noch einmal fest an sich*: Schade, daß du auf die Uni mußt!
Gerald verabschiedet sich mit einem zärtlichen Kuß.

– I, 4 –

Gerald kommt mit einem Kuvert und einer schwarz umrandeteten Karte.
GERALD *gibt Mathilde die Karte*: Tante Lehnert ist gestorben. Würdest du so nett sein und mich morgen zur Beerdigung fahren?
MATHILDE: Selbstverständlich. Du weißt doch, daß du über mich verfügen kannst.
GERALD: Das würde ich gerne schriftlich sehn.
MATHILDE: Hab ich die letzten Mieten von dir verlangt?
GERALD *nimmt Platz*: Nein. Aber was nicht schriftlich existiert, existiert nicht.
Gibt Mathilde das Kuvert Tante Lehnert hat mich zu ihrem Erben bestimmt.
Sie nimmt den Brief heraus, setzt sich und liest.
Ist das nicht eine angenehme Überraschung!
MATHILDE: Davon kann man eine Weltreise machen.
GERALD: Mehrere. Aber das ist nicht alles. *Klopft ihr kräftig auf die Schultern* Das Haus gehört mir auch! Das müssen wir feiern!

Mathilde schweigt.

MATHILDE: Immerhin ist ein Mensch gestorben.

GERALD *setzt sich ihr auf den Schoß und küßt sie*: Ich stehe pünktlich vor der Garage. Morgen um halb zehn.

– I, 5 –

Die Korridortür wird von außen geöffnet. Gerald, in seiner üblichen Kleidung, und Mathilde, dunkel gekleidet, treten ein. Mathilde legt Autopapiere und -schlüssel ab.

GERALD: Nichts zu trinken?

MATHILDE: Du hast doch erst getrunken.

GERALD: Vor einer Stunde.

MATHILDE *setzt sich, legt die Stirn in die Hände*: Da scharren sie dich ein und gehen dann ausgiebig aus. Ist ein Gasthof der Ort, um Trauer auszudrücken? Müssen die Menschen auch noch mit dem Tod Geschäfte machen?

GERALD: Heutzutage ist alles ein Geschäft, Mathilde.

MATHILDE: Und dann liegst du da unten, kalt und allein, und keiner hört dich. *Bricht heraus* Du hättest dich weniger lustig aufspielen können!

GERALD: Ich habe sie gehaßt. Ich gönn's ihr.

MATHILDE: Warum brachtest du sie nicht um!

GERALD: Ich war noch ein Kind, ich hatte keine Macht.

MATHILDE: Aber später, später hattest du Macht!

GERALD: Später war ich vernünftig, später wußte ich: Gerald, warte, dann regelt sich alles von selbst. Tante Lehnert hatte ein Wort dafür: biologische Lösung.

MATHILDE: Halt mich lieb!

Er setzt sich neben sie, schlägt ihr den Arm um die Schultern und streichelt sie mit der freien Hand.

GERALD: Aber mehr kannst du nach diesem traurigen Tag nicht von mir erwarten.

MATHILDE: Also doch traurig?

GERALD: Aber klar. Ich mag's nur nicht zeigen. Ich habe Tante Lehnert liebgehabt.

– I, 6 –

Spät in der Nacht. Mehrere kleine Sektflaschen stehen leer im Raum. Mathilde schaut aus glasigen Augen in ein Loch.

Hinter der Szene gibt es Bewegung: die Korridortür geht auf, dann diejenige zum untervermieteten Zimmer. Dazwischen wird leise gegangen.

Eine Weile verstreicht still ... Es pocht, Gerald tritt ein.

MATHILDE: Das Essen, wenn du noch magst, steht in der Küche!
GERALD: Ich blieb bei Freunden in der Stadt hängen.
MATHILDE: Mich interessiert, wo du hängenbleibst!
GERALD: Kannst du mir deinen Flaschenöffner borgen?
MATHILDE: Es liefe ja auch wider die Natur!
GERALD: Worauf beziehst du das?
MATHILDE: Warum gehst du nicht, wenn dich nichts hält!
GERALD *nimmt ihr gegenüber, sich auf den Rand setzend, Platz*: Du denkst nicht so übel, wie du sprichst. Du wirst über deine Anwandlung lachen.
MATHILDE: Seit der Beerdigung von deiner Tante haben wir nichts mehr miteinander gehabt!
GERALD: Ich bin jetzt im Examen. Ich kann niemand brauchen, der mich ablenkt. Bitte: sei eine gute Mutter!
MATHILDE: Ich lenk dich nicht ab!
GERALD: Und deine muffige Art?
MATHILDE: Ich bediene dich hinten und vorn!
GERALD: Aufdringlich. *Steht auf.* Ich habe von deinen Sauereien mit dem da die Nase voll *weist zum Foto*. Was geht mich dein Mann an.
MATHILDE: Und die anderen Sauerein?!
GERALD: Von uns?

Mathilde schluchzt auf, Gerald setzt sich und betrachtet sie still.

Unser Verhältnis hat einen Schönheitsfehler, Thilde: ich vertrag's nicht, wenn eine mir mißtraut. Abgesehen davon, was soll's, du kannst mich nicht erpressen, der alte Mietvertrag ist annulliert, wir leben in einer faktischen Wohn- und Gütergemeinschaft. Du hast es so gewollt. Ich habe dich nicht darum gebeten. *Trommelt mit den Fingern auf dem Tisch.*

Ich kann mir aber auch anderswo eine Wohnung suchen.

MATHILDE *herausfahrend*: Dann tu's doch, geh doch!
GERALD: Ach was. Du wirst zur Besinnung kommen und über deine Anwandlung lachen *beugt sich zu ihr*, und morgen sieht alles ganz anders aus. Ich verrat dir einen Tag, da werden wir richtig schön feiern.
MATHILDE: Streu mir Sand in die Augen!
GERALD: Mach sie nur zu und die Lippen – Küßchen – auf und mal dir was Hübsches aus! *Flüstert ihr etwas ins Ohr.*
MATHILDE: Nie, nie!
GERALD: Sag das nicht.
MATHILDE: Doch!
GERALD: Laß mich Examen machen. Dann reisen wir zusammen mit dem Geld von Tante Lehnert um die Welt.

MATHILDE: Lüge, Lüge, Lüge!

GERALD: Traust du mir nicht zu, was? Ich halte, was ich versprech, und ich versprech dir, daß du über mich sehr glücklich sein wirst. Glaubst mir nicht? Wirst schon sehen. Heute leb ich noch für die Arbeit, aber dann, nach dem Examen, dann! *Steht auf* Aber bis dahin: Ausnahmesituation.

MATHILDE *blickt finster auf*: Was möchtest du morgen essen?

GERALD: Was Gutes. So wie immer. *Er küßt sie auf die Wange, führt seine Hand in die Nähe des Flaschenöffners und hebt ihn mit einer charmant ruckartigen Bewegung vom Tisch.*

MATHILDE: Wer ist bei dir?

GERALD: Ein Kommilitone und Stipendiat. Er trinkt noch ein Bier.

MATHILDE: Nicht Ruth?

Er lacht auf und verabschiedet sich mit einem knappen Kuß. Sie sieht ohne Ausdruck vor sich hin und hört, wie er die Türen hinter sich zumacht. Das Getrappel draußen geht noch einige Augenblicke weiter.

– I, 7 –

Mathilde kommt vom Einkaufen, stellt die vollgepackte Tasche ab und verschnauft. Ihr Blick haftet bei der Schranknische: ein handgeschriebener Zettel verdeckt das Foto. Ein Päckchen, wie ein Geschenk, liegt daneben. Sie geht unschlüssig hin.

Sie entfernt die dicke Lage Papier und eine kleine gefalzte Pappe darin. Sie entnimmt einen Schlüsselbund mit drei Schlüsseln und einen zweiten Zettel.

Sie liest zweimal, dreht daraufhin das erste Blatt um und liest mehrmals, zuletzt laut und stotternd:

Verehrte Freundin, richte nichts extra, ich werde zum Essen nicht kommen. Es wird schwer sein, meine neue Adresse zu erfahren. Behalte mich in angenehmer Erinnerung. Gerald.

Sie sinkt in ihren Sessel. Plötzlich fährt sie auf und geht eilig in der Diele nachschauen.

MATHILDE: Spaßvogel schlimmer du! *Sie ruckelt laut an der Türklinke seines Zimmers und stößt sich den Kopf. Jetzt weiß sie, daß Gerald nicht mehr da ist. Sie kommt zurück. Sie zieht die Schuhe aus und konzentriert sich. Sie geht zum Schrank und schnalzt mit dem Finger gegen den Rahmen des Fotos.*

Sie bedeckt das Gesicht und steht schweigend da. Plötzlich fängt sie zu lachen an.

Günter, du hast mich wieder!

Mathilde liegt, bleich, mit geschlossenen Augen, einen feuchten Lappen auf der Stirn, auf der Couch. Gerald sitzt bei ihr.

GERALD: Daß auch so was passieren muß! Soll ich einen Arzt holen? Ist's noch nicht besser? Tja, man sollte alte Leute eben nicht überraschen.

Du machst Töne, die mir gar nicht gefallen. Ist das die vornehme Art, Besucher zu empfangen? Sagst nicht guten Tag, nein, bevor du guten Tag sagen könntest, schwups, liegst du auf dem Boden und bist stumm.

Fährst du noch Auto? Aber bei so gebrechlicher Gesundheit? Weißt du noch, wie du mich einmal chauffieren wolltest und ich nicht mochte und wie's dann doch noch klappte bei der Beerdigung von Tante Lehnert? Heute kam ich wieder und dachte, bevor ich sah, wie es wirklich steht, du könntest mich ja, zum Zeichen, daß alles wieder beim alten …

Mathilde bäumt sich in neuen Anfallsschüben auf.

Sie haltend Ruhig, ruhig … Vergiß nicht, ich hab mich gemeldet. Ich war noch kein Jahr unten, als ich dir zum Neujahr alles Gute schrieb. Zuerst als ich dann hörte, ich bekomme eine Stelle in dieser Stadt – stell dir vor, wieder hier! – da dacht ich: Soll ich ihr aus dem Weg gehn, oder soll ich sie aufsuchen? Ich überlegte hin und her und dann, wie angenehm es letzten Endes hier immer war, da hatte ich plötzlich das Verlangen, und nun, wie du siehst, wenn es dir recht … *Mathilde zuckt.*

Ich hab Erfreuliches von meinem Australienaufenthalt zu berichten! Diese Jahre gaben meinem Leben eine entscheidende Wende. Ich wohnte bei jener älteren Dame, von der ich schrieb. Ich hatte sie während eines Philippinenabstechers in Manila kennengelernt. Die Sonderform des australischen Englischen zu studieren, interessierte mich außerordentlich.

Mathilde sucht fieberhaft seine Hand. Er faßt ihre und hält sie.

Ich berichte dir von den Philippinen, wie wir 150 Kilometer über Straßen mußten, die nicht asphaltiert waren und solche Schlaglöcher hatten *zeigt es*, bis wir einen Arzt fanden. Die Miete im Haus jener erwähnten Dame war spottniedrig und das bei dem Lebensstandard.

Mathilde atmet unruhig und beschwert und drückt seine Hand fester.

Ich wohn jetzt im ehemaligen Haus von Tante Lehnert. Meine Wohnung ist großzügig ausgestattet. Breite Fensterseite, Ausblick auf die lichterbesternte Stadt. Das ist das Wohnzimmer. Die Bibliothek in dem zweiten Raum unmittelbar neben dem ausreichend tiefen Schreibtisch aus Ebenholz. Die attraktivsten

Erinnerungsstücke meiner Reisen und Aufenthalte. Küche, Schlafzimmer mit einem französischen Bett, Bad und ein Gästezimmer. Ein paar echte Antiquitäten. Ich war nicht gerade verschwenderisch, trotzdem, der Umbau hat gekostet, das hängt einem an, so ein Kredit.

Sie preßt in einem Krampf verklammernd die Hand zusammen. Er streichelt sie mechanisch. Während er weiterspricht, hört der Händedruck plötzlich auf.

Versteh mich recht, ich kann mir jetzt kein Auto leisten. Mit dem Zug verliere ich Zeit und ich möchte nicht jeden Tag hin und her. Ich werde nur ein halbes Jahr hier sein, dann bekomme ich eine feste Stelle in Wittlich. Solange würde ich mir gern ein Zimmer hier nehmen, das ein wenig mithalten kann, vielleicht eine Wohnung, die ich mit jemand teile, die jemand mit mir …

Er läßt ihre Hand unwillkürlich los, sie fällt ohne Kraft herunter. An Mathilde rührt sich nichts, ihre Augen starren.

Mathilde?! Wir werden uns in ein Krankenhaus begeben und dann überlegen … Thilde! Bis ich anfange, sind noch acht Tage … zunächst … einen Arzt … Mathilde! … dein Hausarzt! *Er fühlt ihr hastig und immer nervöser werdend den Puls, er fühlt ihn nicht schlagen.*

Verdammt! Was hatten wir miteinander zu schaffen!

Was man mit einer alten Frau zu schaffen hat, die Lehrerin, Verkäuferin, Reinemacherin, sonstwas gewesen ist. Wir waren nicht miteinander verheiratet.

Er schlägt ihr Adreßheft auf, das vor dem auf dem Tisch stehenden Telefonapparat liegt. Er hält eine Seite aufgeschlagen und wählt eine fünfstellige Zahl: Besetztzeichen. Er legt auf. Er blättert und reißt eine andere Seite heraus. Er zerknüllt sie und steckt sie in die Hosentasche.

Hier also verbrachte ich ein paar Wochen. Der Videorekorder, der Fernseher, die Sessel, die Couch, alles beim alten. Auch der blieb in seinem Recht *stupst das Foto an.* Ich hatte eine kleine Schwäche für die Wohnung. Wie für eine Ferienwohnung, in der man zwei, drei Wochen bleibt, notfalls auch regelmäßig, eine Dienst- oder Zweitwohnung.

570 Schulden, soweit ich mich recht entsinne. Ich zahle, selbstverständlich, zahle mit Zinsen und Zinseszinsen. Ich bin nicht so. Als Zulage für deine Beerdigung. In einem Gebinde für das Grab. Als Spende für einen wohltätigen Zweck.

Er sieht sich noch einmal kurz um. Er kontrolliert seine Taschen und geht. Man hört die Korridortür leise schließen. Mathilde liegt im Tageslicht.

II. Eine Hütte zu vieren

SANNI
RESI
ERWIN
BERT

Ein Wohnzimmer.

– II, 1 –

Erwin ist mit der Zeitung beschäftigt, die er ordentlich auf dem Tisch ausgebreitet hat. Sanni kommt aus der Küche.

SANNI: Hast du gehört, gerade kam's im Radio, das Fußballspiel wird übertragen.

ERWIN *schlägt gespannt die Zeitung zu*: Wann?

Es läutet.

SANNI: Das ist Bert.

Geht öffnen. Bert tritt auf.

Hast du gehört, um neun wird das Fußballspiel übertragen.

BERT: Nein, ich habe es nicht gehört.

SANNI: Gerade kam's im Radio.

ERWIN: Trinkst du ein Schnäpschen mit?

BERT: Ich muß noch vorsichtig sein mit dem Magen.

SANNI: Aber etwas essen möchtest du doch?

BERT: Ein Eckchen Brot mit Quark.

Sanni geht in die Küche. Bert nimmt Platz. Erwin setzt ihm und sich einen Magenbitter vor. Sie trinken.

BERT: Stell dir vor, zwei Tage nachdem das mit der Entführung von Minister Pool passiert ist, flattert mir eine Anweisung vom Chef zu, ich hätte Hermann Hesse einzustellen und statt dessen Adalbert Stifter im Unterricht zu lesen.

ERWIN: Ist Hesse denn so mies?

BERT: Stell dir vor, Hermann Hesse erscheint denen auf einmal als Terrorist. Man muß doch unterscheiden können zwischen einem Menschen, der selbständig denkt, ein Individualist, ein Sonderling ist, und einem Größenwahnsinnigen, der einen Politiker entführt und dem Staat das Gewaltmonopol bestreitet. Hesse war Pazifist und hat mit diesen Gewalttätern nichts zu tun!

ERWIN: Was wirst du machen?

BERT: Hesse verschieben und das Lesebuch vom vorletzten Schuljahr nochmal vornehmen.

ERWIN: Ich kenne mich in der Materie nicht aus. Aber du wirst den Stifter lesen müssen.

BERT: Als Lehrer sollte man mir genügend Verantwortungsgefühl und Entscheidungskompetenz zutrauen, eine angemessene Lektüre auszuwählen!

ERWIN: Ich sehe das vom Juristischen, Bert. Du bist als Lehrer nicht anders als die Sekretärin deines Oberstudiendirektors an seine Weisungen gebunden. Was man dir vorschreibt, schluckst du, dafür wirst du bezahlt.

Sanni setzt Bert Brot, den gewünschten Quark und mundgerecht geschnittenen Aufschnitt vor.

BERT: Du sollst nicht immer mehr machen, Sanni.

Das Telefon läutet. Erwin geht dran. Bert ißt.

ERWIN: Resi … Sanni, Bert und ich. Wir schauen nachher um neun das Freundschaftsspiel Deutschland gegen Uruguay. Du weißt doch schon, daß es kommt … I wo, du brauchst dich nicht genieren, hier frißt dich keiner auf. Bei der Gelegenheit lernst du auch einmal Bert kennen … Also bis gleich. *Legt auf.*

Bei Resi wird Nachbarschaftshilfe zum lohnenden Geschäft. Gestern war ich drüben, ihren Gasboiler reinigen. Da macht sie auch schon eine Flasche 1 a-Sekt auf und hält mich da. Und jetzt will sie das Zwetschgenwasser mitbringen, das sie versprochen hat.

SANNI: Resi schießt übers Maß hinaus. Kein Wunder, daß die Kinder sie ausnehmen. Christoph ist doch nie zufrieden mit den Sendungen, die sie schickt. Aber was ich überhaupt nicht mag: wenn wir samstagsnachmittags schon mal ein Picknick machen, muß sie immer mitgeben. Ich sag ihr: Behalt jeder seine Sachen. Allein, sie läßt sich nicht abhalten und schwupps hast du ein Achtel Grillsteak mehr auf dem Teller.

ERWIN: Sie pichelt ganz schön, hab ich gestern gemerkt.

SANNI: Schade, daß sie nach ihrer Ehe damals allein geblieben ist.

ERWIN *scherzhaft*: So schlecht find ich das gar nicht.

BERT *scherzhaft*: Und zu so einer schickst du deinen Mann.

Sanni packt Erwin am Kragen.

SANNI: Mein lieber Erwin wird nichts tun, was er nicht soll. Und Resi wäre auch nicht einverstanden, hab ich das Gefühl.

ERWIN: Man kann nie wissen.

SANNI: Aber doch.

ERWIN *lacht*: Wer weiß, warum ihr Mann sich hat scheiden lassen.

Läuten an der Tür. Sanni öffnet. Resi, mit einer Flasche Zwetschgenwasser, hält verblüfft inne.

BERT: Resi, das sind Sie?!

ERWIN: Woher kennt ihr euch?

BERT: Resi war semesterlang meine Montagabendkursschülerin.

RESI: Erinnern Sie mich nicht an die Volkshochschule! Ich bin Ihnen sicher auf die Nerven gefallen. In einen gebrauchten Kopf geht eben nicht mehr viel hinein.

ERWIN: Wenn ihr einander kennt, schlage ich vor, daß ihr euch gleich duzt.

BERT: Nach Art des Hauses.

SANNI: Setz dich, Resi!

Resi nimmt Platz.

Zu Bert Du magst bestimmt noch ein Brot. *Nimmt seinen Teller. Zu Resi*

Das Haus ist heute leer geworden. Wir dachten, er würde den Abend noch bei uns sein, aber dann hat er nicht schnell genug fort können. Er hat seine Stelle heute bekommen, endgültig, ganz überraschend. So ist das, die Kinder werden groß und wir werden älter. Aber vielleicht lösen sie sich gerade im rechten Moment von Mutters Schürzenzipfel, dann nämlich, wenn beide Teile zu merken anfangen, daß es Zeit wird. Aber weh tut es immer.

Jutta, die viel früher selbständig war als Heinz, wenn ich ehrlich bin, Jutta hätte ich gar nicht mehr gern im Haus. Wenn sie mit ihrem Freund einmal die Woche hier ist, reicht uns das. Die Kinder leben ein anderes Leben. *Geht in die Küche.*

ERWIN: Wollen wir vorher noch ein Spiel machen? Ich bin gut aufgelegt.

BERT: Um welches Spiel handelt sich's?

ERWIN: Ein Spiel, das Spiel, eben Spiel heißt. Kein beliebiges Spiel. Es hat noch einen anderen Namen. Er fällt mir im Augenblick bloß nicht ein.

RESI: Habe ich es schon gespielt?

ERWIN: Meines Wissens mit uns nicht.

SANNI *blickt aus der Küche herein*: Resi kann dir beim Suchen helfen.

Erwin und Resi verschwinden im Schlafzimmer, wobei Resi nervös wirkt und Erwin sie drängt. Sanni bringt Essensnachschub für Bert. Bert zögert mit dem ersten Bissen. Es entsteht eine Verlegenheitspause.

BERT: So ohne, ohne jeden Abschied! Nicht einmal einen Gruß hat er ausrichten lassen. Du glaubst ja nicht, wie schlimm das für mich ist. Mein Lieblingsschüler wendet sich gegen mich. Es war das schlimmste Jahr meines Lebens. Dann das Nebeneinanderherleben fast sein ganzes Studium lang. Was hat er gegen mich? Nicht einmal bis zum Abend warten. Fürchtet er, er müsse mir noch einmal die Hand schütteln.

Sie erkennen heute keine Schuld mehr an, am wenigsten eigene. Aber vielleicht doch. Nach den ersten Streitereien damals hat er die Versöhnung gesucht. Minutenlang lagen wir uns in den Armen. Das war schon komisch. Ich würde gerne glauben, daß Heinz das Herz auf dem rechten Fleck hat. Aber die letzten Wochen, aber heute, Sanni. So ohne Abschied. Ich habe ihm doch nichts getan. Ich dachte, daß er Priester würde, nun gut. Etwas von einem Priester steckt in ihm, genau wie in mir. Jetzt ist er Lehrer geworden, gerade so wie ich. Glück mit Frauen hat er auch nicht – ich glaube, wir sind uns zu ähnlich, wir sind einander wie Spiegel, die man einander vorhält, darum finden wir uns nicht mehr.

SANNI: Wenn es nach mir gegangen wäre, er hätte den Schauspielberuf ergriffen.

BERT: Schauspieler und Priester, ist der Unterschied so bedeutend?

Sie lächeln.

SANNI: Ich frage mich, wieso du bei den Frauen kein Glück hast, Bert. Ich frage mich, wieso du es nicht versuchst.

BERT: Vielleicht ist mir eine Partnerin nicht genug?

SANNI: Du gehst mit Erwachsenen um, bei deinen Abendkursen, hast Kolleginnen. Du hättest Gelegenheit, auch wenn der Beruf dich ausfüllt. Entschuldige, Bert, wenn ich so offen rede: ich finde es schade um dich. Vielleicht reicht dir eine Partnerin nicht aus. Aber du kannst ja mehrere haben. Du mußt dich ja nicht festlegen. Du glaubst nicht, was du erreichst, wenn du erst einmal Mut faßt.

BERT *lacht*: Du mußt mich ja für einen ganz schönen Ausnahmemenschen halten, Sanni.

Sanni spioniert durch die angelehnte Schlafzimmertür.

SANNI: Ihr beiden, kommt mal schön raus! Ihr wolltet das Spiel suchen.

Resi, ihr Haar ein wenig zurechtstreichend, und Erwin, nach ihr, ihr einen Klaps aufs Gesäß versetzend, kommen zurück.

Zu Erwin Gehe bitte in den Keller suchen! Allein!

Selbst in die Küche, Erwin in den Keller ab. Resi und Bert schweigen.

RESI: Im Kurs müssen Sie ständig reden. Es strengt wohl sehr an?

BERT: Leider finden sich wenig wache Eleven, wenn so ein langer Tag zur Neige geht.

RESI: Mir ging es genauso.

BERT: Sie sind in einer Drogerie beschäftigt.

RESI: In einer Apotheke.

BERT: Der junge Mann, der sie brachte, war Drogist.

RESI: Sind Sie häufig hier?
BERT: Wohl. Aber haben Sie mich nie gesehen?
RESI: Ich wohne erst seit kurzem hier. Also Sie sind der Freund des Hauses?
BERT: Wissen Sie, ich habe das nie gekannt: Gemütlichkeit, Geborgenheit, familiäre Nähe. Ich fühle mich wohl hier, mein Inneres erwärmt sich, der Bauch bekommt auch ein bißchen was mit und mein bisheriges Leben verklärt sich für ein paar Stunden zu einer angenehmen Erinnerung.
SANNI *blickt herein*: Erwin gerät außer Rand und Band, wenn er von dem Spiel anfängt. Immer. Doch seit Jahren schon sucht er es vergeblich. Es ist unauffindbar. Ich möchte wissen, welches Spiel er meint. *Verschwindet. Pause.*
BERT: Was macht eigentlich Christoph?
RESI: Christoph?
BERT: Ja Christoph.
RESI: Sie meinen meinen Sohn?
BERT: Den meine ich.
RESI: Sie kennen ihn?
BERT: Ich kenne ihn. Aber hat er Ihnen nie von mir erzählt?
RESI: Christoph hat nie viel aus der Schule erzählt.
BERT: Und ich dachte die ganzen Monate, Sie wüßten, wer ich bin! Ein Stein fällt mir vom Herzen!
RESI: Aber was war denn? Sind Sie sein Lehrer gewesen?
BERT: Ich war einer seiner Lehrer, und Christoph hat sich an einer unangenehmen Sache beteiligt, die mich Nerven, Geld und beinahe mein berufliches Rückgrat kostete. Aber was zählt das? Sie machen sich von meinem Leben keinen Begriff. Aber was soll ich Sie damit belasten. Aber hat er nie davon gesprochen?
RESI: Absolut nie. Ich höre davon zum ersten Mal.
BERT: Also: eine aufmüpfige Elf und eine aufmüpfige Zwölf. Ein paar Schüler, Christoph einer unter ihnen, bringen ein Flugblatt heraus. In diesem Flugblatt werden gegen mich und einige meiner Kollegen skandalöse Behauptungen aufgestellt.
RESI: Und mein Christoph hat mitgemischt?
BERT: Christoph war bei so was immer dabei. Ein kleiner Mitläufer. Hat darum auch nur diesen kleinen Verweis bekommen.
RESI: Sie erzählen mir so unerhörte Dinge. Sind Sie sicher, daß Sie meinen Sohn nicht mit einem anderen Schüler verwechseln?
BERT: Ihr Sohn hat rote Haare und trug eine Zeitlang eine blaugrünmelierte Punkfrisur, das ist doch richtig? Aber erzählte er nie, die Lehrer hätten etwas gegen ihn, oder wenigstens: sie hätten etwas gegen seine Frisur?

RESI *verwirrt*: Aber was wurde denn gegen Sie behauptet?
BERT: Ich mag nicht davon reden.
RESI: Bitte sagen Sie es!
BERT: Ich bevorzuge Schüler, hieß es. Und dann, weil ich … alleine lebe … Aber keine Angst, so schlimm war Ihr Christoph auch wieder nicht. Er hat das nicht ausgeheckt, ganz bestimmt nicht. Er war nur ein bißchen faul, was die Schule betraf, und mehr an solchen außerparlamentarischen Aktionen interessiert. Ich wiederhole darum meine Frage: was macht er?
RESI: Nach dem Abitur begann er eine Schlosserlehre.
BERT: Arbeitet er?
RESI: Von Zeit zu Zeit. Aber wie konnte er an dieser verleumderischen Aktion teilnehmen? Ich bin ganz fassungslos!
BERT: Aber waren es Verleumdungen?
RESI: Aber die Dinge waren doch alle unwahr.
BERT: Ohne Frage habe ich Schüler bevorzugt. Heinz zum Beispiel. Er hat es mir heimgezahlt. So schlimm, wie Ihr Christoph und die andern es mir heimzahlten, daß ich sie vernachlässigte. Man muß gerecht sein, wissen Sie. Ungerechtigkeit spaltet. Jede Gemeinschaft, jede. Ob in Form ungewollter Bevorzugung, ob im Zuge unbeabsichtigter Benachteiligung – eine Gemeinschaft ist ein Verband, den man zerstört, wenn man einen Spalt hineinlegt. Auch und gerade in der Schule. Aber wissen Sie, es unterläuft einem einfach. Einfach so. Auch als Lehrer ist man nur Mensch. Und wenn man sich noch so sehr bemüht. Heinz hat vielleicht seine Rolle als Schmandlappen genauso schmerzhaft und ausgrenzend empfunden wie andere, die sich von mir verspottet fühlten.
RESI: Wenn Heinz doch der begabtere Schüler war?
BERT: Wir sind fehlbar, werte Resi.
RESI: Sie sind die Korrektheit in Person.
BERT: Sicher? *Lächelt.* Dann sollten wir heiraten.
RESI *erschrickt*: Heiraten?
BERT: Wo man sich vom Sehen kennt, unerwartet wiedertrifft und am selben Abend noch per Du wird. Da fehlt nur noch eines: daß man heiratet.
RESI: Sie sind aber schnell!
BERT: So als Idee.

Erwin, aus dem Keller zurück, sieht die beiden allein beisammen. Er hat das Spiel nicht gefunden, dafür zwei Flaschen Wein mitgebracht.

ERWIN: So läßt sich's wohl sein. Wir wollen eine Hütte bauen! Oder ähnlich steht geschrieben. Was haltet ihr von einer Baracke, die man mietet oder kauft, ein Wochenendhäuschen, eine bescheidene Unterkunft am Waldrand für uns vier hier? Ihr habt zwanzig Sekunden Bedenkzeit!

Öffnet eine der Flaschen.

BERT: Unsere gegenseitigen Chancen wachsen! Wo man einander das Du anbot und jetzt auch noch eine Hütte baut! Da ist's zum Heiraten nicht mehr weit.

ERWIN: Wie entscheidet die Jury?

BERT: Geteilt.

ERWIN: Das mußt du mir erklären.

BERT: Resi scheint nicht sonderlich begeistert. Und ein Veto allein bringt in dieser heiklen Entschlußsache das Ganze schon zu Fall. Möchtest du nicht widersprechen, Resi?

ERWIN: Im Ernst, was haltet ihr von dieser Idee?

BERT: Nachbarn fahren gemeinsam hin. Auch mal die eine oder andere Konstellation paarweise allein. Ich fände das praktisch, Erwin. Voraussetzung ist, daß alle Beteiligten sich auch verstehen. Das ist der springende Punkt.

ERWIN: Aber doch keine Frage, Bert, wenn **ihr** euch nur mögt, und das tut ihr doch!

Er erwartet Resis Kommentar. Das neuerliche Auftreten Sannis, die ein Tablett mit Kaffee und Service bringt, hilft Resi aus der Verlegenheit. In seltsamer Überhast springt sie Sanni bei, wird aber bedeutet, die Sachen auf dem Tablett zu lassen.

SANNI: Gehen wir ins Fernsehzimmer!

RESI *aufgeregt*: Ich habe mich immer so sicher bei euch gefühlt, immer so sicher!

SANNI *übergibt Bert das Tablett*: Das kannst du auch weiterhin, Resi. Wir sind alle für dich da. Wir zwei. Wir drei. Wir alle. Immer für dich da.

– II, 2 –

Erwin, in der Zeitung von gestern beim Kreuzworträtsel, öffnet Resi die Haustür.

RESI: Ich dachte, Sanni wär zu Hause.

ERWIN: Ist das wichtig?

RESI: Du hast es gesagt.

ERWIN: Entschuldige.

RESI: Du hast es aber gesagt!

ERWIN: Ich hab mich über Sanni sehr geärgert.

RESI: Sanni ist so eine gute Seele. Ihr glaubt nicht, wie wichtig es für mich ist, daß ich euch gefunden habe. Sanni soll so bleiben, wie sie ist. Du kannst froh sein, daß du so einen Engel zur Frau hast, so ein gutes Mädchen, so niemals falsch.

ERWIN: Ja in Bertolds Leseseminar. Aber zu Hause? Nie ist sie da, wenn man es gerne hätte. *Freundlich* Wie findest du Bert?

RESI: Ein gebildeter Mann.

ERWIN: Wie können wir in die Hütte, wenn ihr euch nicht mögt? Zwei Singles, das geht nicht, Paare müssen rein. Weißt du, ich mag meine Frau. Doch trotzdem, es wäre angenehm, wenn man mal 24 Stunden in einem Stück beieinander beisammen wäre. Auch für Bert und dich.

RESI: Erwin!

ERWIN: Ich habe deine Zurückhaltung gemerkt, und es ist mir ehrlich nicht recht, daß ihr euch nicht so wohlfühlt miteinander, wie es wünschenswert wäre für eine solche Hütte.

RESI: Ich bin **einmal** auf die Nase gefallen. Jeden Tag könnte mein Mann zu mir zurückkommen, wenn ich wollte. Gestern erst rief er wieder an und fragte, wie es mir geht.

ERWIN: Dein Mann, dein Mann! Du könntest nicht mehr in den Spiegel schaun, wenn du auf die Angebote deines Mannes eingingst. Hat er dir wieder Komplimente gemacht? Resi, ich habe meine derzeitige Freundin satt. Du wärst gerade gut, an ihre Stelle zu treten. Ich hab dir Unrecht getan. Ich habe mich geirrt. Du warst die beste Frau. *Mit einem schrägen Blick* Nein, Resi, so preiswert bist du nicht zu erstehen.

Sanni tritt auf.

Unfreundlich Ich dachte, du bist bei Bert.

SANNI *stellt ihre Tasche ab*: Anschließend gehe ich zu Bert.

ERWIN: Du gehst immer zu Bert, ohne mich zu informieren.

SANNI: Ich bin dir Rechenschaft schuldig für alles, was ich mache, wie? Kann ich demnächst keinen einzigen Schritt mehr ungefragt tun?

ERWIN: Wir hätten heute einen Ausflug unternehmen sollen.

SANNI: Weil **du** Urlaub hast, gebe ich meine sämtlichen Verpflichtungen auf?

ERWIN: Urlaub hat man nur einmal im Jahr.

SANNI: Du hast mich nicht gefragt, ob du ihn ausgerechnet jetzt nehmen sollst.

ERWIN: **Ein** Lektüreseminar im Halbjahr reicht ja wohl!

SANNE: Geh in den Keller basteln! Was soll das noch werden, wenn du erst einmal pensioniert bist, Erwin!

Erwin geht erbost ab.

RESI: Ich bin schuld!

SANNI: Mach einmal halblang!

RESI: Wenn ich nicht dagewesen wäre, hätte es diesen Streit nicht gegeben.

SANNI: Am Ende des Urlaubs wird er wieder der verträglichste Mensch der Welt sein, wirst schon sehen. Aber nein, viel früher, Resi. Spätestens dann, wenn wir am Samstag jetzt unser Picknick machen. Bert hat schon zugesagt.

RESI: Du glaubst nicht, wie wichtig es für mich ist, daß ich euch gefunden habe.

SANNI: Du redest!

RESI: Was bleibt denn? Mann, Kinder, Freunde? Weder Rita noch Christoph machen mir Freude. Wenn Rita ohne mein Wissen Bekannte einlädt oder ihren Freund zum Mittagessen mitbringt, widmet sie sich ihren Gästen und steht mir mit keinem einzigen Handgriff bei. Und Christoph läßt sich nicht blicken. Nur bei euch fühl ich mich wohl, oder vielmehr, wo ich doch soviel Streit verursache. *Fällt Sanni um den Hals* Ich habe so Schiß!

SANNI: Was ist denn?

RESI *läßt sie los*: Ich habe so Schiß. Im letzten Jahr ist nichts gewesen. Aber jetzt. Vielleicht. Ich habe so Schiß.

SANNI: Du meinst die Vorsorgeuntersuchung? Weißt du was, ich gehe mit, wir gehen gemeinsam zur Vorsorgeuntersuchung. Ich muß auch mal wieder hin. *Streicht Resi das Haar aus der Stirn.*

RESI: Du bist so lieb.

SANNI: Eine gute Gelegenheit. Wer weiß, wie lange ich sonst wieder damit gewartet hätte. Du nimmst mir die Angst weg, und ich nehme dir die Angst weg.

RESI *blickt verzweifelt auf*: Das kannst du nicht.

SANNI: Aber Resi!

RESI: Wenn's **nicht** wiedergekommen ist, habe ich auch Angst! Was fange ich an mit dem langen Leben?!
Senkt den Blick.

SANNI: Resi! Das sind ganz neue Töne von dir. Die habe ich nie von dir gehört.

RESI: Von meinen Depressionen weißt du nichts. Bert hat auch Depressionen und du weißt nichts davon.

SANNI: Da tust du mir – mir und Erwin – aber Unrecht.

RESI *läßt sich in eine Sitzgelegenheit sinken und vergräbt das Gesicht in den Händen*: Vielleicht kam's ja vom Herzen, daß ich gestern den Notarzt rufen mußte!

SANNI: Den Notarzt?

RESI: Gestern nacht.

SANNI: Nach unserm Beisammensein?

RESI: Nach dem Fußballspiel und einem Anruf von meinem Mann.

SANNI: Er meldet sich aber oft jetzt.

RESI: Bei der falschen Adresse, bei der falschen Adresse!

SANNI: Wein dich gründlich aus. Das ist gut.

Es läutet an der Haustür. Gleichzeitig kommt Erwin aus dem Keller zurück – mit einer Schachtel.

ERWIN: Ich habe das Spiel gefunden!

SANNI *wirft sich in den Mantel*: Das ist Bert! Er holt mich ab! *Geht.*

ERWIN *bemerkt Resis Aufgeregtheit, stellt aber nur zwei Gläser und eine angebrochene Flasche neben das Spiel und schenkt Resi und sich mit viel Takt Wein ein*: Möchtest du das Spiel mit mir spielen?

Resi rückt vis-à-vis. Sie hat ihre Steine zuerst gesetzt.

Sie trinken.

RESI: Sicher habe ich mich in den letzten Wochen übernommen. Ich muß etwas kürzertreten und Rita mehr in den Haushalt einspannen, wenn sie Freunde einlädt.

ERWIN: Weiß fängt an.

Sie zieht, er macht den zweiten Zug.

Wo Heinz jetzt aus dem Haus ist und eine gute Stellung hat, können Sanni und ich allmählich daran denken, uns eine Eigentumswohnung zu kaufen. Natürlich in der Nähe, damit du es nicht so weit zu uns hast. Du kommst uns doch besuchen? Ich möchte nicht aufs Land. Stadtrand wäre am besten, wo man spazieren gehen kann gleich im Wald und es doch zur City nicht weit hat.

Eigentlich sollte es die Ehe nicht mehr geben. Entweder man stirbt dran oder … Aber ich weiß nicht, Trennung tut weh.

Dennoch, draußen fährt meine Frau und man ist auch getauft und es gibt die Achtunddreißigstundenwoche und viel Zeit nach Feierabend und an den Wochenenden. Wenn ich noch einmal entscheiden müßte, ich weiß nicht, ob ich es wieder so täte.

RESI *zieht; heiter*: Morgen lad ich alle Menschen, die ich besonders mag, zum Umtrunk bei mir ein. Mein Chef hat mir zwei Flaschen fantastischen Eiswein geschenkt. Es gibt keine bessere Gelegenheit!

ERWIN *zieht*: Das ist ein Wort.

Resi blickt fragend rüber.

Du.

Sie macht einen Zug, er trinkt an seinem Glas. Sie spielen weiter.

*

III. Nach dem Stück

HANNA TOBIAS
KARL-HEINZ TOBIAS
JENS SCHRÖDER
KLAUS BREITBACH
WEIBLICHE STIMME IM RADIO

Wohnzimmer der Tobias.

Karl-Heinz und Hanna Tobias sitzen nebeneinander, Klaus Breitbach gegenüber. Zwei leere Weingläser deuten auf fehlende Gäste.

HANNA: Wissen Sie, was Pappa Staat ausgibt, um aus seinen Kindern gebildete, aufgeweckte Menschen zu machen? Viel zu wenig. Halbverrückte, Legastheniker, Hyperaktive, Hochbegabte werden aus derselben Massenküche bedient, daß es einem den Atem verschlägt. Die Schule wird zur Verwahranstalt. Differenzierung und Förderung der Kinder unmöglich. Ein Heer kritikunfähiger geistiger Krüppel wird am Ende auf seine Versklavung warten, und nur einige wenige, die Herren Söhne bemittelter Eltern, die sich eine Privatschule leisten, werden die Herrenmenschen sein. Was gilt denn Chancengleichheit noch? Die wirtschaftliche Verwertung zählt, darüber hinaus zählt nichts.

KLAUS: Kultur ist der Luxus besserer Zeiten, Frau Tobias.

HANNA: Aber wenn es soweit kommt, daß Luxus gleichgesetzt wird mit Kultur und ohne Luxus keine Kultur mehr läuft?

KLAUS: Die allgemeine Schulpflicht hätte den Sinn, Begabungen zu unterdrücken, anstatt Begabungen zu fördern?

HANNA: Sie war einmal nicht dazu da, sie hat diesen Sinn erst bekommen.

KARL-HEINZ: Aber geht das eine aus dem anderen hervor, Hanna, der Niedergang der Bildung aus der allgemeinen Schulpflicht?

KLAUS: Das ewige Desaster von Ursache und Wirkung, Frau Tobias.

HANNA: Nein, hier ist der Staat anzuklagen, der seine Pflicht versäumt. Mit der menschenwürdigen Bildung verschwindet immerhin ja auch die menschenwürdige Arbeit.

KLAUS: Allerdings besteht eine Verpflichtung zu arbeiten im Sinne der Schulpflicht nicht.

KARL-HEINZ: Nicht einmal ein Recht darauf. Wohl ein Recht auf Beschäftigung. Wie das Wort schon sagt: ein Recht sich zu beschäftigen. Und es gibt bei einmal gewährter Beschäftigung im arbeitsrechtlichen Sinne auch einen gewissen Kündigungsschutz, der übrigens zu den besten auf der Welt gehört.

HANNA: Und das soll der ganze menschliche Staat sein, Karl-Heinz?

KLAUS: Ich bin gegen diese Schreckensvokabel allergisch, Frau Tobias: menschlicher Staat!

HANNA: Worauf reagieren Sie eigentlich nicht allergisch, Herr Breitbach?

KLAUS: Ein Apparat ist niemals menschlich. Mit Apparaten läßt sich Menschlichkeit nicht erzwingen.

HANNA: Und wer schützt uns vor einer Demokratie der Bessergestellten, mein Herr?

KLAUS: Was wollen Sie? Eine totalitär uns alle verwaltende Clique kleinbürgerlicher Puritaner? Die Jahrzehnte des Idealismus in der Politik sind gottlob überwunden. Strengen wir uns an, zu den Bessergestellten zu gehören!

HANNA: Das sagen Sie?!

KARL-HEINZ: Jens bleibt sehr lange weg.

HANNA: Du wolltest etwas zur Sache beitragen, Karl-Heinz.

KARL-HEINZ: Ich streite ungern, zumal nach einem so schönen Theaterabend. Ich finde, daß man immer erst versuchen sollte, sich mit den gegebenen Verhältnissen anzufreunden.

KLAUS: Bei diesem an seiner Berufsausübung gehinderten Junglehrer, den Jens spielt, ging die Misere damit los, daß seine Eltern den Umgang mit Mädchen seines Alters zu unterbinden suchten, indem sie …

HANNA: Die Geschichte hat doch einen wesentlich politischeren Aspekt, Herr Breitbach!

KLAUS: Welcher wäre?

HANNA: Dieser Mensch leidet an Gründübeln unserer Zeit, an Problemen …

KLAUS: Daß er keinen Ausweg sieht, beweist doch vielmehr …

HANNA: Aber er sieht einen Ausweg. Und er zeigt ihn auf: die Wiederherstellung einer gesunden Welt ohne Umweltverschmutzung und Lärm. Und er zeigt ihn mittels einer mutigen Tat, bei der er sein Leben einsetzt.

KLAUS: Sein Leben zerstört, mutwillig zerstört: aus Lebensüberdruß.

HANNA: **Ihre** Meinung.

KARL-HEINZ: Selbst wertvolle Errungenschaften, Hanna, spielen immer in die Tasche ihres Erfinders. Nur wenige denken für die Allgemeinheit mit. Denken ist ein geradezu aristokratisches Privileg. In gewisser Weise sogar ein ökonomisches. Mißverstehen Sie das bitte nicht als gegen Sie gemünzt, Herr Breitbach.

KLAUS: Ich weiß in der Tat nicht, wie ich das mit dem vielen Denken schaffe bei meinen Verhältnissen. Wegen meiner relativen Anspruchslosigkeit vielleicht. Aber das wird sich demnächst ändern.

HANNA: Aber Sie haben nichts gegen entsprechende Grundlagen, die Ihnen die Luxustätigkeit ausgiebigen Denkens erlauben?

KARL-HEINZ: Du hörtest doch gerade, Hanna, daß Herr Breitbach eine Stellung in Aussicht hat. *Trinkt. Pause.*

HANNA: Sie schreiben?

KLAUS: Zuweilen.

HANNA: Für die Zeitung?

KLAUS: Auch.

HANNA: Doch hoffentlich nicht wie dieser Kritiker, der unserm Jens solch schlimme Dinge vorwirft? Kennen Sie ihn? Jens ist kein dummer Junge. Und gewiß kein schlechter Mime.

KARL-HEINZ: Von wem sprichst du, Hanna?

HANNA: Diesem Kritiker, der sich klein s Querstrich klein h abkürzt.

KARL-HEINZ: Aber eines trifft zu: die Szene mit dieser Freundin oder Braut hat Jens zu sehr ausgekostet. Die Ziele, die dieser Junglehrer verfolgt, werden dadurch zu sehr zugedeckt, wie Herr Breitbach treffend bemerkt, zu sehr ins Private gezogen. Schließlich will Max mit seinem Einsatz, seinem Opfertod etwas bewirken. Ich finde das Urteil dieses s Querstrich h gar nicht übel.

Pause. Klaus nippt an seinem Wein.

KLAUS: Wechsle mehrmals im Leben Liebe und Beruf, spiele täglich eine andere Rolle, vergiß, daß du bei alledem immer derselbe langweilige Tropf immer bleibst. Wir fühlen uns am wohlsten, wenn uns unsere Aufgaben so sehr aufsaugen, daß wir nichts mehr von uns spüren.

Es läutet an der Haustür. Karl-Heinz geht öffnen.

HANNA: Das sind Worte dieses Max.

KLAUS: Von etwas muß man seine Konversation schließlich bestreiten.

HANNA: Sie sind ja schon besoffen.

KLAUS: Sagen Sie, Sie würden nicht gut unterhalten am heutigen Abend.

Jens tritt auf.

JENS: Worüber sprecht ihr?

KLAUS: Über das Stück.

KARL-HEINZ *öffnet eine zweite Flasche; zu Hanna, ernst*: Du solltest ausspannen, eine Kur täte dir dringend not.

HANNA *gereizt*: Nicht vor den Gästen!

KARL-HEINZ: Und wenn das noch zwanzig Jahre so weitergeht?
HANNA: Wir haben Besuch!
KARL-HEINZ: **Du** hast …
HANNA: Soll ich mein Schweigen brechen?
Jens nimmt Platz, Karl-Heinz schenkt ihm ein.
KARL-HEINZ: Und der Regisseur?
JENS: Hat anderweitige Gelüste. Aber überlegt sich's noch.
KARL-HEINZ: Publikum verpflichtet!
KLAUS: Auch nach Feierabend?
HANNA: Gibt's den denn bei euch?
JENS: Wenn Sie mich fragen: am besten man hört und sieht die bei den Proben und aus.
Karl-Heinz hebt sein Glas, die andern folgen.
KARL-HEINZ: Auf die schöne Vorstellung heute abend und darauf, daß wir Jens, Jens Schröder, den besten Schauspieler vom Ensemble, bei uns haben!
Die vier, Klaus verspätet und nur nippend, trinken.
JENS: Findet ihr nicht auch den Selbstmord total bekloppt?
HANNA: Warum spielen Sie ihn dann?
JENS: Mich reizt die Rolle!
HANNA: Euch Schauspieler interessiert natürlich am meisten, mit wieviel Miezen dieser Max es treibt.
KLAUS: An etwas muß das Interesse schließlich anknüpfen, Frau Tobias.
KARL-HEINZ *scherzhaft*: Denken Sie über Ihr Geschick nach, Herr Breitbach, die Gedankenwindungen meiner Frau kontraproduktiv zu durchkreuzen!
KLAUS: Ihre Frau, mit Verlaub, vergißt, daß ihr Held – Max – wie jeder angebliche Idealist an der Schlechtigkeit der Welt seine Erektionen bekommt. Dieser Max geht in Wahrheit an der Frau zugrunde, daran nämlich, daß er keine hat.
Jens trinkt, Karl-Heinz und Hanna ziehen nach.
HANNA: Auf unser Publikum! Auf ein humanes Publikum! Darauf, daß wir nicht undankbar werden!
JENS: Was ist los? *Schenkt sich zu.*
KARL-HEINZ: Popiljitsch ist Anfänger?
JENS: Und völlig untalentiert! Davon kann man ein Liedchen pfeifen an diesem Theater! Herr Güte, der beste, verläßlichste Schauspieler – Beifall kühl. Lehmhuber tritt vor – seinen Text kann er nie, aber frech, potent, erotisch isser, und so 'nen Langen hatter, so 'nen Langen – Publikum jubelt! Daß er sich beim Verneigen nicht auch noch am Sack kratzt, ist auch schon alles. War es heute nicht wieder so, mir gegenüber?

KARL-HEINZ: Wir fanden ihn etwas blaß.
JENS: Sie sehen auch auf Leistung. Aber das Publikum?
KLAUS *leise zu Jens*: Du trinkst wieder viel.
HANNA: Ich hätte von Ihrem Regisseur auch mehr erwartet. Zumindest Anwesenheit. Zumal er es versprochen hatte.
KLAUS: Ich werfe ihm vielmehr vor, daß er die Kritik nicht nutzte, um die Aufführung zu verbessern.
JENS: Bist du in der Premiere gewesen, daß du so etwas behaupten darfst?
KLAUS: Vergleiche nur Vorstellung heute und Kritik, Jens!
Karl-Heinz schenkt Hanna, sich und Jens Wein nach.
JENS: So ein Möchtegernkönner! Kriegt bei seinem ersten Engagement die doppelte Gage. Und unsereiner? Rackert sich ab sieben, acht Spielzeiten wie der letzte Dreck! *Kaut eine Knabberei, trinkt und stiert vor sich hin.* Lehmpuper ...
HANNA: Überlegen Sie sich das mit den Rezitationsvormittagen! Zwei Programme im Jahr an jedem Gymnasium in der Region.
JENS: Das kommt mir wie'n Almosen vor.
KLAUS: Sei nicht dumm, Jens!
JENS: Lieber wäre mir ... machen Sie doch im Stadtrat auf die unmögliche Gagenverteilung an diesem Theater aufmerksam! Lehmpuper!
KARL-HEINZ *sieht nervös auf seine Armbanduhr*: Wollten Sie nicht der neueröffneten Bar Ihren Antrittsbesuch abstatten? Ich hole schnell das Auto, setze Sie ab und entschuldige mich für den Rest des Abends. Ich habe leider eine dringende Verpflichtung. Sie bleiben selbstverständlich meine Gäste.
HANNA: Ich finde es eigentlich gar nicht langweilig hier, Karl-Heinz. Und Sie, meine Herren?
Jens trinkt und tut, als habe er nicht gehört. Karl-Heinz geht ab. Plötzlich steht Hanna auf, wirft sich einen Mantel über und folgt.
JENS *zieht Klaus, der zögernd, mit Blick zum Ausgang, aufstehen möchte, mechanisch am Ärmel*: Du sagst nichts!?
KLAUS *unkonzentriert*: Sie drängt sich in ihrer oberstudienrätinnenhaften Hausbackenheit ein bißchen sehr in den Vordergrund.
JENS: Du hast Vorurteile.
KLAUS: Seine Ansichten find ich ausgewogener.
JENS: Er ist feige.
KLAUS *überrascht*: So?
JENS *hält ihn am Arm; trüb*: Doch sie, nicht er hat Kritik geübt. Ich spüre das.

KLAUS: Deine Schmuserei, deine Romantik, das geht in der Tat am Text vorbei. Gerade das gestörte Liebesleben von Max wäre Motiv gewesen, das ihn in den Freitod treibt. Schüchternheit, plötzlich hervorpreschende, unbeholfene Zärtlichkeit. *Versucht sich zu befreien.*

JENS *zerrt ihn zudringlich*: Hat sie das gesagt?

KLAUS *schüttelt ihn ab*: Ein günstiger Hormonspiegel schafft keinen Systemkritiker, Jens, der sich aus angeblichem Idealismus immerhin am Ende umbringt.

Karl-Heinz zurück.

KARL-HEINZ *nimmt Platz; zu Klaus, plaudernd*: Sie haben unter einem andern Namen einen Band mit Aufsätzen veröffentlicht und anschließend selber kritisiert?

KLAUS *überrascht*: Woher wissen Sie?

KARL-HEINZ: Jemand fand es nicht tragbar, daß die Kritik zu einem Instrument der Selbstwerbung herabgewürdigt wurde und fragte wegen der Möglichkeit einer Anzeige bei einem früheren Kommilitonen von mir an, einem Koblenzer Staatsanwalt. Aber keine Sorge, er hatte keine Chancen.

KLAUS: Ich bezog mich auf unabhängige Stimmen, die ich lediglich zusammenfaßte.

KARL-HEINZ: Die Zeitung befugte Sie?

KLAUS: Selbstverständlich. Sie gab mir den Auftrag.

KARL-HEINZ: Berechtigte der Auftrag, von einer höheren Warte aus, aber auch zum Urteil?

KLAUS: Zeitungswissen ist Massenware, Herr Tobias, für den raschen Konsum in der morgigen Ausgabe bestimmt, übermorgen vergessen. Sie dürfen das nicht so ernstnehmen.

JENS: Du hast gut reden! Das sitzt, und frag nicht wie!

KARL-HEINZ: Immerhin flog Ihre Verfasserschaft auf und Sie zogen die Konsequenzen. *An beide Männer gewendet* Meiner Frau geht es leider ziemlich schlecht. Sie wird sich nicht mehr um die Gäste kümmern können. Ich fahre Sie nach Hause, wenn Sie einverstanden sind, und wir verschieben die Bar.

Hanna zurück.

HANNA *abgespannt, aber energisch*: Versuchen Sie, endlich den Regisseur zu bekommen, Jens! Der Abend nimmt einen ganz falschen Verlauf. Benutzen Sie den Apparat im Büro! Und Sie, Herr Breitbach, versuchen auch Ihr Bestes!

Breitbach zögert, Jens zieht ihn am Ärmel. Beide ins Büro.

Setzt sich Ich halte das nicht mehr aus!

KARL-HEINZ *betrachtet sie distanziert, zieht einen Mantel an*: Ich wohne die nächsten Tage im Hotel. Laß uns Abstand gewinnen und über alles neu diskutieren. Bitte denk noch einmal in Ruhe darüber nach!

HANNA: Die Gäste!

KARL-HEINZ: Ich werde mich von noch so vielen Gästen nicht abhalten lassen, das zu tun, was ich für richtig halte.

Jens in Unruhe zurück.

JENS: Scheißgefühl!

HANNA: Was meinen Sie?

JENS *blickt auf*: Du mußt mit der andern Schluß machen, Karl-Heinz.

HANNA: Oder mit mir.

KARL-HEINZ: Was ist in euch gefahren, was kümmert die Sache Dritte! *Ab.*

JENS *setzt sich, verbirgt das Gesicht in den Händen*: Herr Güte! Der beste Schauspieler!

HANNA: Ich verstehe nicht.

JENS: Der Mann hat Familie – und muß gehen. Und dann komme ich dran, Sie werden sehen, dann komme ich dran!

HANNA: Sprachen Sie mit Popiljitsch?

JENS: Da kommt einer und zündet dir ein Licht an und sagt dir auf den Kopf zu, daß du's nicht bringst.

HANNA: Popiljitsch?

JENS: Die Schlange!

HANNA: Manchmal habe ich Angst, er rast im Jähzorn gegen eine Mauer oder von einer Brücke. Sehen Sie mich an!

JENS: Ja?

HANNA: Sehe ich alt aus?

JENS: Sie haben ein jugendliches Äußere.

HANNA: Etwas angegriffen.

JENS: Das macht Sie noch reizvoller.

HANNA: Sie schmieren mir Honig um den Mund. Ja ihr Leute am Theater.

Klaus zurück.

Sprachen Sie mit dem Regisseur?

KLAUS: Lehmhuber war am Apparat. Güte wird nicht verlängert, das hat Jens sehr getroffen. Popiljitsch kann nicht kommen.

Hanna stellt das leere Glas weg.

Karl-Heinz zurück.

KARL-HEINZ: Welche Nummer hat der Autoverleih? Der Wagen ist verschwunden.

Das Telefon im Zimmer läutet. Hanna hebt ab.

HANNA: Ja?

Telefoniert. Karl-Heinz durchstöbert das Branchenverzeichnis.

Legt auf.

Dorothee hat einen Selbstmordversuch unternommen und liegt bewußtlos auf Intensiv.

KARL-HEINZ *legt erschrocken das Telefonbuch hin, läßt sich aber gleichgültig in seinen Sessel zurückgleiten*: Der Rettung sicher.

HANNA: Es sei fraglich, ob sie durchkommt, heißt es.

KARL-HEINZ: Freu dich, Hanna, sei glücklich!

HANNA: Dein Wagen steht um die Ecke.

KARL-HEINZ: Jetzt auf einmal soll ich zu ihr.

HANNA: Wir sind für sie verantwortlich!

JENS: Hanna hat recht, du kannst Dorothee unmöglich jetzt im Stich lassen.

KARL-HEINZ: Fahre sie doch selber hin!

HANNA: Das werde ich auch! Bevor ich länger mit ansehn muß, was hier gespielt wird!

KARL-HEINZ *springt auf*: Das ist zuviel! *Reißt sich den Mantel vom Leib* Ich tu und lasse, was ich will!

Hanna entschlossen ab. Karl-Heinz sieht ihr nach und gießt sich den Rest aus der ersten Flasche ins Glas.

JENS *Klaus zurückhaltend*: Du bist der Meinung der Presse!

KLAUS: Wenn du meinst?

JENS: So wahr ich hier sitze. *Greift nach der anderen Flasche, sie ist leer.*

KLAUS: So wahr du dich übernimmst.

JENS: Was willst du damit andeuten?

KLAUS: Du klagst über zuviel Arbeit und kannst in nicht genügend Sachen gleichzeitig mitspielen.

JENS: Man liebt auch seinen Beruf, falls du weißt, was ich meine. Spielen, spielen, spielen. Besser zu viele Rollen als aufs Abstellgleis.

KLAUS: Da landest du spätestens, wenn du in einem halben Jahr den letzten Rest Natur in dir verschauspielert hast.

JENS: Genug, Klaus Breitbach!

KLAUS: Ein Künstler orientiert sich am Besten und nicht am Mittelmaß. Wie kannst du Herrn Güte Elmar Lehmhuber vorziehn!

KARL-HEINZ: Kriegen wir uns nicht in die Haare wegen einer Geschmackslappalie, meine Herren. Nach so einem schönen Theaterabend.

KLAUS: Geschmackslappalie!

JENS *mit einer unangenehmen Schärfe*: Bist du der Verfasser jener mich vernichtenden Kritik?

KLAUS: Daß sie dich vernichtet, glaube ich nicht. Doch der Verfasser? Ja.

JENS: Sag, es ist nichts dran, ich nehme in aller Form …
KLAUS: Nichts nehme ich …
JENS: Klaus Breitbach. …s …h – ja klar, wie hab ich das übersehen können, ich gutgläubiger Idiot! Es sind die Schlußbuchstaben! Klausss Breitbach.
Stiert vor sich hin, Klaus schluckt.
KARL-HEINZ: …Seit zwei Jahren dasselbe Spiel: die eine droht mit Selbstmord, die andere, nicht weniger überspannt, mit Scheidung. Ich seh's mit an und reagiere rechts und reagiere links. Wie ein Jongleur.
KLAUS: Und wenn die Konzentration nachläßt?
KARL-HEINZ: Beim Jonglieren?
KLAUS: Der Schwung.
KARL-HEINZ: Schwung? Wo ist da noch Schwung, verehrter Herr?
KLAUS: Pausieren und schlafen muß auch sein.
KARL-HEINZ: Die Zeit steht still. Wir schließen die Augen, wir machen sie auf, und wenn wir wieder wach sind, geht das alte Spiel von vorne los.
KLAUS: Na ich weiß nicht.
JENS: Entschuldige mich, Karl-Heinz, ich mag nicht mehr. *Ab.*
KARL-HEINZ: Wenn ein Schauspieler mehrere Jahre im Engagement steht. Das Publikum kriegt ihn satt. Im letzten Jahr waren's noch größere Nebenrollen auf der Hauptbühne. Jetzt das gleiche eine Etage tiefer im Werkstattheater. Und in der nächsten Spielzeit bessere Statisterie, Operette, Verwaltung, ich weiß ja nicht, wozu man alles eingesetzt werden kann an diesem Theater.
KLAUS: Jens ist zu nachgiebig. Ein X-Beliebiger gaukelt ihm vor, er wäre unentbehrlich, und er läßt sich jede Wurze andrehn.
KARL-HEINZ: Jeden freien Tag spricht er an andern Häusern vor. Wünschen wir ihm anderswo mehr Glück als hier, er ist so sympathisch.
Steht auf, gibt Klaus die Hand Nehmen Sie's nicht persönlich!
KLAUS: Keine Ursache, Herr Tobias. *Ab.*
KARL-HEINZ *kramt nach seinen Autoschlüsseln, wirft sie dann aber nervös hin und telefoniert*: Rechtsanwalt Karl-Heinz Tobias. Bitte schicken Sie ein Taxi an die Fernsprechzelle Ecke Hauptstraße-Lindenweg.
Legt auf. Schaltet das Radio an. Geht während der ersten Passagen des nachfolgenden Textes auf und ab. Schaltet das Hauptlicht aus und tritt ab. Das Radio läuft weiter. Eine kleine Lampe brennt.
WEIBLICHE STIMME IM RADIO: Schrebergärten. Abgrenzung jenseits des breiten Fußgänger-Fahrradweges. Sommerhimmel.

Angenehmer Wind trägt neue Blütendüfte herüber zu meiner Sitzbank: erfrischendes Mezzoforte durch das Pianissimo der Feiertagshitze und das Con tutta forza, das Mitallerkraft der Farben hinter Schrebergartenzäunen. Mannigfach Töne und Grün von Laubbäumen am Bach entlang, so satt und übersatt in Farbe getaucht, daß die Musik darin beinah ertrinkt. Aber die Blüten werden ihre Geschlechtsorgane nur entleeren, und dann fängt alles wieder von vorne an.
Ich hätte losheulen können, so gegen acht gestern. Da fiel mir ein, daß man es nebenan, über mir, unter mir hätte hören müssen. Da konnte ich's nicht und wurde so wütend, daß ich den Gedanken bekam, das Handgelenk über den Papierkorb zu halten und ritscheratsche-ritscheratsche aufzutrennen. Es dauerte nicht lang und Mittwoch ist bald. Da ging ich hinaus und reagierte mich bei einem Abendspaziergang ab. Unterwegs hatte ich ein, zwei nette Einfälle. Da dachte ich: schade um die Briefe, die ich noch schreiben muß. Eigentlich habe ich viel Talent, es klemmt nur alles schrecklich und stockt. Einmal dachte ich auch, daß mein unproduktiver Hängenlassezustand mich lächerlich macht. Warum freue ich mich nicht auf Stillung des Appetits, der sich regt, und Schlaf nach eingetretener Müdigkeit?
Ich rätsle, was du wohl rätselst, daß ich hier auf einer Sitzbank sitze und rätsle. Es ist nicht gut, ohne Begleitung in die Stadt gehen, außer man holt ein. Am besten, du gehst in Begleitung einer Freundin hinein und kommst in Begleitung deines späteren Ehemannes heraus. Ein Mensch aber zu nachtschlafener Zeit ohne Begleitung in der Stadt ist nicht normal. Man geht an ihm vorbei, ein scheues Hallo, mehr ist nicht drin. Wer ohne Wärmeschutz in der Nacht gesehen wird, hat die Krise.
Nein, kein Wort, kein Zugeständnis oder Eingeständnis deinerseits! **Mein** Eingeständnis: Mühlenhofenozentrisches Weltbild. Was hältst du davon, daß eine sich Gedanken macht, wie sie deinen Namen zu einem Weltbild forme inmitten friedlicher Schrebergärten, im Rücken Bahngeleise, vor sich einen Bach, büscheverschleiert in trägduftender Atmosphäre, 113 Kilometer bahn- und 194 Kilometer wasseraufwärts von dir entfernt?
Respekt vor denen, die wir unglücklich machten, Werner, Respekt vor den Toten. Respekt vor allen, die ihren Kummer nachts Absatz um Absatz von der Straße auflesen gehen. Oder tagsüber, in der Hitze des Feiertags, damit es nicht so auffällt.
Ich mißtraue den Anzeichen von Ruhe, die es in den letzten Tagen gab. Ich müßte lügen, wollte ich mein Mühlenhofenozentrisches Weltbild leugnen. Und würde ich's versuchen, ich

würde sein wie der greise Gott, der sich zurückgezogen hat aus der Welt, die gerade sein Pfingsten feiert. Die satten Blüten in ihrer zarten Pracht werden ohne sein Zutun ihre Geschlechtsorgane entleeren, die große Erleichterung kommt und alles beginnt von vorne zum letzten Mal.

Oder ich überlege das, ehe Dunkel die Stadt und ihre Randhöhen überzieht, mit Ausblick auf den klar und windstill spiegelnden Fluß und die Leuchtreklame an der Vergnügungshalle gegenüber. Wie überflüssig für eine, der Bier nicht schmeckt! Das Wasser, das hier unter meinen Füßen hervorfließt, sich mit dem Fluß vermischt, verbindet sich, einen Steinwurf von deiner Wohnung entfernt, 194 Kilometer wasserabwärts mit dem Strom.

Ich ertrage es nicht, dich dort, einen Steinwurf entfernt, mit ihr zusammen zu wissen. Ich ertrage es nicht, daß du die Kraft, mit mir, dennoch, durchzuhalten, aus dem harmonischen Verhältnis zu ihr, eben ihr, nicht mir, beziehst. Daß du nichts dagegen unternimmst, daß ich mir verloren, so verlassen und verloren vorkomme, daß ich …

Das Hauptlicht geht an. Hanna gießt Jens und sich Cognac ein.

JENS: Meine Anwesenheit am Theater ist unerwünscht! Man nimmt keine Notiz von mir, bemerkt nicht, daß ich dabin! Ich spiele nicht mehr! Ich bin am Ende!

HANNA: Seien Sie vernünftig! Für jeden wartet irgendwo das Glück.

Sie stoßen an.

JENS: Ich stelle mich ungeschickt an, wenn ich mich bewerbe. Formuliere nicht so elegant wie mein Freund Klaus Breitbach!

HANNA: Dafür sind Sie Jens Schröder.

JENS: Wußten Sie, daß er Referent für Öffentlichkeitsarbeit am Theater wird? Stellen Sie sich vor!

HANNA: Wie ist das möglich? So ein Schnösel!

JENS: Gute Leute sind eben selten auch die guten Menschen!

HANNA: Mancher kann mit den Wölfen heulen, auf die er gestern noch schoß.

JENS: Ich könnte mich abknallen, daß ich nicht schießen kann.

HANNA: Auch wenn Sie demnächst eine Gagenaufbesserung bekommen?

JENS: Durch Ihr Almosen, meinen Sie?

HANNA: Jens, ich mußte Sie sprechen, alleine sprechen. Ich möchte wissen … nun, wie geht es Ihnen?

JENS: Sehen Sie doch.

HANNA: Sonst, ein bißchen außerdem meine ich. Ich fand Sie so prächtig. Dort ist Ihr Platz, in dieser Rolle gehen Sie auf. Nicht wahr, Sie würden einen Menschen, der so etwas tut, nicht verspotten. Sie bedenken einen solchen Opfergang nicht mit blanker Ironie, Sie sind nicht zynisch. Sie verurteilen solche Dinge nicht, die andere belächeln, weil es ihnen an Einfühlung und besserer Einsicht fehlt. Wie ich Sie so sah, auf der Bühne, Max, Max in der Verkörperung meines Jens, stellte ich mir vor, daß Sie … ich stellte mir vor, daß ich es mit einem Menschen wie Ihnen, mit Ihnen … Lernen Sie Abend für Abend? Was tun Sie, was machen Sie mit den langen, langen Nächten?

JENS: Mir Lehmpuper vor die Nase setzen!

HANNA: Lassen Sie ihn pupen.

JENS: Lehm!

HANNA: In der ersten Zeit hatten wir gerade mal ein Bett. Wir mußten uns mit dem Notwendigsten begnügen. Ich war noch am Studieren, Karl-Heinz gerade fertig. Mit den Jahren ist alles weiter geworden: die Räume, die Spielräume, die Betten, die Moral.

Wie sind meine Aussichten heute? Die Aussichten einer Frau von 48 Jahren. Notration für den Lebensabend des Mannes, Spargroschen für die Jahre, wenn's mit der eigenen Attraktivität nicht mehr so stimmt, verstehen Sie, was ich meine, verstehen Sie?

Streift flüchtig Jensens Handrücken. Nimmt seine beiden Hände, blickt ihm tief in die Augen. Läßt ihn los, lacht.

Wir sind die überflüssigsten Menschen von der Welt. Wir sollten es unternehmen.

JENS: Aber was, Frau Tobias?

HANNA: Sie verstehen mich, Jens.

JENS: Gewiß.

HANNA: Aber gibt es das, zwei Menschen, die sich verstehen, die, ohne daß der eine sich dem anderen erklärt, gleichzeitig beschließen, den Entschluß fassen, entschlossen sind …?

JENS: Warum soll es das nicht geben?

HANNA: Und wenn **wir** solche Menschen sind? Ich meine, diese überflüssige Existenz, dieses unnütze Leben, wir könnten gemeinsam.

JENS: Ja was schon? Sprechen Sie es aus!

HANNA: Mann, sind Sie langsam von Begriff! Max … kommen Sie denn nicht drauf? … Max!

JENS: Man hat seine Aufgabe, Frau Tobias. Und wenn es privat nicht wird, hat man immer noch den Beruf.

HANNA: Das sagen Sie?! in Ihrer Situation?! Sie müssen verrückt sein.

JENS: Was wissen Sie.

HANNA *streichelt mit der einen Hand über die andere*: Jetzt sitzt er neben ihr am Bett. Glaub nicht, säuselt er, du könntest mich beeindrucken. Du machst das nun zum vierten Mal. Und wenn du es hundertmal wiederholst, du wirst mich nicht beeindrucken. Und er streichelt ihr über die Hand.

Läuten an der Haustür. Hanna geht öffnen, Klaus tritt ein.

KLAUS: Ich finde meinen Schlüssel nicht. *Huscht eilig ins Büro den Schlüssel suchen.*

JENS: Ich höre auf!

HANNA: Dieser Max nimmt zu sehr Besitz von Ihnen.

JENS: Zu sehr? Zu wenig! Ich bin zu wenig von dieser Rolle durchdrungen!

HANNA: Haben Sie eine Alternative?

JENS: Besser kein Engagement als an diesem Theater!

Klaus mit dem Schlüssel zurück.

KLAUS: Am Ende besteht das Leben aus nicht vollzogenen Absichten, Trennungen, Bindungen.

JENS: Gib mir einen Rat, Klaus Breitbach!

KLAUS: Keiner nervt mich mehr als diese ewigen debattierenden Lehrlinge. Tu was! Handle! Kritik ist der erste Schritt, das Leben zu verbessern.

JENS: Immer im Recht, Herr Intendant!

Klaus ab.

HANNA: Fassen Sie Mut, Jens, die Menschen sind nicht so übel.

JENS: Außer es sind Kollegen.

HANNA: Trinken Sie, dann sind Sie zu und werden gut schlafen. Und wenn Sie um zehn morgen früh zur Probe gehen, werden Sie im Briefkasten Post finden, und unter der Post, unter der Post wird eine gute, eine sehr gute Nachricht sein, und in der Nachricht wird stehen: du kannst im Fernsehen auftreten, einen wie dich haben wir gesucht! Und Sie werden eine gute Presse bekommen. *Lacht.* So einfach ist das. Eine einzige Änderung, und das ganze Leben verwandelt sich wie Tag und Nacht.

Plötzlich steht Karl-Heinz in der Tür, zerstreut, blaß, erschöpft.

HANNA *wird ihn gewahr, sieht jedoch nicht zu ihm rüber*: Gibt es eine bessere Zeit?

KARL-HEINZ: Nur eine andere, Hanna.

HANNA: Du hast an ihrem Bett gesessen, ihr die Hand gehalten?

KARL-HEINZ: Dorothee hat in geschlossener Garage den Motor laufen lassen. Ihr Zustand ist kritisch. Man ließ mich nicht zu ihr vor.

JENS: Ich mag sie so!

HANNA *geht an eine andere Stelle, bleibt gegen die Wand gewendet stehen*: Was hörst du?

KARL-HEINZ: Alles still.
HANNA: Der Abend, die Nacht, der Morgen: still.
KARL-HEINZ: Ich kann es noch nicht fassen.
HANNA: Immer auf der Seite des Abmilderns, Entschuldigens, Verteidigens. Dein Beruf.
KARL-HEINZ: Habe ich je geschwankt?
HANNA: In regelmäßigen Abständen.
KARL-HEINZ: Die Gesellschaft erwartet gerade Lösungen. Das wirkliche Leben verträgt keine Lösung.
HANNA *spielt mit ihrem Ehering, versucht – vergeblich – ihn abzustreifen*: Die wesentlichen Dinge bleiben immer dieselben. Sie kehren nie an ihren alten Platz zurück.
KARL-HEINZ *preßt sich ihre Hand mit dem Ring an die Stirn*: Hanna, ich war, bin und bleibe dir verbunden!
JENS: Ihre Beziehung renkt sich bestimmt wieder ein, Frau Tobias.
HANNA: Ich gehe zu Mutter nach Friedrichsthal.
KARL-HEINZ: Heute?
HANNA: Sofort.
KARL-HEINZ: Wir sollten uns wieder wie früher, einfach, ohne Absicht, nebeneinanderlegen und erzählen, was uns bewegt. Vielleicht muß ich dir wieder mehr von mir erzählen, Hanna, es war vielleicht ein Fehler, falsche Eitelkeit, immer nur die Ausgänge zu berichten und immer nur die guten. Die Wege, die Gedanken sind wichtig. Die Niederlagen. Ich könnte heulen: mit dir.
Küßt ihre Hand, Hanna zieht sie heftig weg.
HANNA: Kommen Sie, Jens, ich bringe Sie bis zur Tür!
JENS: Nicht nötig.
HANNA: Schade.
JENS: Ich statte der Bar meinen Antrittsbesuch ab.
KARL-HEINZ *zu Hanna*: Bleibst du lange?
Hanna geht. Die Männer sehen ihr lange hinterher.

Die Lausigkeit der Liebe, des Lasters und der Lust

Semikomödie um einen Politikverdrossenen. In zwei Akten

Personen, die in beiden Akten auftreten:

FRANZ GRILLPARZER, *Dichter, Beamter ohne Karriere*
FERDINAND RITTER VON PAUMGARTTEN, *Grillparzers Vetter, Beamter mit Karriere; Charlottes Mann*
KATHI FRÖHLICH, *Grillparzers platonische Geliebte*
NETTI FRÖHLICH, *Kathis Schwester*
MARIE VON SMOLENITZ, *spätere Marie Daffinger; Grillparzers Geliebte*
MORITZ DAFFINGER, *Maries anderer Geliebter und späterer Ehemann; Porträtmaler mit unliebsamen politischen Ansichten*

Im ersten Akt sind diese Personen zwischen 25 und 30 Jahre alt, Grillparzer knapp darüber, im zweiten ein Vierteljahrhundert älter. Doch stammen sie alle aus einer bürgerlichen Schicht, in der man sich auch in der ersten Hälfte des 19. Jahrhunderts nicht allzu rasch verbrauchte.

Personen, die nur im ersten Akt auftreten:

CHARLOTTE VON PAUMGARTTEN, *Ende 20; Ferdinands Frau, Geliebte Grillparzers*
FRAU VON PIQUOT, *um die 50; in Trauer*

Der erste Akt spielt teils in zwei Wohnstuben, die ohne weiteres auseinander hervorgehen, vielleicht nur angedeutet und mit Lichteffekten voneinander abgehoben sind, teils an Plätzen im Freien, bei Nacht oder in anderweitigen Ausschnitten, bei denen die Bühne nur partiell, in einfachen Differenzierungen genutzt wird. Der zweite Akt spielt in Grillparzers Wohnstube. Zwei

Eingänge in den Wohnstuben der Paumgarttens und der Fröhlichs, ein Eingang und ein dominierendes Fenster in der Wohnstube Grillpatzers. Ein Klavier (Attrappe) in den Wohnstuben Fröhlichs und Grillparzers.
Etwas wienerischer Tonfall käme dem Stück zupaß. Da der Verfasser das Wienerische nicht beherrscht, erlaubt er sich nur hin und wieder eine Andeutung. Zu den häufiger gebrauchten Abbreviationen gehören īs *für* ist *und* nēt *für* nicht.

– I, 1 –

Wohnstube im Haus der Familie Paumgartten. Franz Grillparzer und Charlotte von Paumgartten an einer gedeckten Tafel nach beendigter Abendmahlzeit. Weingläser und eine fast leere Flasche glänzen in der Beleuchtung, die allein von einer Öllampe ausgeht. Die Gesichter verschwinden manchmal im Schatten.

CHARLOTTE: Du mußt dich aufraffen, Franz.

GRILLPARZER: Für wen, Charlotte, für wen soll ich mich aufraffen? Niemand liebt mich.

CHARLOTTE: Niemand liebt dich? Auch nicht das Publikum? Die Schauspieler? Der Schreyvogel?

GRILLPARZER: Die lieben mich. Vielleicht. Aber was kann man darauf geben? Dieser allgemeine, entwürdigende Zustand überall! Der Denker darf nicht sagen, was er denkt, der Dichter muß schreiben, wie er nicht fühlt, der Redner muß verschweigen, was er weiß. Es ist das beste in diesem Land, wir sagen, denken und schreiben gar nichts mehr.

CHARLOTTE *legt ihre Hände auf seine*: Die „Medea" ist ein Stoff, gegen den sie nichts einwenden werden, Franz. Vollende sie für mich.

Grillparzer zieht dezent seine Hände weg und sieht Charlotte grimmig an.

CHARLOTTE *lacht*: Alter Brummbär!

GRILLPARZER *flachst zurück*: Liederliche Person!

Charlotte trinkt an ihrem Glas. Pause.

CHARLOTTE: Weißt du, was Ferdinand neulich vorschlug? Meinte dieser Mann tatsächlich, wir sollten ein Kindermädchen nehmen und es im Raum nebenan unterbringen. Ein Kindermädchen! Als wär ich meiner Arbeit als Hausfrau und Mutter nicht allein gewachsen!

Grillparzer schluckt. Sie schluckt gleichfalls, lächelt aber.

GRILLPARZER: Und was antwortet'st?

CHARLOTTE: Ich habe ihm gesagt, die Arbeit mit der Kleinen īs mir gerade recht.

GRILLPARZER: Ließ er es gelten?

CHARLOTTE: Mitnichten.

GRILLPARZER: Kriegt ihr jetzt ein Kindermädchen?

CHARLOTTE: Ferdinand, hab ich ihm gesagt, wir brauchen den Platz doch für die Kinder, die da noch kommen werden. Da war er besänftigt.

GRILLPARZER *säuerlich*: Dafür, daß du Ferdinand nicht liebst, machst du ihm recht kinderreiche Versprechungen auf die Zukunft, Charlotte.

CHARLOTTE: Meinst?

GRILLPARZER *entschuldigend*: Wer gibt mir auch ein, daß du Ferdinand nicht liebst.

CHARLOTTE: Dein Gefühl vielleicht gibt dir das ein, deine Intuition, deine Kenntnis meiner Lage.

GRILLPARZER *mißbilligend*: Du bist liederlich.

CHARLOTTE: Aus welchem Grund bin ich liederlich? Weil ich einem Mann Kinder verspreche, den ich nicht lieb?

Sieht Grillparzer forschend an, der unruhig aufsteht.

GRILLPARZER *weicht aus*: Meine Freistellung kommt mir zupaß. Vielleicht, daß die „Medea" jetzt wird. Aber unter welchen Bedingungen, verbunden mit welchen kleinlichen Unterstellungen. Muß ich mir das ewig bieten lassen, bis an mein Ende vielleicht? Falls ich bis dahin auch nur eine müde Zeile noch schreibe. Ich bin ein loyaler Beamter. Ich kam zu spät aus dem Urlaub zurück. Graf Wurmbrand hat nach seinem Unfall in Neapel meine Hilfe dringend gebraucht. Mit ausdrücklicher Genehmigung vom Kaiser blieb ich länger dort unten. Dem abgefeimtesten Fettwanst gewährt man die regelmäßige Beförderung, mir, dem ausgezeichneten Dichter, Hofdichter, erwählten Burgtheaterdichter, zieht man andere vor. Warum? Weil man nicht weiß, weil man nicht wissen will, daß ich aus ehrenwerten Gründen, mit Erlaubnis vom Kaiser persönlich den Urlaub überzog.

CHARLOTTE: Ferdinand hat in der Tat für sein Alter ein beachtliches Beamtenränzlein. Aber den abgefeimtesten Fettwanst solltest du ihn nicht nennen, Franz. Das dulde ich nicht in seinem Haus.

Sie schmunzeln.

GRILLPARZER *setzt sich; eigensinnig*: Du hast recht: ich sollte an meine „Medea" denken. Und über Ferdinand bin ich allemal erhaben.

Pause. Charlotte blinzelt ihn von der Seite an.

CHARLOTTE: Erhaben? Über Ferdinand? Du?

GRILLPARZER: Erhaben.

CHARLOTTE *wie beiläufig*: Wenn du über Ferdinand erhaben bist, dann beweis es doch!

Grillparzer blickt ins Leere, tut, als habe er nicht gehört.

GRILLPARZER *zögernd*: Wir sind in seinem Haus. Wir essen von seinem Brot, trinken von seinem Wein, *sieht sie an* genießen sein Vertrauen.

CHARLOTTE: Verspielen wir's!

GRILLPARZER: Liederliche Idee!

CHARLOTTE: Na und?

Grillparzer versucht verlegen, mit einem Tropfen Wein und dem kreisenden Finger am Oberrand seines Glases einen Ton zu erzeugen.

GRILLPARZER *hält inne, sieht Charlotte an; verlegen*: Ob er was ahnt?

CHARLOTTE *forsch*: Was ahnt?

GRILLPARZER *läßt sein Glas los*: Ich meine, die Idee mit dem Kindermädchen und so, dem Zimmer. Warum schickt er 'ne Anstandsdame?

CHARLOTTE *lacht*: Du siehst Gespenster, Franz. Ferdinand ist von einer so penetranten Selbstgefälligkeit, von einer so überheblichen Fettwanstigkeit, du könntest ihn vor seinen Augen mit seiner eigenen Frau betrügen und er würde es nicht bemerken. Außerdem tust du's ja nicht.

GRILLPARZER *grantig*: Ich habe es auch nicht vor. *Hält sich neuerlich an seinem Glas fest.*

CHARLOTTE *ungehalten*: Wenn du's nicht vorhast, warum sitzen wir dann hier, einen ganzen langen Abend lang!

Sie beobachtet ihn, blinzelt ihn unwirsch, dann plötzlich schelmisch von der Seite an.

Heiter Eine Geschichte, Franz, hör gut zu. Ein Mädchen liebt einen Burschen, aber der Bursche schaut sie nicht an. Er hält sie aus irgendeinem Grund für … liederlich. Aber ein anderer, ein junger Mann von besten Aspekten, wie man derlei prahlsüchtige, fettwanstige, selbstgefällige, unempfindliche, ungeschlachte Existenzen …

GRILLPARZER *nervös*: Seine Mutter half mir in schwerer Zeit, er räumte für mich sein Zimmer.

CHARLOTTE *spöttisch*: Er brauchte es nicht mehr, da er zur Ausbildung nach Pölten ging.

GRILLPARZER *läßt das Glas los; freundlich*: Erzähle, Charlotte, ich höre.

CHARLOTTE: Das Mädchen wird zur Frau. Der andere, jener junge Mann von besten Aspekten, macht die Karrier', die einem angepaßten, mittelmäßigen, kargen Charakter zukommt. Aber auch der mehr geliebte erstere Bursch gelangt, nach ein paar Jahren in untergeordneten Stellungen, zu großem Ansehn. Er erzielt, gefördert vom Burgtheaterdirektor Schreyvogel, mit seinem Schauerstück „Die Ahnfrau" einen großen Erfolg. Ein zweiter Erfolg, „Sappho", trägt ihm die Ernennung zum Hofdichter ein. Er ist nun wer. Aber das macht ihn noch stolzer, noch abweisender. Weniger denn je ist er gewillt, auf das geheime Werben seiner Verehrerin einzugehn, jener liederlichen Person. Doch die glaubt immer noch an ihn und er gibt ihr im geheimen recht. Schließlich, ein weiteres Jahr verstreicht und noch eins. Was geschieht? Sie heiratet jenen andern.

GRILLPARZER: Warum heiratet sie ihn?

CHARLOTTE *mit warmer Einfachheit*: Was tut man nicht, wenn man lange und oft genug bedrängt wird.

GRILLPARZER: Sie heiratet jenen andern, denn sie hat es immer so gewollt. *Sieht sie an; hart* Behaupte, du schläfst nicht mit ihm.

CHARLOTTE *streicht Grillparzer wie einem unreifen Jungen neckend durchs Haar, läßt dann aber die Hand ernst auf seinem Arm ruhen*: Franz, du bist arglos.

GRILLPARZER *wirft Charlotte einen zornigen Blick zu, ohne sie abzuschütteln*: Und du bist liederlich.

CHARLOTTE *zieht die Hand zurück; befangen*: Ich räume den Sinnen ein, was den Sinnen zukommt. Schlimm?

Grillparzer verneint mürrisch. Pause.

CHARLOTTE *vorwurfsvoll*: Der Schilderer der geheimsten Geheimnisse, Ahnfrau, Sappho, Medea, begreift von der Frau, die ihm gegenübersitzt, nicht das mindeste.

GRILLPARZER: Vielleicht begreift er mehr von dieser Frau, als du unterstellst, Charlotte.

CHARLOTTE *steht mit einer unkontrollierten Bewegung auf, stößt ihren Stuhl um; ungehalten*: Dann beweise es! Beweise endlich, daß du mich verstehst! Warum beweist du es nicht!

GRILLPARZER *kühl*: Du weckst das Kind.

CHARLOTTE *wendet sich ab*: Dann wird es zu Ende sein, bevor es begann! Warum kamst du? Sag, warum bist du die letzten Wochen beinahe täglich hier?

GRILLPARZER: Dir zuliebe schreib ich meine verdammte „Medea". Wer außer dir interessiert sich für „Medea".

CHARLOTTE: Und dich allein verlangt nach Poesie in dieser gottverdammt unpoetischen, traurig-trockenen Welt? Bin ich kein Mensch? Habe ich kein Bedürfnis nach Romantik und Poesie?

Pause.

Fährt lächelnd fort Ferdinand läßt fragen: Was macht „Medea“? Er hofft, wir sehen dich bei uns, sowie er aus Krems zurück ist. *Nimmt wieder Platz* Selbst ein braver Beamter der Polizeibehörde, läßt er ausrichten, hat seine musischen Momente und fühlt sich durch die Gegenwart eines so berühmten Verwandten geschmeichelt. Außerdem, hatt ich den Eindruck, weiß er über die Vorgänge mehr, die dich so bedrücken.

GRILLPARZER *steht auf; raunzig*: Am besten sehn wir uns nicht wieder.

Säuglingsgeschrei von nebenan.

CHARLOTTE: Augenblick, die Kleine schreit. *Sie geht nach rechts ab. Grillparzer nimmt Platz und schaut, mißgestimmt mit den Fingern auf dem Tisch klimpernd, ins matte Licht der Lampe. Charlotte zurück.*

CHARLOTTE *lebhaft*: Nichts besonderes. Wie Kinder halt so sind. Lachen und weinen im leichten Wechsel. Wie der Windhauch. Man sagt, Säuglinge ahnten in den ersten Monaten die Wechselfälle des späteren Lebens voraus.

GRILLPARZER *kurz angebunden*: Schon die Kinder leiden. *Steht auf, schaut auf seine Uhr* Es ist Zeit, daß ich gehe.

Charlotte nimmt ohne Umschweife die Lampe und begleitet ihn an die rechte Tür. Dort halten beide, wie von unsichtbaren Fäden gelenkt, gleichzeitig inne. Charlotte stellt die Lampe ab. Die Gesichter liegen im Schatten.

CHARLOTTE *streckt die Hände nach ihm aus; mit unverstellter Herzlichkeit*: Ich muß dich küssen, Franz.

Sie zieht sein Gesicht zu sich heran. Sie liegen sich in den Armen. Die Umarmungen werden heftiger. Charlotte hebt mit der Linken zuletzt die Lampe vom Boden auf, faßt mit der Rechten Grillparzers Linke und führt ihn durch die andere Tür von der Szene.

– I, 2 –

Wohnstube im Haus der Familie Paumgartten. Nachmittag. Ferdinand von Paumgartten, ein korpulenter Mensch mit frischer Farbe, in einer Art gutsherrlicher Grandezza, und Grillparzer, übellaunig, mit eingesunkenen Schultern, sitzen einander gegenüber an den Schmalseiten des mit einem angebrochenen Kuchen, Service, Tafeldecke gedeckten Tischs. Charlotte bringt, aus der linken Tür kommend, eine Kanne mit frischem Kaffee.

Anschließend schneidet sie vom Kuchen weitere Stücke ab. Ein sehr großes legt sie Ferdinand auf den Teller, je ein kleines Grillparzer und sich selbst. Unterdessen Gespräch zwischen Ferdinand und Grillparzer.

FERDINAND: Ich bin als Vertreter von Graf Sedlnitzky im Gespräch. Wenn ich die Dienstreisen hinter mir hab, wird es sich entscheiden. *Nimmt zärtlich Charlottes freie Hand, sie, die ihn lächelnd gewähren läßt, beim Ausgießen des Kaffees behindernd* Dann werde ich von meiner lieben Frau, der hoffnungsfrohen Mutter meiner Kinder, auch nicht mehr so oft getrennt sein.

GRILLPARZER: Schön für mich.

FERDINAND *aufmerksam, verwundert über einen Beiklang in Grillparzers Bemerkung*: Wie meinst du?

GRILLPARZER *gallig*: Schön für mich. Wie ich es sage. Schön für mich.

FERDINAND *mißbilligend*: Zunächst einmal schön für **mich** und meine liebe Charlotte. Doch was versprichst **du** dir von einer häufigen Anwesenheit meiner Leiblichkeit?

GRILLPARZER: Ich verspreche mir von einer häufigen Anwesenheit deiner Leiblichkeit … nichts. Oder glaubst, ich rechne mir Aussichten aus auf eine bessere Behandlung – bei deiner Denkungsart?

FERDINAND: Charlotte kann bezeugen, daß ich in meiner ganzen Denkungsart das Maß in persona bin.

Charlotte, den Blickkontakt zu beiden meidend, schneidet Kuchen. Pause.

FERDINAND *räuspert sich; behaglich*: Wir leben doch in einem ruhigen Land, Franz. Alles läuft wie am Schnürchen. Ich habe ein gesundes Kind, und ich will es dir verraten, doch nein, Charlotte wird es dir selbst verraten …

Charlotte bringt, immer noch den Blickkontakt zu beiden meidend, das Kuchenmesser weg.

Was gehst du weg, Charlotte, hier ist niemand, vor dem du's verstecken mußt!

GRILLPARZER *ablenkend*: Jetzt ist es also raus, was man gegen mich hat. Anders gesagt: man fand, was man lange suchte, um mich … zu schikanieren.

FERDINAND *räuspert sich*: Du bist Beamter, vergiß das nicht. – Charlotte, kannst du bitte die Zuckerdose füllen?

Charlotte, rot im Gesicht, sieht ihn an, lacht und setzt sich, ohne seiner Bitte zu entsprechen.

FERDINAND *zu Grillparzer*: Dichter und Beamter, eben beides. Du solltest die Empfindlichkeiten bei Hofe kennen, mein Lieber.

Man denkt dort ultramontan. Man kann nicht zulassen, daß ein Beamter öffentlich Stellung bezieht in einer Weise, die … gegen die Kirche geht.

GRILLPARZER: Als ich jüngst in Rom das Kolosseum sah, störte mich das dort aufgestellte Kreuz. Ich fand es dort überflüssig und geschmacklos.

FERDINAND *zieht ein abgerissenes Einzelblatt aus der Jackentasche und liest vor*: „Nehmt es weg, dies heilge Zeichen! / Übrall stehe, nur nicht hier!"

GRILLPARZER: Lies die Begründung bitte auch. Man sollte Poeten nicht unvollständig zitieren.

FERDINAND: „Nehmt es weg, dies heilge Zeichen! / Alle Welt gehört ja dir; / Übrall, nur bei diesen Leichen, / Übrall stehe, nur nicht hier!" *Legt das Blatt hin* Schelm. „Nehmt es weg." Der Besitzende hat immer Recht, Franz. Ihm gehört alles, ihm gehört nie zuviel. Das ist so und das verträgt keinen Widerspruch. Du hast Gönner, laß es dir gesagt sein.

GRILLPARZER: Ich seh mich außerstande, Ferdinand, diesem Staate auch nur eine Stunde länger zu dienen!

FERDINAND *liest eine andere Stelle vor*: „Soll ich wohl das Werkzeug küssen, / Wenn's auch Gottes Zeichen trug?"

CHARLOTTE *aufmerksam, läßt die Worte auf der Zunge zergehen; auswendig*: „Soll ich wohl das Werkzeug küssen, wenn's auch Gottes Zeichen trug?"

FERDINAND *lehrerhaft*: Was meint der Franz damit?

CHARLOTTE: Den Ehereif vielleicht.

FERDINAND *verstimmt*: Das ist keine gute Idee. Wo steckt da der Sinn und wo das Werkzeug?

CHARLOTTE: Das Zeichen tragen die Eheleute an den Fingern und unsichtbar auf die Stirn geschrieben. *Versucht, vergeblich, ihren eng ansitzenden Ehering abzustreifen.*

FERDINAND: Und das Werkzeug? Werkzeug wovon?

CHARLOTTE: Voneinander. Von dieser Idee, Eheidee, was weiß ich.

FERDINAND: Franz hat das geschrieben, im Hinblick auf einen persönlichen Eindruck, und der Franz īs, wie dir nicht entgangen sein dürft, unverheiratet. Nein, das war daneben, Charlotte.

CHARLOTTE *verteidigt sich entschieden*: Warum soll Franz das nicht im Hinblick auf den Ehereif geschrieben haben, Ferdinand? *Mit Inbrunst* Soll ich wohl das Werkzeug küssen, wenn's auch Gottes Zeichen trug?

FERDINAND *zornig*: Bitte, Charlotte.

CHARLOTTE *lenkt ein*: Franz meint, daß er für die Gängeleien nicht auch noch Danke sagen wird, denen er ausgesetzt īs, auch wenn seine Vorgesetzten auf die Heilige Schrift geschworen haben.

FERDINAND *zu Grillparzer; zufrieden*: Du siehst, Graf Sedlnitzky versteht zu lesen, wie's das auch mein gutes Frauchen hier versteht. *Nimmt Charlottes beide Hände und küßt sie ab.*

Knapp Das Gedicht wird nicht erscheinen. Schreyvogel und du, ihr werdet eine Erklärung abfassen und die Gemüter beschwichtigen. Schreyvogel als Herausgeber des Blattes und du als Verfasser des Gedichts. Schreyvogel soll doch Burgtheaterdirektor bleiben, das ist doch ganz in deinem Interesse, nicht wahr? *Zu Charlotte* Ach hol doch bitte den Zucker.

Charlotte nach links ab.

Charlotte will's dir nicht sagen, Franz. Aber sie ist seit kurzem wieder … in andern Umständen. Als Dichter fällt's dir vielleicht schwer, dir meine Freud' darüber vorzustellen. Als Dichter denkst vielleicht, nur gut, daß'd keine Familie am Bandel hast. Aber unsereins schätzt sich unendlich glücklich im Besitz einer Frau, die ihm viele Kinder gebiert.

Er sieht Grillparzer in Erwartung einer beifälligen Antwort an. Der schluckt aber nur, ohne den Blick zu erwidern. Charlotte bringt den Zucker. Draußen schreit das Kind.

CHARLOTTE *zu Ferdinand*: Schau doch bitte nach der Kleinen, Schatz.

Ferdinand vergnügt nach rechts ab.

GRILLPARZER *trocken*: Ferdinand sagte, daß du wieder schwanger bist.

CHARLOTTE: Seit letzter Woche.

GRILLPARZER *aufgeregt, mit halber Stimme*: Doch nicht von mir?

CHARLOTTE *verhält ihm den Mund*: Keine Bange.

Ferdinand erscheint freudestrahlend in der Tür.

FERDINAND: Sobald die Kleine den Vater in der Nähe weiß, ist sie still.

GRILLPARZER: Du übst eben einen beruhigenden Einfluß auf jedermann aus, Ferdinand.

FERDINAND *seinen Platz wieder einnehmend; selbstzufrieden*: Bei soviel Ruhe, Ruhe in mir selbst und Beharrlichkeit. Das überträgt sich. Aber wer wollte auch, mit einer so wunderbaren, wunderschönen und, wenn ich's nur aussprechen darf, mit einer so sinnlichen Frau beschenkt, wer wollte da kein ausgeglichener Mensch werden!

CHARLOTTE: Ein ausgeglichener Mensch bleiben, Ferdinand. Deine Beharrlichkeit stammt nicht erst von gestern.

GRILLPARZER *trocken*: Beharrlich und robust. Deine Robustheit habe ich immer bewundert. *Er sieht niemanden an, während er spricht.* Weißt noch, ich konnte in dem Zimmer, in dem du den Schlaf des Gerechten schliefest, nie ein Auge zudrücken.

FERDINAND *zu Charlotte*: Du mußt wissen, Charlotte, als ich nach Pölten in Ausbildung ging und mein Zimmer frei wurde, hielt Franz sich öfters bei meinen Eltern auf. Du weißt, sein Vater war gestorben und hatte die Familie mittellos gelassen. Da hat meine Mutter den Franz immer wieder mit Freude beherbergt. Mein Zimmer lag über der Backstube, die nebenan betrieben wird. Es war dort furchtbar warm. Mir hat es nix ausgemacht. Aber Franz hat nie ein Auge zudrücken können. Und nach zwei schlaflosen Nächten hat er stets, mit Rändern unter den Augen, mit einer Ausred' das Weite gesucht.

GRILLPARZER *mit versteckter Ironie*: Du würdest dich unter keinen Umständen aus der Ruhe bringen lassen, Ferdinand.

FERDINAND *stellt richtig*: Ich habe es einfach nicht bemerkt, Franz. Und dir hab ich in der besten Absicht Platz gemacht.

In einem Automatismus von Gier – der ihm bis zuletzt nicht bewußt wird – ißt er mit unglaublicher Geschwindigkeit seinen Kuchen. Charlotte stellt einen Teelöffel in seine Tasse, gibt den Zucker aber nicht dazu. Grillparzer beginnt langsam sein Kuchenstück zu essen. Säuglingsgeschrei von nebenan. Charlotte absentiert sich. Ferdinand, alles das nicht registrierend, führt, sowie er seinen Kuchen aufgegessen hat, seine Tasse ohne Kontrolle an den Mund; der Löffel fällt heraus und zu Boden. Er hebt ihn, wegen seiner Korpulenz sofort kurzatmig, mit Mühe auf, tut eine beängstigende Menge Zucker in die Tasse, rührt um und trinkt gierig, laut schluckend aus. Grillparzer beobachtet ihn stumm, immer wieder, genügsam speisend, herüberschauend.

FERDINAND *wischt sich mit einer Serviette den Mund und stößt auf; legt die Serviette unordentlich-platzverschwendend hin; immer noch kurzatmig*: Graf Sedlnitzky ist ein guter Mensch. Wenn er deine Entschuldigung hat, geht alles in Ordnung. Mehr will er nicht. Alles muß seine Ordnung haben. Von der Ordnung lebt der Staat. *Lacht unsympathisch.* Und wir haben immerhin einen der bestfunktionierendsten Staaten der Erde. *Lacht in sich hinein.*

Mit den Poeten ist das freilich so eine Sache, Franz. Bei einem Grillparzer oder Schreyvogel wird man schon mal ein Auge zudrücken dürfen. Aber alles hat seine Grenzen. Sage nur, du würdest schlecht behandelt. Wirst du das? Zugegeben, du bist bei der Beförderung neulich übergangen worden, das war nēt schön, aber sonst? Deine einstweilige Freistellung, Graf Stadion hat sie für dich erwirkt, glaubst, der Hof würde bei allen seinen Beamten so kulant verfahren, mit Urlauben, Freistellungen immer wieder und auf langbefristete Zeit? Das verdankst einzig deiner Stellung, dem Grafen Stadion und, wenn ich das bei aller Bescheidenheit einmal so einflechten darf, den guten Kontakten deines Vetters Ferdinand von Paumgartten, der dir in diesem Augenblick gegenübersitzt.

GRILLPARZER: Ich genieße nach deiner Überzeugung also eine bevorzugte Stellung.

FERDINAND: Das behaupte ich allerdings.

GRILLPARZER: Kannst du mir ein Rezept verraten, wie ein Dichter als Dichter überleben soll, der als Beamter doppelt so viele Rücksichten nehmen muß auf die Empfindlichkeiten einer Regierung wie ein normaler Bürger? Kannst du mir verraten, wie der freie Geist sich behaupten soll gegen doppelte Rücksicht, wo ihm schon halbe Rücksicht die Flügel lähmt?

FERDINAND: Du wirst es schaffen. *Lebhaft* Höre mich an. Du hast ein paar Neider in der Beamtenschaft. Selbstverständlich. Aber du hast auch Gönner. Wir, deine Gönner, wir andern, wir wissen, was wir Österreichs bestem Dichter schulden. Wir würden dir ja gerne bieten, was du brauchst. Nur leider ist das Amt noch nicht geschaffen, das dich ökonomisch sichert und zugleich dir alle Freiheit läßt.

Grillparzer schweigt.

Charlotte zurück. Sie möchte eine zusammengewickelte Windel wegbringen.

Was hast du, Charlotte?

Charlotte hält, abgewandt, in der Nähe der linken Tür inne, reibt sich mit der freien Hand die Augen.

Sollen wir nicht doch ein Kindermädchen nehmen?

CHARLOTTE *wendet sich um, sieht ihn aus traurigen Augen an*: Wozu? Dazu bin ich doch da, Ferdinand. *Nach links ab.*

FERDINAND: Seit sie weiß, daß sie wieder schwanger ist, weint sie manchmal. Ich habe sie nie so gekannt.

GRILLPARZER: Wenn wir die Lasten der Schwangerschaft, die Gefahren, alle Jahre tragen müßten, wäre uns auch nicht so wohl zumute, Ferdinand.

FERDINAND: Charlotte ist sehr sensibel. So eine starke Frau und so sensibel. Ich kann's nicht fassen.

Er wiegt, von Anteilnahme und Liebe bewegt, den Kopf. Grillparzer bleibt der Bissen im Halse stecken.

– I, 3 –

Nacht. Ein hell erleuchtetes Fenster im ersten Stock eines im linken Hintergrund befindlichen Gebäudes. Zu sehen ist das Profil einer jungen Frau: Katharina Fröhlich. Der Beobachter rechts im Vordergrund, Grillparzer, bleibt wegen der Dunkelheit zunächst unbemerkt. Erst im weiteren Verlauf der stummen Szene macht er durch eine Bewegung auf sich aufmerksam. Die Lichtregie arbeitet diesem Augenblick durch allmähliche Abmilderung der Dunkelheit behutsam vor. Ein übriges wird die Gewöhnung des menschlichen Auges an derlei geringe Beleuchtungsgrade tun, daß der Zuschauer zeitig gewahr wird, daß es sich um eine Szene zu zweit handelt.

Das Mienenspiel Kathis ist eigenartig. Offenbar ist sie Zeugin eines musikalischen Vortrags, von dem man aber draußen nichts hört. Ihr Gesichtsausdruck wechselt rasch und unvermittelt, je nach dem Gefühl, das die oben gespielte Musik in ihr erregt. Zunächst ist er der einer ernsten, gespannten Aufmerksamkeit. Er wird bedenklich. Wenig Zeit vergeht und Kathi wischt sich Tränen aus dem Gesicht. Plötzlich geht ein kindliches Lachen über ihre Züge und zuletzt klatscht sie voller Glück wie närrisch in die Hände.

Nachdem der Beifall verebbt ist, beginnt oben ein weiteres Musikstück. Wieder ist Kathis Gesichtsausdruck wie zu Beginn derjenige eines neugierigen Ernstes.

Hier löst sich der Beobachter vorne von der Stelle und geht unauffällig aber entschlossen auf das Gebäude zu.

Wieder eine Weile später, während in Kathis Gesichtsausdruck die Aufmerksamkeit einer leichten Verstimmung, schließlich einem grämlichen Verdruß Platz macht, sieht man Grillparzer hinter ihr auftauchen. Er ist gleichfalls nur im Profil zu sehen. Er nimmt eine Stuhlreihe vor Kathi Platz. Man sieht zuletzt am rechten Rand des Fensterausschnitts seinen Hinterkopf.

Die ganze Szene spielt sich ziemlich zügig ab, zügiger mit allen Ausdrucksnuancen sozusagen, als dies bei klingender Musik realistischerweise zu erwarten wäre. Von der Regie her darf nichts breitgetreten, nichts zelebriert wirken.

– I, 4 –

Wohnstube im Haus der Familie Paumgartten. Charlotte begrüßt Grillparzer, der einen kleinen Blumenstock in der Hand hält, an der rechten Tür. Sie begrüßt ihn mit einem intensiven Kuß, dem er sich erfolgreich zu entziehen versucht.

GRILLPARZER: Das zur glücklichen Entbindung der glücklichen Mutter.

Charlotte küßt ihn erneut, stumm und ebenso intensiv wie zuvor. Grillparzer gibt jetzt nach und erwidert den Kuß anhaltend, zumal er mit der einen Hand noch nicht frei ist und sich schlecht wehren kann. Charlotte stellt den Blumenstock irgendwo am Rand ab, wo sie eine Flasche Wein bereitgestellt hat.

CHARLOTTE *bringt die Flasche*: Und das zur glücklichen Vollendung dem glücklichen Dichter.

GRILLPARZER *nimmt die Flasche in Augenschein und reicht sie Charlotte zurück*: Der Dichter hätte sein Werk ohne die in diesem Hause von seiner Muse empfangene Ermutigung nicht vollendet.

CHARLOTTE *lacht*: Wie formell das klingt.

GRILLPARZER *schmunzelt*: Für die natürlichste Sache von der Welt.

Charlotte küßt ihn auf die Stirn. Grillparzer setzt sich auf ein bequemes Sitzmöbel in Charlottes Nähe.

Was macht die Kleine?

CHARLOTTE: Ein Söhnchen, Franz, kein Töchterchen. Quietschfidel.

Sie entkorkt die Flasche.

GRILLPARZER: Im Mittelalter mußte der Mann, der nicht der Vater der Kinder einer Frau, aber der Geliebte der Frau war, sterben von Mannes Hand. Oder die Kinder, die nicht in Liebe empfangen waren, mußten sterben: sie sollten nicht Schaden nehmen unter den unreinen Freuden des mütterlichen Schoßes. Oder der Mann mußte sterben, um der Liebe der Frau Platz zu machen.

CHARLOTTE *keck lachend*: In neuer Zeit ist das anders. Der Liebhaber einer schwangern Frau buselt munter mit ihr drauflos. Grund ist: weil's ohne Folgen ist. Das Kind hat schon wer gezeugt.

GRILLPARZER: In der Scheide der Frau mischt sich der Same des einen Mannes mit dem Samen des andern Mannes. Ferdinand hat einen schärfern Samen, ich habe dafür einen schärfern Geist.

Charlotte stellt zwei Kristallgläser auf den leeren Tisch und füllt sie mit Wein aus der Flasche. Sie setzt sich an den Tisch. Grillparzer folgt. Sie heben die Gläser.

CHARLOTTE: Auf die vollendete „Medea".

GRILLPARZER: Auf die mißlungene „Medea".

Sie trinken.

CHARLOTTE: Nach der Entbindung dies tiefe dunkle Tal immer. Als ob dich die Tiefe einmal einholen wird. Dabei weißt doch noch vom letzten Mal, wie schnell du regenerierst.

Sie trinkt mechanisch, ohne zu genießen, in einer plötzlichen Nachdenklichkeit ihr Glas bis zur Hälfte aus. Grillparzer betrachtet sie distanziert und trinkt, gleichfalls mechanisch, die gleiche Menge.

GRILLPARZER *wie beiläufig; mit halber Stimme*: Eine gewisse Frau von Piquot ist mir nachgegangen.

CHARLOTTE *hört nicht zu*: Das Gesetz verlangt Opfer, schmerzliche. Aber brauchst du nicht das Gefäß, die Form, die dich beschützt im Meer der Triebe und Gefühle? Demut wird dir abverlangt, Demut vor der Form. Das Kind ist nicht von dir, es ist von dem Mann, dem ich das Jawort gab. Weh tut's. Aber macht die Unterordnung unter die Form dich nicht zugleich auch sicher? Macht die Würde der Form deine Mutterschaft nicht erst würdig? Die Demut, die du der Form entgegenbringst, strahlt im Spiegel auf die Mutter zurück und verleiht der Mutterschaft einen höheren Wert.

GRILLPARZER *nickt bedeutungsvoll*: Zwei Liebende ohne Rahmen – Kräfte ohne Maß und Halt. *Schelmisch* Und woher beziehn die Menschen ihr großes Wissen?

CHARLOTTE *schmunzelt*: Aus Seinem höchsteigenen Mund.

GRILLPARZER: Und wo tut der sich kund?

CHARLOTTE *schäkert*: In einem Roman mit ein paar hübschen Stellen, vielen Gemeinheiten und einer etwa dreißigjährigen Hauptgestalt.

GRILLPARZER *immer schalkhaft*: Es ist kein Roman mit ein paar hübschen Stellen, plumpen Gemeinheiten und einer etwa dreißigjährigen Hauptgestalt. Es ist ein einzigartiges Buch, ein einmaliges Buch, das Buch der Bücher nämlich. Bitte mehr Respekt!

CHARLOTTE *tut entrüstet*: Wissen Sie nicht, mein Herr, daß die Würde eines Buchs der Bücher nur einem Werk des berühmten Dichters Franz Grillparzer zukommen kann?

GRILLPARZER: Wir reden nicht über Literatur, wir reden über ein **gewisses** Buch, verehrte Frau von Paumgartten, inspiriert vom großen Gott persönlich.

CHARLOTTE: Bücher, auch ein gewisses Buch, mein Herr, sind Zeugnisse des menschlichen Geistes, eines Urhebers und seiner Sehnsucht nach Schönheit und Erkenntnis. Jetzt kommen Sie, nehmen ein einzelnes Literaturerzeugnis heraus und beanspruchen für es ein eigenes Regal.

GRILLPARZER *spielt den Betrübten*: Dann sehen Sie im Gekreuzigten nichts als eine Romangestalt?

CHARLOTTE *bekräftigt*: Dieser Unbekannte – warum duzen Sie ihn? ist er jünger als Sie? haben Sie ihn um Erlaubnis gefragt? – ist eine mich reichlich wenig interessierende Heldengestalt.

GRILLPARZER *einen Moralprediger parodierend*: Liebende ohne Rahmen – Kräfte ohne Maß und Halt!

CHARLOTTE *unaufmerksam*: Gute Flasche. Schmeckt dir der Wein?

GRILLPARZER: Gute Flasche, wahrhaft.

CHARLOTTE *lächelt traurig*: Übriggeblieben von meiner Hochzeit. Heimlich beiseitegeschafft für besseren Anlaß.

GRILLPARZER *legt unvermittelt eine Hand auf ihre Hände*: Du meinst, beiseitegeschafft für den Augenblick, in dem du ganz die Frau deines Mannes wirst, Charlotte.

CHARLOTTE *erschrickt*: Ich versteh nēt …

GRILLPARZER *zieht die Hand zurück; freundlich*: Ich meine für den Augenblick und Stand, in dem dein Jason seine Kreusa fand.

Charlotte wirft ihm einen bestürzten Blick zu und geht unruhig zum linken Rand.

GRILLPARZER *in ihre Richtung sprechend*: Du wirst dich damit abfinden müssen, unser Liebesverhältnis, Charlotte, gehört der Vergangenheit an.

CHARLOTTE *abgewandt dastehend*: Du redest, als ob's aus wär.

Grillparzer geht auf sie zu, berührt sie, sie wehrt ab.

GRILLPARZER: Das geht nicht weiter, Charlotte, das hat keine Zukunft.

CHARLOTTE: Wer ist sie, die Jasons Sinne gefangen hält?

GRILLPARZER *treuherzig*: Kathi Fröhlich. Eine der Schwestern, die mit Schubert befreundet sind. Einfache Leut, herzlich. Ich hab sie am Fenster gesehn, sie wohnt gerad einer Schubertiade bei. Ich beobacht ihr Mienenspiel. Bezaubernd ist's. Eine halbe Stunde mag ich so dagestanden sein. Dann bin ich 'naufgegangen.

CHARLOTTE: Und dann hat Jason seine Medea mit einer Kreusa vertauscht.

Grillparzer hält einen Augenblick beschaulich inne.

GRILLPARZER *amüsiert*: Ich frag sie: Warum, Kathi, verliebt ein Mann sich in eine Frau? Ja weil ihn der Hafer sticht halt, sagt Kathi. Ich frag sie: Aber warum verliebt er sich gerade in **die** Frau und nicht in eine andre? Ja weil sie ihm gefallt halt, halt, sagt Kathi. Einen Dickkopf hat sie. Ein Ding ist so oder so, ein drittes gibt's nicht.

CHARLOTTE: Macht ihr's schon miteinander?

GRILLPARZER *knapp*: Wenn wir verheiratet sind.

CHARLOTTE: Ernstmachen willst?

Grillparzer nickt lakonisch.

Kathi Fröhlich. Das Nachbarskind, das für seine Geschwister Pfannkuchen bäckt. Kathi Fröhlich. Die Künftige des berühmten

Dichters Franz Grillparzer. Sag der Kathi Fröhlich, daß ich Nachbarskinder, die bis zur Vermählung mit dem Buseln warten, ehr.

Sieht Grillparzer plötzlich fragend, mit einem Zug von Verzweiflung an.

Hat sie auch Sommersprossen und einen langen Zopf?

Keine Antwort.

GRILLPARZER *kühl*: Ich glaube, eine gewisse Frau von Piquot kommt jeden Augenblick.

Charlotte blickt befremdet. Schweigen. Es läutet an der Haustür.

Gehst du?

Charlotte geht öffnen. Grillparzer trinkt nervös sein Glas aus. Frau von Piquot, ganz in Schwarz, tritt auf. Charlotte hält sich im Hintergrund.

FRAU VON PIQUOT *von gefaßter Trauer*: Entschuldigen Sie, daß ich Ihnen gefolgt bin, Herr Grillparzer. Aber zu Hause sind Sie nie. *Zurückhaltend vorwurfsvoll* Früher wußten wir mehr voneinander, früher sind wir vertrauter miteinander gewesen.

GRILLPARZER: Sie wissen, Ihre Tochter, die Jugend Ihrer Tochter, das Gerede der Leute, man kommt leicht in Verdacht, leichter als einem lieb.

FRAU VON PIQUOT *mit durchsichtigem Blick*: Meine Tochter war sehr schön, da reden Sie wahr. *Ernst* Ich habe Ihnen etwas Wichtiges mitzuteilen. Eine Botschaft von ihr persönlich.

Sie sinkt auf einen Stuhl und bedeckt die Augen.

GRILLPARZER *macht eine symbolisch tröstende Bewegung auf sie zu*: Aber was hatt ich mit Ihrer Tochter, ich und Ihre Tochter?

FRAU VON PIQUOT *blickt auf; verständnislos*: Sie? *Mit Grabesruhe* Mit ihrem Tod, meinen Sie.

Grillparzer setzt sich. Nebenan Säuglingsgeschrei. Charlotte geht unauffällig ab. Das Geschrei verstummt in dem Augenblick, in dem Frau von Piquot in ihrer Rede fortfährt.

Meine Tochter hat Sie sehr geliebt, mein Herr.

Grillparzer schüttelt verständnislos den Kopf.

Wir dachten, das Interesse gelte Ihren Dichtungen. Aber es galt Ihnen persönlich. Hier … *Sie zieht ein handgeschriebenes Doppelblatt hervor; liest*: Mein Testament. Verfaßt nach Wiederkehr meines Todestraums. Ich werde sterben. Die Ursach meines Todes erkenn ich mit der Deutlichkeit des Traumes in dem stummen Leid, das ich verheimlich bis zu dieser Stund. *Sie bedeckt die Augen, legt das Schreiben hin. Ernst* Niemals hat meine Tochter nach Ihnen gefragt, und nie hat sie uns in unseren

Bestrebungen unterstützt, Sie erneut an unser Haus zu binden. Aber heimlich zeichnete sie Ihr Porträt. Immer wieder ging sie auf ihr Zimmer und zeichnete daran. Sie kannte Ihre Züge auswendig. Sie hatte sie sich eingeprägt. Es war ihre heimliche Beschäftigung. Meine Tochter bittet Sie in diesem Testament, bitte nehmen Sie diese Zeichnung an als ein postumes Geschenk. Aber auch ihr eigenes Bild bietet sie Ihnen zum Geschenk. Freilich nur, wenn Sie dieses ausdrücklich wünschen.

GRILLPARZER *mit einem Stottern*: Das Andenken Ihrer lieben verstorbenen Tochter, verehrte Frau …

FRAU VON PIQUOT *läßt ihn nicht ausreden*: Meine Tochter will, daß ich und mein Mann Sie als unsern Sohn behandeln, daß wir Sie bei uns aufnehmen, daß wir Sie an Kindes Statt annehmen. Sie können morgen bei uns einziehen. Es wird Ihnen an nichts mangeln.

GRILLPARZER: Sie sind fremde Menschen für mich, Frau von Piquot. Ich war einige Male in Ihrem Haus. Bis vor einem Jahr …

FRAU VON PIQUOT: Sie können unsern Schmerz über den frühen Tod unserer geliebten Tochter doch hoffentlich begreifen, mein Herr. Wir sind zu allem bereit, was unsere … geliebte Tochter …
Sie steht wacklig auf. Grillparzer geht auf sie zu, bietet ihr den Arm. Sie küßt ihn verwirrt auf die Stirn. Er faltet das Doppelblatt behutsam in seinen ursprünglichen Zustand zurück und gibt es ihr. Sie steckt es ein und hakt bei ihm unter. Er begleitet sie hinaus. Charlotte, mit einer zusammengewickelten Windel wiederkommend, blickt den beiden konfus nach.

– I, 5 –

Rechtes Viertel der Vorbühne: Ausschnitt der Wohnstube der Fröhlichs. Er wird von einem Klavier und einer einfachen Klavierbank nahezu ausgefüllt.
Die Szene beginnt damit, daß Kathi die Hände rascher als nötig wegzieht und Grillparzer den Deckel über der Tastatur zuklappt.

KATHI: Franz, so werden wir die Sinfonie nie zuend spielen.

GRILLPARZER *steht auf; nervös*: Es beleidigt mein Gemüt, wie du das Thema spielst.

KATHI: Ich spiel's halt so, wie's dasteht.

GRILLPARZER *finster*: Was reg ich mich auf. Musik ist Spielerei. Halb so wild.

KATHI: Heute sagst, Musik ist Spielerei, gestern sagst, Musik ist die höchste Sach, die seit Menschengedenken erfunden worden is.

Grillparzer geht im Vordergrund auf und ab. Kathi wendet sich verlegen den Noten zu, einer vierhändigen Ausgabe einer Sinfonie von Joseph Haydn. Ihr Zeigefinger gleitet unglücklich über die Zeichen hin.

GRILLPARZER: Diese Grille, weißt, was ich mein?

KATHI: So ein Tier meinst, das schrille Tön von sich gibt und trotzdem nicht zu fangen ist.

GRILLPARZER: Eine Laune, Grille halt, die dich den letzten Schritt nicht tun läßt.

KATHI: Welchen Schritt?

GRILLPARZER *faßt sich an den Kopf; mit verzerrten Zügen*: Zwei Verwirrte. Zwei Begrillte.

KATHI: Du bist begrillt, ich nicht.

GRILLPARZER: Was rätst?

KATHI: Wir müssen halt heiraten.

GRILLPARZER: Die Ehe gehört zu den unseligen Verirrungen des Menschengeistes, Kathi! Sie macht den Menschen zum Werkzeug eines vermeintlichen heiligen Zwecks. Sie stellt die Ordnung über die, denen sie nützen soll.

KATHI: Der Mensch muß seinem Gewissen folgen, Franz. Und mein Gewissen sagt mir halt, daß wir heiraten soll'n.

GRILLPARZER: Heiraten stellt den Strom der Empfindungen her, meinst, der immer unterbrochen ist, wenn ich vor dir steh, wie? Heiraten hilft, wenn ich mein, jetzt muß es geschehen, jetzt, und ich's nicht über mich bring und mich nur schäm und Mitleid hab? Heiraten löst alle Probleme, wie?

KATHI *dreht sich zu ihm um*: Welche Probleme, Franz? Ich seh keine Probleme.

Schweigen. Sie dreht sich wieder in Richtung Klavier. Plötzlich steht Grillparzer hinter ihr und tippt ihr auf die Schulter. Sie erschrickt, dreht sich um und holt zu einer Ohrfeige aus. Sie hält jedoch inne, da es Grillparzer ist. Der nimmt ihr Gesicht in beide Hände und drückt ihr einen mehr aggressiven als herzlich-liebevollen Kuß auf die Lippen. Er hält Kathi eine ganze Weile in dieser für sie unbequemen Lage fest.

KATHI *befreit sich; den Kuß entschlossen abreibend*: Das dürfen Sie nicht noch einmal machen, Franz. Mich so erschrecken!

Grillparzer, im Profil sichtbar, blickt mit aufeinandergepreßten Lippen ins Leere.

GRILLPARZER *zornig*: Komm, Kathi, spielen wir zuend.

KATHI: Ich mag nicht mehr.

GRILLPARZER: Ich habe dir nichts getan.

KATHI: Du warst nicht lieb zu mir, Franz. Und dann mich so erschrecken.

Grillparzer geht in Panik im Kreise. Dann setzt er sich, doch in umgekehrter Richtung wie Kathi, mit dem Rücken zum Instrument, neben sie und vergräbt das Gesicht in den Händen.

KATHI *ihm durchs Haar streichend*: Was hast du, Franz?

Grillparzer richtet den Oberkörper auf und schüttelt sie ab.

GRILLPARZER: Wenn wir heute, Kathi, versuchsweise mindestens, wenn wir wieder Sie zueinander sagten?

KATHI *streicht ihm durchs Haar, was er jetzt zuläßt*: Ich kann dich, Entschuldigung, Sie verstehn. Ist alles was schnell 'kommen, nicht wahr. Leut wie wir brauchen halt Zeit. Wir können nächste Woche wieder Du zueinand' sagen, oder übernächste. Aber nur wenn Sie es mögen, sonst ein ander Mal. Aber Kathi sagen Sie doch weiter zu mir, und ich darf weiter Franz zu Ihnen sagen, nicht? Ich mag's halt so gern.

Grillparzer steht in Panik auf, nimmt Handschuhe und Hut, die greifbar liegen und schickt sich ohne ein Wort an zu gehen. Kathi kommt ihm zuvor. Sie eilt nach rechts ab. Grillparzer sieht ihr verwirrt nach. Er läßt sich schließlich, mit Blickrichtung zum Zuschauer, erneut auf die Klavierbank nieder.

Änderung der Szene: ein zweiter Lichtkegel leuchtet auf, links von der Mitte und kleiner als der um Grillparzers Position. Etwas nach hinten versetzt sieht man den Oberkörper von Charlotte, die, parallel zum dasitzenden Grillparzer, eine zerlesene „Sappho" in der Hand, in einem anderen Raum steht.

CHARLOTTE: Ich frage mich: wer ist Sappho? Dichterin, Liebende. Eine Frau, die sich ein Bild macht von dem, was sie liebt. Die alles was sie liebt zum Bild macht. Alles auch, was sie nicht liebt. Die ganze Welt. Welche Welt ertrüge so ein Bilderdasein, welches Ding wäre nicht eines Tages aus solchem Schattendasein erwacht? Keine Person, wenn sie stark ist, läßt sich von solchen Schattenfesseln zwingen. *Zu Grillparzer gewendet*: Ich frage mich, ob du jene Frau meinst oder doch dich selber. Immer in Wunschvorstellungen, bunten Träumen lebst. Du erwachst aus so einem Traum und läßt mich fallen. Sappho und Jason und du sind eins. Wie der unreife Jason seine Medea, verläßt du wegen einer Jüngeren, Bildfrischeren nun mich.

GRILLPARZER *verbessert sie*: Jason verläßt Medea, weil er sich mit ihr der allgemeinen Verachtung aussetzt.

CHARLOTTE: Er verläßt sie, weil er Medeas überdrüssig ist.

GRILLPARZER: Er ist Medeas überdrüssig, weil er an ihrer Seite in seiner Stadt nicht frei atmen kann.

CHARLOTTE: Ferdinand hat dich nie behindert, du warst über Ferdinand erhaben.

GRILLPARZER: Wir kommen am Gesetz nicht vorbei. Es gibt nun mal das Gesetz.

CHARLOTTE: Doch ich darf zugrundgehn, darf, was mich zum Menschen macht, verraten, Hauptsach, dies verabscheuenswerte, nichtsnutze Gesetz regiert!

GRILLPARZER: Wir werden Freunde bleiben, das versprichst? Ich werde nie vergessen, was du für „Medea" getan hast. Und auch schon für „Sappho". Du warst meine Muse. Aber jetzt bist du wieder die Frau meines Vetters Ferdinand von Paumgartten und ich bin wie zuvor ein, hoffentlich, gern gesehener Gast.

CHARLOTTE: Hat deine Muse sich verwandelt in den Körper einer einfachen Sterblichen? Hat deine Muse sich in zwei Schwangerschaften gar zu rasch verbraucht für deinen ach so künstlerischen Geschmack?

GRILLPARZER *mit belegter Stimme*: Jetzt weißt du hoffentlich, wer deiner würdiger war, der Ferdi oder ich.

Schweigen.

CHARLOTTE: Ich werde den Charakter Ferdinands in Zukunft zu würdigen wissen.

Pause. Sieht lächelnd herüber.

Ist sie besser als ich? Eine bessere Geliebte? Ist sie hübscher?

Schweigen.

GRILLPARZER *kalt*: Wenn ich weggeh, geh ich ohne Triumph. Ich geh aber auch ohne Bedauern. Ich bedauer nicht, daß es zuend ist mit uns, ich bedauer nicht dich in deiner Relation zu Ferdinand, ich bedauer nicht ihn, dem ich Protektion verdank und der sich täuscht über mich und über die Moral seiner Frau. Ich lach nicht über die Verrücktheiten von der Welt und die Selbstgefälligkeiten von uns allen. Alles ist, wie's ist, und die Uhr lauft weiter.

Die Scheinwerfer gehen aus.

– I, 6 –

Schwarze Nacht. Irgendwo in einem Wald. Man erkennt von dem ausgelassen einander nachlaufenden Paar nur Schemen: eine junge weibliche Person und Grillparzer.

JUNGE FRAU *von Grillparzer eingeholt*: Schau, was ich unterm Rock trag!

GRILLPARZER *nach einem Augenblick; begeistert*: Ja, nix!

FRAU *lacht und befreit sich*: Schau, wies'd drankommst!

GRILLPARZER: Potz, was für ein Weib!

FRAU: Gelt!

GRILLPARZER: Würdest auch im Hellen so …?

FRAU: Gewiß. Immer. In der Redout'. Tät sogar vor dich hinbieseln.

GRILLPARZER: Mannstolles Weib.

FRAU: Pscht!

Man hört sie einige Schritte von Grillparzer entfernt urinieren. Eine zweite männliche Stimme aus dem Hintergrund rechts herannahend.

MÄNNLICHE STIMME: Ich hör doch was. Marie, wo steckst?

Schweigen, völlige Ruhe. Der Mann – es ist der Maler Moritz Daffinger – passiert suchend mit einer Laterne. Im Lampenlicht erkennt man, jedoch in einem anderen Winkel als da wo Daffinger sucht, Grillparzers Profil der Frau zugewandt und, etwas stärker ausgeleuchtet, deren Gesicht: es ist Marie von Smolenitz, spätere Marie Daffinger. Daffinger vorne links ab.

Die zwei sind wieder allein, ganz im Dunkeln.

GRILLPARZER *mit halber Stimme*: Immer, wenn ich mich vergnügen will, taucht dieser Mensch auf.

MARIE *kokett*: Mein Beschützer. Paßt auf, daß ich meine Jungfernschaft nicht verlier.

GRILLPARZER *ihr nachhaschend*: Die gehört doch lang mir.

MARIE *entwischt ihm lachend*: Glaubst?

Beide ausgelassen rechts hinten ab.

DAFFINGER *von links vorne zurückkommend*: Ich habe dich gehört. Ich finde dich, Schatz.

Er leuchtet noch einige Augenblicke dort, wo die beiden vorhin sich aufhielten. Dann trottet er, ein wenig wie der tölpelhafte Galomir in „Weh dem, der lügt!", rechts hinten von der Szene.

– I, 7 –

Wohnstube der Fröhlichs. Vorne rechts das Klavier.

Grillparzer, in mißgelaunter Wartehaltung, den Hut in der Hand, steht vor einem Armstuhl, der rechten Tür zugewandt, aus der jetzt Netti kommt. Netti sieht Kathi ähnlich, doch ohne deren Feinheit.

GRILLPARZER: Sooft ich in der letzten Woche nach Kathi schau, ist ein Priester da.

NETTI: Immer derselbe ist's. Sie schaun nicht richtig hin.

GRILLPARZER *mißmutig*: Kathi braucht keinen Priester, Kathi braucht einen Mann.

NETTI: Sie mögen die Schwarzröck nicht?

GRILLPARZER: Nicht besonders. *Freundlich* Kennen Sie die Geschichte von Hero und Leander?

NETTI: Nicht daß ich wüßt.

GRILLPARZER: Hero, Priesterin der Griechen, am Tag ihrer Weihe, respektive ihres Gelübdes, falls das korrekter klingt für Ihr frommes Ohr. Die Feierlichkeiten vorüber, das Volk in alle Winde sich zerstreuend. Nur einer bleibt: Leander, ein junger Fischer aus dem Volk, das am andern Ufer der Meerenge lebt. Weigert sich, mag die heilige Erde nicht verlassen.

NETTI: Was wollen Sie mit Ihrer Örtlichkeit ausdrücken?

GRILLPARZER: Es ist gewissermaßen der abgeschlossene Bezirk, in dem meine Kusine wohnt, die jüngst einem Orden beitrat.

NETTI: Sie können unsre Orden nicht mit den Gebräuchen von den alten Griechen vergleichen. Das waren Heiden.

GRILLPARZER: Der Junge will nicht weichen. Obwohl ihm der Tod droht, wenn er nicht auf der Stelle den heiligen Bezirk verläßt.

NETTI: Schon das würde kein rechtschaffener Christ tun. Wir bestrafen keinen Andersgläubigen, weil er eine Kirche betritt.

GRILLPARZER: Hören Sie weiter: die junge Priesterin empfängt den jungen Mann des Nachts auf ihrem Klosterturm in aller Heimlichkeit. In der darauffolgenden Nacht kommt er wieder. Er will, wie heut schon, das ganze Meer durchschwimmen vor lauter Verliebtheit. Die junge Frau, Hero, verspricht, ihre Lampe in das Fenster zu stellen. Die Lampe soll ihm den Weg weisen zu seiner gesetzesbrecherischen Tat.

NETTI: Was hat Kathi in der Geschichte verloren?

GRILLPARZER: Hören Sie weiter. Der Oberpriester, der die beiden belauscht, *augenzwinkernd* der Bischof der ehrenwerten Sippschaft, wenn Sie so wollen, der von der Verabredung Wind bekommt, sinnt auf eine List, um zu verhindern, daß die Hero die Lampe an die Stelle bringt und dem Leander den Weg weist.

NETTI: Er will halt nicht, daß jener Fremde die Heiligkeit des Orts und die Heiligkeit des priesterlichen Gelübdes mit Füßen tritt.

GRILLPARZER: Nun, es ist auch ein heidnischer Priester, nicht, und wo anders als in seiner Verschlagenheit drückte sich sein Heidentum besser aus, frag ich Sie. Er läßt die Frischgeweihte einen langen, langen Gang tun. Begrüßungsvisite, verstehn Sie. Die Ahnungslose geht los, geht und geht. Müde kehrt sie nach getaner Pflicht zurück. Die Lider werden ihr schwer, und vor der verabredeten Zeit entschlummert sie. Der Oberpriester – *lächelt* Bischof – entwendet der fest Schlafenden die Lampe. Der Knabe Leander, dieser wunderbare Schwimmer, kann das Zeichen nirgendwo entdecken und schwimmt sich in der Finsternis zu Tode.

NETTI: Und Kathi?

GRILLPARZER: Ich weiß nicht, ob Kathi in der Geschichte vorkommt. Aber Sie wollten wissen, warum ich die Schwarzröck nicht mag. Jetzt wissen Sie es.

NETTI: Das ist eine heidnische Geschichte, nicht zu vergleichen mit der christlichen Kultur.

GRILLPARZER: Die Priesterordnung triumphiert, dort wie hier. Die Ordnung siegt über die Liebe und das Leben jederzeit.

NETTI: Sprechen Sie von Kathi oder sprechen Sie von einer andern Frau?

GRILLPARZER: Wenn ein Mann eine Frau nicht so liebt, wie es das Gesetz will, spricht die Kirche ihr Urteil, heut wie gestern.

NETTI: Sie wissen doch nicht, was der Priester mit Kathi spricht. Die Religion gibt Kathi viel Trost.

GRILLPARZER: Den sie von mir nicht bekommt. Wohl wahr.

NETTI: Sie täten besser selbst mit dem Pfarrer sprechen.

GRILLPARZER: Stellen Sie sich vor, Netti, ich komm zu ihm, ein wahrhaft Suchender, mit meinen durchaus besonderen Problemen. Welche Auskunft gibt er mir? Er empfiehlt mir, ich soll an diese undeutliche antike Gestalt glauben, glauben, daß sie im Zentrum des Weltalls steht.

NETTI: Sie haben's doch gar nicht versucht.

GRILLPARZER *schüttelt den Kopf; kategorisch*: Priester entziehen sich dem Suchenden so, wie ich mich der Kathi entzieh und wie sich die Kathi mir entzieht, indem sie statt mit mir mit dem Priester spricht.

NETTI: Der Priester hat gesagt, sie soll mit Ihnen buseln, wenn's ihr hilft. Das Mädchen stirbt uns sonst noch weg, hat der Priester gesagt.

GRILLPARZER: Ein Priester empfiehlt einer Unverheirateten, Unverlobten ...?!

NETTI *strahlt*: Die Kirche ist im allgemeinen streng, im besondern aber barmherzig, Franz.

Grillparzer blickt verstimmt ins Leere.

GRILLPARZER *verstört*: Ist der Mensch frei, Netti?

NETTI: Der Mensch kann sündigen, also ist er frei.

GRILLPARZER: Und wenn alles erblich wär?

NETTI: Erblich?

GRILLPARZER: Kannten Sie die kleine Piquot, Netti? Neulich, ich war Zeuge worden, zufällig, wie man sie begrub. Ich hatte den Vorfall vergessen, da hängt sich die Mutter an mich dran. Nun hör ich eine verwickelte Geschichte: die junge Piquot hat mich geliebt. Die Mutter, die ich erst ein paar Mal gesehen, macht mir ein Angebot: will mich annehmen an Sohnes Statt! Die Kleine hat das in ihrem Testament so verfügt. Unter Tränen zeigt die Mutter mir das Bild, das die Verstorbene von mir gefertigt hat.

NETTI: Wenn Sie der Kathi nicht sagen, was los ist, dann wird der Kathi dasselbe blühen wie der jungen Piquot!

GRILLPARZER: Wissen Sie, wie ich reagiert hab? Kalt bin ich geblieben. Gedacht hab ich: die Zeichnung, wie mäßig; verlegen war ich, auf die Uhr geschaut hab ich jeden Augenblick und gebetet, daß das vorübergeht. Ihnen kann ich's sagen, Netti, Ihnen allein. Sie können's bei der Kathi verwenden, wenn's nützt: ich hatt einen kleinen Bruder: Adolf. Adolf, gerade siebzehnjährig, im Andrang natürlicher Gefühle, die er nicht begreift, nimmt sich in einer Novembernacht das Leben. Ertränkt sich in der Donau, aus Angst, er würde ein schlechter Mensch. Er hinterläßt einen Brief: Wenn der Franz einst heiraten tut, dann soll er seine Kinder warnen, daß sie nicht so werden wie ich. Und schon geschieht das nächste Unglück: die Mutter bringt sich um. Es war Selbstmord, kein Schlaganfall. Sie hat sich erhängt. Mochte nicht mehr leben bei sosehr mißratnen Söhnen. Ich kann den kleinen Adolf in seinen neuen Gefilden beruhigen. Der Franz wird keine Kinder haben. Sie schlügen aus der Art wie er selbst. Das ließen sein Stolz und sein, manchmal wenigstens, mitleidiges Herz nicht zu. Ich frag Sie wiederum: ist der Mensch frei, Netti? Kann er seine Gefühle bestimmen? Sündigt er, wo so was doch im Blut liegt, von Generation zu Generation vererbt? Und vor allem: ist der Mensch frei – wo er doch nimmer wird begehren können, wo's der Verstand ihm rät, und wo er nimmer kann in einem andern Menschen Begehren wecken, wenn's nicht soll sein!

Netti blickt ihn groß und unverständig an.

Kathi erscheint in der linken Tür. Sie ist im Nachthemd, bleich wie ein Gespenst, mit Rändern unter den Augen, und hält sich nur mühsam auf den Beinen. Netti eilt, sie zu stützen, sie wehrt jedoch ab und stützt sich mit einer Hand an der Wand. Grillparzer und Kathi stehen sich gegenüber, er den Hut in der Hand.

Wenn ich nicht der Grillparzer wär, Kathi, und Sie nicht die Kathi, mein liebes, verehrtes, leidendes Fräulein Fröhlich, dann hätte man sehen müssen, wir sind nicht füreinander bestimmt. So aber bin ich der Grillparzer und Sie sind die Kathi. Ich habe frei sein wollen, ja, tatsächlich wollen. Ich bin's geblieben, denn wählen hab ich können: wählen zwischen mit Ihnen buseln und der Grille, nicht mit Ihnen buseln. Aber der Mensch will nicht wählen. Der Mensch will unfrei sein. Er begehrt nichts sehnlicher, als unfrei sein. Entscheiden bedeutet scheiden, wählen bedeutet zweifeln, freisein bedeutet: ich sag nein. Liebe aber ist die glückliche Form des Zwangs und der Unfreiheit. Kathi, es tut mir leid.

KATHI *läßt sich auf das nächststehende Sitzmöbel sinken*: Danke, Franz. Jetzt werd ich mich auch nicht mehr so grämen, wenn Sie zu andern Frauen gehn.

GRILLPARZER *verbindlich*: Ich will Ihnen helfen. Ich nehm am andern Ende der Stadt Quartier. Und in ein paar Jahren, wenn Sie einen würdigeren Mann als mich gefunden haben, Kathi, werden wir vielleicht wieder Freunde sein. Vorausgesetzt, Ihr Stolz läßt das zu und Ihr heutiger Schmerz hat sich verwandelt bis dahin in eine freundliche Nachsicht mit dem flatterhaften Sinn von Ihrem Franz.

KATHI: Und dann werden wir uns auch nicht mehr am Klavier so streiten, gelt?

GRILLPARZER: Bestimmt nicht.

KATHI *steht torkelnd auf; mechanisch*: Netti, bring mich zu Bett und den Franz an die Tür.

Sie faßt Nettis helfenden Arm. Beide links ab. Grillparzer blickt den beiden nach, setzt den Hut auf und geht, ohne die Rückkehr Nettis abzuwarten.

– I, 8 –

Freie Natur. Lichtung am Rand eines Waldwegs. Es ist an einem sonnigen, frühlingsfrischen Apriltag. Roher Holztisch mit rohen Bänken an den Längsseiten, an denen sich im Profil gegenübersitzen: Grillparzer auf der linken Seite vorne, Marie von Smolenitz auf der rechten vorne, dahinter, neben ihr, Moritz Daffinger.

GRILLPARZER: Ist's zum Lachen, ist's zum Weinen? Der Kaiser befiehlt: „Der 'Ottokar' wird aufgeführt!" Das stinkt dem Sedlnitzky. Denn der Sedlnitzky hat empfohlen: „Der 'Ottokar' wird unterdrückt!" Aber gegen den Kaiser vermag er nichts. Gegen wen wütet er also? Gegen den Autor, gegen mich! In welchem Land leben wir! Ein paar Männer von der Zensur halten das Heft in der Hand, nicht einmal der Kaiser ignoriert ihre Empfehlungen folgenlos und wir schaun bei alledem zu wie blöde Knaben!

Er zuckt irritiert zusammen: Marie nimmt seinen rechten Fuß und beginnt, ihn zu entschuhen und den Strumpf herunterzustreifen. Grillparzer, nach einer Grimasse des Unwillens, läßt sie gewähren.

DAFFINGER: Ich sage dir, die Sach geht gut für uns aus. Und als Blamag' für die Polizei.

MARIE *zu Daffinger, mit Grillparzer zugange*: Du hast zu unvorsichtig geredet, Moritz.

DAFFINGER: Ich sagte, die Zensur erstickt den Fortschritt in unserm Land und Österreich verpaßt den Anschluß an die liberalen Länder Europas, wenn sich da nichts ändert.

GRILLPARZER: Und ich hab „Bravo“ gesagt.

MARIE *tätschelt ihm die Wade*: Brav so.

GRILLPARZER: Mag sein, die Polizei gibt kleinbei. Sie fand bei der Hausdurchsuchung natürlich nichts. Sie wird auch bei den andern Mitgliedern von der Ludlamshöhle nichts finden. Aber Blamag', Moritz? Immerhin hat sie wieder demonstriert, wie ohnmächtig wir ihrer Laune ausgeliefert sind. Welch gottverdammter Ungeist hält mich bloß in diesem elenden Land zurück? *Ohne Übergang* Au! *Marie hat ihn mit dem Fingernagel in die Fußsohle gestochen. Jetzt streichelt sie den Fuß umso zärtlicher.*

DAFFINGER: Ich weiß es auch nicht. Wahrscheinlich weil's deine Heimat ist. Irgendwo willst ja zu Hause sein. Außerdem rechnest mit einem langen Leben. Je länger, desto inniger träumst davon, daß'd eines Tages doch noch Zeuge wirst einer neuen Blüte, eines neuen Geistes in diesem Land. Freilich nicht, solange die Sedlnitzkys und die Metternichs das Sagen haben.

MARIE: Pscht! Wir werden belauscht.

DAFFINGER: Unsinn. Die Polizei wird sich nicht ein weiteres Mal mit uns blamieren wollen, Marie. Ich sage im übrigen nur, daß Unkraut keine Orangen trägt.

Pause.

MARIE: Ob die Polizei nicht doch fündig würd? *Sie lächelt Grillparzer, seinen Fuß ruhig haltend, prall ins Gesicht.*

GRILLPARZER: Ich werde einen Urlaub beantragen. Man wird ihn mir gewähren nach dem Schock des gestrigen Tags.

Marie führt sich Grillparzers Fuß unter den Rock. Sie verdreht für einen Augenblick und dann wiederholt die Augen.

DAFFINGER: Wir dürfen nicht zulassen, daß solch harmlose Treffen so einen Rattenschwanz höchst bedeutender Folgen nach sich ziehn. Ludlamshöhle … ein paar gescheite Köpfe treffen sich in einem Gasthaus, das Ludlamshöhle heißt, und diskutieren bei einem Glas Heurigen.

GRILLPARZER: Ja soll ich bleiben? Ich halte es nicht mehr aus! *Spielt unter Maries Rock.*

DAFFINGER: Dann fährst, erholst dich, kommst zurück, frisch an Geist und Gliedern und nimmst die Dinge gelassen hin, die du vor deiner Reise nicht ertragen konntest.

GRILLPARZER: C'est la vie! Jeder sucht sein Durchkommen – und sein Auskommen. In keinem andern Land der Welt bekommt der

Beamte Grillparzer so großzügig Urlaub wie in Österreich. Und die Pension läuft weiter.

DAFFINGER: Und in keinem Land genießen Stammtische dieselbe Aufmerksamkeit wie in Österreich. *Schmunzelt.* Ludlamshöhle – Dissidentenhölle ...

Marie stöhnt lustvoll auf. Daffinger schließt überrascht, aber ahnungslos den linken Arm um sie und legt ihr die rechte Hand auf den Oberschenkel. Noch eben rechtzeitig kann Marie den Fuß wegdrücken.

Was ist?

MARIE: Ein Hexenschuß. Eine Maus ist mir durchs Möschen gelaufen.

DAFFINGER *ergreift Maries Rechte*: Es ist etwas kühl zum Sitzen heut. Aber bevor wir gehen, Franz, will ich mit was Erfreulichem schließen. *Steht auf, Grillparzer folgt automatisch.* Darf ich vorstellen: meine Braut: Marie von Smolenitz. In Kürze: Marie Daffinger.

Grillparzer fällt verblüfft auf seine Bank zurück und streckt den entblößten Fuß von sich weg. Er hält lange die Luft an, dann fängt er stoßweise und immer heftiger zu lachen an.

DAFFINGER *sieht den Fuß; befremdet*: Du hattest keine Schuhe an?

GRILLPARZER: Es juckte. Ein Flohstich. Ein dummer Floh ... Eine Maus ist mir über die Zehe gelaufen.

DAFFINGER *verwundert zu Marie*: Was hat er?

Marie lacht krampfhaft auf.

GRILLPARZER: Ihr ... heiraten?

MARIE: Es ist wahr. Er ist mein Bräutigam. Ich bin seine Braut.

GRILLPARZER *im Wechsel auf die beiden zeigend*: Bräutigam und Braut, Bräutigam und Braut, Bräutigam und Braut.

Er humpelt, den beiden den Rücken kehrend, vor sich hin lachend, davon. Das Paar schaut ihm befremdet hinterher.

*

– II, 1 –

Wohnstube Grillparzers. Ein Vierteljahrhundert später. Die Wege der einmal Verlobten haben sich erneut getroffen: Grillparzer wohnt jetzt im Obergeschoß desselben Hauses wie die Schwestern Kathi und Netti Fröhlich. Rechts vorne neben der Eingangstür ein Klavier.

Am Anfang sitzen er und Kathi auf Lehnstühlen einander gegenüber, die an das lichtvolle Fenster links gerückt sind. Grillparzer wirft immer wieder einen mißtrauisch beobachtenden Blick hinaus, Kathi tut ihm nach, aber ohne sein Interesse. Zu sehr ist sie in ihren privaten Gedanken gefangen. Doch auch Grillparzer geht in dem Gespräch nur auf die Dinge ein, die sie vorbringt. Das Geschehen auf der Straße tangiert ihn, ohne daß der Zuschauer zunächst errät, worum es sich dabei handelt. Immer wieder dringen entfernte Geräusche und unverständliche Männerstimmen herauf.

KATHI: Wissen Sie, was ich träumte? Wir hatten keinen Kaiser mehr. Kaiser und Kaiserin sind vom Erdboden verschwunden. Aber mittags, in einem hellen Saal in der Hofburg, kommen sie und machen einen Knicks vor mir und begrüßen mich mit „Ihre Majestät".

GRILLPARZER *unaufmerksam*: Der Kaiser und die Kaiserin?

KATHI: Nein, die Männer vom Herrenhaus. Und wie ich mich umdreh, seh ich, wie sich die Männer jetzt auch vor Ihnen verneigen und Ihnen die Kron auf dem Kissen bringen, und sie sagen auch zu Ihnen jetzt „Ihre Majestät".

Grillparzer, nach einem flüchtigen Blick aus dem Fenster, lacht.

Abends liegen wir im Himmelbett, ich die Kathi wieder und Sie der Franz. Wir liegen lange da und keiner rührt sich. Plötzlich stehen Sie auf, Franz, und sagen: „Ich kann's nicht."

GRILLPARZER: Wie, ich kann's nicht?

KATHI: Halt einfach so. „Ich kann's nicht", sagen Sie und stehen auf. „Warum nicht?" frag ich. Sie aber sagen, und wir sagen kurioserweis wieder Du zueinander, sagen: „Du bist nicht häßlich, Kathi, ich mag dich ganz gern anschaun, nur – riechen mag ich dich nicht." Sie mögen mich nicht riechen, sagen Sie in dem Traum. Ich sag halt einfach, was ich geträumt hab, Franz.

GRILLPARZER: Und ich hab geträumt, ich umarme Sie in einem feuchten düsteren Raum. Wir stehen an der Kante eines großen kalten Himmelbetts. Ich will Sie fassen, da zerfallen Sie unter meinen Händen zum Gerippe.

KATHI: Das haben Sie nicht geträumt, das haben Sie ausgesonnen, als Sie die „Ahnfrau" schrieben.

GRILLPARZER: Ich habe es geträumt in meiner Jugend, lange bevor ich „Die Ahnfrau" schrieb.

KATHI: Da haben wir noch nicht gekannt.

GRILLPARZER *mechanisch*: Da haben wir noch nicht gekannt.

KATHI: Da haben wir uns noch lange nicht gekannt. Und doch haben Sie schlimme Dinge geträumt.

GRILLPARZER: Sie sehen, nicht erst in Ihrem Umgang lernt ich nachts das Fürchten.

Pause, in der Grillparzer aufmerksam, Kathi beiläufig aus dem Fenster blickt.

KATHI *ihn in seinen Gedanken unterbrechend*: Wenn jetzt eine neue Zeit kommt, werden Sie dann wieder dichten?

GRILLPARZER: Wenn die alte Zeit wiederkommt, das meinen Sie doch, dann könnt ich wieder dichten.

KATHI: Wir hatten die alte Zeit und Sie haben aufgehört zu dichten. Jetzt kommt eine bessere Zeit. Also brauchen Sie die neue, nicht die alte Zeit.

GRILLPARZER *aus dem Fenster blickend*: Das Publikum hat gesprochen – das Publikum hat gerichtet.

KATHI: Aber seien Sie doch nicht so.

GRILLPARZER: Alte Zeit kehrt nimmer wieder. Merken Sie sich das.

Kathi blickt schweigsam mehr ins Leere als aus dem Fenster, Grillparzer dagegen mit neugieriger Aufmerksamkeit hinaus.

Es klopft an der Tür: Netti.

NETTI: Der Herr Ritter von Paumgartten, Franz, wenn's recht ist, läßt fragen.

GRILLPARZER: Nur hereinspaziert. Heute bin ich ein gastliches Haus.

Netti ab, Kathi folgt unauffällig. Ferdinand von Paumgartten, im dunklen Mantel, Handschuhe in der Hand, immer noch der dralle rosenhäutige Mensch, tritt auf. Grillparzer fordert ihn weder zum Sitzen auf noch dazu, den Mantel abzulegen. Die beiden stehen gegen das Fenster gewandt neben den Stühlen in Blickrichtung nach draußen.

GRILLPARZER *lächelt*: Die dummen Buben.

FERDINAND *zornig*: Recht haben's.

GRILLPARZER: Das aus deinem Munde?

FERDINAND *sinkt auf einen der Stühle*: Ich nahm Politik viel zu ernst!

GRILLPARZER: Was ist geschehen, Ferdinand?

FERDINAND *sieht ihn an*: Warum hast du nicht geheiratet, Franz?

GRILLPARZER: Gute Frage.

FERDINAND: War die Richtige nie dabei?

GRILLPARZER: Ist das schwierig, die Richtige finden?

FERDINAND: Sagen wir, die für dich und für die du der Richtige warst. War ich für meine liebe verstorbene Charlotte der Richtige, frag ich mich seit neuestem.

GRILLPARZER: Wie lang ist die Charlotte jetzt tot?

FERDINAND: Im September werden's 21 Jahr. Sag: warum hab ich mich nicht wieder gebunden? Weil ich Charlotte so liebte? Oder gibt es einen anderen Grund, etwas wie ein Gespenst, etwas Unbekanntes? Eine unbeglichene Rechnung? Womit habe ich mich Charlotte gegenüber schuldig gemacht, Franz?

GRILLPARZER: Hast du eine Frau kennengelernt, die alles das in dir aufwühlt, Ferdinand?

FERDINAND: Wenn's das noch wär! Charlottes Zögern damals. Warum war sie immer so niedergeschlagen, wenn sie schwanger war? Warum starb sie, diese kerngesunde kräftige Frau, ausgerechnet am Kindbettfieber? *Insistiert* Warum hast du nicht geheiratet, Franz?

GRILLPARZER: Ich muß dir was gestehn, Ferdinand. *Geht philosophisch auf und ab.* Also … ich habe nicht geheiratet … wegen der Schuld. Der Despotismus im Manne. Wir sind despotisch. In uns steckt der Despot. Die Frau muß parieren, unsrer Willkür, unsern Eingebungen. Weigert sie sich, dann fallen wir in uns zusammen in unsrer jämmerlichen Art. Alle Männer sind so, außer die weibischen. Und alle fühlen es, wenigstens die intelligenten. Und dafür, daß sie den Frauen so begegnen, zahlen sie. Sie zahlen, indem sie für den Lebensunterhalt der Frau aufkommen. Sie zahlen, indem sie die Frau vor Anzüglichkeiten und Belästigungen schützen. Sie zahlen, indem sie der Frau ein Ansehn verschaffen.

FERDINAND *mit erhitztem Gesicht*: Willst du damit sagen, daß ich …

GRILLPARZER *weiter seinen Spott treibend*: Du bist ein … Spätерwachter mit deinen Schuldgefühlen. Also genauso dumm und genauso klug wie alle, die sich mit dem Leben arrangieren und … heiraten.

FERDINAND: Du hast also nicht geheiratet, weil du dich nicht arrangieren magst?

GRILLPARZER: Ich war Poet. Und als Poet in diesem elenden Land hab ich mir nur wenig an Entschädigungsgaben leisten können. Und ich geriet an Frauen, kann ich dir sagen, Frauen … Mein Ruf, der mir in allen Gebildetenkreisen vorauseilt, nämlich der Ruf, als Poet bist du edel und großartig gut, führte mir nur die großartigsten Frauen zu. Bestochene des Vorurteils. Die Frauen, die ich meine, hätten mir die Wahrheit über uns Männer nie verziehen.

FERDINAND: Und Kathi?

GRILLPARZER: Sie hat mich zum Hausnachbar. Wieder. Nach über zwanzig Jahren der Trennung. Was will sie mehr. Stelle dir vor, vor dir stände Franz Serafikus Grillparzer-Fröhlich. Gestatten, Franz Serafikus Grillparzer-Fröhlich. Bin ich fröhlich?

FERDINAND: Am Ende träumte die Charlotte auch von einem Poeten. Der war ich nie.

Grillparzer sieht ihn lange stumm von der Seite an. Ferdinand macht sich ausladend breit, so als hätte er gerade eine gleichgültige These in die Welt gesetzt, blickt aber konfus an seiner Kleidung empor, ob Grillparzer dort etwa eine Unordnung bemerke. Zuletzt bürstet er mit den Fingern säubernd über eine Fläche.

GRILLPARZER: Ich will dir aber gestehen, Ferdinand, die Frau von unserm Moritz hat mich zeitweis recht arg bedrängt.

FERDINAND *lacht*: Die Marie Daffinger? Das sieht der Marie ähnlich!

GRILLPARZER: Damals noch Marie von Smolenitz. Sie zerstreute mit ihrer offenen Lebensart mein zimperliches Getue.

FERDINAND *lacht*: Dann habt ihr's getrieben? Es geht nichts über eine Geberin, die dir ihr Angebinde so unterbreitet, daß'd nachher wie selbstverständlich in die vollen langst.

GRILLPARZER: Ich würde dich gern mit Geberinnen dieser Art bekanntmachen, Ferdinand, es gibt sie nur leider nicht wie Sand am Meer für jedermann.

FERDINAND *lacht*: Mit der Marie hätt ich mich in meinen jungen Tagen auch noch gern vergnügt!

GRILLPARZER: Während sie ihren Moritz betrog, betrog sie mich mit Moritz. Die beiden waren verlobt und ich wußte es nicht.

Die Vettern sehen einander an und lachen.

Ganz schön fröhlich für so einen Tag, was, Ferdinand?

FERDINAND: Jetzt, wo ich beruhigt bin!

GRILLPARZER: Also, welche Maus ist dir über die Zehe gelaufen?

FERDINAND *stutzt über Grillparzers Redewendung, fährt dann aber unbeirrt fort*: Wo du die Marie nennst und ihren Moritz, kann ich dir den Anlaß meiner Sorge auch nennen. Also, ich hab den Moritz getroffen. Ich kam vom Grab meiner lieben Charlotte, da läuft er mir übern Weg, merkwürdig beunruhigt, aber nicht über die Revolution, zu der sagt er kein Wort. Ohne zu grüßen, fragt er mich und wirkt dabei gereizt: Glaubst, sie war dir treu? Wer? Die Charlotte? Eben die. Die Charlotte. Dreht ab und ist weg. Trotzdem ich am Charakter meiner lieben Charlotte nie gezweifelt hab, bekomm ich ein ganz mulmiges Gefühl plötzlich. Jetzt geht es mir, wie du leichtlich begreifen wirst, deutlich besser.

GRILLPARZER: Es ist schön, daß ich dich mit irgendetwas, das ich gesagt hab, beruhigen konnte. Aber im Ernst, weißt du von Hofe nichts?

FERDINAND: Der Kaiser wird den Metternich entlassen, heißt's.

Von hier an läßt die Stärke des Tageslichts mehr und mehr nach.

GRILLPARZER: Metternich – Symbol der alten Zeit. Das wird die unerfahrenen Lausbuben draußen beschwichtigen. Und die eigentlichen Banditen? Der Sedlnitzky zum Beispiel?

FERDINAND: Hält sich im Hintergrund. Man hofft, der Zirkus geht ohne Blutvergießen in ein, zwei Tagen vorbei.

GRILLPARZER: Mich wundert, wieso hält der Sedlnitzky nicht alle seine Beamten an, die Stellung zu halten bis zum letzten Atemzug? Statt dessen besucht ihr Friedhöfe.

FERDINAND: Der Mann ist eben gescheiter, als man denkt, und lange nicht so stur.

GRILLPARZER *lächelt hintersinnig*: Man soll die Intelligenz seiner Gegner nie unterschätzen, mein Ferdinand?

FERDINAND: Wie meinst du das, Franz?

Moritz Daffinger tritt, ohne anzuklopfen, ein.

DAFFINGER *aufgeregt*: Die kaiserlichen Wachen haben das Feuer auf die jugendlichen Demonstranten eröffnet! Zwei Studenten sind in die Beine geschossen!

GRILLPARZER: Die Buben sollen zu ihren Müttern nach Hause gehn und eine warme Suppe essen. Der Augenblick für derartige Späße war denkbar schlecht gewählt.

FERDINAND: Späße? Die Freiheit der Meinung und der Presse ist immerhin ein berechtigtes Anliegen!

DAFFINGER *mit einem Nicken in Ferdinands Richtung; zu Grillparzer*: Hat er das von seiner seligen Charlotte übernommen? Früher waren deinem Vetter solch revolutionäre Reden fremd.

FERDINAND: Der menschliche Geist läßt sich nicht am Gängelband führen. Der Aufstand mußte kommen. Metternich wollte die Zensurgesetze lockern. Rechtzeitig. Leider hat man ihn nicht lassen. Jetzt, muß man füglich fürchten, werden sie noch verschärft, und zwar von andern.

GRILLPARZER *amüsiert*: Ich liebe die Zensur! Die Zensur bewahre uns vor dem poetischen Dreck der Herren politische Schriftsteller, ich nenne keine Namen. Unter diesen Lümmeln, ich nenne keine Namen, ist nicht ein einziger begabt. Mit ihren erbärmlichen Parolen übertünchen sie, ich nenne keine Namen, ihren Mangel an poetischem Talent und verlangen mehr Aufmerksamkeit als Shakespeare, Molière, Schiller und Grillparzer zusammen. Davor sei die Zensur! Die Zensur sei gepriesen in Ewigkeit!

DAFFINGER: In der Demokratie, die heute ihre ersten Sendboten schickt, geht auch die Kunst einer neuen Blüte entgegen, Franz.

GRILLPARZER: Wie denn das, Moritz? Das Gute bedarf den Schutz des Besonderen. Wie soll es den in der Masse erhalten? Wie soll das allerorten in der Minderzahl befindliche Gute sich in deiner edlen Demokratie bemerkbar machen, wo dem Dreck dieser Parolenschreier, dieser leerköpfigen Politikapostel, dieser Gesinnungshudler, dieser vierschrötigen Opportunisten, unter dem Trugetikett der demokratischen Gleichheit schon heute die aufgeblasenste Wertschätzung widerfährt? Wenn eine widerliche Duzkumpanei und Nivellierung blind macht für die feinen Unterschiede, die Natur und Können nun einmal setzen?

DAFFINGER *mit Wink auf Grillparzer*: Der alte Hofdichter verteidigt seine Festung, Ferdi.

GRILLPARZER *heiter*: Ich war zugegen, als die Herrschaften, ich nenne keine Namen, die Bittschrift zur Lockerung der Preßzensur verfaßten. Ich wußte, dieser Zeitpunkt ist verfehlt, diese Bittschrift ist umsonst. Die Herren drängten. In Gottesnamen, sag ich zu mir selber, sei kein Spielverderber, Franz, unterschreib! Gedacht, getan. An dritter Stelle unterschrieb ich. Hofrat Hammer, Professor Endlicher, Pardon, ich nenne keine Namen, Grillparzer. Die Herren reichen die Schrift bei Metternich ein. Neulich zitiert der Metternich uns in sein Kabinett. Was muß ich entdecken? Hammer und Endlicher haben ihre Namen von einem Kunstradierer ausradieren lassen und weiter unten neu unterschrieben. Mein Name steht an erster Stelle jetzt. Grillparzer der Kopf einer Dissidentenbande! Metternich sieht mich scheel von der Seite an. Ich hab alle Mühe. Kann das Lachen kaum verkneifen. So sind die Herren. Geben im Ausland an mit ihren liberalen Gesinnungen. Im Inland kommt ihnen das Scheitern der Petition ganz zupaß. Sie können um desto ungenierter ihr liberales Märtyrertum im Ausland fördern.

DAFFINGER *spitz*: Ich wußte nicht, daß du etwas gegen die Preßfreiheit hast.

GRILLPARZER: Nur etwas gegen solche Narrenspieler.

FERDINAND *lebhaft*: Du stellst die Sache dar, Franz, als hätte sie von Anfang an keine Chance gehabt. Das ist nicht wahr. Der Metternich hat die Zensur ehrlich lockern wollen. Da kommt ihr mit eurer Petition. Als er die Schrift in Händen hält, vermag er's nicht mehr. Das Volk hat ihn verkannt, das Volk ist für die Freiheit noch nicht reif.

Kathi stürzt herein.

KATHI: Man hört schreckliche Dinge. Die Leut sagen, der Kaiser hat den Metternich entlassen!

FERDINAND *setzt seinen Hut auf*: Die Gefahr ist gebannt.

Er und Kathi ab. Die Helligkeit geht weiter zurück. Am Ende des folgenden Dialogs ist es Abend.

DAFFINGER: Die Dinge haben ein ander Antlitz, hast schon recht, Franz. Was man hat, das weiß man. Was wird, das weiß man nicht. Aber nicht einmal was man hat, das weiß man.

GRILLPARZER: Nichts auf diesem Erdball weiß man, Moritz. Aber machen wir das verhältnismäßig Sichere nicht noch verhältnismäßiger. Was haben wir heimatlosen Findlinge auf der Welt schon mehr als diese armseligen Brücken, über die wir uns händehaltend über Abgründe hangeln.

DAFFINGER *faßt Grillparzer bei der Hand; den Ton wechselnd, aufgeregt*: Du mußt mir helfen, Franz. Marie ist nicht treu.

GRILLPARZER *runzelt die Stirn*: Höre ich am Tag der Revolution nur Frauengeschichten?

DAFFINGER *sinkt auf einen der Stühle*: Vorhin, als das draußen losging, war sie plötzlich so aufgeregt. Bleib drin, sag ich, das kann gefährlich werden. Sie ist nicht zu halten. Laß mich, sagt sie, ich kann doch … Was kannst du? Kann doch net … den F. jetzt hängenlassen. Also dacht ich's doch, du … Sie läßt mich nicht ausreden, schon reißt sie sich los und läuft ins Getümmel. Aber ich erwisch sie. Kommt da so eine junge Ordonnanz von Hofe raus! Steckt ihr eine Botschaft zu! Marie liest, bekreuzigt sich, wirft dem Milchbuben einen engelsgleichen Schmachtblick zu, und der läuft daraufhin in die Hofburg zurück.

GRILLPARZER: Das überrascht mich ungemein, Moritz, daß die Marie, ausgerechnet die Marie …

DAFFINGER: Die Geschichte ist nicht zuend, Franz. Ich erreich sie, pack sie am Kragen. Mit so 'nem Milchbuben, eine reife Frau, schämst dich nicht, ich herrsch sie an. Gelassen drückt sie meine Hand weg und sagt mit der größten Gemütsruhe von der Welt: Ich muß mich nicht weiter sorgen. Metternich wird entlassen und Ruhe herrscht. Ich reiß ihr das Billett aus der Hand, les: Der Metternich geht. Bin außer Gefahr. Wir treffen uns. F. Hier, Franz. *Gibt Grillparzer ein Zettelchen, das dieser ihm aber ungelesen wieder in die Hand drückt.*

GRILLPARZER: F. – wie Franz. Es würd mich nicht wundern. Am Tag der Revolution.

DAFFINGER: Franz, von dir hat sie immer besonders viel gehalten, auf dich hat sie immer besonders gehört. Du mußt ihr ins Gewissen reden. Bitte tu mir die Freud.

GRILLPARZER: Ein Milchgesicht, eine Ordonnanz. In ihrem Alter – alle Achtung!

DAFFINGER: Bitte sag ihr, wie unglücklich mich das macht.

GRILLPARZER: Eine Laune, Moritz.

DAFFINGER: Das Luder hat mich schon vor Jahren mit einer Geschicht verrückt gemacht. Auch so einer von Hofe, wenn ich mich nicht täusch. Bitte, Franz, bitte, red ihr ins Gewissen.

GRILLPARZER *drückt freundschaftlich seine Hand*: Ich versprech's dir, Moritz.

Es ist dämmrig geworden.

Nach draußen gewendet Wann werden die Revolutionäre zu ihren Müttern gehn, zu zweien getrieben mit gefesselten Händen?

DAFFINGER *für Grillparzers Ironie unempfänglich*: Der Kaiser wird das Schlimmste verhindern. Die Entlassung vom Metternich nimmt den Wind heraus. Morgen werden die Buben wie immer brav die Holzbänk in den Hörsälen drücken.

GRILLPARZER: Das fürcht ich auch. Nun muß ich dir was gestehn, Moritz.

DAFFINGER *richtet sich auf*: Ja?!

GRILLPARZER *amüsiert*: Nichts, was deine Marie und ihre Ordonnanzen betrifft.

DAFFINGER: Mehrere?!

GRILLPARZER: Schämst du dich auch so, wie ich mich schäm in diesem Moment? Wie die Schulbuben sehn wir zu, wie wirkliche Schulbuben hilflos, kopflos, mittellos kämpfen – und eines Amtes walten, das unsers ist! Sind wir so stumpf geworden? Ich muß dir noch was bekennen, Moritz: als dieser Staat, den ich wahrhaft nicht liebe und der mir wahrhaft das Leben schwermachte, als dieser Staat mich neulich in die Akademie der Wissenschaften berief, da fühlte ich mich … geehrt. Wär ich ein Kerl gewesen: Verzichtet auf mich, hätt ich sagen müssen, ihr habt mich mit eurer immer bewiesenen Engherzigkeit und Starrstirnigkeit zum Verstummen gebracht. Nein, ich sag's nicht, nehm ohne zu murren an, nehme an den ersten Sitzungen teil, sitz brav neben den Herren Endlicher und Hammer, ich nenne keine Namen, und fühl mich … geehrt. Es muß doch was Beruhigendes darin sein, wenn man dem Lauf der Dinge vertraut, nicht wahr, Moritz. Und sich sogar die Auszeichnungen einer Regierung gefallen läßt, die nichts ausließ, dich in deine Grenzen zu verweisen. Ja, die dich in deiner Gedankenfreiheit soweit beschnitt, daß du um ein Haar ausgewandert wärst.

DAFFINGER: Du sprichst von dir, ich wollt immer bleiben.

GRILLPARZER: Seit du von den Aufträgen der Herren Grafen und Beamten gut lebst, bist auch du etwas schlapp geworden, will mir scheinen, mein lieber Moritz.

DAFFINGER *schmunzelt*: Wir bleiben dem alten System erhalten und schmücken noch die neuen Systeme als glänzende Fossile.

GRILLPARZER: Aber du lebst doch noch.

DAFFINGER: Du etwa nicht?

GRILLPARZER: Bin schon ein Fossil. Oder meinst, ich schreib wieder?

Daffinger zuckt die Achseln. Pause.

DAFFINGER: Das Stück war gut. Ein Mißgeschick, eine Fehlbesetzung.

GRILLPARZER: Und ich sage dir: das Publikum hat entschieden – das Leben hat entschieden. Ich bin Beamter von unserm Kaiser, steh dem Hofkammerarchiv bis zur Pension rechtens vor. Dumm, wer vom Leben mehr will, als es bietet. Wir sind nicht frei: unter einem Herrscher nicht und in einer Republik nicht. Ein Unterschied freilich īs: unter einem Herrscher kennen wir die Fesseln, in einer Republik verflüchtigt sich der Feind; unter einem Herrscher werden wir eingesperrt, in einer Republik zerreiben wir uns am nebulösen Widerstand der Masse. Das Herrscherwesen hat einige meiner Stücke per Zensur beeinträchtigt, das Publikum, als eine demokratische Instanz, pfiff sie aus.

DAFFINGER: Nur deine Komödie, Franz, die andern nicht.

GRILLPARZER: Geschrieben steht: Weh dem, der lügt! Ein guter Titel: Weh dem, der lügt! Mir gellen die Pfiffe noch im Ohr, als ob's gestern wär. Weh dem, der lügt! Demokratische Instanz dein Publikum. Über Wahrheit entscheidet künftig das Volk. Die Stimme der Masse ist künftig Wahrheitsstimme.

DAFFINGER *faßt ihn brüderlich an den Armen; mit Wärme*: Ich wünschte, alle Demokraten wären mit soviel Besonnenheit Demokraten, wie du keiner bist. Warum finden sich unter den Besonnenen so wenig Glückliche.

Er umarmt Grillparzer flüchtig und geht eilig ab. Grillparzer steht verwundert, ein wenig gerührt da. Eine Weile bleibt es still.

Es ist dunkel geworden. In die Nacht hinein strahlen zwei Scheinwerfer. Sie bilden zwei unterschiedlich große Kreise: einen größeren um Grillparzers Position links, einen kleineren weiter rechts etwas nach hinten versetzt. Der zweite Kreis bleibt zunächst leer.

Jetzt tritt in ihn, von der Taille an aufwärts zu sehen, Marie. Dialog in der Art von I,5.

MARIE *mit einem süffisanten Lächeln*: Ja seit du mich nicht mehr magst, müssen andere Spielgefährten her.

GRILLPARZER: Du bist ein durchtriebenes Weibsstück.

MARIE: Hättest ja weiter mit mir buseln können, hätt mir keine Ordonnanz an Land gezogen.

GRILLPARZER: Der gute Daffinger.

MARIE: Treue Seel!

GRILLPARZER: Wenn er wüßt!

Pause.

MARIE: Traurig, Franz, weil ich dich aus deinem Schneckenhaus rausgezogen hab?

GRILLPARZER: Kein bißchen. Wie die Weiber aus Ungarn warst, mit Paprika unterm Rock.

MARIE: Hättest mich weiter haben können, Franz. Sicher wie eine Fahrt auf der Donau, geschwängert von einem andern, auftauchend und fortgehend wie Venus in der Nacht.

GRILLPARZER: Daffinger ist mein Freund.

MARIE *lacht*: Der dir vertraut wie ein Kind.

Pause.

Lacht Grillparzer aus Ein Mensch, wo Kindsmörderinnen gestaltet, Hofdichter, Wiener Genie, und ist nicht imstand, sich über Vorurteile wegzusetzen, wie ein kleiner Internatsbub.

GRILLPARZER: Vorurteile kommen manchmal jedem Spielgefährten zupaß, Marie, wenn ihm die Suppe zu sehr dampft.

MARIE: Oder wenn die Suppe kalt worden ist.

GRILLPARZER *blickt zu ihr rüber*: Oder wenn die Suppe kalt worden ist. Du sollst Daffinger nicht quälen, Marie.

MARIE: Ah, geh!

GRILLPARZER: Ich bin sein Freund und vertrete seine Interessen.

MARIE: Daffingers Schwert ist für die Scheide der Marie von Smolenitz zu stumpf.

Pause, in der ein behagliches Lächeln auf Grillparzers Zügen raumgreift. Sie blicken parallel vor sich hin ins Weite.

GRILLPARZER: Dann war ich dir wichtig?

MARIE: Wohl.

GRILLPARZER: Es war lustig mit dir.

MARIE: Ist noch! Moritz vertraut dir. Sichrer kannst gar nēt sein.

GRILLPARZER *trocken*: Die vornehmste Aufgabe ist: die Sprüch annehmen, die das Leben fällt. Die angenehmen Sprüch und die unangenehmen. Und die unangenehmen Sprüch, damit auch die angenehmen wahr sind. Denn wenn wir die unangenehmen Sprüch nicht annehmen, bleiben auch die angenehmen nicht mehr wahr.

Schweigen. Marie blickt betreten vor sich hin.

Das Licht, das Marie anstrahlt, geht erst langsam, dann ziemlich abrupt aus. Marie verschwindet. Grillparzer bleibt, mit starrer Miene dasitzend, die Lippen zusammengekniffen, voll angestrahlt. Erst nachdem Marie gegangen ist, schaltet auch der linke Scheinwerfer abrupt aus. Die Dunkelheit, die zurückbleibt, wird aufgelockert durch den rhythmisch aufflackernden Widerschein, den ein Fackelzug von der Straße her im Fenster hervorruft. Ab und an ist der Klang gedämpfter Männerstimmen zu hören. Es muß klar werden, daß der Zug in umgekehrter Richtung verläuft wie zu Anfang der Szene. Nach einer Weile steht Grillparzer mit einer raschen Bewegung auf und stellt sich so, daß er den Zug beobachten kann, ohne jedoch Gefahr zu laufen, von einem hereinleuchtenden Fackelstrahl getroffen zu werden. Es klopft verhalten an der Tür.

GRILLPARZER *nach draußen gewandt; erbost, raunzig*: Lausbuben!

Es klopft erneut, eher noch verhaltener.

GRILLPARZER *in Richtung Tür*: Netti?

KATHI *außerhalb*: Kathi. Ich bring Licht.

GRILLPARZER: Bringen Sie bitte die Kerze. Die Lampe strahlt so hell.

Kathi kommt, die Flamme einer Kerze hütend, herein, stellt die Kerze auf den Tisch und setzt sich Grillparzer, der wieder Platz nimmt, wie zu Anfang der Szene gegenüber.

KATHI: Der Fürst īs gegangen, die Revolution īs vorbei. Was soll werden?

GRILLPARZER: Denken Sie lieber, was Sie morgen kochen. Weiber sollen sich um Politik nēt kümmern.

KATHI: Nicht so grantig, Herr Grillparzer.

GRILLPARZER *tritt ans Fenster*: Wenn Sie eine Veränderung in der Politik wollen, dann gehen Sie gefälligst auf die Straße und überlassen nicht den Lausbuben alles.

KATHI: Na werden Sie nur nicht ausfällig bittschön.

GRILLPARZER: Erwachsne Männer verstecken sich wie Schulbuben, und wirkliche Knaben, denen der erste Flaum auf der Lippe sprießt, schreiben dem Kaiser vor, was er macht.

KATHI: Aber ändern hätt sich schon was können.

GRILLPARZER: In London, ja in London, da kannst du schreiten. Nicht hier in Wien. Hier stoßt'd dir den Schädel, wo du auch stehst. Die breiteste Straße ist nicht halb so breit wie die kleinste Gasse in London, und die Fiaker fahren in Straßen nicht halb so breit wie die Bürgersteige dort. Selbst in Weimar, wo Goethe lebte, treten die Menschen sich nicht halb so sehr auf die Füß wie hier.

KATHI: Der Augarten ist aber ein schöner Platz, Franz.

GRILLPARZER: Auch ist das Klima, bedingt durch die Schachtelung der Gebäude, für die Gesundheit abträglich. Ich erwach an keinem Morgen ohne ein grimmes Drücken über der Stirn, hier genau, hier. Und wenn ich dann den rechten Fuß, immer den rechten erst, da ich rechts aus dem Bett steig, in den Pantoffel schieb, dann reißt es erbärmlich im Kreuz. Hier, hören Sie es krachen? Mit dem linken Fuß steh ich gar nicht mehr auf, die Drehung mut ich meinem Kreuz nimmer zu. Ich erwart täglich, daß ich überhaupt nicht mehr ohne Hilf mich aufrichten und den Fuß in den Pantoffel schieben kann. Schauen Sie doch nur den typischen Menschen hier. Altes Gesicht vom Tag der Geburt an. Ein mißratener Schlag. Sie brauchen nur mich anschaun. Ich wag's nicht mehr, mir im Spiegel zu begegnen. Ein Gestorbener blickt mich an, gestorben im Jahr 38 oder schon 32, als ich das Archiv übernahm. Der erste Schriftsteller in diesem Land endet als Schreiber. Der Schöpfer von „Ahnfrau", „Sappho", „Medea" ordnet Akten. Warum bin ich nicht gestorben, als es noch früh genug dafür war?

KATHI: Ja, Grollen hält halt jung, Franz, und weil'S halt viel grollen, leben Sie halt länger als andre Leut. Alte Weisheit.

GRILLPARZER: Mitten in der Nacht wach ich auf, schweißgebadet, weil ich 'träumt hab, der Kaiser kommt persönlich schaun und entdeckt, wie ich den Calderon les und nēt bei den Akten bin. Und wenn im Sommer dann noch die Luft so steht, Hitze mag ich ja gar nēt, dann dröhnt mir der Kopf auch bei Tag, und meine beiden Arme reichen nēt hin, mich zu kratzen, so angeschwollen īs der Schädel. Ich bin 57 Jahr und werd allerorten für mindestens 70 gehalten.

KATHI: Jetzt schwindeln Sie. Sie haben sich ganz frisch gehalten. Sie sind halt nicht zufrieden. Aber Sie sind doch ziemlich gesund, Sie dürfen nicht undankbar sein. Kein Wunder auch, wo Sie sich nicht totschinden müssen.

Grillparzer wirft ihr einen haßerfüllten Blick zu und wendet sich nach draußen.

GRILLPARZER: Die Buben sitzen jetzt bei ihren Eltern am Abendbrottisch und löffeln eine warme Suppe.

Kathi zündet eine Öllampe an, macht die Kerze aus und setzt sich. Es wird etwas heller im Raum. Längeres Schweigen.

KATHI: Wenn ich das Schöne im Leben zusammenzähl, dann frag ich mich, warum's so lange währt. Hätten dafür nicht fünf oder sieben Jahr genügt? Warum lebt der Mensch so lang, wenn's doch nur Schönes für fünf oder sieben Jahr im Leben gibt?

GRILLPARZER *gegen die Fensterscheiben, die angelaufen sind; ausweichend*: In London, ja in London lebt ein anderer Schlag.

KATHI *aufblickend, in Richtung Grillparzers*: Es hätte sich ruhig was ändern können.

Grillparzer blickt finster und schweigend zurück.

Heute abend vor … 27 Jahren war's, da haben wir einander versprochen.

GRILLPARZER: Wissen Sie das so genau?

KATHI: Es mag was früher gewesen sein.

GRILLPARZER: Ich denk, es war **Anfang** März.

KATHI: Wo ich mir sonst immer alles merk, warum weiß ich den Tag nicht mehr?

GRILLPARZER *lacht; holt eine angebrochene Flasche Wein, die am Rand steht*: Ich weiß ihn auch nicht mehr. Die Ewigkeit kennt keine Daten, Kathi.

KATHI: Für Ewigkeit von Ewigkeit sind wir füreinander bestimmt.

GRILLPARZER *zieht den lose aufsitzenden Korken aus der Flasche*: Hielt ich nicht Wort? Bin ich nicht in Ihre Nähe zurückgekehrt, Kathi?

KATHI *nickt*: Jetzt sind wir alte Leut. Aber wir wohnen wieder unter einem Dach.

GRILLPARZER *schelmisch*: Und die Seel von unserm kleinen Hofstaat heißt … Netti!

KATHI: Ich schau, wo sie steckt.

Geht ab. Grillparzer stellt drei Weingläser auf und beginnt, sie zu füllen. Während er beim zweiten zugange ist, das halbvoll bleibt, kommt Kathi allein zurück.

Die Netti schläft schon.

GRILLPARZER: Wecken wir sie!

KATHI: Bewahr Gott!

GRILLPARZER: Wie wär's mit einer Haydnsinfonie?

KATHI *mißtrauisch, aber begierig*: Sie woll'n mit mir spielen?

GRILLPARZER: Keine gute Idee? Aber Sie haben recht, wir dürfen Netti nicht wecken.

Sie sitzen sich friedlich gegenüber. Sie stoßen an. Grillparzer gestaltet das so, daß die Arme sich verhaken, jeder um die Ecke trinken muß wie beim Bruderschaftstrunk. Obwohl er keine Anstalten macht zu mehr, leuchten Kathis Augen von ungeahntem Glück. Grillparzer läßt den letzten von nur wenigen getrunkenen Schlucken genießerisch auf der Zunge zergehen und stellt das Glas behaglich, doch ohne auf Kathis Freude zu achten, hin.

Ich habe mich nur mit zwei Frauen verstanden am Klavier: mit der Mutter und mit der Charlotte. Es hat den beiden kein Glück gebracht. Mich hat es immer inspiriert. Besonders bei der „Medea“. Ohne die Einstimmung mit einer Haydnsinfonie hätte ich Medea ihre Kinder niemals morden lassen.

KATHI: Jetzt ist’s an der Zeit für ein neues Werk, Franz. *Steht entschlossen auf, will zum Klavier.* Und ich, unterm Segen von dem Haydn, werd Ihre Muse sein.

Grillparzer steht, das Glas in der Hand, abrupt auf und hält Kathi mit unsanftem Griff zurück. Sein Gesichtsausdruck nimmt einen harten und fahlen Zug an und er geht unbeherrscht auf und ab. Die Flamme in der Lampe fängt zu flackern an. Kathi will sich um sie kümmern, Grillparzer verhindert es.

GRILLPARZER: Ich glaube, Sie haben falsch verstanden, Kathi. Ich werde mit Ihnen keine Sinfonie mehr spielen. Ich werde mit Ihnen überhaupt nie wieder spielen. Wie können Sie sich einbilden, ich würde mit Ihnen je wieder spielen.

Kathi preßt die Hände gegen die Augen, stößt versehentlich ihr leergetrunkenes Glas um und läuft verstört hinaus. Grillparzer steht unbewegt da, den Blick ins Leere gerichtet. Dann reißt er das Fenster auf, überzeugt sich, daß niemand unten vorbeigeht, und schüttet mit einer zornigen Bewegung den Weinrest aus seinem Glas auf die Straße.

– II, 2 –

Wohnstube Grillparzers. An einem hellen Vormittag einige Wochen später. Grillparzer, am Tisch sitzend, mit einem Text beschäftigt. Er korrigiert an einer Passage, streicht sie dann aber aus und fixiert in hastigen Zügen einen neuen Gedanken. Klopfen an der Tür. Er steckt Papier und Schreibgerät hektisch in die Schublade des Tischs.

GRILLPARZER *steht auf*: Kathi?

NETTI *eintretend*: Netti. *Sie stellt ein Tablett mit einer einfachen, aus zwei Schnitten Brot, Butter und Tee bestehenden Mahlzeit vor ihn auf den Tisch.*

Der Kathi geht’s noch immer arg.

GRILLPARZER: Wie lange zieht sich das hin? Sagen Sie ihr, Netti, sagen Sie der Kathi: wenn’s ihr eine Freude macht, dann soll sie doch bitte kommen. Ich spiele dann mit ihr die Haydn-Sinfonie zuend.

NETTI: Das sagen Sie ihr am besten selber, Franz.

Will gehen, hält aufmerksam inne: es läutet, durch die offenstehende Tür gut hörbar, unten am Hauseingang. Netti geht unaufgefordert ans Fenster und schaut unauffällig hinunter.

GRILLPARZER: Wer ist’s?

NETTI: Ich glaub, der Herr Ritter von Paumgartten.
GRILLPARZER *mißmutig*: Was will der jetzt?
NETTI: Soll ich?
GRILLPARZER: Gehen Sie schon!
NETTI: Ein bißchen galant, Herr Grillparzer, wenn ich bitten darf.

Ab. Ferdinand von Paumgartten tritt auf.

GRILLPARZER: Ferdinand?
FERDINAND *unbekümmert*: Kathi hat aufgemacht. Was gibt's neues, Franz?
GRILLPARZER: Neues? Bei mir? Nichts. Bei dir?
FERDINAND *nimmt Platz; gibt, ohne zu merken, was er tut, Tee in die Tasse und schlürft einige Schlucke*: Stell dir vor, ich bin ins Herrenhaus berufen worden. Kannst du dir eine größere Ehre vorstellen?
GRILLPARZER: Wahrhaftig nein. Ich gratuliere.
FERDINAND: Ein bißchen Republik ist gut, denk ich, solang's dem Kaiser nēt schadet. Weißt, ich bleib trotz meiner Mitsprach jetzt unbedingt für die personale Staatsform. Der Mensch, wie er beschaffen īs, braucht einen Menschen oben, zu dem er im Widerstreit der Interessen aufschaun kann. Einen Menschen mit stillen Grundsätzen und einer Geradheit in seinem Wesen, einen Menschen, dem das Kind auf der Straße, die Frau in der Altenanstalt vertraut.
GRILLPARZER: Und unser Kaiser ist dieser Mensch?
FERDINAND *schneidet sich ein Stück Butterbrot ab; kauend*: Daß er der Kaiser ist allein, erinnert ihn und die andern Bewohner im Staate all an die Idee vom Staat und von der Seele vom Staat.
GRILLPARZER: Die Seel heißt Netti.
FERDINAND: Netti? Wo steckt die Netti?
GRILLPARZER: Ein Staat dagegen, der von der Masse, also gar nicht regiert wird, entbehrt der Seele, meinst?
FERDINAND: Entschuldige, ich eß dein Brot. Wenn die Völker der Mitte und des Ostens unterm sanften Druck unsrer gemeinsamen Staatsidee friedlich vereint bleiben sollen, dann braucht's einen Kopf. Der Körper liebt den Kopf, der Österreicher liebt seinen Kaiser.
GRILLPARZER: Bedenk, ist der Leithund schlecht, ist alles schlecht. Bei verteilter Herrschaft sind's immer Teile nur. – Übrigens, ich bin auch ins Herrenhaus berufen worden. Mit einer Zeile vom Kaiser persönlich.
FERDINAND *reißt den Mund auf*: Ja, warum erzählst nix?
GRILLPARZER: So verschieden sind Menschen.
FERDINAND: Siehst nēt die Ehr?

GRILLPARZER *mit Richtermiene und harter Stimme*: Ich werde meiner Pflicht mit Zähneknirschen genügen. Unser edler Monarch soll nicht denken, ich wär zu kaufen.

FERDINAND *konfus*: Aber Franz, wie red'st daher?

GRILLPARZER *mit einem zweideutigen Lächeln Ferdinand eine Hand auf die Achsel legend*: Du erwachst aus einem Traum, du hast ein bisserl zu lang geschlafen, und plötzlich stellst du fest, dein Schiff fährt in die andere Richtung.

– II, 3 –

Wohnstube Grillparzers. Mittlerer Vormittag eines hellen Tages. Grillparzer, in Morgenmantel und Pantoffeln, schlurft in einiger Entfernung vom Fenster mit grämlichem Gesicht nervös auf und ab. Von der Straße tönt ein Männerstimmensprechchor herauf. Er wird grundiert von einem ständig wiederholten: Grillpi Grillpi. *Darüber hört man eine Einzelstimme skandieren:* Grillparzer lebe hoch! *Sprechchor wieder allein, erst deutlicher, dann leise. Grillparzer faßt sich stöhnend an die Stirn, als quäle ihn das Schädelbrummen. Sprechchor wieder stärker. Grillparzer wirft einen zornigen Blick gegen das Fenster.*

GRILLPARZER: Könnt ihr das Maul nicht halten!

Der Sprechchor, wie auf ein Kommando, verstummt. Die Einzelstimme jetzt wieder: Grillparzer lebe hoch! *Alle:* Grillparzer lebe hoch! Hoch hoch hoch! *Schweigen. Grillparzer atmet auf. Doch verfrüht. Sprechchor erneut, aber hitziger, doppelt so schnell:* Grillpi Grillpi Grillpi Grillpi.

Nimmt das kein End? Sieht man nicht, daß ich krank bin.

Als er das sagt, befindet er sich in denkbar größter Entfernung zum Fenster. Draußen Ruhe. Es klopft an der Tür.

GRILLPARZER *ärgerlich, dabei sehr aktiv, mit markiger Stimme*: Ich bin krank!

Netti tritt auf.

NETTI: Die Studenten warten. Sie möchten sich ihnen bitte im Fenster zeigen.

GRILLPARZER: Ich bin nicht gestimmt. Überdies bin ich nicht angezogen.

NETTI: Unten stehen welche … Aber den Moritz Daffinger werden Sie doch empfangen wollen, oder?

Ohne Antwort abzuwarten, geht sie. Daffinger tritt ohne Anklopfen ein.

GRILLPARZER: Ja seht's nicht, daß ich nicht angezogen bin?!

DAFFINGER: Die jungen Leut freuen sich, daß du ihre Freiheit gerettet hast.

GRILLPARZER: Gar nichts hab ich.

DAFFINGER: Ohne deine Gegenstimme hätten wir die alte Zensur wieder. Du hast den Erlaß der Regierung verhindert.

GRILLPARZER: Ich mach immer, was ich für richtig halt. Ohne Schielen auf Dank.

DAFFINGER: Der Dank der jungen Leut kommt von Herzen, Franz. Harmlose Buben sind's.

Der Sprechchor geht erneut los, stürmisch: Grillpi Grillpi Grillpi.

GRILLPARZER: Nimmt denn kein Mensch Rücksicht auf einen alten Mann!

Daffinger geht ans Fenster und bringt mit einer beidhändigen Gebärde den Sprechchor zum Verstummen. Sowie er sich umdreht, tritt Kathi mit einem Blumenstrauß und einem gefaltet hineingesteckten Zettel freudestrahlend ins Zimmer.

KATHI *zu Grillparzer*: Das haben mir die jungen Leut gegeben. Und Frau Grillparzer haben's mich genannt, stellen'S es sich vor, Frau Grillparzer!

Daffinger gibt ein beschwichtigendes Zeichen nach draußen und winkt Kathi und Grillparzer zu sich. Die beiden gehen zögernd und, da sie unwillkürlich auf Gleichschritt achten, geziert feierlich zum Fenster. Grillparzer kommt rechts, Kathi links zu stehen. Grillparzer fängt mit der Rechten, Kathi mit der Linken nach unten zu winken an. Grillparzer legt Kathi den linken Arm um die Schulter, Kathi schmiegt sich an seine Seite. Draußen jubelt die Schar: Grillparzer lebe hoch, Grillparzer lebe hoch, hoch hoch hoch! *Einzelstimme:* Grillparzer und seine Gattin leben – *alle:* hoch! *Einzelner:* Grillparzer und seine Gattin leben – *alle:* hoch! hoch hoch hoch! hoch hoch hoch! *Grillparzer verneigt sich freundlich. Das Paar tritt in den Raum zurück. Von draußen hört man im weiteren die durch Fensterglas gedämpften Schrittgeräusche einer sich auflösenden Versammlung.*

Die Anwesenden setzen sich an den Tisch. Kathi entfaltet den Zettel, auf dem in schnell hingeworfenen Zügen nur wenige Worte stehen.

KATHI *liest vor*: Frau Grillparzer in Verehrung von den Studenten, damit sie … *gibt den Zettel Daffinger* lesen Sie, das ist so kraklig geschrieben.

DAFFINGER: Frau Grillparzer in Verehrung von den Studenten, damit sie den alten Dichter höchstpersönlich bittet, sich uns zu zeigen, damit wir ihm danken können für sein vorbildliches Verhalten im Herrenhaus.

KATHI *strahlt*: Die jungen Leut fangen an, Sie zu lieben, Franz.

Grillparzer steht, lachend den Kopf schüttelnd, auf.

GRILLPARZER: Und verkuppeln uns und wir wissen nicht, wie uns geschieht.

DAFFINGER: Der Tag fängt gut an.

GRILLPARZER: Und jetzt schert euch, damit ich in die Kleider komm!

Kathi und Daffinger gehen. Grillparzer kleidet sich aber keineswegs fertig an. Vielmehr nimmt er die Notizen hervor, mit denen er am Anfang der vorigen Szene beschäftigt war.

KATHI *außerhalb*: Wo bleiben Sie?

Grillparzer schreibt.

Nora 1996

CHRISTA, *Mitte 40*
DORIS, *Studentin*
ARNOLD, *Mitte 40*
BERNHARD, *50*
WERNER, *Ende 40*
GREGOR, *junger Assistenzarzt*

Kombination aus Wohn- und Arbeitszimmer. Geräumiger Schreibtisch. Bequeme Sitz- und Leseecke, Sofa. Aktenschrank, Schränke, Sideboard. Eine Tür führt in die Diele, eine zweite in ein anderes Zimmer.

– I, 1 –

Christa, stehend, vergleicht einen Plan, den Arnold gerade anfertigt, mit einer Skizze, die sie in der Hand hält.

CHRISTA: Das mußt du nach links weiter durchziehn.

ARNOLD: Nach links? Ich dachte, nach rechts. Du machst mich noch ganz wirr.

CHRISTA: Bitte, Arnold.

ARNOLD: Ich sehe den Zweck deiner ständigen Änderungen nicht mehr ein. Heute morgen war das noch ein fertiger Plan.

CHRISTA: Mir sind am Mittag aber noch ein paar Dinge eingefallen.

ARNOLD: Und du bist sicher, daß du die Übersicht behältst? Ich jedenfalls blicke nicht mehr durch.

CHRISTA *setzt sich, als täten ihr die Beine weh*: Wir haben jetzt keine Zeit. Bitte, vertrau mir dieses eine Mal noch.

ARNOLD *wirft sein Zeichengerät hin*: Ich bringe keinen vernünftigen Strich mehr hin. Dein Perfektionsdrang, dein dauerndes Ändern. Tut mir leid. Seit heute morgen hängen wir hier, die Nacht haben wir kaum geschlafen, und gleich ist's schon wieder sieben am Abend und du glaubst noch immer, du kannst mit ein paar Strichen die Sache für dich entscheiden.

CHRISTA: Für uns, Arnold, für uns.

ARNOLD: Für dich. Was habe ich noch mit dem Plan zu schaffen.

CHRISTA *steht wie erholt auf*: Bitte nicht jetzt, Arnold, eine Stunde vor Toresschluß. Eine halbe Stunde und wir haben's gepackt.

ARNOLD *steht auf*: Weißt du was, ich überlasse dir die Verantwortung für die letzte halbe Stunde. Mach du den Rest. Ich möchte nichts verderben. Und da wir schon dabei sind: du machst in Zukunft am besten alles allein.

CHRISTA *lehnt sich irgendwo an; sanft*: Arnold.

ARNOLD: Christa.

CHRISTA: Noch einmal. Bitte. Es ist unser gemeinsames Projekt. Die Krönung.

ARNOLD: Ist der Palastgartenvorplatz nicht schön genug? Aber nein, ein karrieresüchtiger Baudezernent will seinen Kollegen das Geld aus den Subventionstöpfen abluchsen. Unserm langweiligen und wenig kompetenten Stadtrat fällt nichts Beßres ein, als zu den Stadtfeierlichkeiten die Fläche auf ihr ursprüngliches Niveau abzusenken, und wir zerbrechen uns daraufhin monatelang den Kopf.

Ich will verdammt glücklich sein ohne Wettbewerb und Auftrag, ich will verdammt glücklich sein ohne Anlaß. *Geht ans Fenster.*

CHRISTA: Ich weiß auch, daß man die Subventionen sinnvoller hätte verwenden können. Man hätte unter den gegebenen Umständen sogar unbedingt darauf verzichten müssen. Es sind Steuergelder. Aber wir leben nun einmal in dieser Stadt, in diesem Land, in diesem Beruf. Ich muß dir keinen Vortrag über die Spielregeln unseres Berufes halten.

ARNOLD *nimmt wieder Platz; zeichnet*: Nach links, sagst du?

CHRISTA: Ja, so.

ARNOLD: Und jetzt?

CHRISTA: Ziehst du die Parallele. Nein, zu weit.

Arnold radiert aus, zeichnet neu, gleitet ab.

CHRISTA: Aber das ist doch ganz einfach.

Nimmt ihm das Gerät unsanft aus der Hand, drängt ihn weg und setzt sich an seinen Platz.

ARNOLD: Sachte, sachte!

CHRISTA *zeichnet*: Um acht schließt der Nachtschalter. Wenn dann die Kopie nicht unterwegs ist, können wir uns den Preis in den Wind schreiben.

ARNOLD: Wir verlieren doch sowieso.

CHRISTA: Warten wir's ab.

ARNOLD: Du bist …

CHRISTA *flott zeichnend*: Spar's dir für später auf.

ARNOLD: Du bist …
CHRISTA: Bitte, Arnold.
ARNOLD: ’ne Maschine.
CHRISTA *prüft das Blatt*: Machst du die Kopie, du kommst mit dem Gerät besser klar?
ARNOLD: Ich denke nicht dran, ich denke doch nicht dran!

Christa geht ins Nebenzimmer. Arnold versorgt sich aus der Hausbar mit Glas und Sherry, trinkt in hastigen Zügen leer und gießt sich nach. Er zerrt hinter einem der Schränke einen Zeichenblock hervor, nimmt, ihn auf den Knien aufschlagend, in der Sitzecke Platz, und zwar so, daß er die Nebenzimmertür im Auge behält, und beginnt mit Stift und Radiergummi zu hantieren.

Christa mit einem großen Kuvert zurück.

CHRISTA: Gehst du mit?
ARNOLD *zeichnend; beiläufig*: Höre ich richtig, du willst gehen? zu Fuß?
CHRISTA: Wie denn sonst soll ich gehen als zu Fuß! Natürlich gehe ich zu Fuß.
ARNOLD: Manche sollen auf den Händen gehen.
CHRISTA: Aber doch mehr die Affen.
ARNOLD: Es ist gefährlich für ’ne Frau, so spät zum Nachtschalter zu Fuß zu gehn.
CHRISTA: Doch nicht um diese Uhrzeit, Arnold. Um 18 Uhr 59 dieser unmöglichen Sommerzeit. Mitteleuropäische Sommerzeit. Am 17. Oktober, vier Wochen nach dem kalendarischen Herbstanfang. Wann dieser Unsinn mit der Sommerzeit endlich aufhört?
ARNOLD: Schon komisch. Der Nachtschalter schließt um 20 Uhr mitteleuropäischer Sommerzeit. Hätten wir Sommer, wäre sonnenstandsmäßig mal eben Nachmittag. Es wird Zeit, daß sie mit diesem Unsinn endlich aufhören. Trotzdem, fahr bitte mit dem Auto!
CHRISTA: Mit dem Auto wär’s noch gefährlicher. Ich bin neulich erst fast in diesen Laster gerannt.
ARNOLD: An was denkst du beim Autofahren bloß?
CHRISTA: Vielleicht an dich, vielleicht an uns, Arnold.
ARNOLD: Daß du mich mal bloß nicht umrennst, Christa!
CHRISTA: Ich bin überarbeitet. Ich brauche die frische Luft. Darum möchte ich zu Fuß jetzt noch zur Post gehn.
ARNOLD: Eben war ich nicht schnell genug. Und jetzt auf einmal hast du Zeit, den Weg zum Nachtschalter zu Fuß zu machen.
CHRISTA: Wußten wir, daß wir so zügig fertig würden? Es hätte genauso gut knapp werden können.

ARNOLD: Du wußtest vor einer Stunde genau, daß Spielraum war, Schatz. Aber du wolltest zur Abwechslung mal wieder zeigen, daß ich langsam bin. Möchtest du eigentlich nicht wissen, was ich zeichne?

CHRISTA: Du kannst es mir gerne sagen.

ARNOLD: Deine Neugier ist nicht zu bremsen.

CHRISTA: Ich möchte mich nicht in deine Geheimnisse drängen.

ARNOLD: Die gebe ich dir auch nicht preis.

CHRISTA: Du zeichnest eine Winterlandschaft.

ARNOLD: Winterlandschaft. Ähnlich.

CHRISTA: 'ne junge Frau.

ARNOLD: Jung ist gut. Frau? Dann eher Winterlandschaft.

CHRISTA: Also, was zeichnest du?

ARNOLD: Ich zeichne dich. Dein Porträt. Kriege es bloß nicht hin. Wirkt so wenig vorteilhaft, so wenig weiblich. Kannst du das verstehen, daß dein Porträt so wenig vorteilhaft, so wenig weiblich wirkt?

CHRISTA: Ich sehe der Wahrheit ins Auge.

ARNOLD: Welcher Wahrheit? Der Christa, wie sie einmal war, oder der Christa von heute?

CHRISTA: Der wahren Christa, Arnold.

ARNOLD: Welche ist das?

CHRISTA: Die Christa, die sich gleichgeblieben ist.

ARNOLD: Die Arbeit ist deiner nicht würdig.

CHRISTA: Ich will nur schauen, nicht reden. Zeig schon!

ARNOLD: Ich sagte, sie ist deiner nicht würdig, Christa, völlig unwürdig. Kriege den Ausdruck nicht hin. Oder doch? Das Bild ist so kalt, so hart. Bist du so kalt, so hart?

CHRISTA: Wir streiten uns gelegentlich, wir haben uns heute gestritten.

ARNOLD: Wir streiten uns immer.

CHRISTA: Aber doch beruflich, Arnold.

ARNOLD: Persönlich streiten wir uns, nicht beruflich. Das Berufliche dient als Vorwand.

CHRISTA: Du hast recht, irgendwie ... wenn ich auf dir rumhacke ... plötzlich ist keine Liebe mehr da. Was bloß läuft schief?

ARNOLD: Wir sind zu ungleich: du bist zu gut.

CHRISTA: Wir haben uns eingeteilt in das, was jeder am besten kann. Ohne dein Geschick beim Anfertigen der Pläne wäre ich vollkommen aufgeschmissen.

ARNOLD: Du sagst's, du hast die Ideen und ich bin der geschickte Hampelmann. Fehlt der Marionette noch der Strick *hebt linkisch erst den einen, dann den anderen Arm, dann den Fuß an*. Ich möchte dich nicht verlieren.

CHRISTA: Ohne deine Mitarbeit wäre ich wirklich aufgeschmissen. Ohne deine mitdenkende Mitarbeit.

ARNOLD: Schweig jetzt! Aber wenigstens die Kopie habe ich dir nicht abgenommen.

CHRISTA: Wer hat hier wem? Aber das ist doch müßig. Wir haben zusammengearbeitet, haben miteinander hingewirkt auf das gemeinsame Ziel.

ARNOLD: Schweig, hab ich gesagt. Aber du willst nicht schweigen. So wisse, ich will nicht mehr. Darum mache ich das. Was wäre ich denn? Produkt von Umständen, die du herbeigeführt hast. Ohne dich würde es den Architekten Arnold Reichmann nicht geben. Der Architekt Arnold Reichmann – ein absoluter Witz! Arnold Reichmann hätte dieses Studium nie zu Ende geführt. Er hätte nie seinen unbedeutenden Namen unter dieses Wettbewerbsprojekt gesetzt. Manchmal noch, wenn Arnold Reichmann Köpfe, Gestalten, Körper zeichnet, zuckt es durch seinen dummen Kopf: vielleicht ist auch das wieder nur ein Seitengebiet von Christa. Aber dann stellt er zu seiner heimlichen Erleichterung fest: im Vergleich zu dem, was Christa bringt, ist es viel zu schlecht. Und weil es so schlecht ist, schlecht aber sein, darum zeigt der Architekt Arnold Reichmann seiner Ehefrau Christa Reichmann geborene Altmann nicht, was er zeichnet, und das wird auch so bleiben.

CHRISTA: Bei deiner Ausstellung damals warst du weniger eigen.

Arnold preßt die Lippen aufeinander und schweigt.

CHRISTA: Ich glaube, du möchtest mich aufhalten, Arnold, möchtest, daß ich nicht mehr pünktlich zum Nachtschalter komme.

ARNOLD: Geh nur. Aber wundere dich nicht, wenn du zurückkommst und ich bin nicht mehr da.

CHRISTA: Arnold!

ARNOLD: Sagt dir der Begriff Chaostheorie etwas? Der zu spät gekommene Arbeiter einer taiwanchinesischen Fabrik steckt sich beim Versiegeln der Tonkassetten, die ein gewisser Arnold Reichmann an einem langen Donnerstag Mitte Oktober des Jahres 1996 in einem Kaufhaus im Fünferpack ersteht, eine in Japan hergestellte raucharme amerikanische Zigarette an. Bis dahin war die Welt in Ordnung. Aber ausgelöst durch das Zigarettenanzünden des zuspätgekommenen Arbeiters in Taiwan gewinnt in den Gehirnwindungen des Arnold Reichmann im fernen Europa der Gedanke, sich von seiner Frau zu trennen, Entschlußkraft. Plötzlich. Auf einmal.

CHRISTA: Warum sollte das auf einmal?

ARNOLD *eifrig*: Du bist immer die Ruhigere gewesen, Christa, konntest länger immer 'nen kühlen Kopf bewahren. Doch einmal lenktest du nicht ein, als es wichtig gewesen wäre einzulenken, vorhin, weißt du, als wir über dem Plan so stritten, vorhin, weißt du, um diesen einzigen Strich? Wir hatten Zeit, doch du drängtest, wolltest partout zu Fuß noch an den Nachtschalter, deinen Gang durch die frische Luft. Konntest du nicht einmal noch verzichten und mit dem Wagen fahren? Konntest du nicht einmal noch ein wenig Zeit erübrigen und deinen Frust mit mir in schonender, menschlicher Weise äußern? *Charmant* Oder willst du sagen, ich bin für dich noch ein Handwerkszeug, das man nimmt und wegschmeißt, wie es gerade paßt? Ich will dir eine Gelegenheit geben, wie du diesen Eindruck wegwischen kannst.

CHRISTA: Du machst mich gespannt.

ARNOLD: Schmeiß das weg!

Christa legt das Kuvert hin und sieht ihn ernst an.

Er drückt ihr das Kuvert wieder in die Hand und lacht auf. Es könnte sein, daß ich dich einmal wegen dieser Dinge verlasse.

CHRISTA *legt das Kuvert hin*: Ich scheiße auf den Wettbewerb!

ARNOLD *drückt ihr das Kuvert eilfertig in die Hand*: Schon gut. Geh jetzt, die Post macht gleich zu.

Christa ab. Er sieht ihr nach.

Er nimmt einen Kassettenrekorder und hört ein Band ab, auf dem er selber spricht. Dabei beginnt er, im Schneidersitz auf dem Sofa, den Zeichenblock auf dem Schoß, die obenaufliegende Arbeit kritzelnd durchzustreichen.

Tüchtiger Architekt wendet renommierter Firma Rücken zu, um sich avantgardistischer Kunst zu widmen. Mit neunundvierzig der große Durchbruch. Ehrungen, Preise. Die Kritik spielt ihn groß heraus. Zu Zeiten befiel ihn ein vernichtender Skrupel: jedesmal wenn die Geschäfte vor seinem Atelier am meisten frequentiert waren und die Bürgersteige vor den zahlreichen Fenstern, die sein Atelier beleuchteten, sich mit Passanten füllten: Bin ich ein Mann?

Zieht wüst Striche kreuz und quer.

Das Gespräch hatte seine Wesentlichkeit eingebüßt. Der Mensch fand nicht mehr heraus aus dem Universum von Zellophan, Beton, Geräusch, versteckter Gemeinheit und Augenverrat. Die Kunst setzte sich mit moralischen Themen nicht auseinander. Die Dynamik des Heute und unserer selbst war auf Formeln reduziert. *Unterbricht.*

Ja diese Ehe, Christa, mustergültige Ehe. Wir hatten keinen Blick mehr für das, was der Buddhist Sattwa oder ähnlich, der

Christ Agape, der Humanist Philanthropie und der wahre Demokrat Mitverantwortung nennt. Wir waren Durchschnitt trotz einer gewissen künstlerischen Begabung zum mindesten bei mir.
Setzt das Durchstreichen fort.
Nicht, daß die Annehmlichkeiten unsers Daseins zu verachten gewesen wären. Doch mußten wir ihnen im Laufe der Zeit so zugetan werden, daß wir darüber das Leben vergaßen? Ich wurde **aus Verdrängung und Unlauterkeit dem Dasein gegenüber** führend im Avantgardebetrieb. Ich blieb von Vorurteilen angefochten, in ihren Strudel hineingezogen, spießig. Ich **konservierte** die Hindernisse, die ich hätte **beseitigen** müssen. Ich hielt mir meinen Lebenslauf zugute und glaubte, etwas Besonderes zu sein aufgrund dieses Flitterwerks, Aufmerksamkeit heischend, Mache.
Unterbricht.
Wo denn blieb jene Studentenharmonie, seit wir etabliert waren, Dinge gemeinsam durchzugehen und verstehen? Ich suchte deine Kenntnisse, Christa, dein Urteil – und handelte mir einen Alltag ein.
Füllt die letzten Lücken aus, reißt das Blatt heraus und läßt es fallen: eine über und über dunkle Fläche.
Ich war ein zuverlässiger Mann. Man roch mir förmlich an, wie sehr ich im Unflat meiner spießigen Treuemoral herumtrat.
Manchmal wenn du dich körperlich vor mir öffnetest, wußte ich nicht, ob ich durchhalten würde. Es wurde eng, die Wärme, die unsere Körper abstrahlten, so nie gekannt. Fremdheit bis zur Speiübelkeit und ich hätte schreien und mich entziehen mögen: Christa, wir lieben uns nicht.
Im Grunde haben wir alle Vorsätze, es nicht zu Verhärtungen kommen zu lassen, vor Jahren aufgegeben. Wir verträumten und vertändelten damals unsern letzten gemeinsamen Urlaub. Seit Miami, seit da schon, nimmt mir deine bloße Gegenwart das Gefühl der Frische.
Streift das Blatt mit einem spöttischen Blick.
Christa kommt nochmal zurück. Arnold zuckt zusammen und stoppt das Band. Sie besorgt einen Bund Autoschlüssel und geht ab.
Arnold schluckt und fährt mit Abhören fort.
Meinen Bildern fehlte die Pointe. Du hast den Zusammenhang nicht begriffen: **wir** waren's, Zeugnis unserer Ohnmacht und Dürftigkeit. Diese Bilder waren wichtig auf dem Weg zur Heilung, wichtig wie erkannte Tagträume, wichtig wie dieser Brief, den ich spreche für den Augenblick irgendwann, in dem ich dich verlasse.

Es war bei meiner Ausstellung damals. Die Besucher kamen mit meiner Richtung nicht klar. Weißt du noch, wie ich an jenem Nachmittag kam und dich, was ich in der Weise vorher nie gekonnt hätte, fragte: Christa, auf welcher Seite stehst du, auf der Seite der Fachpresse oder auf der Seite der Menschen? Da sagtest du mit einer Kälte, die ich nie vergessen werde: Der Menschen, sagtest du. Da fuhr ich nach Haigerloch zu Hannes Erwin. Er erneuerte mein Vertrauen, bestärkte mich in meinem Streben und lud mich ein, bis zum Ende der Ausstellung zu bleiben.

Zieht ein paar gestaltete Striche auf dem nächsten Blatt.
Schaut in Fensterrichtung.

Du stellst dir meine Gefühle nicht vor, als ich gestern wieder hier eintraf und den Teppichboden des hervorragend wärme- und schallisolierten Hotelzimmers betrat. Es war wie nach kühlen Monaten früher, wenn die ersten Sommertage in den Atemwegen aufgingen wie Brotteig. Wir glaubten an das Schöne und die tiefwurzelnde Kraft der Kopulation. Eine unbekannt gewordene Geborgenheit verbreitete sich, die Umgebung hatte Macht und ich war ergriffen.

Ein Künstler braucht Farbe, Christa Reichmann – oder soll ich sagen: Christa Altmann? – er braucht den Wechsel. Im Einerlei einer Ehe erstickt seine Kraft. Nur ein Aberglaube – Pflicht, welch infames Wort, welch infames Gefängnis – versalzt uns die unbefangensten Anlässe und wir haben einen Kater, wenn wir uns eine Stunde oder halbe Nacht haben gehen lassen.

Hannes' Nichte gab den Anstoß, sie war gerade siebzehn. Sie hat meine Bestimmung erkannt, die in der Aktstudie liegt. Sie posiert jetzt wieder für mich. Ich glaube, du erinnerst dich nicht an meine schüchternen Versuche damals. Du hieltest mich jeher für unbegabt, nahmst meine Versuche nicht ernst. Aber du erinnerst dich an die Störungen, die ich hatte.

Sie ist nah, erreichbar, willig, unverkrampft, juchzt, in dem schallisolierten Raum, eine Freude, ein warmnasser Teppich.

Aber vielleicht ist sie auch gar nicht seine Nichte, sondern seine Geliebte, freigegeben in den Tagen des Trostes und des Aufbruchs.

Du würdest meine Gefühle verkennen, wenn du glaubtest, daß es um Liebe geht. Es geht um Kunst. Und es geht um mich.

Bitte schreib unsern Freunden! Sprich ihnen davon, daß es immer aufwärts geht, plötzliche Umbrüche, unumgängliche Abreisen. Konnte keinen erreichen. Werde am Rande von Stuttgart, Freiburg, Basel ein Heim erwerben, unbekannte Freunde

bewirten und malen, malen, malen.
Ich kenne die Umgebung, die Familie, das Zuhause nicht, aber weiß, das Leben belohnt den, der viel vom Leben erwartet. Ich bin bereit
wieder anzufangen
anzufangen
anzufangen.
Er stoppt das Aufnahmegerät, nimmt die Kassette heraus, zieht einen kleinen Koffer unter dem Sofa hervor und legt die Kassette hinein. Draußen fährt ein Auto an und weg.

– I, 2 –

Arnold sitzt in der Leseecke, auf den übereinandergeschlagenen Beinen den Zeichenblock, auf dem er strichelt. Auf dem Tisch Radiergummi, ein Glas Sherry, ein Stapel Kunstzeitschriften, eine Tageszeitung und – etwas abgedrängt – ein verschlossener Brief.
Diesen hebt die eintretende Christa auf. Sie wendet ihn spielerisch hin und her und wirft einen fragenden Blick auf Arnold, der weiter in seine Zeichnung vertieft scheint.

CHRISTA: Der Brief ist an dich gerichtet.
ARNOLD: Was sagst?
CHRISTA: Der Brief ist an dich gerichtet: vom Bauausschuß.
ARNOLD: Mach ihn doch auf!
CHRISTA: Der Brief ist an dich gerichtet.
ARNOLD: Ich habe verstanden. *Setzt den Stift ab.* Ich bitte dich, mach ihn auf. An die Firma adressierte Briefe sind grundsätzlich an uns beide gerichtet. *Überblickt seine Zeichnung.*
CHRISTA: Ich weiß aber schon, was drinsteht.
ARNOLD: Sehr interessant.
CHRISTA: Aber woher er kommt, das wußtest du?
ARNOLD: Nein!
CHRISTA: Entschuldigung, aber ich werde dich jetzt nicht weiter mit meinen Fragen belästigen. *Will gehen.*
ARNOLD: Übrigens schön von dir, daß du mit dem Auto gefahren bist. Glaubst, ich hätte es nicht bemerkt? Du kamst zurück, holtest die Schlüssel. Warum? Weil du dich anders besonnen hattest und mit dem Auto fahren wolltest. Ich habe es gehört. Fuhrest das Auto aus dem Tor und dann zur Post.
CHRISTA: Wenn ich es recht überlege, ich wäre besser auf deinen ersten Vorschlag eingegangen und hätte das Kuvert nicht weggebracht. Dann hätten wir Ruhe jetzt.
ARNOLD: Aber haben wir doch.

CHRISTA: Dann weißt du nichts, willst einfach nichts wissen?
ARNOLD *zeichnet*: Mach's nicht so spannend, Schatz.
CHRISTA: Mensch Arnold, wir haben gewonnen, den Wettbewerb gewonnen.
ARNOLD *springt auf*: Sag das nochmal!
CHRISTA: Wir haben den Wettbewerb gewonnen, bekommen die Summe, bekommen den Auftrag.
ARNOLD *läßt sich in den Sessel fallen*: Dann darf ich dich in aller Form beglückwünschen.
Schlägt hastig eine der Zeitschriften auf, vertieft sich ins Lesen. Pause.
Von wem bitte weißt du's?
CHRISTA: Bernhard.
ARNOLD: Bernhard?
CHRISTA: Bernhard Altmann.
ARNOLD: Ach Bernhard Altmann. *Trinkt Sherry, blättert.* Und was hat Bernhard Altmann mit der Angelegenheit zu tun, daß er so früh davon erfährt?
CHRISTA: Ich glaube, jemand aus dem Stadtrat hat es ihm gesteckt. Und eben ruft er an, daß er kommen will, uns zu beglückwünschen.
ARNOLD: Und du hast es zugelassen?
CHRISTA: Natürlich. Wie sollte ich nicht. Mensch Arnold, diese Freude erleben wir nur einmal.
ARNOLD *schlägt ungestüm die Zeitung auf*: Wenn man Zeitung lesen will. Läßt sich nicht blicken, nur dann, wenn man Zeitung liest.
CHRISTA: Du kannst ein ander Mal Zeitung lesen.
ARNOLD: Ich komme seit Wochen nicht zum Zeitungslesen. Erst dieser Wettbewerb, dann die Rückstände. Nicht einmal am letzten Feierabend der Woche hat man Zeit. *Schlägt die Zeitung zu.* Und wann will er kommen?
CHRISTA: Ja gleich.
ARNOLD: Wenn ich die Seite mit den Familienanzeigen gelesen habe?
CHRISTA: Es steht keine Beerdigung oder Hochzeit an.
ARNOLD: Keiner, der uns etwas schuldet, gestorben?
CHRISTA: Du weißt, daß wir nur solvente Kunden bedienen.
ARNOLD: Also wann?
CHRISTA: In wenigen Minuten. Gleich.
Arnold blättert grollend in dem Journal. Dann steht er abrupt auf, das Glas in der Hand.
CHRISTA: Übrigens, er bringt jemand mit.

ARNOLD *zerstreut*: Schön für ihn.
CHRISTA: Jüngere Frau. Farbige Person.
ARNOLD: Negerin?
CHRISTA: Taiwanesin.
ARNOLD: Oder eher Hongkongesin?
CHRISTA: Frisch adoptiert.
ARNOLD: Dann ist er mit Elvira auseinander?
CHRISTA: Dafür müßtest du doch Verständnis haben.
ARNOLD *trinkt; fuchtelt, als suche er den Ausgang*: Dann will er uns jetzt wieder öfter beehren?
CHRISTA: Frag ihn selber!
ARNOLD: Wo's ihm jetzt zu Hause eng wird?
CHRISTA: Sie wohnt nicht bei ihm zu Hause.
ARNOLD: Das würde Elvira auch kaum gestatten.
CHRISTA: Ihr habt euch doch immer gut verstanden, Bernhard und du. Was hast du gegen seinen Besuch zu diesem freudigen Anlaß?
ARNOLD *stiert in die Ecke*: Eigentlich war er passabel und Elvira war es auch. Nur zusammen waren sie unerträglich. Sind dann auch so rücksichtsvoll gewesen und abgeblieben. Ich habe es nicht bedauert.
CHRISTA: Bernhard ist auch nicht dein Bruder.
ARNOLD: Ich hätte trotzdem viel für einen ruhigen Abend gegeben. *Knäult die Zeitung zusammen, schubst die Journale vom Tisch.*
CHRISTA: Irgendeiner **mußte** dich doch informieren. Wie hätte ich den beiden klarmachen sollen, daß du von deinem Erfolg nichts wissen willst!
ARNOLD *öffnet das Schreiben, setzt sich, liest*: … geben wir den Teilnehmern unserer Architektenausschreibung „Der Palastgartenvorplatz soll schöner werden" bekannt, daß der Preis für den besten Entwurf an das Büro Christa und Arnold Reichmann … Hat er gesagt, was er möchte? Kommt doch immer nur, wenn er was will. Einblick in die Pläne vielleicht?
CHRISTA: Das läuft über Ausschreibungen.
ARNOLD: Natürlich. Wie in allen diesen Fällen. Und unter der Hand das große Gemauschel. Wie heißt nochmal Bernhards neuer Parteifreund, unser würdiger Baudezernent? Hilf mir auf die Sprünge!
CHRISTA: Du wirst nicht erwarten, daß ich dir den Namen eines Mannes nenne, mit dem wir regelmäßig telefonieren. Bernhard hat etwas Persönliches auf dem Herzen. Wirkte sehr gesprächig am Telefon.

ARNOLD: Noch schlimmer. Wir sind selber urlaubsreif und halsen uns jetzt noch die Sorgen anderer auf.

CHRISTA: Bernhard ist nicht andere, sondern mein einziger noch lebender Verwandter. Außerdem mag ich ihn und keiner zwingt dich, ihm zuzuhören.

ARNOLD: Billigst du das mit Elvira?

Pause.

Klappert einige Schubladen ab. Haben wir keine Salzstangen im Haus?

CHRISTA: Weiß nicht.

ARNOLD: Chips?

CHRISTA: Wenn du keine findest?

ARNOLD: Jetzt haben wir nichts im Haus, wenn Bernhard und seine Neue kommen.

CHRISTA: Bernhard hat erst um sieben angerufen. Ich konnte nichts mehr besorgen. Außerdem ist das Mädchen beurlaubt und kein Ersatz parat.

ARNOLD: Maloche, Maloche und nicht einmal Salzstangen im Haus, wenn einer kommt.

CHRISTA: Die beiden hätten sich früher anmelden müssen. Ich kann's nicht mehr ändern.

ARNOLD: Du wirst dir die Zeit zum Atemholen einmal nicht mehr gönnen, wenn du so weitermachst. Du bist schon ganz blaß.

CHRISTA: Ich bekenne, ich bin schuld, daß wir nichts im Haus haben und an deiner miesen Laune und überhaupt.

ARNOLD *charmant*: Sei doch nicht so. Ich wollte dir nur einmal zeigen, wie umständlich du immer bist.

CHRISTA: Danke für die Belehrung.

ARNOLD: Jetzt bist du eingeschnappt.

Christa tritt in seine Nähe. Er nimmt ihr gegenüber Platz, schlägt, Distanz schaffend, die Beine übereinander. Sie lehnt sich ungeschickt an, verrückt den Lesetisch, stürzt um ein Haar, erschrickt. Arnold lächelt.

CHRISTA: Arnold … weißt du, daß du mich im Schlaf umarmt und geküßt hast?

ARNOLD: So?

CHRISTA: Umarmt und geküßt. Heftig umarmt und … geküßt.

ARNOLD: Heftig?

CHRISTA: Gegen Morgen. Du wälzt dich unruhig im Schlaf. Und da passiert's. Du beugst dich auf meine Seite, streichelst mich … und küßt mich auf den Mund.

ARNOLD: Heftig?

CHRISTA: Herzlich.

ARNOLD: Anhaltend?
CHRISTA: Es schmatzte.
ARNOLD: Schlimm?
CHRISTA: Ich dachte, du kommst zu mir rüber.
ARNOLD: Tat ich es nicht?
CHRISTA: Du sagtest etwas. Ich verstand's nicht.
ARNOLD *tut lesend*: Kein Wunder. Wenn man so lange nicht mit einer Frau geschlafen hat, wird man ganz wirr im Kopf.
CHRISTA: An mir liegt es nicht.
ARNOLD *blickt von der Zeitschrift auf, tut, als wolle er aufstehen und fühle sich durch Christas körperliche Präsenz gehindert*: Es tut mir leid, daß ich im Schlaf, unwissentlich, dummes Zeug geredet, mich zu dir rübergebeugt und dich gestreichelt habe. Vielmehr ich entschuldige mein schlafendes Alterego dafür.
CHRISTA: Wer ist es?
ARNOLD: Sie meinen?
CHRISTA: Du denkst immer noch an sie.
ARNOLD *schafft sich Bahn*: Laß gefälligst diese Unterstellungen! Ich spekuliere auch nicht ständig, was in deinem Gefühlsleben und sonstwo bei dir abgeht!
CHRISTA *drängt sich an ihn heran und fährt ihm durchs Gesicht*: Wir müssen uns wieder vertragen. Machen wir wieder einen Anfang. Wir hatten uns doch einmal sehr gern. Es ist unser gemeinsamer Erfolg. Wir haben doch soviel gemeinsam. Komm, küß mich.

Er weicht zurück, sie setzt nach. Er wendet sich ab. Sie streckt die Hände nach ihm aus, er wechselt die Position und kichert. Sie läuft in den Dielenbereich zurück, aus dem sie gekommen war.

Arnold räumt Zeichenblock, Zeitung und Zeitschriften zusammen, als es an der Haustür läutet. Er verschwindet hastig im Nebenzimmer.

Es läutet wieder. Christa öffnet.

BERNHARD *mit einem Blumenstrauß an der Wohnungstür; legt Christa einen Finger auf den Kopf*: Zehn Zentimeter gewachsen! Meine Güte, auf so 'ne Verwandtschaft möchte man stolz sein!
CHRISTA: Hast du etwas anderes erwartet?
BERNHARD: Ihr müßtet vor Glück über allen Wolken schweben!
CHRISTA: Auf dem Boden fühle ich mich noch am meisten zu Hause, sofern von häuslichen Gefühlen die Rede sein kann in diesen Tagen. Man wird Tag für Tag um seine Erfahrungen älter. So oder so. Vielleicht kommt die Auszeichnung fünf Jahre oder drei zumindest zu spät. Das haben Auszeichnungen so an sich. Wenn man Hunger hat, gibt es nichts zu essen.

BERNHARD *eintretend*: Wann wart ihr je erfolglos?

CHRISTA: Im üblichen Rahmen, Bernhard. Doch das war was Besonderes.

BERNHARD: Und darum beneide ich euch. Nimm die Blumen! Mehr ist es nicht. Mein Gruß und Glückwunsch gilt euch beiden natürlich zu gleichen Teilen, das ist doch klar.

CHRISTA *nimmt die Blumen an*: Dank dir. Doch allein, Bernhard?

BERNHARD *hinter die Szene sprechend*: Doris, bist doch sonst nicht so schüchtern.

DORIS *eintretend*: Ich schau mir die Bilder an.

BERNHARD: Zeichnet Arnold noch?

CHRISTA: Hin und wieder, ich denke. Aber er läßt mich nichts sehen.

BERNHARD *treuherzig*: Geniert sich! Unter deiner geistigen Überlegenheit hatte ich schon zu leiden. Wie gut, daß jeder heute seinen eigenen Weg geht und jede Form von Eifersüchtelei der Vergangenheit angehört.

Aber das ist Doris. Doris hat drei Semester Psychologie studiert und jetzt ihre Stimme entdeckt, und ich und ein paar andere Menschen, die es gut mit ihr meinen, haben sie zu einer Gesangsausbildung überredet. Demnächst wird Doris am Konservatorium studieren.

CHRISTA: Meine herzlichsten Glückwünsche, ich darf doch Doris sagen.

DORIS: Selbstverständlich. Doris. Und Sie sind Christa.

CHRISTA: Christa.

Polternde Geräusche nebenan.

CHRISTA: Entschuldigt, Arnold hat eine Migräne und ich muß nach ihm sehen.

Legt den Blumenstrauß hin und geht, die Tür hinter sich schließend, nebenan.

DORIS: Komischer Empfang.

BERNHARD *nimmt Platz*: Überraschen durfte man Christa nie.

DORIS: Ich hab von Anfang an nicht mitkommen wollen.

BERNHARD: Die Diskussion hat doch keinen Sinn.

DORIS: Ich bestimme selbst, wann eine Diskussion für mich Sinn macht und wann nicht! Und diese Diskussion ist gefälligst noch nicht beendet!

BERNHARD: Aber ich weiß, was geht und was nicht. Es gibt Gesetze – Gesetze und Zwänge. Der sich aus den Gegebenheiten ergebende Sachzwang.

DORIS: Nicht wiederzuerkennen: der reinste Chauvi.

BERNHARD *mit einem flehenden Ausdruck*: Mißfällt dir denn die Wohnung?

DORIS: Das Apartment ist ganz nett.

BERNHARD *steht auf*: Schau mal. Auf deiner Bude hast nicht probieren können. Jetzt bist ungestört den ganzen Tag. Über dir hält sich niemand auf und nebenan, durch mehrere Türen getrennt, nur ich. Du kannst bis in die Puppen probieren.

DORIS: Dagegen sage ich nichts.

BERNHARD: Und das Klavier? Ich zahle die Miete dafür morgen ein Jahr im voraus, wenn dir das sicherer erscheint.

DORIS: Warum schweigst du nicht? Die Diskussion hat doch keinen Sinn.

BERNHARD *setzt sich*: Ich kann das Schild nicht anbringen. Ganz unmöglich.

DORIS: Dann können wir uns nicht wiedersehen.

BERNHARD *springt auf*: So was darf doch nicht an einem Klingelschild scheitern!

DORIS: Und ob. Warum stellst du dich dann so an, eins anzubringen?

BERNHARD *geht auf und ab*: Du bist über die Firma erreichbar, wie abgesprochen.

DORIS: Du willst meine Post kontrollieren, darum soll ich über die Firma laufen.

BERNHARD: Diese Sprüche höre ich mir nun schon an, solange feststeht, daß du dort wohnen sollst.

DORIS: Ich will nicht mehr, als mich polizeilich korrekt zu melden. Ich möchte meinen Wohnsitz dort führen, wo ich lebe, und nicht ewig bei meinen konservativen Alten in Manderscheid. Außerdem fragen die schon ständig, wo man mich erreicht. Und wenn die jetzt hören: Baufirma Bernhard Altmann, dann wissen die, die Tochter ist die Mieze vom Boß, für die Kleine ist ausgesorgt, für die Kleine müssen wir nicht mehr blechen.

BERNHARD: Deine Eltern bleiben unterhaltspflichtig bis zu deinem sechsundzwanzigsten Lebensjahr, in besonderen Fällen noch länger. Dir kann nichts passieren.

DORIS: Beim Erststudium, mein Lieber, nicht wenn ich abbreche und was anderes anschließe.

BERNHARD: Dann studier in Gottesnamen wieder deine spinnerte Psychologie, wenn du so am Geld deiner Eltern klebst!

DORIS: Das sollte ich ernsthaft überlegen. Was bin ich nachher? Deine Renommierpuppe. Renommierpuppe von Schatziboß Berni Altmann, Bauhandelsunternehmer. Seht, was für ’ne hübsche Puppe er an Land gezogen hat! Und begabt isse! hat durch ihn – und ein paar andere – ihre Stimme entdeckt! Wärst’s am liebsten gleich in der Sprechanlage unten neben dieser komischen Haustür losgeworden.

BERNHARD: Doris, du kannst in der Firma wohnen, unbegrenzt.

DORIS: Ich habe nichts schriftlich.

BERNHARD: Schriftlich kann ich dir's auch nicht geben, denn schließlich darf ich meine Geschäftsräume nicht zu Wohnzwecken zweckentfremden.

DORIS *küßt ihn; treuherzig*: Ich weiß genau, daß du das Namensschild anbringst, so klein, klitzeklein *zeigt es*.

BERNHARD *windet sich los*: Ich habe den Umbau nur so finanzieren können. Das habe ich dir doch erklärt. Und jetzt wohnst du günstig und wir können uns ungestört treffen.

DORIS: Und du glaubst noch immer, du kannst den Schwindel vor Elvira verheimlichen.

BERNHARD: Elvira? Natürlich. Elvira besonders.

DORIS: Solange sie kein Schild entdeckt.

BERNHARD: So ist es.

DORIS: Und wenn sie eh schon alles weiß?

Bernhard blickt schweigend zu Boden.

BERNHARD: Du quälst mich, Doris. Du weißt nicht, wie du mich quälst. *Doris geht im Raum umher. Pause.*

DORIS: Kaum hat man's schön und kann sich ungestört treffen im süßen rosa Käfig, da hält der Geliebte seine Verabredungen nicht mehr ein.

BERNHARD: Ich werde dir sagen, was loswar. Es hat mit dir nichts zu tun, Doris.

DORIS: Sondern?

BERNHARD: Später. Ich weiß im Augenblick nicht, wo mir der Kopf steht. Nimm bitte Rücksicht und hab Vertrauen. Bitte. Wenn sonst nicht, wenigstens heute, wenigstens jetzt, ausnahmsweise, bitte. Ich bitte dich inständig.

DORIS: Denkst, ich hab keine Nerven? Was, wenn die Steuerfahndung kommt und feststellt, ich wohne dort? Ich bin deine Komplizin, Bernhard, nicht nur vor deiner Frau, auch vor dem Finanzamt.

BERNHARD *resolut*: Meine Frau kennst du nicht und von meinen Steuermanipulationen hast du nichts zu wissen. Warum frischst du das alles wieder auf? Das war ausdiskutiert. Ich versteh deinen Sinneswandel nicht.

DORIS: Schon gut, Bernhard.
Was macht sie?

BERNHARD: Frag nicht!

DORIS: Sie jammert?

BERNHARD: Sie jammert, solange ich sie kenne. Weißt du doch.

DORIS: Sie ist sehr krank. Sie wird sterben.

BERNHARD *braust auf*: Das ist unverantwortlich, was du da sagst!

DORIS: Ich rief bei dir zu Hause an … Keine Angst … als Kundin. Du gingst nicht dran. Aber dein Sohn. Wärst nicht da. Wärst mit seiner Mutter ins Krankenhaus gefahren.

BERNHARD: Dann weißt du wenigstens den Grund, warum ich dich versetzte.

DORIS: Scheint sehr dringend gewesen zu sein.

BERNHARD *abgewandt*: Ich glaube nicht, daß sie krank ist.

DORIS: Du willst es nicht glauben.

BERNHARD *sieht sie aus unterlaufenen Augen an*: Ich treibe den Wagen für dich auf. Du sollst nicht über die schlechte Verkehrsanbindung klagen, hast völlig recht, du brauchst mit dem Bus viel zu lange.

DORIS: Ich will kein Auto, ich will 'ne schriftliche Erklärung, daß du mir die Räume bei dir zur Verfügung stellst – oder das Klingelschild!

BERNHARD: Ausgeschlossen!

Doris zieht Papier und Kugelschreiber aus der Gesäßtasche ihrer Jeans und hält beide Bernhard vor. Der huscht weg, sie setzt nach. Sie holt ihn ein, hält ihm das Papier unter die Nase. Er legt ihr eine Hand um die Taille, den Zeigefinger auf die Lippen und schiebt einen Kuß nach. Sie windet sich los, steckt Papier und Kugelschreiber ein und wischt den Kuß ab.

Christa und Arnold, hinter ihr, mit einem chaotischen Ausdruck, treten ein.

ARNOLD: Du hast sie beschwatzt, daß sie auf Oper macht?

DORIS: Seh ich aus wie 'ne Puppe, die sich belabern läßt?

BERNHARD: Das ist Arnold, und das ist meine Lebensgefährtin seit 'nem Dreivierteljahr.

ARNOLD: So lange schon?

BERNHARD: So lange haben wir nichts voneinander gehört.

ARNOLD: Herzlich willkommen. Sie heißen?

CHRISTA: Doris. Sagte ich's nicht?

ARNOLD: Angenehm, Doris.

DORIS: Was macht die Migräne?

ARNOLD: Migräne? Fast weg. Halb so wild.

DORIS: Du kannst gern sagen, wenn der Besuch dich nervt.

ARNOLD: Ach ja, sagen wir du.

DORIS: Mit dir ja, deiner Frau lieber nicht. Deine Frau beißt.

BERNHARD: Christa ist eine außergewöhnlich liebe Person, Doris!

CHRISTA: Laß nur. Wir sind ein bißchen gereizt. Doris hat das richtig erkannt. War viel Streß die letzten Monate. Und dann diese tolle Nachricht heute. Wir haben das noch gar nicht richtig verkraftet. *Holt Gläser.*

ARNOLD *klappert die Schubladen ab*: Haben wir keine Salzstangen mehr?

CHRISTA: Wir haben keine mehr im Haus.

ARNOLD: Auch keine Chips?

CHRISTA: Das weißt du doch.

ARNOLD: Jetzt haben wir nichts im Haus und können Bernhard und seiner Neuen nichts anbieten.

CHRISTA: Jetzt wißt ihr, Bernhard und Doris, über was wir stritten, bevor ihr kamt: Chips und Salzstangen.

ARNOLD: Maloche, Maloche und nicht mal Salzstangen im Haus, wenn einer kommt. Christa wird sich die Luft zum Atmen nicht mehr gönnen.

BERNHARD: Wir hätten uns ja früher anmelden können, Arnold. Bitte mach dir darüber keine Gedanken.

ARNOLD *charmant*: Ich wollte Christa nur zeigen, wie umständlich sie immer ist.

CHRISTA: So kriegt man sein Fett ab.

BERNHARD: Eigentlich müßtet ihr in Feststimmung sein.

CHRISTA: Sind wir auch. *Verteilt die Gläser. Doris, Bernhard, dann Arnold nehmen Platz. Christa setzt sich burschikos einen Augenblick auf die Lehne von Arnolds Sessel. Arnold zuckt zusammen. Dann versorgt sie die Blumen. Bis zu ihrer nächsten Rede verfolgt sie die Unterhaltung aus der Distanz.*

ARNOLD *demonstrativ den fordernden Blick von Doris erwidernd*: Es wird viel Hektik geben. Der große Bahnhof dieser Verleihungen immer.

DORIS: Find ich aufregend. Du lachst in die Kamera und schüttelst den Leuten die Hand. Du drehst dich um und streckst den Leuten die Zunge raus.

ARNOLD: Ich hatte von Anfang an ein flaues Gefühl. Was ist das für ein Projekt? Die Stadt begeht das zehnte Jahr ihrer Zugehörigkeit zum Großherzogtum Luxemburg. Drei Jahre davon hat man sich den Kopf zerbrochen, wie man das vor aller Welt würdig begehen kann. Es gab ein Gerangel im Stadtrat. Der Baudezernent setzte sich durch. Jetzt wird der Palastgartenvorplatz um fünf Meter zweiundfünfzig abgesenkt und im Stil, wie er einmal war, vorgeblich war, neugestaltet.

BERNHARD: Aber das alte Palais wird nach der Umgestaltung noch besser zur Geltung kommen.

ARNOLD: Herrschaftlicher. Wie auf einen Thron gesetzt. In den Köpfen selbst der einfachsten Stadträte und Stadträtinnen spukt ein vorzeitlich absolutistisches Politikverständnis.

BERNHARD: Aber wenn ihr doch dabei verdient.

ARNOLD: Eine goldene Nase.

BERNHARD: Die Sache kostet, okay, aber sie steigert die Attraktivität der Stadt. Auch in den Köpfen der einfachen Stadtbesucher und Stadtbesucherinnen spukt ein vorzeitlich absolutistisches Verständnis von der baulichen Schönheit einer Stadt und ihrer Plätze. Die Sache kostet, aber sie kommt dem Tourismus zugute. Sie zahlt sich aus. Glaub mir! Wenn sich's nicht rechnete, bräuchte es diese Ausschreibungen, ja euch Architekten und teilweise sogar uns Bauunternehmer nicht mehr zu geben. Jedenfalls nicht in dieser Masse. Du wirst nicht den eigenen Berufsstand in Frage stellen wollen.

DORIS: Laß ihn doch!

ARNOLD: Herrschaft, Herrschaft.

BERNHARD: Die Herrschaft der Tüchtigen läßt du dir wenigstens noch gefallen, hoffe ich.

ARNOLD: Was trinken wir?

BERNHARD: Du hattest immer so guten Marsala.

CHRISTA: Bitte nicht! Arnold trinkt schon, seit er den Brief hat, Alkohol. Trinkt etwas Leichtes, Bernhard!

ARNOLD: Ich werde gefälligst selber entscheiden können, wieviel ich vertrage und wieviel nicht!

DORIS: Was hast du sonst noch da?

BERNHARD: Alles, Doris. Arnold ist ein profunder Kenner. Nenne was und er bringt's.

ARNOLD: Irrtum, Irrtum. Die Maloche. Keine Zeit mehr.

DORIS *zu Arnold*: Schlage vor, geh mit und suchen das für alle Passende aus. Den Geschmack von Christa wirst **du** ja kennen, *sieht ihn herausfordernd an* Arnold. *Arnold nickt mit zusammengekniffenen Lippen. Doris hakt bei ihm unter. Beide ab.*

BERNHARD: Stört ihn unser Besuch?

CHRISTA: Es war zuviel, die übliche Arbeit, du weißt, das Geschäft geht ordentlich, dazu jetzt der Wettbewerb. Das hat uns zugesetzt.

BERNHARD: Nur der Wettbewerb?

CHRISTA: Ich weiß nicht.

BERNHARD: Wo drückt der Schuh?

CHRISTA: Wir gehen raus essen. Brauchen alle dringend Tapetenwechsel.

BERNHARD: Er hat 'ne andre!

CHRISTA: Du mußt was sagen.

BERNHARD: Ehrlich, sind zwei Paar Socken, ob ich meiner Frau was antu oder ob ich mitanseh, wie meiner Schwester angetan wird. Also: wer ist's?

CHRISTA: Ob du's glaubst oder nicht: er hat keine.

BERNHARD: Ihr steht so. *Richtet die Zeigefinger gegeneinander.*

CHRISTA: Er **hatte** 'ne andre. Letztes Jahr. In Haigerloch, wenn ich recht verstand.

BERNHARD: Haigerloch bei Stuttgart.

CHRISTA: Ein alter Mitschüler von ihm, den's dorthin verschlug. Oder ein älterer Teilnehmer von den Kursen, in denen Arnold einen auf Malerei versucht. Oder einer der Kursleiter, einer von denen, die die Absicht belohnen vor der Tat. Ich blick nicht recht durch.

BERNHARD: Was heißt, wenn du recht verstandest? Du sagtest: In Haigerloch, wenn ich recht verstand.

CHRISTA: Am Abend, als ich das Kuvert mit den Wettbewerbsunterlagen einwerfen fuhr, kam ich nochmal in die Wohnung zurück und kriegte ein paar Brocken mit von einer Botschaft, die er auf Kassette sprach. Hannes' Nichte gab den Anstoß, sie war gerade siebzehn. Sie hat meine Bestimmung erkannt, die in der Aktstudie liegt. Sie ist nah, erreichbar, juchzt, in dem schallisolierten Raum, eine Freude, ein warmnasser Teppich. Es muß um seinen Aufenthalt vor einem Jahr in Haigerloch gegangen sein, und diese junge Person muß die Nichte sein von Hannes Erwin, seinem Freund. Ich wußte, daß da noch mehr war als eine Kunstkrise.

BERNHARD: Und dann? Und jetzt?

CHRISTA *sucht in Ungedanken wie Arnold vorhin nach Salzstangen*: Wenn euch nichts mehr kittet, versucht ihr's nochmal über eine gemeinsame Anschaffung … oder eine gemeinsame Unternehmung. *Hört mit Suchen auf.* In diesem Fall wuchs der Versuch auf meinem Mist. Arnold sagte mehr als einmal, daß er sich mißbraucht fühle, *schmunzelt* in der Ehe mißbraucht. Mißbrauch in der Ehe. Der Mann wird von seiner Frau mißbraucht, seiner Frau, dieser Berufsemanze, mißbraucht! *Mit halber Stimme* Er hat Ausbruchsgedanken, Bernhard.

BERNHARD: Konkret? So was sagt sich schon mal.

CHRISTA *zieht das Köfferchen unter dem Sofa hervor*: Schau!

BERNHARD: Und? Ein kleiner Koffer mit Zeichengerät.

CHRISTA: Zeichengerät? Der Koffer ist leicht. Nichts was klappert drin. In dem Koffer ist Wäsche, sage ich dir. Notration für den Fall schnellen Verschwindens.

BERNHARD: Meinst du, er meint es ernst?

CHRISTA: Genau das meine ich.

BERNHARD: Ja fragst du ihn nicht? Ist es dir egal?

CHRISTA: Egal? *Stellt das Köfferchen zurück.* Gegen Morgen werde ich geweckt. Er hat sich zu mir rübergebeugt, küßt mich, umarmt mich und redet, redet wie ein Mensch im Halbschlaf. Aber ich, gutgläubig wie ich bin, denke, das ist das Ende, das Ende der Bewegungsstille, ihr unverhofftes, glückliches Ende. Vorhin spreche ich ihn darauf an. Weißt du, was er sagt? Es tut mir leid, daß ich im Schlaf geredet, mich zu dir rübergebeugt und dich unwissentlich umarmt habe. Vielmehr ich bitte dich, mein schlafendes Alterego zu entschuldigen.

BERNHARD: Ich wußte nicht, daß es so um euch steht. Wenn ich es gewußt hätte, wären Doris und ich zu einem anderen Zeitpunkt gekommen.

CHRISTA *mit einer heiteren Wendung*: Und du bist seit unserm letzten Treffen politisch.

BERNHARD: Man muß sehen, wo man abbleibt, Christa. Die wirtschaftliche Rezession.

CHRISTA *amüsiert*: Aber läuft doch alles über Ausschreibungen. Jeder mit gleichen Chancen.

BERNHARD: Natürlich. Trotzdem nicht schlecht, wenn du hier und da 'nen ausnahmsweise **nützlichen** Freund unter deine Freunde zählst. Und ihr? Bleibt abstinent?

CHRISTA: Abstinent. Neulich trifft mich dein würdiger Parteifreund, unser aller Baudezernent, auf der Straße: Wissen Sie, Sie arbeiten für die falsche Adresse, Frau Reichmann, das schadet dem Geschäft.

BERNHARD: Was hast du ihm gesagt?

CHRISTA: Um Politik kümmern Sie sich. Wir arbeiten an der **Kompetenz**.

BERNHARD: Das war stark!

CHRISTA: Er weiß es zu nehmen. Er lächelt und sagt: Da haben Sie auch wieder recht. Wendet sich und geht. So scheidet man einvernehmlich.

BERNHARD: Dem hätt ich was anderes geflüstert. Ich werd's ihm stecken.

CHRISTA: Dafür erzähl ich's dir nicht. Das läßt du bitte bleiben. Wir verstehen doch einen Spaß, Bernhard!

Bernhard geht ans Fenster.

BERNHARD: Ich hab's dir schon am Telefon sagen wollen, Christa, ich sag's dir jetzt: Elvira … Elvira liegt im Krankenhaus.

CHRISTA *erschrickt*: Was Ernstes?

BERNHARD: Sie ist das Opfer ihrer Wehleidigkeit geworden. Keiner hat ihr Gejammere ja mehr ernstgenommen, und da, plötzlich, wird es so schlimm, daß ich sie sofort ins Krankenhaus bringen muß.

CHRISTA: Gab es denn keine Warnzeichen, echten Warnzeichen?

BERNHARD: Krämpfe, Klagen, Klagen über Schmerzen. Das ist doch so, seit ich sie kenne. Das Fatale ist, du kannst Schein von Wahrheit nicht mehr unterscheiden. Sie sagte: Du nimmst mich nicht ernst. Aber wenn's zu spät ist, dann, ja dann! Natürlich hat sie keiner mehr ernstgenommen. Wie konnte man auch … Ich habe der Station für alle Fälle eure Nummer gegeben, falls …

Setzt sich.

Doris hat mir die Augen geöffnet. Doris hat mir klargemacht, daß ich mich nicht erpressen lassen darf.

Sieht Christa besorgt an.

Was ist das Glück? Ein seltenes Ding, das du nicht aus den Augen lassen darfst. Wie das Talent in einem alten Gleichnis, das ein Chef seinen Mitarbeitern zu treuen Händen gab. Du kannst nur das eigene Talent hüten, du hast nur das eigene Glück in der Hand, du mußt daran arbeiten, auch in so einer Situation. Ich hab doch immer in dieser Familie dringehangen, war nie frei, die Kinder, die alten moralischen Vorstellungen. Eines Tages war ich 25 Jahre mit meiner wenig geliebten, ewig jammernden Frau zusammen und konnte mir gar nichts anderes mehr vorstellen. Jetzt jammert sie nicht mehr – und liegt auf der Nase. Aber ich lasse es nicht aus den Augen, auch nicht in dieser Situation: das Talent, das Glück. Wenn ich Doris nicht kennengelernt hätte, ginge ich gewiß auch jetzt wieder in die Knie.

CHRISTA: Die kleine Doris.

BERNHARD: Es war die Befreiung, total, 'ne chemische Sensation. Ich hab ihr zu 'ner kostenlosen Wohnung verholfen.

CHRISTA: Da hättest du vorher mich fragen sollen, Bernhard.

BERNHARD: Ich mußte erweitern, angeblich – um gegen den Sog der allgemeinen Rezession ein Signal zu setzen. Dann meine neuen Aussichten und Beziehungen politischer Natur, du weißt. Dafür ließ ich den kleinen Trakt hinter meinem Büro ausbauen. In Wirklichkeit ist das niedliche Apartment für Doris. Wir treffen uns jederzeit ungestört. Ich willige in die Scheidung ein. Falls Elvira es erlaubt. Ihr Zustand vielmehr. Ich kann meine Aufwendungen dann sogar als Geschäftskosten geltend machen.

CHRISTA: Man heirate 'nen Geschäftsmann. Der bringt einen im wahrscheinlichen Fall der Scheidung um sämtliche Alimente.

BERNHARD: Ich werde für Elvira immer sorgen, Christa. Aber sie hat doch schon alles mit dem großen Haus. Ich nehme mir nur 'n bißchen Spielraum heraus.

CHRISTA: Soweit die andre dir Spielraum läßt, Bernhard!

BERNHARD: Sei nicht so mißtrauisch!

CHRISTA: Du gibst ihr ein Druckmittel in die Hand. Das war eine Dummheit, Bernhard. Wir sind zu ungeschickt, um mit unlautern Mitteln erfolgreich zu sein. Was gewinnst du bei der Schummelei? Ein paar Mal Vögeln auf Steuerzahlers Kosten. Und dann? Die große Ernüchterung.

BERNHARD: Gott Christa, ich erlebe bei 'ner Dreiundzwanzigjährigen soviel Glück, daß ich dafür glatt meine gesamte Existenz hinschmeiß.

CHRISTA: Für nette Formen schmeißt ihr alle euern Frauen und der ganzen Welt euern Mannesverstand vor die Füße.

BERNHARD: Ich bin nicht mehr jung und ein Mädchen – und was für ein Mädchen – fährt auf mich ab! Das rechtfertigt jeden Preis!

CHRISTA: Du gerätst ins Schwärmen und draußen schmieden die beiden ein Komplott.

BERNHARD: Miesmacherin!

CHRISTA: Sie bleiben ungewöhnlich lange weg.

BERNHARD: Bei der Auswahl in Arnolds Weinkeller auch kein Wunder.

CHRISTA: So groß ist die Auswahl nicht. Er hat sich auf Sherry eingeschossen und leider in letzter Zeit allzu militärisch. Was willst du gegen mein Argument? Sie wohnt umsonst, in einer Wohnung, die du illegal als Treffpunkt benutzt. Sie muß keine Rücksicht mehr nehmen, kann dich erpressen … und vögelt, mit wem es ihr paßt.

BERNHARD: Sie wollte doch auf ihrer Bude bleiben, Christa. **Ich** habe sie gedrängt. **Sie** war keinen Augenblick auf die Wohnung aus. Doris liebt mich!

CHRISTA: Trotzdem probiert sie aus, wie weit sie gehen kann. Es sind immer diese Sachen, wenn junge Frauen Ältere lieben. Sie wollen den Kaspar, der sich auf dem Kopf herumtanzen läßt und ihnen dennoch nichts abschlägt.

BERNHARD: Du bist pervers.

CHRISTA: Das vermutete Arnold auch schon.

BERNHARD: Abgrundtief pervers.

CHRISTA: Ich mal mir das zuweilen aus: ein knackiger Fünfundzwanzigjähriger, ein bißchen launisch, ein bißchen unberechenbar, aber immer wieder rumzukriegen mit ein bißchen Toleranz und ein bißchen Geld. Du stellst mit ihm Sachen an, Sachen. Das Leben wird noch einmal zum Tummelplatz wilder Abenteuer. O, ich kann verstehen, wenn einem dafür nichts zu teuer kommt.

BERNHARD: Doris ist nicht so, du täuschst dich vollkommen.

CHRISTA: Sie ist kaum hier und bändelt mit Arnold an.

BERNHARD: Christa, ich habe 50 werden müssen, um zu erfahren, daß es das Paradies gibt! Das Paradies auf Erden, greifbar, in Gestalt einer Frau, mit der ich mich treffe, heute, morgen, immer.

CHRISTA *freundlich*: Blanker Rausch.

BERNHARD: Für den Rausch lebt man. Und der Sexrausch ist unter allen Räuschen der schönste und unschädlichste.

CHRISTA: Du lebst deinen unschädlichsten aller Räusche, und Elvira?

BERNHARD: Es tut ihr weh. Geb ich zu. Aber sie ist auch egoistisch. Sie erwartet von mir … was wohl erwartet sie? Verzicht. Für was? Für Ehe, Familie, Moral. Wer verlangt, daß ich verzichte? Doch nur all die unglücklichen Menschen, die das Paradies nie gesehen haben und neidisch die beargwöhnen, die, spät genug, den Weg dorthin fanden.

CHRISTA: Typische Argumente aus der Psychokiste angehender Psychologinnen, Bernhard.

BERNHARD: Aber sie hat doch recht. Mit dem passenden Fünfundzwanzigjährigen würdest du auch diese Befreiung erleben.

CHRISTA *lacht*: Ich muß dich in deinem Optimismus aufrichtig bewundern, Bruderherz.

Bernhard geht unruhig auf und ab, bleibt vor einem Bild stehen und bespiegelt sich in der Verglasung.

BERNHARD: Manchmal … ich sehe **sie** und sehe **mich**. Wer bin ich? Ein etwas alter Mann mit Abnützungserscheinungen. Ich bin drauf und dran, zu ihr hinzugehen: Doris, was ist an mir dran, daß du so auf mich stehst? Diese heftige, allzu heftige Sache. Ich mach mir Sorgen. Das entspricht nicht … der Norm, kann allenfalls Ausnahme … ein Abenteuer sein. Ich vergehe dann vor Zweifeln. Aber dann schau ich nochmal in den Spiegel, schau mir ganz fest ins faltige Gesicht: Sei kein Schlappschwanz, Alter! Nur wenn du zweifelst, bist du schwach. Nur wenn du wackelst, machst du dich angreifbar. Halt an dich! Mache dich nicht zur Zielscheibe in einem Krieg, den noch keiner erklärt hat!

Ich habe nicht viel dazugelernt im Leben, Christa, aber eines weiß ich jetzt: diese Blöße darf ich mir nicht geben. Und sollte ich sowohl Elvira als auch Doris bei der Wette verlieren – es kann sein, ich weiß es – der Augenblick ist der Augenblick und ich möchte mir nicht vorwerfen müssen, den Preis entrichtet, aber den Lohn nicht eingeheimst zu haben. Und du solltest mich eigentlich darin bestärken, Schwesterherz, anstatt in meiner wundesten Stelle zu bohren.

CHRISTA: Verzeih. Ich höre aufmerksam zu. Gehöre zu den Nachbarn, von denen du sprichst, jenen neidischen Nichtkennern oder Nochnichtkennern des Paradieses, die dich mit ihren Einflüsterungen quälen.

BERNHARD *stürzt in einen Sessel*: Ich kann das **Bild** nicht vergessen. Als die Ärzte ihr sagten, das müßten sie mit ihr machen und das, Untersuchungen, schreckliche, Eingriffe, Sachen ... da war sie plötzlich ruhig, ganz ruhig. Das hast du angerichtet! hätte sie sagen können, das erwartete ich. Aber nichts, kein Sterbenswort, kein Mucks.

Ich kann nicht mehr zu Doris gehen, ich habe kein Recht darauf, ich bin ein Mörder! Sage, daß ich ein Mörder bin!

Christa geht, erschrocken seinem Blick ausweichend, ein paar Schritt.

Und ich habe ihr immer unterstellt, sie simuliere!

Pause.

CHRISTA *horcht nach draußen*: Vielleicht ist es nicht so schlimm, wie du fürchtest, Bernhard. Man muß erst einmal die Diagnose abwarten, hm?

BERNHARD *nimmt ihre Hände*: Wenn ich mich mit dir nicht immer wieder aussprechen könnte!

Christa fährt ihm mütterlich durchs Haar. In dieser Pose werden sie von Doris und Arnold gefunden, die in gelockerter Stimmung mit etlichen Getränken zurückkommen.

CHRISTA *Bernhard loslassend*: Wir gehn zum Chinesen unten was Kleines essen, hm?

BERNHARD: Das tun wir!

ARNOLD: Mit meiner neuen Schwägerin läßt sich plaudern.

BERNHARD: Da siehst du, was ich an ihr habe!

DORIS: Weißt du, daß Arnold 'ne Ausstellung plant?

BERNHARD: Du trägst dich wieder mit hochfliegenden Plänen? Ich wußte es nicht.

ARNOLD: So täuscht man sich in seinen Anverwandten.

DORIS: Wir gehen nicht eher, bis Arnold 'ne Skizze von mir gemacht hat. Er meint, ich hätte 'n gutes Gesicht.

ARNOLD: Das Drumherum ist aber auch nicht übel.

BERNHARD: Zeig uns 'ne Probe!

ARNOLD *eine Flasche entkorkend*: Öffentlich oder nie. Und worüber habt ihr euch unterhalten?

BERNHARD: Thema Nummer eins: der Wettbewerb. Aber ich hab immer noch nicht raus, wem von euch der Löwenanteil bei der Sache zusteht.

CHRISTA: Jedem auf seine Weise, Bernhard.

DORIS *Arnold das Glas zum Eingießen hinhaltend*: Im Zweifelsfall natürlich dem Mann.

BERNHARD: Im Zweifelsfall natürlich der Frau, Arnold und ich sind Gentlemen, Doris!

ARNOLD *schenkt in die restlichen Gläser ein*: Trinken wir ... auf den gemeinsamen Erfolg des gemeinsamen Büros von Christa Reichmann geborene Altmann und Arnold Reichmann geborener Reichmann!

Sie prosten sich zu.

DORIS: Auf den Sieg der Frauen.

CHRISTA: Auf den neuen Palastgartenvorplatz.

BERNHARD: Auf die Umsicht heutiger und künftiger Stadtpolitiker!

CHRISTA: Optimist!

BERNHARD: Auf den Stadtrat, den Bauausschuß und die Gerechtigkeit der heute bekanntgewordenen Entscheidung. Auf die glücklichen Gewinner – auf dich, Arnold, und auf dich, Christa!

CHRISTA: Wir sind in erster Linie froh, daß wir die Strapazen gepackt haben. Ihr könnt euch denken, das ging nicht immer zart her, als der Abgabetermin näher und näher rückte und es immer noch hier und dort und dort und hier Stellen gab, an denen uns der Entwurf mißfiel. *Arnold räuspert sich, sie drückt seine Hände.* Aber die Mühe und die Nervosität, die Reibungen, die's gab, haben sich ausgezahlt. *Arnold befreit sich.* Das Leben ist ziemlich hart, wenn man Erfolg haben will.

DORIS *zu Arnold*: Du lebst mit 'ner ziemlichen Ausgeburt an Leistungsschwachsinn zusammen.

Bernhard legt beschwichtigend den Arm um sie. Sie schüttelt ihn ab.

Seid mal ehrlich: ist bei euch nicht manchmal der eine eifersüchtig auf den andern? Habt ihr nie das Gefühl: Eigentlich hat nur einer gewonnen, eigentlich hat nur einer den Preis verdient? Ich stell mir das echt heikel vor.

CHRISTA: Sie sind nicht zwanzig Jahre verheiratet. In zwanzig Jahren verliert sich diese Form des Egoismus.

Arnold läßt den Blick nervös an die Decke schweifen. Bernhard legt Doris erneut den Arm um die Schultern. Sie schüttelt ihn wie beim ersten Mal ab.

DORIS: Nehmen wir an, ich hätte mit 'nem Typ ... hätte mit Berni 'nen Preis gewonnen. Ist doch eigenartig. Hast was geleistet, willst stolz sein, doch immer das Gefühl, hättest es alleine nicht gepackt. *Sieht Bernhard an* Ich bin dafür, Ehepaare treten miteinander in Konkurrenz. Wie wär's mit uns auf 'nem Arienwettbewerb, Berni, du als Operettensängerin? Tolle Knallcharge. Charlies Tante.

Bernhard zupft sich in aufgesetzter Fröhlichkeit an der Kehle und bringt ein krächzendes Geräusch im Falsett heraus.

ARNOLD: Aufhören, aufhören! Wollt ihr nicht zum Chinesen? Beim Chinesen gibt's günstiges Essen. Für Christa ein wichtiges Argument. Zumindest solange das Preisgeld nicht eingetroffen ist. Dann wird sie auch wieder ein paar Groschen für Salzstangen erübrigen. Außerdem habt ihr 'ne Menge zu quatschen, wofür ihr Doris und mich nicht braucht.

BERNHARD: Aber ihr kommt doch mit!

DORIS *parodiert zähnefletschend die Porträtpose*: Er bringt mich zu Papier jetzt, Schatz.

BERNHARD: Das ist unhöflich.

DORIS: Wenn er doch mag?

ARNOLD: Wir können natürlich auch gerne anderswo arbeiten, wenn es euch zusehr stört.

CHRISTA *zu Bernhard*: Räumen wir das Feld. Lassen wir die beiden arbeiten. Kommt sowieso keine Feststimmung auf.

BERNHARD *unverwandt zu Arnold und Doris blickend*: Christa, gehn wir zum Chinesen, ich habe Lust auf chinesisch Essen.

DORIS *mit einer Kußhand*: Tschüß!

Bernhard und Christa ab. Arnold schlägt mißgelaunt den Zeichenblock auf den Knien auf und weist Doris das Sofa an. Die blickt jedoch ungerührt den beiden nach.

Nett, daß die beiden das Feld räumen. Echt rücksichtsvoll.

Was hast du?

ARNOLD *wirft den Zeichenstift hin*: Ich bin abgewirtschaftet.

DORIS *hebt, ohne zu lesen, den Brief vom Wettbewerbsausschuß auf*: Darfst dich nicht unterbuttern lassen.

ARNOLD: Die Kraft der Kompetenz. Sie ist besser als ich, darum fühl ich mich untergebuttert.

DORIS *berührt ihn*: In einer Hinsicht bist **du** besser.

ARNOLD *ihr den Rücken kehrend*: Laienhafter Porträtrealismus. Jeder Fotoamateur mit Billigkamera sticht mich aus. Damit kannst du keinen Blumentopf gewinnen.

DORIS *streift die Schuhe ab, nimmt auf dem Sofa Platz und lacht kopfschüttelnd in sich hinein*: Laienhafter Porträtrealismus!

ARNOLD: Kennst du Haigerloch? Ein Dorf linkerhand, wenn du die Bundesstraße von Tuttlingen nach Stuttgart fährst. Vor drei Jahren. Ein Studienfreund hatte 'ne seltsame Idee: Was Techniker in der Freizeit treiben. Meine erste Ausstellungsbeteiligung, richtig mit Vernissage und allem Pipapo. Am Abend ist sie dabei: Journalistin, verheiratet, zwei Kinder. Sie bringt 'ne Kritik. Meine Arbeiten verreißt sie. Ich erkenne: sie ist verliebt.

DORIS: Machtet ihr's miteinander?

ARNOLD: Sie kommt. Wir liegen uns in den Armen.

DORIS: War sie gut?

ARNOLD *fängt mit Skizzieren an*: Sie kommt, sooft sie's einrichten kann. Solange mein Urlaub dauert.

DORIS: Hattest du viele Affären?

ARNOLD: Die. Und dann mit 'ner Angehörigen meines Studienfreundes im letzten Jahr.

DORIS: Weiß sie's?

Arnold strichelt.

Hab im Musicalkonzert vom Unichor 'n Solo gesungen. Ganz gut und hat auch Spaß gemacht. Nach dem Konzert kommt 'n Typ auf mich zu, stellt sich vor: Bernhard Altmann. Sie müssen unbedingt Gesangsstunden nehmen, Doris, Sie sind hochbegabt!

ARNOLD: Die er bezahlt.

DORIS: Die er bezahlt.

ARNOLD: Wofür du mit ihm schläfst.

DORIS: Ich find ihn echt gut.

ARNOLD: Gut im Bett?

DORIS: Ich hätte dir diese geschmacklose Frage nicht zugetraut.

ARNOLD: Was hat eine wie du an einem Mann wie ihm?

DORIS: Ich bin verdammt nicht doof, weißt, ich hätte das Zeug gehabt. Aber du kriegst die Krise: Statistik, Tests, Methoden, die morgen schon wieder zum Müll der Geschichte gehören. Du gibst dich mit Theorien ab, und während du sie paukst, werden sie bereits durch andere ersetzt. Die gelten dann wieder nicht länger als ein paar Monate. Du befaßt dich ständig mit ungültigen Sachen. Beschäftigungstherapie, Jugendverwahranstalt. Du, die brummen dir Aufgaben auf, da wackelst du mit den Ohren … Und da kommt so 'n unbekannter Typ und zeigt dir 'nen unbekannten Weg. Du fühlst dich, kann ich dir sagen. Auf so 'ne Chance hast du gewartet. Er macht dir alles möglich. Aber dann merkst du, er ist auch nur so 'n kleiner Egozentriker, der sich was wunder wie vorkommt. Und auch der von ihm gezeigte Weg ist derselbe verworrene Trampelpfad wie alle verworrenen Trampelpfade. Du kriegst eben nichts geschenkt. Nicht auf der Uni, nicht bei der Musik. Gibt überall zu viele. Kannst die Straße mit hoffnungsfrohen Talenten pflastern. Liebemachen ist alles.

ARNOLD: Arme!

DORIS: Du hast gut reden im gemachten Nest mit dem faulen Hintern im vergoldeten Bett.

Schweigen. Arnold bricht gereizt ab. Er reißt das Zeichenblatt aus dem Block, faltet es und schreibt hastig auf die Rückseite. Er zieht den Koffer unter dem Sofa hervor, nimmt die Tonkassette heraus, legt sie neben das Blatt auf das Sofa, schließt den Koffer und bleibt wartend stehen. Doris springt auf.

ARNOLD: Ich gehe von hier fort.

DORIS *stolpert über ihre Schuhe*: Was willst?

ARNOLD: Ich gehe von hier fort!

DORIS *schlüpft verwirrt in die Schuhe*: Willst … abhauen?

Er blickt entschlossen an ihr vorbei, sie legt ihm die Hand auf den Arm.

Du kannst bei mir unterkommen.

Er schüttelt sie ab, wirft sich Schal und Mantel um, überprüft seine Papiere und geht mit dem Koffer hastig ab. Doris starrt ihm aus großen Augen hinterher. Das Telefon im Nebenzimmer läutet.

Verflixt!

Soll sie drangehen? In der fremden Wohnung? Das Läuten hört auf. Sie steht verlegen da. Sie nimmt das Blatt, liest, was Arnold geschrieben hat.

Christa! *Stockt.* Ich hebe ein Drittel der Preissumme – ist es recht? – morgen von unserm Konto ab. Auf alles weitere verzichte ich. Forsche mir nicht nach! Dein Mann.

Schluckt und läßt das Blatt verwirrt fallen. Sie verläßt fluchtartig und ohne auf Licht und Türen zu achten, das Haus.

Und wieder läutet das Telefon. Der Anrufer läßt diesmal noch länger durchläuten.

Im Hausflur gibt es Geräusch und immer noch läutet es.

Christa stürzt knapp nach dem letzten Klingelton durch die offene Tür herein. Sie blickt sich, außer Atem, um. Bernhard folgt, drängt ins Nebenzimmer.

BERNHARD *außerhalb*: Doris! Arnold!

CHRISTA: Ich sagte doch, daß er es war. Er huschte mit dem Koffer in den Bus, der gerade hielt.

BERNHARD: Arnold! Doris!

Christa erschrickt: sie entdeckt das auf dem Boden liegende Blatt, hebt es auf, zittert. Sie setzt sich.

Bernhard kommt zurück, tritt leise neben sie, legt ihr die Hand auf die Schulter.

Es kann nur die Drei oder Acht gewesen sein.

CHRISTA *faßt ihn am Arm*: Da … lies!

BERNHARD *nimmt das Blatt*: …ein Drittel der Preissumme … Forsche mir nicht nach! Dein Mann.

Ich fahre auf der Stelle dem Bus nach.

CHRISTA: Das tust du nicht!

BERNHARD: Das erste, was du morgen tun mußt: du mußt dein Konto sperren lassen!

CHRISTA: Ich hab's gesagt: der Koffer, das Band *spielt mit dem Tonband*!

BERNHARD: Du mußt ihn zwingen. Wenn er das Geld nicht kriegt, wird er sich notgedrungen melden.

CHRISTA: Ich kann's nicht fassen. Ich bin nicht einmal schockiert. Ich kann es einfach nicht fassen.

Bedeckt mit der einen Hand die Augen und klammert sich mit der andern an Bernhard.

Läuten an der Haustür. Christa blickt erwartungsvoll auf. Bernhard geht öffnen. Doris zurück.

DORIS: Ich steh auf der Straße, da hör ich meinen Namen. Warst du das?

BERNHARD *gepreßt*: Wo steckt er?

DORIS: Arnold?

BERNHARD: Arnold.

DORIS: Weg … einfach weg.

BERNHARD *packt sie am Kragen, sie wehrt sich*: Du hast ihn zuletzt gesehen.

DORIS: Tatsächlich?

BERNHARD *hält ihr das Blatt vor die Nase*: Was ist das? Sie soll ihm nicht nachforschen. Meine Schwester, Christa, ihm nicht nach … *Wirft das Blatt hin* Du warst dabei, hast ihn angestiftet.

DORIS: Ich habe ihn nicht angestiftet!

BERNHARD *läßt sich in den nächststehenden Sessel fallen*: Ich lasse dich. Wenn du willst. Du bist frei. Grüße zum Jahreswechsel, schriftlich, knapp. Falls du bis dahin noch bei mir wohnst.

DORIS: Du bist übergeschnappt.

BERNHARD: Das Ganze war auch zu schön.

DORIS: Dein Traum von der Renommierpuppe war zu schön.

Bernhard springt auf und hastet zum Fenster. Wischt sich mit dem Taschentuch Schweiß von der Stirn.

DORIS: Ich will was Einfaches machen. Taxi fahren. Hab's mir überlegt. Bin für Höhenflüge nicht geschaffen.

Warum hilfst du mir nicht! *Verbirgt das Gesicht in den Händen.*

BERNHARD *dreht sich um, sieht sie an*: Ich habe immer nur das Schlechteste für dich gewollt, damit ich mit dir glänzen kann.

Doris wendet sich ab und stampft mit dem Fuß. Christa geht diskret nebenan. Doris beginnt am ganzen Körper zu beben. Sie dreht sich, Tränen im Gesicht, um.

DORIS: Warum … kann ich niemand lieben, warum kann ich … dich nicht lieben? Ich kann niemand lieben, ich … hasse mich!
Verhüllt das Gesicht und schluchzt.
Bernhard schließt sie in die Arme und wiegt sie wie ein Kind.

BERNHARD *über ihre Schultern hinweg*: Elvira liegt im Krankenhaus. Die Ärzte wissen nicht, was sie hat. Vielleicht …
Sie lösen die Umarmung, sehen sich an.
Jedenfalls, ich soll mit allem rechnen. Du kannst dir vorstellen, wie mir zumute war.
Doris streicht ihm zärtlich Haare aus der Stirn.
Sie wenden sich Christa zu, die forschen Gangs, eine Klarsichtmappe in der Hand, zurückkommt.

CHRISTA: Die Pläne, um die du beim Chinesen gebeten hast. Haben wir eigentlich die Zeche bezahlt?

BERNHARD: Ich habe das erledigt. Schade um den Abend.
Doris, abseitsstehend, wischt sich immer noch das Gesicht.

CHRISTA: Fahrt nur und macht euch wegen mir keine Sorgen. Ich bin stark.

BERNHARD: Ehrlich?

CHRISTA: Zweifelst du? Nimm! *Er zögert.* Nimm!
Bernhard nimmt die Mappe. Das Telefon läutet. Ist es für Christa, ist es für ihn? Ist es Arnold, ist es das Krankenhaus?
Christa geht dran.

CHRISTA *steht, den Hörer am Ohr, in der Tür*: Ja bitte? Elvira!
Doris greift dem zitternden Bernhard unter den Arm. Die beiden schauen mit angehaltenem Atem zu, wie Christa telefoniert.

*

– II, 1 –

Christa und Werner nach einem Abendimbiß mit schwarzem Tee. Der Raum hat sich geringfügig verändert. Das Telefon befindet sich jetzt in der Leseecke, der Schreibtisch ist verschwunden und an der Wand hängt eine Urkunde.

CHRISTA: Gefällt dir die Stadt?

WERNER: Ich denke, hier läßt sich's leben.

CHRISTA: Zugezogene wettern oft gegen Trier. Aber das kommt daher, daß die frisch Zugezogenen mit den Einheimischen gar nicht in Kontakt treten. Die Leute, die den Ton angeben, sind nämlich nicht die Einheimischen, sondern die früher Zugezogenen. Die kommen sich immer als etwas besseres vor, glauben grundsätzlich, sie müßten sich beweisen.

WERNER: Das ist in jeder Kleinstadt so.

CHRISTA: Trier hat 120.000 Einwohner gehabt!

WERNER: Kleinstadt ist eine Frage des geistigen Standpunkts, nicht der Größe, Christa.

CHRISTA: Danke für das Kompliment.

WERNER: Du bist eine Ausnahme. Wuppertal ist mehr als dreimal so groß wie Trier. Trotzdem find ich Wuppertal genauso provinziell.

CHRISTA: Das sagst du jetzt, um mich zu beruhigen.

WERNER: Warst du in Wuppertal?

CHRISTA: Ich war dort.

WERNER: Habe ich unrecht?

CHRISTA: Die ausgestorbenen Straßen nach 22 Uhr erinnerten in der Tat lebhaft an Trier.

WERNER: Siehst du. Aber man lebt doch recht unbehelligt. Keiner kümmert sich um den andern.

CHRISTA: Das ist das wichtigste.

WERNER: Wettern alle Zugezogenen gegen Trier?

CHRISTA: Nicht alle wettern. Einige Zugezogene finden Trier urgemütlich.

WERNER *klopft sich auf den Oberschenkel wie in Vorankündigung eines saftigen Witzes*: Ein lebhaftes Klima scheint dort, wo wir herkommen, aber wirklich nicht zu herrschen!

CHRISTA: Das erscheint mir auch so.

WERNER: Aber was ich über Trier hörte, übertrifft die Gerüchte über Wuppertal bei weitem.

CHRISTA: Was hörtest du?

WERNER: Auf einer meiner Durchreisen erzählte mir eine Kundin: Wußten Sie schon, in Trier geht die Welt zehn Jahre später unter.

CHRISTA: Das wußte ich nicht. Warum?

WERNER: Ja weil in Trier alles mit zehnjähriger Verspätung eintrifft.

CHRISTA: Da weiß ich was Beßres: wenn ein Angehöriger der Hohen Domkirche hustet, rotiert der Leiter der Lokalredaktion beim hiesigen Tagesblatt wie ein Wirbelwind um die eigene Achse.

WERNER: Da muß er aber schon ein gutes Stehvermögen haben, wenn er ihm bei diesen Windbewegungen steht!

CHRISTA: Weißt du, daß der alte Ostblock davorstand, einen Atomkrieg zu beginnen? Da gedachte man des Geburtshauses von Karl Marx, das unseligerweise im verhaßten Westen steht, nirgendwo anders als in Trier nämlich. Man arbeitete daran, wie man die Stadt Trier bei einem solchen Atomkrieg aussparen könnte. Man erwartete von Tag zu Tag die Lösung. Wenn die Mauer nicht gefallen wäre, läge Deutschland mit Ausnahme Triers, das jetzt freilich zum Großherzogtum Luxemburg gehört, in Schutt und Asche.

WERNER: Bist du sicher?

CHRISTA: Ich weiß es von einer Freundin. Und die weiß es aus der Zeit, als sie die Delegationen durchs Karl Marx-Haus führte.

WERNER: Weiß sie es zuverlässig?

CHRISTA *nickt*: Trier ist wie gesagt Geburtsstadt von Karl Marx.

WERNER: Wie Wuppertal die Geburtsstadt von Friedrich Engels.

Fixiert Christa.

Wir sind am Karl Marx-Haus gar nicht vorbeigekommen?

CHRISTA: Nicht direkt. Es liegt nicht im unmittelbaren Stadtkern.

WERNER: Sondern?

CHRISTA: In einer Straße, die Brückenstraße heißt.

WERNER: Warum nicht Karl Marx-Straße?

CHRISTA: Karl Marx-Straße heißt die nächste Straße zur Brücke hin, die Verbindungsstraße zwischen der Brückenstraße und der tatsächlichen Brücke. Im Anklang an ein paar deftige Stellen im Briefwechsel von Marx und Engels hat man Karl Marx die Straße mit den meisten Animierkneipen und Stripteaselokalen zugeeignet.

WERNER: Das ist postum wahrhaft fürsorglich gedacht! Triers Erosstraße Karl Marx-Straße und die Straße mit dem Karl Marx-Haus Brückenstraße! Äußerst sinnig!

CHRISTA: Und vor allem äußerst sinnlich, Werner!

WERNER: Mit unserm Engels hätte euer Marx bestimmt 'ne Menge Freude dort gehabt.

CHRISTA: Daran sieht man, wie sehr diese Stadt ihren Marx verehrt.

WERNER: Aber daß ihr bei einem Atombombenangriff ausgespart bleibt, find ich genial.

CHRISTA: Trier, das Mekka der Kommunisten. Aber das ist jetzt Schnee von gestern.

WERNER: Was soll man noch mit Marx in Trier, wo es dich doch gibt!

CHRISTA: Danke für das Kompliment.

WERNER: An dir kann ich die Trierer Langsamkeit wahrhaftig nicht erkennen.

CHRISTA: Jeder leidet schon mal unter dem lähmenden Kesselklima.

WERNER: Heute auch?

CHRISTA: Heute weniger.
WERNER: Darf ich das als Gegenkompliment verstehen?
CHRISTA: Wenn du magst.
WERNER: Das ehrt mich.
CHRISTA: Findest du?
WERNER: Ich hoff's.
CHRISTA: Womit wir beim Thema wären.
WERNER: Womit wir beim Thema wären. Und? Dein Eindruck?
CHRISTA: Nach vier Stunden eine berechtigte Frage. Du zuerst.
WERNER: Du weißt es doch. Aber ich werde aus dir nicht schlau.
CHRISTA: Wir haben Kaffee getrunken, Musik gehört, sind durch die Stadt gebummelt. Wir haben zu Abend gegessen und uns ausgiebig unterhalten. Ich kann über dich nichts Abfälliges sagen.
WERNER: Ich über dich auch nicht.
CHRISTA: Danke.
WERNER: Du kannst vergleichen.
CHRISTA: Ja. Vier Stunden mit dir und vier Stunden mit diesem und jenem.
WERNER: Und?
CHRISTA: Ich kann mir nicht vorstellen, dich zu lieben, Werner. Es tut mir leid, Werner, aber das ist die Antwort.
WERNER: Wo zwischen Wuppertal und Trier so enge Beziehungen bestehen!
CHRISTA: Es tut mir leid, es dir sagen zu müssen, Werner. Du bist nicht mein Typ.
WERNER *zerreibt einen Brotkrümel*: Ich hab's gemerkt. Die ganze Zeit. Besonders, als du anfingst, von ihm zu erzählen. Ich habe gemerkt, du liebst ihn noch. Ich hatte keine Chance.
CHRISTA: Es stimmt, ich vermisse ihn oft, und gerade jetzt hätt ich gern, er wäre nochmal hier. Aber ich würd's mir nicht so stark wünschen, wie ich's halt tu, wenn du meinen Vorstellungen mehr entsprächest. Das ist nicht gegen dich, sondern einfach mein Gefühl.
WERNER: Ich finde das so toll an dir, wie klar du das sagst. Das habe ich bei keiner bisher gefunden. Die meisten vertrösten einen auf das nächste Treffen, aber beim nächsten Treffen versetzen sie dich, beim dritten genauso und dann weißt du Bescheid. Rate, wieviel Zuschriften ich auf meine Anzeige erhielt?
CHRISTA: Zehn.
WERNER: 25!
CHRISTA: Keine aus deiner Nähe?

WERNER: Alle bis auf deine.
CHRISTA: Und es ergab sich nie etwas?
WERNER: Nie. Wie heute. Meistens gefielen wir uns gegenseitig nicht, in einem Fall war mir das Mädchen unsympathisch und bei mehreren fand ich keinen Anklang. Aber mit einem Pharmareferenten ist auch keine Beziehung zu unterhalten. Der macht ja doch alle Frauen an und ist immer unterwegs.
Du bist übrigens viel hübscher, als du auf dem Foto wirkst. Wenn ich gewußt hätte, wie gut du in Wahrheit aussiehst, hätte ich mich gar nicht hergetraut.
CHRISTA: Du erwartest darauf keine Antwort.
WERNER: Aber ehrlich, auf dem Foto siehst du so spießig aus.
CHRISTA: Ich habe beim Fotografen neue Bilder schießen lassen.
Holt sie.
WERNER *betrachtet die Fotos*: Sind viel besser. Aber immer noch entfernt von dem, wie du wirklich bist. *Gibt sie zurück.*
CHRISTA *wirft die Mappe lachend auf den Tisch*: Das muß mir ein Pharmareferent erklären. Immerhin hielt es ihn nicht ab, heute vor zwei Jahren, auf den Tag genau, auch die Uhrzeit stimmt, spurlos zu verschwinden. Ich war mit meinem Bruder zum Chinesen gegangen, da sah ich, wie einer im letzten Moment in den anhaltenden Bus huscht, Linie 8 oder 3: Arnold. Ich laufe in die Wohnung und finde den Abschiedsbrief.
WERNER: Ich werde demnächst aufpassen und nicht zur unpassenden Zeit an Türen läuten.
CHRISTA: Wir werden's überleben, Werner.
WERNER: Aber klar doch.
CHRISTA: Soll ich dir die Luftmatratze aufschlagen?
WERNER: Ich wohne im Hotel.
CHRISTA: Ich beteilige mich an den Kosten.
WERNER: Kommt nicht in Frage. Die Firma zahlt: Spesen.
CHRISTA: Magst du noch Musik hören?
WERNER: Ich fürchte, unsere Geschmäcker sind zu verschieden.
Ich hoffe, der Kontakt findet eine Fortsetzung.
CHRISTA: Das läßt sich einrichten.
WERNER: Begeistert klang das ja nicht.
CHRISTA: Natürlich mache ich dir auf.
WERNER: Hat noch 'ne Tankstelle offen?
CHRISTA: An der Mosel vor der Schnellstraße in Richtung Koblenz.
Begleitet ihn hinaus. Kommt zurück, setzt sich, reibt angespannt die Augen. Sie zieht unter zwei Telefonbüchern einen Brief hervor, den sie, dem geöffneten Kuvert zufolge, nicht zum ersten Mal liest. Sie schlägt das zuunterst liegende dickere Telefon-

buch auf. Ihr Zeigefinger hält bei einer Adresse inne. Sie vergleicht mit dem Briefabsender, hebt den Hörer ab und wählt etliche Ziffern ...

Hier Christa Reichmann. Ist Heribert zu sprechen? Ja, hier Christa Reichmann. Ich habe gestern deinen Brief auf meine Kontaktanzeige erhalten und denke, ich melde mich so. Ich fand deine Nummer im Koblenzer Telefonbuch. Du schreibst, du bist arbeitslos. Doch hoffentlich keine finanziellen Interessen ... Verzeih ... Natürlich nicht ... Du fühlst dich einsam. Ich auch.

– II, 2 –

Christa und Werner sitzen sich gegenüber. Neben Christa ein Stapel Korrespondenz.

WERNER: Stör ich?

CHRISTA: Hätte ich dir aufgemacht, wenn du störtest? Du störst nicht.

WERNER: Ich dachte, du hast Besuch.

CHRISTA: Ich muß bloß einige Briefe noch beantworten. *Tippt den Stapel an.*

WERNER: Zuschriften?

CHRISTA: Zuschriften.

WERNER: Schon wieder.

CHRISTA: Schon wieder.

WERNER: Wie erging es dir?

CHRISTA: Mit dem Koblenzer, von dem ich dir am Telefon erzählte? Er war zweimal hier. Einmal 'ne Woche und einmal 'ne halbe Stunde. Er wollte nach Trier ziehen, völlig übereilt. Da rief das Arbeitsamt aus Koblenz an, und er zurück. Eine Stelle. Das war's.

WERNER: Zu bedauern scheinst du den Ausgang der Sache ja nicht. Ich folgere, ihr habt euch nicht geliebt.

CHRISTA: Nicht sehr.

WERNER: Und ... du hattest einen andern!

CHRISTA: Ja. Oder besser: nein.

WERNER: Sein Name!

CHRISTA: Gregor.

WERNER: Also ja.

CHRISTA: Gregor ist durch seinen Beruf in Anspruch genommen, weißt du. Er arbeitet als Assistenzarzt. Er hat sich nicht mehr gemeldet.

WERNER: Also inseriertest du jetzt wieder und bist dabei, deine zahlreichen Zuschriften zu beantworten.
Du machst noch ein Hobby draus!

CHRISTA: Dafür ist die Sache zu ernst.

WERNER: Das redest du dir ein. Du spielst: das Lotterie-Überraschungsspiel. Du läßt dir die Speisen unter wundersamen, vielversprechenden Namen ins Haus flattern. Bevor ich kam, hab ich 'ne Pizza schnabuliert: Pizza Calzone – lassen Sie sich überraschen! Weißt du, so eine zusammengeklappte mit vielen unbekannten Zutaten drin. Du magst dergleichen. Bis der Beste, Schärfste, Attraktivste durch den Briefkastenschlitz ins Haus flattert. Glaubst du, mir entging, daß dein Doktor attraktiver war und daß du deinen Koblenzer nur deswegen hast fallen lassen, weil er deinem Typ nicht entspricht? Mich hast du schon nach Hause geschickt, bevor du dich von meinen charakterlichen Qualitäten auch nur im mindesten überzeugen konntest!

CHRISTA: Du bist nicht mein Typ. Ich habe dich nicht im unklaren gelassen.

WERNER: Doch. In der ersten Stunde, in der zweiten Stunde, in der dritten Stunde. Als es zu spät war!

Gefällt mir eine, muß ich hören, ich bin nicht ihr Typ. So einfach ist das. Du sagst: Du bist nicht mein Typ! Setzt noch ein Sorry nach, um die Erleichterung, die du empfindest, mit einer netten Lüge zu übertünchen. Sagst: Sorry, bist nicht mein Typ, und bist jede Verantwortung los. Du wirst sehen, wohin dich dein Anspruchsdenken führt, Christa: in Verwirrung und Bindungsunfähigkeit! Es ist so einfach, einen Kerl durch die Tür treten zu lassen. Sorry, bist nicht mein Typ. Oder noch einfacher: per Brief. Niemand merkt's. Die Liebe versandet im Postgeheimnis. Aber nicht nur du wirst Affären beenden. Auch andere werden es tun. Die Enttäuschungen werden immer kleiner, von Mal zu Mal, doch ihre Anzahl wächst und wächst und wächst. Es wird dich fertigmachen, glaub mir! Du wirst den Glauben an die Liebe verlieren!

Steht auf und faßt sie von vorn an den Schultern.

Vielleicht wirst du einmal froh sein, daß da ein Freund ist, der niemals mit dir spielen würde! Ein Freund, der deine Vorzüge kennt!

Läßt sie los und geht ein paar Schritt.

Manchmal verzweifle ich bei dem Gedanken, daß die Männerwelt von Trier dir nachsteigt und ich unterwegs bin und nichts vermag. Ich habe schon im Puff mit einer geschlafen, die dir ähnlich sieht. Ich dachte schon, du wärst's. So sehr imponiertest du mir.

CHRISTA: Mein Beileid, Werner.

WERNER: Warum versuchst du's nicht wenigstens? Einer von zweien gibt doch immer nach.

CHRISTA: Ich liebe dich nicht.

WERNER: Ich bin häßlich.

CHRISTA: Vor allem willst du den Frauen deine Vorstellungen aufzwingen. Das ist altes Gehabe. Du solltest wissen, wir sind nicht mehr das bloße Objekt männlicher Befriedigungsansprüche.

WERNER: Ihr werdet auch wieder zur Vernunft kommen!

CHRISTA: Frauen zurück an den Herd, Männer an die Schalthebel der Politik – darüber sind wir hinaus!

WERNER: So?!

CHRISTA: Ich stehe dafür!

WERNER: Du wirst das Chaos erleben!

CHRISTA: Ich fühle mich im Chaos ganz wohl!

WERNER: In deinem Innern wird's bald noch chaotischer aussehn!

CHRISTA: Danke für die väterlichen Ermahnungen, Werner. Und jetzt scher dich und laß dich nicht wieder blicken!

Werner entrüstet ab. Christa sieht ihm erregt nach. Dann telefoniert sie.

– II, 3 –

Christa und Gregor beim Nachtisch.

GREGOR: Wie komme ich eigentlich zu dem Vergnügen, von dir zum Essen eingeladen zu werden?

CHRISTA: Ich hatte Lust drauf. Einfach so.

GREGOR: Dein Nachtisch ist die Krönung.

CHRISTA: Danke.

GREGOR: Was macht die Liebe?

CHRISTA: Nichts. Bei dir?

GREGOR: Paar Anläufe. Immer dasselbe Resultat: Fehlanzeige … Auch ohne Anzeige … Ich habe beschlossen, mich noch stärker auf den Beruf zu konzentrieren. Ich hab jetzt soviel um die Ohren, daß ich mir wenig Gedanken darüber machen muß, womit ich meine Freizeit verbringe.

CHRISTA: Irgendwann läuft dir die Richtige übern Weg, wirst schon sehen.

GREGOR *löffelt aus und wischt sich mit der Serviette den Mund*: Apropos: du bist mit deinen Anzeigenbekannten nicht weitergekommen. Das würde meine Meinung bestätigen, daß man über Anzeige keinen Partner findet.

CHRISTA: Ich bin überzeugt, genügend Kandidaten zu kennen.

GREGOR: Aber keiner will.

CHRISTA: Doch: Werner.

GREGOR: Dann hättest du also doch einen Partner gefunden.

CHRISTA: Werner liegt mir nicht.

GREGOR: Und warum?
CHRISTA: Er ist nicht mein Typ.
GREGOR: Er sieht schlecht aus.
CHRISTA: Er sieht nicht so aus, daß ich mit ihm könnte.
GREGOR: Es kommt aufs Aussehen an, ob du jemanden per Anzeige kennenlernst oder anders, es ist das gleiche. Gib zu, Werner sieht nach deinen Begriffen nicht gut aus.
CHRISTA: Ich habe festgestellt … vielleicht paßt zu mir tatsächlich ein attraktiverer Mann.
GREGOR: Attraktiv, wohlgemerkt, nicht: klug, nicht: wortgewandt. Und mir hast du weismachen wollen, du hättest dich mit deinem Koblenzer Freund zu wenig unterhalten können, jenem Herbert oder Aribert.
CHRISTA: Heribert.
GREGOR: Scharfe Typen willst du, fantasievolle, stimulierende Spielpartner, und Sinnlichkeit, sehr viel Sinnlichkeit.
CHRISTA: Ich will 'ne Beziehung.
GREGOR: Beziehung, Beziehung … Weißt du überhaupt, ob du treu sein kannst, hier innen treu, authentisch treu? Was, wenn jener Arnold nicht nach fünfzehn, sondern erst nach 20 oder 25 Jahren verschwunden wäre? Du wärest ihm zuvorgekommen! Er nahm dir die Arbeit, dein Desinteresse offen einzuräumen, gnädig ab!
Wenn er plötzlich anriefe: Du, Christa, ich möchte zu dir zurück, ich möchte wiederkommen, wie würdest du reagieren?
CHRISTA: Keine Ahnung.
GREGOR: Du würdest ihn bitten: O bitte, herzgutester Arnold, o bitte komm sofort!
CHRISTA: Würde ich nicht!
GREGOR: Doch, doch! Oder denkst, mit deinen Annoncen kommst weiter? Auf Annoncen schreiben doch nur Männer der zweiten und dritten Kategorie: Häßliche, Verklemmte, Abenteurer.
CHRISTA: Und zu welcher Kategorie zählst du?
GREGOR: Ich suchte 'n Abenteuer. In der Hypophyse schwebte mir natürlich mehr vor: das Idealbild einer Frau, an deren Seite ich die nächsten Jahre wild leidenschaftlich verbringen möchte. Aber warum fragst du? Hast du es nicht gemerkt?
CHRISTA: Den Abenteurer ja. Die Halluzinationen deiner Hypophyse nein.
GREGOR: Schauspielkunst, Christa. Bin 'n talentiertes Kerlchen.
CHRISTA: Auf dessen Seifenblasen ich hereinfallen sollte.
GREGOR: Wenn du drauf hereinfallen mußtest? Kann ich dafür? Dein Pech. *Sieht sie lächelnd an.*

Ich hab's gesagt: Männer der zweiten und dritten Kategorie. Häßliche, Spinner, moralisch Minderwertige.
Trafest du deinen Heribert wieder?

CHRISTA: Er rief nochmal an. 'ne neue Freundin, die er in Porta Westfalica kennenlernte.

GREGOR: Inseratbekanntschaft?

CHRISTA: Selbstverständlich!

GREGOR: Wir haben etliche Segelflieger unter der Ärzteschaft. Ich weiß von einigen, denen es ungeheuer Spaß macht, gewisse punktuelle Ziele anzusteuern. Dein Koblenzer Bekannter sucht in ganz Europa jetzt seine Absteigequartiere!

CHRISTA: Ich versteh nicht, wie er sich ständig neu verlieben kann. Er sagt, er tut's gezwungenermaßen.

GREGOR: So sind sie alle: auf Abwechslung aus.

CHRISTA: Du denkst, du kannst mir den Wind aus den Segeln nehmen. Du solltest dir diese Anstrengung sparen.

GREGOR: Entschuldigung! Ich gebe zu, ich kann mir kein Urteil bilden. Als Naturwissenschaftler weiß ich, die Beweislast liegt bei mir. Aber du hast mir immer noch nicht erklärt, wie du darauf kommen konntest, einen Partner per Anzeige zu suchen.

CHRISTA: Ich hatte Angst.

GREGOR: Angst wovor?

CHRISTA: Ich bin keine zwanzig mehr.

GREGOR: Angst wovor!

CHRISTA: Angst …

GREGOR: Daß?

CHRISTA: Daß …

GREGOR: Daß du Arnold, Arnold begegnen, unverhofft begegnen würdest!

CHRISTA *nickt*: Ich wollte ihm nicht unverhofft in irgend'ner Gesellschaft begegnen, ja.

GREGOR: Du weichst aus: der Konfrontation, der Erinnerung, der Endgültigkeit. Du bist verdammt bequem, meine Liebe, scheust den höheren Einsatz, ersparst dir den Arztbesuch. Er könnte ein Leiden diagnostizieren. Das Bein muß ab. Oder: die Brust muß ab. Oder: das Herz muß erneuert werden. Da wartest du lieber, bis die Post dir den Prinzen frei Haus serviert.
Aber der Prinz will erobert sein, Christa, der Prinz will, daß du dein Äußerstes für ihn wagst!
Eins zu null für mich!
Ehrlich, du willst keine neue Beziehung, du spielst nur. Und das dient dazu, deinen Trennungsschmerz zu dämpfen. Insgeheim frönst du immer noch der Illusion, dein Arnold käme wieder. Du

machst dir und deinen Anzeigenbekanntschaften nur vor, du wolltest etwas von ihnen.

CHRISTA: Das stimmt nicht! Ich bin bereit, mich auf jemanden einzulassen!

Gregor lächelt.

Trinkst 'n Espresso mit?

GREGOR: Ich muß gleich gehen. Habe morgen doppelte Schicht und muß ausgeschlafen sein.

CHRISTA: Dann trink ich auch keinen.

GREGOR: Du kannst dir ruhig einen machen.

CHRISTA: Wenn du sowieso bald gehst, mache ich mir dann einen.

Schweigen. Christa holt zwei Gläser Orangensaft.

GREGOR: Vielleicht bedauer ich mal, dir nicht mehr gegeben und gesagt zu haben, als ich dir gebe und sage. Aber ich kann's nicht mit Sicherheit behaupten, daß ich's bedaure. *Sieht sie direkt an.*

Du bist eine der interessantesten Frauen, die mir je begegneten, und ich habe mir schon oft vorgestellt, ich würde mit dir gehen. Aber irgendwie … irgendwie fehlt was.

CHRISTA *schluckt*: Was?

GREGOR: Weißt du, von der medizinischen Fakultät sind wir ziemlich versaut. Wir würden am liebsten alles ausprobieren. Was wir alles einführen und drücken könnten an diesem Körper, der sich nur weniges nicht gefallen läßt. Trotzdem, wenn ich davon reden soll. Es gibt halt Dinge, da kann ich mich nicht entscheiden. Wenn ich wüßte, was ich nicht weiß, würde ich vielleicht wieder mit dir schlafen.

CHRISTA: Wenn du was wüßtest, Gregor?

GREGOR: Du bist so unentschlossen. Entschlossen und doch unentschlossen. Irgendwie. Das ist es, was ich meine. Ja, genau das meine ich. *Fixiert sie, steht dann abrupt auf.*

Schade übrigens. Du bist nebenbei 'ne fantastische Zauberin von fantastischen Desserts.

Desserts … Dessous.

Wir kommen vom Thema ab.

CHRISTA: Hatten wir ein Thema?

GREGOR: Wenn ich jetzt nicht gehe, bin ich morgen nicht fit.

Christa will ihn an die Tür begleiten, er aber verharrt auf der Stelle. Sie stoßen aneinander. Er sieht sie forschend an. Als sie erneut eine Bewegung in Richtung Tür macht, hält er sie fest.

Sie verschwindet im Nebenraum. Gregor sieht ihr nach, rührt sich nicht vom Fleck.

Sie kommt zurück: im Morgenmantel, darunter schwarze Dominamontur, einen nicht zu kleinen künstlichen Phallus im Karton und ein offenes Döschen Vaseline in der Hand. Sie stellt sich vor Gregor hin, so daß sie ihn weitgehend verdeckt. Sie entkleidet ihn. Er hält, hinter ihr verdeckt, die Vaseline hin. Sie fettet den künstlichen Phallus ein und führt ihn Gregor ein. Gregor stöhnt auf, dann stellt er die Vaselinedose ab und lehnt sich mit geschlossenen Augen auf Christas Schultern vor. Er reißt ihr den Morgenmantel herunter.

– II, 4 –

Der Raum ist nur schwach mit einer Wächterbirne erhellt. Doch ist jemand anwesend: Arnold. Er humpelt und hat Mühe, die Urkunde von der Wand herunterzunehmen.

Er läßt sich angestrengt auf das Sofa gleiten, liest den Text und bleibt ruhig sitzen.

Autogeräusch ganz nah. Jemand rangiert in die Garage ein. Arnold zuckt auf und humpelt mit der Urkunde ins Nebenzimmer. Auf dem Lesetisch liegt sein Schlüsselbund.

Die Wohnungstür wird von außen geöffnet. Eine Handtasche im Arm, schwarz gekleidet, in sich gekehrt, tritt Christa ein. Sie schaltet die Lampe aus und setzt sich grübelnd in die nur noch durch wechselnde ferne Lichter aufgebrochene abendliche Dunkelheit. Neben sich legt sie Handtasche und Autoschlüssel.

Läuten an der Haustür. Sie schrickt auf. Sie geht ans Fenster, schaltet das Licht an und öffnet die Tür.

Bernhard tritt auf, gleichfalls in Schwarz. Christa faßt ihn stumm bei den Handfesseln, er blickt zu Boden.

CHRISTA: Ihr liebtet euch nicht, ihr paßtet nicht zueinander. Du bist nicht ihr Mörder, du darfst dir das nicht einreden.

BERNHARD *zieht sachte die Hände weg*: Könntest du in der gemeinsamen Wohnung länger leben?

CHRISTA *geht ein paar Schritt*: Ich konnte auch nicht sofort nach Hause. Die letzten Wochen, das Begräbnis … *dreht sich zu Bernhard um* der Panik nah, fuhr ich zu unsrer Freizeitwohnung. Du weißt, wir hatten ein Wochenendhaus, dessen Existenz ich aber verdrängte. Und da …

BERNHARD: Und da?

CHRISTA: Ich traue meinen Augen nicht: ich sehe Licht. Licht! Verwechselte ich das Haus? War ich zu lange nicht mehr dort? In der Panik, in der ich mich befand … Nein, es war unser Haus, und was da brannte, war tatsächlich eine Lampe, und der da wohnt, muß sich eingenistet haben, ohne daß ich einen Schimmer davon hatte.

BERNHARD: Du merktest es wirklich erst jetzt?

CHRISTA: Absolut. Ich war ja nie mehr dort.
BERNHARD: Hast du … eine Ahnung?
CHRISTA: Ahnung?
BERNHARD: Wir müssen's herausfinden, Christa!
CHRISTA: Ich bin nicht sicher, ob's nicht doch bloß Einbildung war. In so 'ner Situation spielen deine Nerven schon mal verrückt.

Bernhard legt ihr die Hand auf den Arm, sieht sie prüfend an, sie weicht dem Blick aus.

BERNHARD: War es Arnold?
CHRISTA *macht sich los*: Setz dich, Bernhard!
BERNHARD: Ist dir aufgefallen, daß ich immer komme, wenn's mir dreckig geht? Du bist mein seelischer Mülleimer.
CHRISTA: Wenigstens etwas, wofür ich tauge.
BERNHARD: Nicht doch!
CHRISTA *heiter*: Ich fühl mich okay so. Freu mich, daß du zu mir, bei all meiner Kritik an dir die ganzen Jahre immer, immer noch Zutrauen faßt. Ehrlich, das freut mich.
BERNHARD: Immer dann, wenn wir uns einmal wieder fremd geworden sind, treffen wir uns wieder. Das ist wie bei den besseren Hundeleinen. Wenn der Hund von Frauchen zu sehr ausreißt, zieht sich das Gummiband von selber straff und der Köter wird sanft aber bestimmt zu Frauchen zurückgezogen.
Dabei hätten wir schon genügend Grund gehabt, einander bis in alle Zukunft fremd zu bleiben.
CHRISTA: Du meinst Berlin?
BERNHARD: Genau. Du kamst kein einziges Mal zu Besuch. Immerhin lebte ich sechs Jahre dort.
CHRISTA: Kennst du die Antwort eines deutschen Malers, als Besucher ihn fragten, warum er nicht nach Italien reise? Er sagte: Wenn ich nach Italien reise, habe ich Sorge, es gefällt mir dort und ich komme nicht zurück. Weißt du, Bernhard, mit Berlin geht's mir wie ihm. Ich war kein einziges Mal dort, und ich werde auch nie dorthin fahren.
BERNHARD: Du hattest immer deine Spleens, Christa.
CHRISTA: Nenne es Spleens, nenne es Selbstschutz.
BERNHARD: Du warst schon immer 'ne besondere, unkonventionelle Frau.
CHRISTA: Findest du?
BERNHARD: O ja!
CHRISTA: Mancher erkrankt. Ich bin aus anderem Holz, Herr Pfarrer. Befreien Sie mich von meinen Zweifeln, Herr Pfarrer! Vielleicht wird man meinen Sarg genauso herunterlassen wie den

Sarg Elviras, wenn ich in zwei Jahren oder drei unter der Last meines Lebens zusammengebrochen sein werde. Aber nein, ich bin nicht so, und ich brauche Sie nicht! Aber Arnold, Arnold ist so. Frißt alles in sich hinein. Ein wehrloses Kind. Und dann kommt die Krankheit, dann der Tod. Ich sehe ihn durch die Gegend irren, ich sehe ihn … wie er in dem armen Haus lebt und frierend die Winternächte durchzittert. Doch nein, Arnold, weggeschmissen hast du mich, ein für allemal weggeschmissen! Du hast dein Anrecht auf mein Mitgefühl verscherzt! Und doch, Herr Pfarrer, mit Vergessen strafen kann ich ihn nicht. Vergessen ist das Grab. Elvira geht in das Grab. Aber mein Mann lebt, ich weiß, er lebt, und ist ein Mensch, mein Nächster, und als das hat er mein Mitgefühl verdient. Das sagen Sie doch auch, daß er mein Mitgefühl, als der Mensch, der er ist, verdient? Aber ich **will** ihn nicht mehr mit den Augen eines Arztes, eines Pfarrers betrachten.

BERNHARD: Glaubst du, er kommt wieder?

CHRISTA: Frage mich lieber, ob ich es wünsche!

BERNHARD: Wünschst du es?

CHRISTA *ausweichend*: Er hat die Konsequenzen gezogen.

BERNHARD: Was macht man nicht in Panik.

CHRISTA: Das richtige, Bernhard, das richtige.

Ihr haltet mich für stark, nicht wahr? In Wahrheit, in der Wirklichkeit, der wirklichen Wirklichkeit … *legt die Hand auf die Brust* in der Wirklichkeit des Herzens trumpft ihr mich alle aus!

BERNHARD: Du weißt, wer es ist!

CHRISTA: Es ging alles so schnell.

BERNHARD: Du hast sein Gesicht gesehen!

CHRISTA: Ich ergriff die Flucht – Fahrerflucht!

BERNHARD: Du hattest einen Unfall?!

CHRISTA: Doris und du müßt zusammenbleiben, Bernhard. Elvira wegen. Elvira darf nicht umsonst gestorben sein.

BERNHARD: Du weißt, wer das Haus bewohnt!

CHRISTA: Laß mich jetzt!

BERNHARD *beim Gehen nochmal innehaltend*: Ich werde mit Doris hinfahren und nachforschen, wer es ist. *Ab.*

Christa bemerkt den leeren Platz an der Wand.

CHRISTA *in Richtung Ausgang laufend*: Bernhard, die Urkunde fehlt!

Bernhard ist nicht mehr in Hörweite. Christa zittert. Sie entdeckt Arnolds Schlüsselbund. Soll sie nebenangehen?

Arnold?

Arnold kommt zögernd aus dem Nebenzimmer.

ARNOLD *mit einer zeigenden Gebärde*: Ich bringe die Schlüssel.
Hast du noch den schwarzhaarigen Typen?

Wenn ich nachts die Werbeblätter austrug, sah ich Licht. Und einmal sah ich einen schwarzhaarigen Typen, und auf der Straße sah ich ein Auto mit Koblenzer Kennzeichen. In der nächsten Nacht parkte es immer noch da und eine ganze Woche so. Dann sah ich das Auto nicht mehr und auch den Typen nicht.

CHRISTA: Ich kenne Gregor.

ARNOLD: Elvira ist gestorben?

Hängt die Urkunde humpelnd an ihren alten Platz.

Die Firma läuft auf Christa Reichmann, hab ich gesehen. Arnold Reichmann existiert nicht mehr.

Ich wollte fragen, ob du Verwendung als Bauzeichner für mich hast.

Ich habe ein paar Mal im Freien übernachtet!

CHRISTA: Soll ich 'ne Lobrede auf dich halten?

ARNOLD *setzt sich*: Nie bist du ans Fenster gekommen, wenn ich nachts vorbeistrich, und nie kam eine Polizeistreife an unserm Wochenendhaus vorbei, obwohl du doch leicht erraten konntest, wo ich wohne.

Streckt die Arme nach ihr aus, Christa weicht zurück.

Männer, die aus der Gefangenschaft zurückkehrten, wurden von ihren Frauen zu Hause mit offenen Armen aufgenommen.

Steht auf

Gregor sagst du? Wo steckt er?

Er gab dir leere Versprechungen! Ich gebe dir mehr: mich selber! *Faßt sie an den Armen.*

CHRISTA *schüttelt ihn ab*: Das sind olle Kamellen!

ARNOLD: Wenn Liebe nicht ist, wenn es Liebe nicht gibt … 'n Verhältnis zwischen uns kann es geben, Christa.

CHRISTA: Es gibt Liebe. Die Liebe ist ein fantastisches Land. Wir spielen Rollen darin. Rollen, die wir immer wollten. Ich möchte diese Dinge nicht mehr missen, Arnold.

Schweigen.

Es läutet an der Haustür. Christa empfängt Gregor.

Kußszene.

Arnold schüttelt den Kopf und geht.

Der Falter im Spinnennetz

Eine zweitausendjährige Komödie. Göttlich

Personen im Himmel:
JESUS, *33*
SAUL (Paulus), *50; mit kürzerem linken Bein*
MARIA Magdalena, *28*
König AGRIPPA, *65*
ein GEHEILTER *aus Nazareth, 61*
MARKUS, *30*

Personen im Fegfeuer:
KEPHAS (Simon Petrus), *60; cholerischer Zottelbart*
MATTHÄUS, *Evangelist, 70*
LUKAS, *Evangelist, 50*
JOHANNES 1, *Koautor des „Johannes"-Evangeliums, 45*
Pontius PILATUS, *61; Vollglatze*

Personen auf der Erde:
*eine Altenpflegerin, 28 (*FRAU*)*
*ein Altenpfleger, 30 (*PFLEGER*)*

Doppelrollen:
MARIA / FRAU
GEHEILTER / PILATUS
MARKUS / PFLEGER

Das Stück spielt nacheinander an drei Schauplätzen:
Himmel: eine lichtvolle Oase mit kleiner Palme und zwei weißgestrichenen Parkbänken mit Rücken- und Seitenlehnen;
Fegfeuer: abschüssiger Platz am Fuße eines Vulkanbergs mit versteinerter Palme;
Erde: Nische im Flur einer geriatrischen Pflegestation. Zwei Rohrstühle. Palme im Blumentopf. Von der Decke herab ein Emblem – erst christlich: Kruzifix oder Abbild einer weißen

Taube oder eines Pelikans mit goldener oder roter Herz-Jesu-Wunde, grauslich, kitschig; später: toter blauer Schmetterling im Spinnennetz.

1. Abend: Himmel

– I,1 –

Himmel. Jesus, Saul den Kopf an die Seite gepreßt, träumt heftig.

JESUS: Kephas, sie erdrücken mich!

SAUL: Laß uns gehen!

JESUS: Sie kommen immer näher. Dringen in das Haus. Drücken mich an die Wand. Drücken mich tot.

SAUL: Verlassen wir den Ort!

JESUS: Zu Hilfe! Der Ausgang – zu, zu!

SAUL: Jesus, erwache!

JESUS: Kephas, durch das Fenster, das Fenster!

SAUL: Das Haus ist an den Felsen gebaut und hat nach hinten keine Fenster. Jesus, wach auf!

JESUS *wacht auf; reibt sich die Augen, sieht sich um*: Kephas nicht hier?

SAUL *löst sich; pikiert*: Kephas ist unter die Lauen gefallen. Im Himmel ist für die Lauen kein Platz.

JESUS: Kephas, gib mir deine Hand!

SAUL: Ich bin nicht Kephas. Nur Saul.

JESUS *reibt sich die Augen*: Du bist mein Freund.

SAUL: Ich bin dein Freund.

JESUS: Saul, mein Freund. Und Kephas geht den Weg des Irrtums. Büßt im Fegfeuer seine Lauheit ab. *Preßt Saul den Kopf an die Seite* Nicht einmal im Paradies trifft man die wieder, die man im Leben liebte!

SAUL *drückt den Kopf weg*: Ja den starken Mann markieren. Aber wenn's drauf ankommt, kneifen! Die Geschichte hat es zutage gebracht: am Abend, da du vor **Kai**phas standest und ein scharfes Verhör über dich ergehen lassen mußtest, stand **Ke**phas seitab und verleugnete dich. Und sein Verhör war kein scharfes. Nur eine leichte Frage nach seiner Identität. Und er hat diese Frage falsch beantwortet. Und das nicht nur einmal, sondern gleich zweimal. Einige behaupten sogar, daß er dreimal die Frage, ob er dein Freund sei, mit Nein beantwortete. Um seine Antwort abzurunden, setzte er noch eins drauf: „Ich kenne den Menschen – wie noch? Jesus? – nicht." Und als du wenige Stunden später am Kreuz elend verrecktest, wer machte sich dünne? Er. Übrigens wie alle deine alten Apostel. Keiner blieb.

JESUS: Doch. Die Frauen.
SAUL: Maria Magdalena.
JESUS: Zählen die Frauen bei dir nicht?
SAUL: Die Frauen waren schon immer mutiger als die Männer, Josua, speziell deine angeblich engsten Vertrauten, jene sogenannten zwölf Apostel. Und speziell dein hochgeschätzter Kephas, dieser heimliche Genießer und Alkoholiker.
JESUS: Kephas, Johannes, Andreas, Jakobus, das war der harte Kern. Später stieß Judas dazu, jener, der mich im Garten Gethsemani den Bütteln des Hohenpriesters auslieferte. Das waren noch Zeiten, als ich mit dieser treuen Schar durch die Lande zog. Was hast du gegen ein Gläschen Roten und eine saftige Hammelkeule ab und an?
SAUL: Nichts. Aber Kephas frißt und trinkt heimlich. Wie all die Lauen. Ich werde die Lauen ausspeien, spricht der Herr.
JESUS: Du mit deinen Prinzipien immer, Saul.
SAUL: Hauptsache: konsequent.
JESUS: Nichts konsequent! Unsinn! Attitüde! Nichts um seiner selber willen, auch nicht deine jesuitische Konsequenz!
SAUL: Habe ich den Himmel nicht erstürmt mit meiner Konsequenz?
JESUS: Du hattest Schwein, Saul. Oder steckst du etwa drin in den Gehirnwindungen des großen Donnerers und kannst mir sagen, warum du hier neben mir sitzt und mein geliebter Kephas nicht? Wie konntest du im Paradies landen und Kephas bleibt mir nun schon seit zweitausend Jahren vorenthalten? Ich frage mich, was das überhaupt für ein komisches Paradies ist! *Lehnt sich an.*
SAUL *drückt ihn weg*: Kephas hat dich nicht geliebt. Hat dich verleugnet. Nicht nur einmal. Zehnmal zehnmal hundertmal! Du sagtest selber: „Wer nicht für mich ist, der ist gegen mich."
JESUS *springt auf*: Das habe ich nicht gesagt! Wo hast du das aufgeschnappt, ich hätte gesagt: „Wer nicht für mich ist, der ist gegen mich"?
SAUL: Eine Wolke trug es mir zu.
JESUS: Wolke? Sieh mich an, Saul!
SAUL: Der Pater Lux im letzten Nonnenkloster der Diabolitinnen hat dich in seiner Pfingstpredigt im August des Jahres 1997 so zitiert.
JESUS: Erstens liegt Pfingsten nie im August, zweitens lag Pfingsten im Jahre 1997 bereits Anfang Mai.
SAUL: Das Zitat könnte sich schwerlich erhalten haben, wenn du's nicht wirklich so gesagt hättest, nicht?
JESUS: Wie oft soll ich dir noch erklären, daß ich dergleichen niemals sagte?

SAUL: Ich bin das Schwert, die Wünschelrute und der Weinstock.
JESUS: Ich bin der Weg, die Wahrheit und das Leben, wenn schon.
SAUL: Wie du mich verbesserst!
JESUS *läuft ihm hinterher*: Verleumder!
SAUL *entweicht ihm mit Not, heftig humpelnd; lacht*: Behaupte, du verbesserst mich nicht!
JESUS: Ich hasse dich!
SAUL: Wer nicht für mich ist, der ist gegen mich.
JESUS: Wer nicht gegen mich ist, der ist für mich!
SAUL: Wer gegen mich ist, der ist für mich.
JESUS: Wer für mich ist, der ist gegen mich! *Faßt ihn im „Schwitzkasten".*
SAUL *wehrt sich kräftig, aber umsonst; lacht*: Du bist als junger Mann viel flinker als ich. Und außerdem nutzt du meine Behinderung schamlos aus.
Die beiden nehmen auf verschiedenen Bänken Platz, ringen nach Atem.
JESUS: Wer nicht für mich ist, der ist gegen mich – ein mir von bösartigen geschickten Männern bösartig und geschickt in den Mund gelegter bösartiger, leider sehr geschickter Satz. „Einfacher Mensch du, an den Guru, den wir dir verkünden, mußt du glauben. Wenn du an den Guru, den wir dir verkünden, nicht glaubst, mußt du als Pommes frites in der Hölle brutzeln."
SAUL *kichert*: In siedendem Öl.
JESUS: Wer nicht gegen mich ist, der ist für mich …
SAUL: Dagegen meinte?
JESUS: Sagte ich tatsächlich.
SAUL: Meinte?
JESUS: Nicht etwa: „Kluger Mensch, wir können dich nicht zwingen, an jemanden zu glauben, den du nicht kennst. Wir werden dich nicht dafür zur Verantwortung ziehen, daß du mangels besseren Wissens den Weg des Irrtums gehst. Aber wehe dir, du hörst von dem Guru, den wir dir verkünden, und du gehst den Weg des Irrtums weiter, oder du gehst den Weg der Wahrheit und eines Tages fällst du vom Weg der Wahrheit wieder ab. Einmal erkannt, mußt du lebenslänglich an die Wahrheit glauben. Wenn du aber an die Wahrheit heute glaubst und morgen nicht mehr glaubst, dann wäre es besser, du wärest nie geboren worden und ein Mühlstein hinge dir am Hals und man schmisse dich mit dem Mühlstein am Hals in den Jordan!"
SAUL: Deine starken Sprüche immer, Jesus.
JESUS: Nicht meine.
SAUL: Wer nicht gegen mich ist, der ist für mich, meinte?

JESUS: Vertraut auf das weite Herz des Donnerers und kümmert euch nicht um die Kleinigkeit einer Ehre.

SAUL *mechanisch nachsagend*: Vertraut auf das weite Herz des Donnerers und kümmert euch nicht um die Kleinigkeit einer Ehre.

JESUS *weinerlich*: Wie wird mir noch jetzt, vom Pater Lux im letzten Nonnenkloster der Diabolitinnen, in einer Pfingstpredigt im August des Jahres 1997 …

SAUL: Mai, mein Jesus, Anfang Mai.

JESUS: Das Wort im Munde verdreht: wer nicht für mich ist, der ist gegen mich! Das wird mein Andenken unter den Menschen bis zum Ende der Welt verdunkeln. Ihr, die ihr **für** mich seid, erdrückt mich! Erdrückt mich noch immer! Über den Tod hinaus! Noch im Paradies, erdrückt mich, erdrückt mich!

Saul streichelt ihm den Kopf. Pause.

SAUL: Der Mensch, der ich vorher war, und der Mensch, der ich nachher war.

JESUS: Damaskus.

SAUL: Wir Menschen brauchen unser Korsett.

JESUS *löst sich*: Und was, wenn es dem Donnerer gefällt, uns den Weg neuer Beobachtungen zu führen? Müssen wir am Glauben unsrer Väter, dem Glauben unserer Lehrer ewig festhalten? Hauptsache: konsequent!

SAUL: Du bist mal wieder in deiner depressivsten Verfassung, mein lieber Josua. Wie immer.

JESUS *springt auf*: Ich habe das nie gesagt, nie, nie. Nicht daran gedacht, nicht im Traum, in meinen wüstesten Alpträumen nicht. Glauben, glauben! An mich glauben!

Bedeckt mit beiden Händen die Augen, bebt am ganzen Körper.

Eure Glaubenswut! Ihr verfolgt mich, ihr mit eurer Wut! Elende! Liebt mich denn keiner?

Pause.

SAUL *vor sich hin brütend*: Der Stachel meines Lebens.

JESUS: Dein Klumpfuß, Saul.

SAUL: Nicht Klumpfuß. Kürzeres Bein. Das linke. Fünf Zentimeter.

JESUS: Aber du humpelst trotz deines hohen Absatzes noch, und beim Weglaufen bist du auch nicht besonders flink.

SAUL: Als ich an Nazareth vorbeikam, war ich immerhin beritten! Mit einem Pferd, das nicht humpelte, wenn du es genau wissen willst.

JESUS: O, du rittest auf einem Pferd. Ein Esel hätte es auch getan.

SAUL: Ich Esel bestand aber auf einem Pferd.

JESUS: Einem Pferd, das nicht humpelte.

SAUL: Wann bekommst du ein humpelndes Pferd, Josua?

JESUS: Du Verwöhnling.
SAUL: Nicht in meiner Karriere als Apostel.
JESUS: Damaskus.
SAUL: Ich hätte den langen Weg nach Ägypten damals nicht zu Fuß gepackt.
JESUS: Training, mein Lieber. Wie später. Nachdem du in der Einsiedelei unweit Damaskus den Verwöhnling in stinkenden Kleidern zwei Jahre lang bei Wasser und Wurzeln aus dir hinausgetrieben hattest.
SAUL: Da ritt ich nur noch auf Eseln oder ging zu Fuß.
JESUS: Verwöhnt vom Echo, das dein neues Auftreten hinterließ. Wolltest hoch hinaus. Auch nach Damaskus noch.
SAUL: Wer hätte zu unserer Zeit, Josua, gedacht, daß die Drittausbildung bei den Menschen im Jahr 2000 zum guten Ton gehört? Zu unserer Zeit war das anders.
JESUS: Behaupte, du bist nicht arrogant?
SAUL: Ehrgeizig.
JESUS: Siehst nicht auf die Tuchmacher von oben herab, mit denen du gelernt hast?
SAUL: Ein unruhiger Geist.
JESUS: Bereitest dich nicht auf eine juristische Laufbahn vor, weil du das für was Besseres hältst als die einfache Tuchmacherei?
SAUL: Ein Suchender, von einem Drang nach Sinn beseelt.
JESUS: Von einem Drang, etwas Besonderes zu sein. Aber das bist du doch: Klumpfuß.
SAUL: Kürzeres Bein!
JESUS: Das linke.
SAUL: Fünf Zentimeter.
JESUS: In der Stadt, die jetzt Kairo heißt, lockt etwa nicht die Eliteschule, wie?
SAUL: Was ist daran schlimm, daß ich mir die Qualifikation für ein Studium des römischen Rechtes erwerbe?
JESUS: Immer aus der Reihe tanzen.
SAUL: Diese Unruhe hört nicht auf. Erst, als ich dich treffe.
JESUS: Damaskus.
SAUL: **Diese** Gefilde.
JESUS: Warum gehst du nach Damaskus nicht gleich zu Kephas? Verachtest du ihn so sehr?
SAUL: Wie kann ich jemanden verachten, den ich nicht kenne?
JESUS: Wie verstehe ich dann den Bogen, den du um Realitätsstadt machst?
SAUL: Was ist das für ein Ort: Realitätsstadt?
JESUS: Jerusalem. Fiel mir so ein.
SAUL: Ich bin doch dorthin gegangen.

JESUS: Zu Fuß.
SAUL: Per pedes und per Esel.
JESUS: Zwei Jahre nach deiner Vision. Oder sind es drei?
SAUL: Eine Ahnung.
JESUS: Diese Ahnungen.
SAUL: Ein Fingerzeig des Donnerers. Es hat so kommen müssen.
JESUS: Für sage und schreibe fünfzehn Tage. Nachdem du dich zwei Jahre in die Wüste unweit Damaskus zurückgezogen hast. Na, Saul.
SAUL: Um zu schwelgen, Joschu!
JESUS: Nenne es bescheidener, bei deiner sachlichen Art: um über deine Vision nachzudenken.
SAUL: Nein, zu schwelgen, Joschu! Sie war zu schön! Berufenwerden zur Wahrheit. Initiation zum Apostel. Die Brüder in Realitätsstadt, wie du sagst: ein lauer Haufen. Nichts strahlt von ihnen aus. Wie kann es sonst kommen, daß es außerhalb von Jerusalem so still geworden ist um dich. Als ich dann den Fuß in die Straßen von Realitätsstadt setze, was stelle ich fest? Selbst hier, am Ort deiner Vollendung: Schweigen, Schweigen, Schweigen. Keiner spricht von dir.
JESUS: Sie haben mich gekannt, Saul.
SAUL: Nicht mit dem Herzen. Ich habe dich mit dem Herzen geschaut.
JESUS: Glaubst **du**, ist **deine** Interpretation.
SAUL: Wenn ich gewußt hätte … Hätte mich nicht in die Einsiedelei bei Damaskus zurückgezogen … Mein Stachel, mein ewiger Stachel.

JESUS *tröstet Saul wie Saul vorhin ihn*: Zwei Jahre. Um deine Vision gegen die Enttäuschung von fünfzehn Tagen Realitätsstadt abzuhärten. Der Schwärmer läßt sich nicht durch Tatsachen auf seinem Weg beirren. Das hast du mit allen Traumtänzern gemein.
SAUL *schüttelt ihn ab*: Du hältst mich für einen gewöhnlichen Traumtänzer, Josua? Das wußte ich nicht!
JESUS: Einen gewöhnlichen nicht gerade.
SAUL: Danke für die Blumen!
JESUS: **Einen** Tick braucht der Mensch.
SAUL *steht auf, richtet sich predigend an eine imaginäre Menge in der Weite des Elysiums*: Ihr fragt mich, Brüder und Schwestern, geliebte …
JESUS: Schwestern und Brüder, heißt das heute.
SAUL: Schwestern und Brüder, warum ich nicht sofort nach Jerusalem zu Kephas und den andern gegangen bin? Hier, in der Wahr-

heit meines Herzens bin ich ihm begegnet, ihm, meinem geliebten Rabbi Josua, der mich vor Damaskus berufen hat. Persönlich berufen. In einer dramatischen Vision.

Zwei Jahre lebe ich in der Einöde, schwelgend in überreicher Offenbarung. Schwestern und Brüder …

JESUS: Geliebte.

SAUL: Ich bin ein Sendbote der letzten Zeit.

JESUS: Dein letzter Beruf.

SAUL: Wahrer Beruf.

JESUS: Apostel.

SAUL: Ihr könnt gerettet werden, Geliebte im Herrn. Aber es bleibt nur wenig Zeit. Die Tage bis zum Ende sind gezählt. Hier, wie ich vor euch stehe, ein von einer Gemeinde zur andern hetzender Mann, mit einem normalen und einem kurzen Bein, ich, der ich mit dem Aufgebot meiner letzten Kraft vor euch stehe, ich hoffe, ihn, meinen geliebten Rabbi Josua, noch in diesem Leben ein zweites Mal, dann für immer, wiederzutreffen. Kehrt in euch. Wie ich in den Jahren meiner Einsiedelei. Fangt nichts Neues an, denn es ist zu spät. Die erlösende Botschaft des Rabbi Josua soll der einzige Inhalt unserer Tage sein bis zur Wiederkehr. Der Donnerer soll beim Anbruch seiner Herrschaft bereite Herzen in uns finden, Menschen, die heiteren Herzens auf ihn warten.

Lebt wesentlich, lebt innerlich, liebt einander, geliebte Brüder und Schwestern.

JESUS: Die Schwestern immer zuerst, Saul!

SAUL *nimmt Platz*: Zu diesen Feinheiten komme ich nicht mehr in Anbetracht der Kürze.

JESUS: Auf die Feinheiten kommt es an. Der berühmte Teufel im Detail. Die wahre Wahrheit tönt meistens bescheidener, als ein hochfliegendes Herz es wünscht. Du hast den richtigen Josua nie gekannt. Im Unterschied zu meinem geliebten Kephas und all den andern in Realitätsstadt.

SAUL: Mein Stachel, mein ewiger Stachel.

JESUS: Erzähle den Zuschauern jetzt, was es mit deinem Vorbeiritt an Nazareth während deines Trips nach Ägypten damals auf sich hatte.

SAUL: Ich reite vorbei.

JESUS: Auf einem gesunden Pferd, das nicht humpelt, wir sagten es.

SAUL: Wo es mit dem Pferd doch eine Sache von wenigen Augenblicken wäre, den Ritt ins Städtchen zu wagen und zu erkunden, was an den Gerüchten stimmt.

JESUS: Du reitest vorbei.

SAUL: Es sollte so sein.

JESUS: Ich war dort nicht gut. Du wärest enttäuscht gewesen von mir.

SAUL: Der Prophet gilt im eigenen Städtchen nichts.

JESUS: Wo er in die Windeln schiß und seinen Nachbarn kindische Streiche spielte.

SAUL: Ein Mann kommt auf uns zu. Ich frage ihn: „Was bedeutet diese Staubwolke vor der Stadt?“ Er sagt: „Sie treiben Jesus und seine Anhänger hinaus.“ „Wer ist Jesus?“ „Der, von dem man spricht. Er ist der Sohn Mirjams und Jussufs, die als geachtete Leute unter uns leben. Es heißt, daß er Kranke heilt und weise Worte zu den Menschen spricht. Wir in seiner Vaterstadt haben wenig davon gemerkt. Darum vertreiben wir den Scharlatan.“

JESUS: Meine Eltern kamen nach Nazareth, als ich zwei war. Geboren wurde ich in einem kleinen Flecken in den Wirren einer der vielen Wanderungen, die das Wandergesellendasein meines Vaters mit sich brachte. Erst in Nazareth wurden wir seßhaft. Bis ich dann selber ein Wanderleben als Heiler und Prediger begann.

SAUL: Der Unbekannte von unbekannter Herkunft.

JESUS: Um meine Geburt herrschen Nebel. In den Analphabetenregionen des römischen Reiches nichts Besonderes. Meine Propagandisten freilich stellen es als etwas Besonderes dar.

SAUL: Wie gefällt dir selber deine unklare Herkunft?

JESUS: Wir alle sind heimatlos, Saul. Im übrigen, jeder Kredit verbraucht sich. Morgen verwette ich auf meine ungewisse Herkunft keinen Heller mehr. Tägliche Bekanntschaft nutzt ab. Wir erleben das ja hautnah an uns selber.

Saul räuspert sich. Pause.

SAUL: Als ich endlich Kephas treffe, sind er und Jakobus die einzigen in Jerusalem, die von den Alten geblieben sind. Die andern sind in ihre Heimat zurückgekehrt und gehen ihren Geschäften nach, gerade so, als hättest du nie gelebt.

JESUS: Und die Frauen?

SAUL: Mir namentlich unbekannt.

JESUS: Meldet sich keine?

SAUL: Eine merkwürdige Zurückhaltung überall. Und Maria Magdalena ist schon tot.

JESUS: Gestorben an gebrochenem Herzen. Sie hätte sich gewiß gemeldet …

Und die andern, die Frau Jakobi, die Frau des Kephas?

SAUL: Schlecht auf dich zu sprechen.

JESUS *lacht*: Martha wacht eifersüchtig darüber, daß Kephas ihr eine Stunde in der Woche gönnt. Sie gibt mir die Schuld daran, daß er es unterläßt.

SAUL: Kephas ist zur Tagesordnung zurückgekehrt. Sein Weib hat die Herrschaft über seine Tage zurückgewonnen. Man merkt ihm seine Unzufriedenheit ziemlich an.

JESUS: Solange ich lebe, nimmt er sich etwas heraus. Später grollt er darüber, daß ich weg bin. Als ob ich mich mit Vorbedacht aus der Welt gestohlen hätte!

SAUL: „Kephas, erzähle mir von der Auferstehung unsers geliebten Rabbi Josua!“ „Ich erzähle dir nicht von der Auferstehung Josuas!“ „Du **mußt** mir berichten von der Auferstehung …“ „Kephas, das Essen steht fertig auf dem Tisch. Du mußt Eier besorgen. Auch Mehl geht aus.“ Abends erwische ich mit Mühe Jakobus. Jakobus zieht in die Heimat seiner Frau. Haben dort eine Ziegenherde geerbt. „Jakobus, du mußt mir berichten von der Auferstehung unsers geliebten Rabbi Josua!“ Jakobus wendet sich ab und knurrt: „Schau, ich schlage mein Zelt woanders auf.“

JESUS: Ein trauriges Häuflein fürwahr.

SAUL: Kephas, im Wirbel seines schlechten Gewissens, sucht mich heimlich in einer Taverne auf.

JESUS: Mein guter Kephas. Das Herz auf dem rechten Fleck.

SAUL: Ich bringe wenig aus ihm heraus. Möchte ihm Dampf machen.

JESUS: Richtig Feuer unterm Hintern.

SAUL: Es nützt nichts. Er trinkt seinen Roten und bringt zuletzt noch ein paar unartikulierte Laute über die Lippen.

JESUS: Apostel sind eben auch nur Menschen, Saul.

SAUL: Wenn du mir nicht vor Damaskus erschienen wärst, mein Jesus, keiner würde mehr von dir reden. Kurze Jahre nach deinem Weggang ist das Gespräch über deine Auferstehung selbst bei deinen engsten Freunden verstummt. Alle winken mürrisch ab. Es bedarf meiner äußersten Überredungskunst …

JESUS: Erworben in zwei Studien: als Jurist und als Eremit.

SAUL: Überredung…

JESUS: Hatten auch ziemlich Scherereien durch mich.

SAUL: Die Apostel?

JESUS: Kephas, Martha, die Frau Jakobi, Jakobus selbst.

SAUL: Hätte nie heiraten sollen, der alte Laukopf.

JESUS: Zu spät. Er hat.

SAUL: Kehrt in euch! Fangt nichts Neues an!

JESUS *schelmisch*: Heiratet nicht, es sei denn, ihr seid’s.

SAUL: Wenn ihr es **nicht** schon seid!

JESUS: Denn dann ist es schon zu spät.

SAUL: Denn es **ist** zu spät! Oder soll Zerstreuung der Inhalt unserer Tage sein bis zur Ankunft des Herrn?

JESUS: Sagte ich auch immer, um meinen unvollkommenen Familienstand in schöne Wendungen zu hüllen.

SAUL: Ledig.

JESUS: Welche Schande.

SAUL: Trotzdem Rabbi.

JESUS: Ein mir postum verliehener Ehrentitel.
SAUL: Was sollte ich machen mit dem verkürzten Bein!

– I,2 –

König Agrippa tritt auf.
SAUL *nimmt augenblicklich Haltung ein*: Ihre Majestät?
AGRIPPA: Erwartest du mich in anderen Gefilden? Ich lebe schon 2000 Jahre hier.
SAUL: Sind uns nicht begegnet, Majestät.
AGRIPPA: Jeden Tag eine Überraschung. Das Paradies hat, toitoitoi, für viele Überraschungen Platz. Aber entspann dich. Die Zeiten, in denen du vor mir Männchen bauen mußtest, sind vorbei. Im Angesicht der Ewigkeit sind alle Menschen gleich. *Nimmt auf der freien Bank Platz.*
SAUL *setzt sich*: Gleich klein.
AGRIPPA: Klein, aber fein. Darf ich mich setzen?
SAUL: Bitte, Sie sitzen doch schon.
JESUS: Wer ist dieser?
SAUL: König Agrippa. Der römische Vizekönig, der den Pontius Pilatus abberief und durch gerechte Männer ersetzte.
AGRIPPA: Ist dein Kumpel der Typ, wegen dem du dich mit den Herren in Jerusalem anlegst, Saul? Der sogenannte Messias, den sie auch den Auferstandenen nennen?
SAUL: Zu Befehl, mein König.
AGRIPPA: Den Umgang mit uns römischen Staatsmännern hast du wirklich gut drauf.

SAUL: Als römischer Staatsbürger selber, mein König? Außerdem bin ich Volljurist. Aufbaustudium. Im Zweitberuf. Im Drittberuf bin ich zur Zeit Apostel.
AGRIPPA: Hoch hinaus, Saul? Aber nenne mich nicht König! Agrippa, unter Freunden Agrippino, wenn's dir recht ist.
Saul und er geben sich die Hand.
Agrippino.
SAUL: Angenehm, Saul.
AGRIPPA: Also Apostel.
SAUL: Damaskus, große Vision. Berufung.
AGRIPPA: Durch deinen Kumpel da?
SAUL: Jesus oder Josua oder Joschua oder Jeschu, mein König.
AGRIPPA: Agrippino.
SAUL: Saul, angenehm.
AGRIPPA: Festus hat mir von euch erzählt. Ist voll davon. Du liegst ihm ständig in den Ohren. Nun liegt er mir in den Ohren. Ich muß mich mit dem Fall notgedrungen befassen. Von Amts

wegen. Schließlich leben wir in einem Rechtsstaat.

Warum bestehst du darauf, alle Instanzen zu gewinnen, Saul? Um aufzufallen? Willst der ganzen Welt und der gesamten römischen Bürokratie in den Ohren liegen mit deiner dummen Vision? Oder eine bequeme Reise auf Staatskosten?

Ich warne dich. Du hast Recht bekommen, in Jerusalem, vor Festus, vor mir. Laß es genug sein damit! In Rom gelten dieselben Gesetze, das ist wahr. Aber in Rom regiert ein kranker Kaiser und niemand weiß, wer morgen folgt. Gib dich zufrieden, überspanne den Bogen nicht!

SAUL: Daß das in Rom schieflaufen würde mit euerm verrückten Nero, konnte ich doch nicht wissen, Agrippino.

AGRIPPA: Saul, ich riet dir ab.

JESUS: Eine Ahnung.

AGRIPPA *süffisant*: Vision.

JESUS: Dieser Irre da läßt nicht locker, Agrippa. Besteht ganz fest darauf, auch noch in Rom, in letzter Instanz, sein Recht zu bekommen.

AGRIPPA *zu Saul*: Also Damaskus.

SAUL: Eine Lichterscheinung.

AGRIPPA: Die Sonne, im Gegenlicht die Baumkronen einer Oase streifend. Eine bizarre Strahlengestalt.

SAUL: Wir alle durstig.

AGRIPPA: Wer ist wir?

SAUL: Meine Begleiter und ich.

AGRIPPA: Die Zackengestalt einer Krone.

SAUL: Der Umriß einer menschlichen Gestalt.

JESUS: Die Pferde hecheln.

SAUL: Ich glaube, diesen aus den Palmenblättern reden zu hören.

AGRIPPA: In den Mußestunden, die ich in der Bibliothek bei meinen historischen Studien verbringe, stieß ich gestern auf einen Widerspruch. Wie erklärst du mir den? Wie sagst du doch vor Gericht? „Meine Gefährten sahen das Licht, hörten aber die Stimme nicht."

SAUL: So sagte ich.

AGRIPPA: Dein Schüler Lukas berichtet aber davor schon einmal davon. Und beim ersten Mal schreibt er …

SAUL: Ach mein Lukas. „Sie hörten zwar die Stimme, sahen aber nichts."

AGRIPPA: Fürwahr ein Schelm, der Lukas! Berichtet das eine Mal so, das andere Mal umgekehrt.

JESUS: Vor Gericht wäre der Lukas nicht so aalglatt durchgerutscht wie der da, was, Agrippa?

AGRIPPA: Vor Gericht hätten wir diesem windigen Aufschneider die Fragen unter Androhung der Folter noch einmal vorlegen müssen.

SAUL: Ich sah das Licht.

AGRIPPA: Die Sonne im Gegenschein. Die Palme einer Oase bei Damaskus streifend.

SAUL: Die Sonne. Wie du sagst. Meine Begleiter sehen die Sonne auch, aber ich höre außerdem diese Stimme. **Seine** Stimme. Diese Stimme aber hören meine Begleiter nicht.

AGRIPPA: Bist du sicher, daß es **seine** Stimme ist? Geh in dich! Unter Androhung der Folter, Saul!

SAUL: Seine Stimme ist es nicht. **Eine** Stimme.

AGRIPPA *steht auf*: Festus und ich bekommen mindestens einmal monatlich dergleichen zu hören. Das Schlimme: Festus fängt an, selber an Visionen zu glauben. Aber in einem sind wir uns einig: dergleichen gehört nicht vor Gericht. Wir haben Wichtigeres zu verhandeln als eure blödsinnigen Visionen.

SAUL *hält ihn zurück*: Wie geht es dir im Paradies, Agrippino?

AGRIPPA: Na ja. Wenn's immer so friedlich zuginge wie in der Bibliothek. Es geht nichts über die Sitte der arabischen Völker, sich einen Harem von Frauen zu halten. Wir Europäer müssen unsre alten Frauen entlassen, wenn wir uns neue zulegen. Die arabischen Völker sammeln ihre Frauen. Das erscheint mir menschlicher und schöner. Wer kennt schließlich nicht die Sentimentalität, die darin steckt, zu den Geliebten der Jugend zurückzukehren? Ich hätte diese Regelung gern im römischen Recht verankert. Leider kam es nicht mehr dazu. Während des Koitus mit einer früheren Geliebten hauchte ich mein Leben aus.

SAUL: Und heute, Agrippino?

AGRIPPA: Der Harem hat seine guten und seine schlechten Seiten. Meine erste Frau, ganz im Geiste des römischen Rechtes erzogen, entdeckte gestern, daß eine andere Frau, die ich um mich habe, meine Geliebte ist. Auf ihre alten Tage macht sie mir jetzt eine Szene. Die Frage, wer sich mit wem im Paradies vereinigen darf, harrt, wie du siehst, der Klärung.

JESUS: Wie gut, daß du nicht mehr dazu kamst, den Harem als Lebensform im römischen Recht zu verankern.

AGRIPPA: Unsere Ordnungsliebe hat ihre Vorzüge, o ja. Festus, meine rechte Hand, ein redlicher, aufrechter, rechtbewußter Mann, und ich machen nach der Herrschaft des Pilatus unser gutes römisches Recht wieder bei euch heimisch. Will heißen: gleiches Recht vor dem Gesetz für alle, gleiche Gesetze in allen Teilen des Reiches, gleiche Handhabe. Nach Pilatus wurde Rechtssicherheit zum dringendsten Gebot.

SAUL: Ich danke dir für deine kluge Rede, Agrippino.

AGRIPPA: Keine Ursache, keine Ursache, Saul.

JESUS: Was macht Pilatus eigentlich?

AGRIPPA: Pontius Pilatus büßt den Weg des Irrtums.

JESUS: Er steckt im Fegfeuer?

AGRIPPA: Erwartest du ihn denn im Paradies?

SAUL: Keine Hölle?

AGRIPPA: Wo denkst du hin, Saulpaulchen. Die Hölle gibt es nicht.

SAUL: Versteh ich nicht.

AGRIPPA: Big Boß haut die Opfer, die der große Weltendämon unter den Seelen der Welt in seinen Bannkreis zieht, noch immer heraus. Am Ende der Zeit sind alle Planziele erfüllt. Die kleinen Verfehlungen sind gebüßt und die großen sind es auch. Es gibt keine Kriminalität. Der große Donnerer wird doch nicht sein eigen Werk mit einem Ungenügend benoten und zugeben, daß er bloß geübt hat. Nein, so kleinmütig ist er nicht.

JESUS: In der hohen Diplomatie gibt es keine Irrtümer, Saul.

AGRIPPA: Jedenfalls keine Irrtümer im System. Höchstens kleine Versehen.

SAUL *geht zornig auf und ab*: Dem Pontius wünsch ich ’nen Mühlstein an’ Hals!

AGRIPPA: Aber Saulpaulchen! *Trottet, in sich hineinlachend, in Gegenrichtung von zuvor ab.*

– I,3 –

Jesus verbirgt das Gesicht in den Händen, preßt es Saul an die Seite.

SAUL: Was hast du, Joschua?

JESUS: Sie verfolgen mich. Sie dringen in alle Löcher und Ritzen. Sie nisten sich in die Kleider.

SAUL: Die Motten? Die Läuse?

JESUS: Die Menge, die Leute, die geile Masse. Wundergeil. Geil auf meine heilende Kraft, mein hoffnungspendenes Wort.

SAUL: Verfügst du über keine heilende Kraft? Sprichst du nicht das hoffnungspendene Wort?

JESUS: Sie werden immer geiler. Immer zudringlicher. Erwarten immer mehr. Sachen, Sachen. Das Schlimmste: ich komme nirgendwo mehr hin, wo sie sich nicht die hanebüchensten Sensationen über mich erzählen. Ich kann über das Wasser wandeln. Ich wirbele wie die Lerche durch die Luft. Tote erwecke ich mit links zum Leben. Ich erlange Macht über den Wind, die Sonne und das Meer. Ich bin verantwortlich, daß es bei ihnen nicht regnet und sie eine Mißernte bekommen. Ich bin der Hüter ihres Hungers und ihres Dursts. Wohin das führen wird, Kephas?

SAUL: Nicht Kephas. Saul.

JESUS: Saul.

SAUL: Laß dir deine Sorge nicht anmerken, Joschua!

JESUS *steht auf, wendet sich kreuz und quer an Einzelne beziehungsweise Gruppen innerhalb einer imaginären, bunt zusammengesetzten Menschenmenge*: Dein Glaube hat dir geholfen! Wer bin ich denn? Ein schwacher Mensch. Sei dankbar, daß deine Krämpfe besser geworden sind. Doch gib nicht mir dafür die Schuld! Ich will es nicht. Ich bin ein schwacher Mensch. Dein Glaube hat dir geholfen.

SAUL *dito*: Hör auf, zu behaupten, er hätte dich geheilt! Du hörst doch, dein Glaube hat dir geholfen!

JESUS: Hört auf damit, die Lügen weiterzuerzählen!

SAUL: Ihr mögt diese Geschichten lieben, aber wer denkt an ihn? Läßt **sein** Heil euch kalt? Wißt ihr nicht, was passieren wird, wenn ihr das in aller Welt verbreitet?

JESUS: Da, Kephas, hundert mit etwelchen Gebresten aus diesem Kaff!

SAUL: Auf einen Schlag soll er euch heilen, wie?

JESUS: Und wenn es bei einem von euch mißlingt?

SAUL: Wenn er sich weigert?

JESUS: Einem einzigen?

SAUL: Ausschlafen soll er auch einmal dürfen, oder?

JESUS: Bin ich denn niemand? Bin ich nichts?

SAUL: Ihr Ungläubigen! Hat der große Donnerer nicht genügend Wunder vollbracht, als er Himmel und Erde schuf? Wißt ihr überhaupt, was das alleine wiegt?

JESUS: Muß er sich Tag für Tag nun neu beweisen, indem er die Gesetze, die er selber schuf …

SAUL: Wunderbarer Weise.

JESUS: Mit Schaustücken, für eure geilen Augen..? Habt Mitleid! Luft, Luft! *Greift nach Sauls Arm* Schütze mich vor diesem Wahn, Kephas!

SAUL *fängt ihn auf*: Seht ihr denn nicht, wie er zusammenbricht unter der Last seiner übersinnlichen Kraft?

JESUS *wach*: Das hättest du nicht sagen sollen, Saul.

SAUL: Ich rede bloß wie Kephas.

JESUS *streckt hilfesuchend eine Hand aus*: Kephas!

SAUL *bettet ihn auf die Bank; leise*: Laß uns fortgehn von hier.

JESUS *richtet den Oberkörper auf*: Die Menschen vertrösten?

SAUL: Auf morgen. Aber morgen sind wir verschwunden. Verschwunden in der Nacht.

JESUS: Das können wir auf keinen Fall, Kephas.

SAUL: Deine Wunderkraft ist erschöpft, Josua. Schließlich muß jede Wunderkraft in Kur. Du kannst im Augenblick in diesem Kuhdorf keine Wunder tun.

JESUS: Wir sind doch nicht in dem vermaledeiten Kaff meiner Kindheit, Saul! *Legt sich flach* Du hast recht, Saul, es geht nicht so weiter. Überall drängen sich die Menschen an der Tür, brüllen mich aus dem Schlaf, verlangen Sachen, Sachen, Sachen.

– I,4 –

Zweiter Auftritt Agrippas, aus umgekehrter Richtung.

AGRIPPA: Warum ziehen die Herren eure Sache vor Gericht?

SAUL: Ich lehne es ab, von den neuen Anhängern Jesu zu verlangen, daß sie sich beschneiden lassen. Ich halte es für überflüssig. Zumal in Anbetracht der Kürze. Die Herren in Jerusalem, meine Glaubensgenossen, nehmen das sehr übel.

AGRIPPA *kichert*: Mir rollt das Pellchen auch schon mal über die Wurst. Dafür brauche ich aber keine Beschneidung. Und dein Kumpel?

SAUL: Legt Wahnsinnigen die Hand auf, worauf sie zahm wie die Hunde werden, und das sogar am Schabbath. Die Herren in Jerusalem, seine Glaubensgenossen, nehmen das sehr übel.

AGRIPPA: Legt Kranken die Hand auf, bringt Wahnsinnige zum Stillhalten auch am Schabbath. Wie schlimm! Der Schabbath ist für den Menschen da und nicht der Mensch für den Schabbath, nicht wahr, Saulpaulchen?

SAUL: Zu Befehl, mein König.

AGRIPPA: Agrippino.

SAUL: Angenehm, Saul. *Geben sich die Hand.*

AGRIPPA *kichernd abgehend*: Mir rollt das Pellchen auch schon mal über das Würstchen. Aber dafür brauch ich keine Beschneidung! *Ab. Saul lacht jetzt ebenfalls.*

JESUS: Ein kindliches Gemüt, dieser Agrippino.

SAUL: Beim Koitus umgekommen!

JESUS: Nie koitiert, Saulpaulchen?

SAUL: Kein schönrer Tod ist in der Welt, als wer beim Weibe fällt.

– I,5 –

Der Geheilte aus Nazareth humpelt an zwei abenteuerlichen Krücken herein.

GEHEILTER *zu Saul*: Lach nicht!

SAUL: Kein schönrer Tod ist in der Welt, als wer beim Weibe fällt.

GEHEILTER *hebt eine der Krücken wie eine Waffe, kommt ins Straucheln*: Du sollst nicht lachen, du! *Wird von Jesus aufgefangen.*

JESUS: Er lacht dich nicht aus, Samson.

GEHEILTER *mit einem Kopfnicken zum ihn in Armen haltenden Jesus zurück; zu Saul*: Von dem kannst du dir ein Scheibchen abschneiden, Bürschchen!

JESUS: Laß gut sein, Samson! Er meint es nicht so.

GEHEILTER: „Laß gut sein, Samson“ – du hast gut reden. Kennst diese Burschen nicht, unbedarft wie du bist.

JESUS: Ich setze immer das Gute voraus. Und wie du am eigenen Leib erfahren hast, **ist** das gut. Denn es **tut** gut und es **macht** gut.

GEHEILTER: Gut, gut, gut. Den Spötter da beeindruckt das gar nicht. Und auch nicht die Kerle in Jerusalem.

JESUS: Pontius Pilatus?

GEHEILTER: Den und die andern Krüppel.

Saul prustet sich vor Lachen. Geheilter humpelt ihm erzürnt hinterher.

JESUS: Laß gut sein, Alter!

GEHEILTER *zu Jesus*: Knabe! *Zu Saul* Bürschchen!

SAUL: Ich lache dich nicht aus, Alter.

GEHEILTER: Dir bringe ich die Flötentöne schon noch bei, Bube!

Verfolgt Saul im Kreis. Saul, selber humpelnd, gerät in Bedrängnis. Jesus kauert sich hinter die Palme und macht sich so klein wie möglich.

SAUL: Befreie mich von dem Besessenen da!

Geheilter stolpert über eine der Krücken und fällt hin.

GEHEILTER *kann sich nicht aus seiner Lage befreien*: Wo steckst du, Joschulein?

Saul und Geheilter lassen die Blicke suchend schweifen, entdecken Jesus jedoch nicht, obwohl er sich in unmittelbarer Nähe mehr schlecht als recht versteckt.

Ich weiß, daß du da bist! Du steckst hier wo!

Jesus zeigt sich, Ruhe kehrt ein. Saul sieht ihn fragend an, Jesus nickt. Saul hilft dem Geheilten auf.

Wie du nach Nazareth kommst, bleiben alle Türen zu und niemand gibt dir einen Bissen. Da tritt der Bürgermeister auf dich zu und sagt: „Du wandelst über Wasser und machst aus fünf Broten tausend. Wenn du diese Steine, die du auf dem Platze siehst, in Brot verwandelst, werden wir dir dienen.“ Da sagst du: „Gott hat zu unserem Vater Moses gesagt: Du sollst keine fremden Götter neben mir haben. Und weiter hat er zu Moses gesagt: Ich, dein Gott, bin ein eifersüchtiger Gott.“ Da lacht die Menge, die Knaben werfen mit Steinen und Ziegendreck nach dir. Du aber, wo die Dorfbebauung der Straße nach Jerusalem weicht, hältst inne, des Kotes und des Spotts nicht achtend, und siehst **mich**. Ein Erbarmen kommt über dich. Du gehst auf mich zu und streichelst mir armem Krüppel die Wangen. Streichelst mich, mich armen, kaum geduldeten Mann und sagst den einen, nur den einen Satz: „Dein Glaube hat dir geholfen, mein guter Samson.“ Mein guter Samson – genau so sagtest du, wörtlich – mein guter Samson. Das Volk lacht.

Ich weiß nicht, was dann geschah. Eine Wärme durchströmt mich, ein Licht, ich kann es gar nicht sagen. Der Zorn geht aus mir raus und alles Leid der Erde. Als ich zu mir komme, sind die Straßen leer. Schatten senken sich auf meine Hütte und die Abendsonne sinkt im Westen.

JESUS *bitter*: Das Lachen ging in wütendes Gelächter über und die Menge jagte mich hinaus, drohend, daß, falls ich das Nest wieder betrete, ich mit dem Schlimmsten rechnen muß.

GEHEILTER: Nicht einmal deine Eltern ahnen, welcher Schatz in ihrem Neste wächst. Verstehen dich nicht. Brechen die Verbindung einfach ab. Lassen dich kaltherzig an ihr Fenster pochen und darben.

Du bist schon als Knabe anders, Joschulein. Die Rotzbuben werfen mir ihre Frechheiten an den Kopf: „Krüppel, Krummbein, Schmarotzer" und andere Spottnamen, die ich nicht über die Lippen bringe. Und manchmal schmeißen sie mit Ziegendreck nach mir. Du hast ein Lächeln, ein nettes Wort für den alten Samson übrig. Wenn die Rotzbuben meinen Zorn zum Kochen bringen, kommst du, lächelst mich an, schweigst und gehst. Und der Zorn entweicht.

Ich koche einen bösen Zorn, Burschen! Wenn ich in Zorn gerate, darf mir keiner zu nahe kommen. Kräfte wachsen mir zu, Kräfte wie zwei Jochochsen. Wenn ich nicht über meine verdammten Krücken gestolpert wär, erwürgt hätt ich den mit den bloßen Händen!

Jesus nimmt die Hände von Saul, zieht Saul zum Geheilten hin, nimmt dessen Hände und legt die Hände Sauls und des Geheilten ineinander. Die Kontrahenten halten widerstrebend die Berührung aus.

Geheilter zieht die Rechte mürrisch weg.

Siehst du, schon wieder! Du selber ein Vertriebener und Gemiedener, bedrängt, voller Leid, und doch so voller Versöhnung, voller Liebe.

Zieht die Linke weg. Friedlich Wenn du den Krüppel lieben kannst, wie kommt es dann, daß ich, der Krüppel selber, mich nicht liebe?

Du mußt immer lieben, ohne Ende. Sogar das Leid. Sogar die Quälgeister da! Und dich selber. Nur wenn du dich selber liebst, kannst du die andern lieben, die Welt lieben und das Leben.

Wendet sich zum Gehen.

Kinder lieben manchmal so. Die ganz jungen zumindest. Solange sie nicht von den schlechten Erwachsenen zu dummen

Rotzlöffeln verzogen sind. Kinder ekeln sich nicht vor einem Krüppel. Streicheln ihm die Stirn. Ekeln sich ja auch nicht davor, Ziegendreck in die Hand zu nehmen und nach ihm zu schmeißen.

Nimm dich in Acht, Josua. Besonders, wenn du jetzt in die Hauptstadt kommst.

JESUS: Jerusalem steht nicht auf meinem Programm. Erst im nächsten Jahr will ich nach Jerusalem gehn.

GEHEILTER: Pontius Pilatus … *Setzt sich* Wie alt bist du?

JESUS: Ich werde im Frühjahr 33.

GEHEILTER: Ich werde 61. Meine Tage sind gezählt. Wie danke ich dem Herrn, daß ich dich wiedersah.

Jesus geht hinter die Palme zurück, spielt an einem Blatt gedankenverloren herum.

Geh nicht, Joschulein!

Wähnt sich alleingelassen, sinniert vor sich hin.

Den Guten wird immer übel mitgespielt. Überall. Gutsein rechnet sich nicht. Der gute Mensch ist nirgends sicher vor den Nachstellungen der Ungerechtigkeit und des ziegendreckwerfenden Packs. Gerade die Besten müssen leiden, gerade die Besten!

– I,6 –

Dritter Auftritt Agrippas.

AGRIPPA: Was tut Pontius, als er dich unschuldig vor sich sieht?

JESUS: Er streift mich mit einem Blick.

AGRIPPA: Beiläufig? Intensiv?

JESUS: Mit einem beiläufigen Blick.

AGRIPPA: Typisch Pontius. Aber er muß die Anklage aufgreifen. Die Form hält er ein, das hat er drauf. Wenn er das nicht drauf hätte, hätte unser weiser Tiberius ihn nicht als Gouverneur geschickt.

JESUS: Er fragt mich …

AGRIPPA: „Bist du der König der Juden?"

JESUS: „Bist du der König der Juden?"

AGRIPPA: Verfänglich, sehr verfänglich. Und du sagst tatsächlich … aber nein, du sagst das nicht, die Schriften lügen …

JESUS: Ja, ich bin es, sage ich.

AGRIPPA: Nicht zu fassen! Bei der Verfänglichkeit der Anklage! Wo auf Kaiserverrat der Tod steht! Bist du verrückt geworden?

JESUS: Bin ich denn nicht ein König? Frag ihn *Geheilten*: ich kann Frieden stiften!

AGRIPPA: Bist du denn von allen guten Geistern verlassen!

JESUS: Ja, ich bin ein König. Wenn sie mich so nennen, muß ich wohl einer sein. Ich selber habe mich nie zum König gekrönt.

AGRIPPA: Wenigstens das.

JESUS: Aber sag ich ihm nicht.

AGRIPPA: Ihr mit euern Visionen da unten. Aber er glaubt dir nicht, glaubt dir genauso wenig, wie Festus und ich deinem Kumpel Saul die Erscheinung glauben. So was kommt in euerm erscheinungsfrohen Land jeden Vollmond vor. Nein, er glaubt dir nicht. Er hat die Gesetze drauf. Wäre sonst nicht nach Jerusalem von unserm weisen Tiberius geschickt worden. Er hätte den Fall gemeldet. Aber bis Rom ist nie ein Vermerk über einen König Josua vorgedrungen. Darin versteht Pilatus keinen Spaß, so locker er das Recht auch handhabt sonst. Einen König, einen Führer wildgewordener Banditen würde er weitermelden.

JESUS: Sein Blick schweift in die Ferne. Etwas fasziniert ihn.

SAUL: Maria Magdalena. Warum sagst du's nicht?

JESUS: Meine Kurzsichtigkeit, Kephas.

SAUL: Saul, nicht Kephas, verflixt!

JESUS: Ich werfe die Namen durcheinander. Die garstig vielen Leute, Kephas!

AGRIPPA: Du verwechselst noch ja mit nein.

SAUL: Rechts mit links.

AGRIPPA: König mit Nichtkönig.

SAUL: Kurzbein mit Klumpfuß.

AGRIPPA: Fegfeuer mit Paradies.

GEHEILTER: Wo sind wir?

SAUL: In Nazareth, guter Samson.

GEHEILTER *hebt die Krücke gegen ihn*: Das ist nicht wahr!

JESUS: Laß gut sein!

GEHEILTER *läßt die Krücke sinken*: Schönes Paradies das!

AGRIPPA: Und sagst tatsächlich?

JESUS: Ja, ich bin ein König.

AGRIPPA: Aber er glaubt dir nicht. Er wendet den Blick von der Frau im Hintergrund kaum ab.

SAUL: Maria Magdalena.

AGRIPPA: Blickt kaum gelangweilt zu dir her und sagt kaum hörbar, wie es das römische Recht in einem solchen Fall von ihm verlangt: „Ja wenn du ein König bist, dann muß ich dich leider hinrichten. Unser Kaiser in Rom ist unser König, der einzige Tiberius."

JESUS: Nicht wahr. Er murmelt: „Dann muß ich euch bestochene Lügenzungen jetzt anhören, euch Schelme, euch von meinem Freunde Kaiphas beauftragten Lügenmäuler."

AGRIPPA: Kennst du einige der Leute, die gegen dich zeugen?

JESUS: Mehrere.

AGRIPPA: Enttäuschte Verehrer?

JESUS: Einen Betrüger, dem gegenüber ich einen Trick verschwieg. Waisen einer hundertundneunzehnjährigen Greisin, denen ich die Mutter nicht erhielt. Eine Alkoholikerin, die rückfällig geworden ist.

AGRIPPA: Und Pilatus?

JESUS: Schweift schon wieder in die Ferne.

GEHEILTER *lacht*: Maria Magdalena!

JESUS: „Gewäsch", preßt er zwischen den Zähnen hervor. „Abtreten! Der nächste Schelm!" Jetzt kommt der letzte der Zeugen dran. Pilatus: „Was hat man dir für deine Lüge bezahlt?" Dann, zur Menge: „Der Mann hat euch nichts getan. Ich setze ihn auf freien Fuß." Dann zu mir gewandt: „Sag doch was! Zu deiner Verteidigung. Du hörst doch, was die Lügenzungen gegen dich vorbringen."

Wenig später kommt ein Soldat auf die Tribüne und flüstert ihm etwas ins Ohr. Er flüstert aber nicht leise genug. Ich verstehe: „Sie will nicht. Sie ist seine Geliebte."

Ein Schatten läuft über Pilatus' Stirn. Pilatus: „Wir kommen nun zum Schluß. Ich will großzügig sein und von meinem Recht Gebrauch machen, euch einen Gefangenen freizugeben. Das Vergehen von diesem erscheint mir gering. Ich gebe **ihn** heraus." Gemurmel. Allgemeine Beratung. Da ruft die Menge wie aus einem Mund: „Wir wollen den Barabbas. Gib uns den Barabbas heraus!"

AGRIPPA: Über Barabbas gibt es vier Vermerke. Ein stadtbekannter Terrorist. Pilatus gibt ihn frei. Aktenkundig bezeugt.

JESUS: Pilatus lächelt. Ein gelungener Streich, den Kaiphas mit den gekauften Lügnern ihm spielt. Er sagt leichthin: „Dann gebe ich euch eben den Barabbas heraus. Wenn ihr den Barabbas so liebt, wie komme ich dazu, mir eure Zuneigung zu verscherzen. Ich erteile Amnestie" – *kunstvolle Spannungspause* – „dem Barabbas". Alles jubelt. Es dauert lange, bis er sich wieder Gehör verschafft. „Diesen aber, der gesteht, der König der Juden zu sein, nagele ich ans Kreuz. Unser einziger König regiert in Rom. Lang lebe Kaiser Tiberius!"

ALLE BIS AUF JESUS: Lang lebe Kaiser Tiberius!

GEHEILTER: Selbst Kaiser treffen nicht immer die richtigen Personalentscheidungen.

AGRIPPA: Tiberius ist ein gerechter Mann, Samson.

SAUL: Wie klug sich unser Krüppel aus Nazareth doch ausdrückt.

GEHEILTER: Ich gebe dir Krüppel, Bürschchen!

AGRIPPA: Ich schaue die Akten nach, ob's nicht einen Vermerk über Pilatus und diesen Kaiphas gibt und was Barabbas mit diesem Kaiphas verbindet. Mir scheint, da liegt eine Kungelei vor. *Ab.*

JESUS *stürzt sich Saul in die Arme*: Was habe ich getan? Womit habe ich meine Königswürde verscherzt?

SAUL *tätschelt ihn*: So, und jetzt geh zu deiner Palme zurück und spiel den Gärtner!

GEHEILTER: Mit den Herren aus Rom ist nicht zu spaßen, Jeschua. Still und unauffällig leben wird verlangt.

Die Anwesenden, Saul und Geheilter jeweils auf einer Bank sitzend, Jesus hinter der Palme in unauffälliger Beschäftigung, verfallen in ein passives Schweigen.

– I,7 –

Markus taucht am Rand der Szene auf, unbemerkt.

Er räuspert sich, die Anwesenden, der Geheilte auf seiner Bank mit einem Erschrecken, nehmen ihn wahr.

SAUL: Nicht schon wieder, Markus!

MARKUS: Wer wurde aufgenommen: er oder ich?

SAUL: Auch im Paradies finden sich die nie, die sich lieben.

MARKUS: Wer hat die große Klappe, aber kneift, wenn es hart auf hart kommt: er oder ich? Wer streitet, als er vor seinen Feinden steht, ab, sein Anhänger zu sein: „Ich kenne den Menschen nicht“, verleugnet ihn dreimal? Wer aber weilt in seiner Nähe, wenn ihn die wundergläubigen Menschen mal wieder bedrängen und er seine Depri bekommt und sich nachher unruhig im Schlaf wälzt, wenn er denn überhaupt noch ein Auge zudrückt? Wer dagegen sagt: „Herr, wir ziehen in das nächste Dorf, hier ist nicht gut bleiben“ und geht? Sagt es mit einer sonoren Stimme, zugegeben, einem markigen Ton. Hat auch den richtigen, leicht gekräuselten Bart dazu. Was soll ich da mit meinem glatten Kinderkinn, den drei Haaren auf der Brust?

Aber ich habe mehr Mut mit meinem Kinderkinn als sein vollbärtiger Kephas mit dem großen Maul. Er tut nur mutig. Die große Klappe. Ich stehe zu meinem Josua, wenn's brenzlig wird.

JESUS: Bringst du Nachricht von meinen Eltern, Markus?

MARKUS: Sie leben im Paradies.

JESUS: Noch immer zusammen?

MARKUS: Ständig.

JESUS: Möchten sie mich sehen?

MARKUS: Von dir sprechen sie nicht. Und sie haben mir auch nichts für dich aufgetragen.

JESUS: Wie gut, daß es hier so weiträumig zugeht. So können meine Eltern zweitausend Jahre ungestört vom ungeliebten Sohn in Frieden leben. Sähe meine sture Mutter und den gutmütigen, leider immer unter Mutters Pantoffel stehenden Vater trotzdem gerne einmal wieder.

GEHEILTER *freut sich*: Mirjam und Jussuf.

MARKUS: Es mag im nächsten Jahrtausend geschehen, Joschu. Schließlich muß es auch im Paradies immer wieder Überraschungen geben. *Setzt sich neben den Geheilten.*

GEHEILTER *faßt Markus bei den Händen*: Deine Hände schwitzen, du zitterst.

MARKUS: Unerfüllte Liebe macht mich zum Dichter. Das reine Feuer der unerwiderten Freundschaft. Seine Ungerechtigkeit. Aber an einer Stelle bringe ich mich auch einmal ein. Das darf ich doch. Als mein Nichtfreund Josua im Garten Gethsemani festgenommen wird, da bin ich als sein einziger Anhänger bis zuletzt in seiner Nähe.

SAUL: Nicht vergessen: die Frauen. War Zeit, daß ein Mann einmal Männern zeigte, was ein Mann ist.

MARKUS: Frauen werden nicht gekreuzigt, Saul. Höchstens verjagt. Nicht einmal zur Rechenschaft gezogen. Bei uns Männern ist das anders. Um meine bloße Haut zu retten, muß ich handeln. Ich lasse kurzerhand mein Gewand fallen. Der Soldat, der mich fassen möchte, hält den leeren Lappen in der Hand, ich renne nackt davon.

GEHEILTER: Ohne Lendenschurz.

MARKUS: Nackt.

GEHEILTER: Treibst dich als Exhibitionist in den Büschen rum, junger Mann?

MARKUS: Ich wurde erwischt, wie ich gerade, nun, hinter einer Hecke, nun ja, ein Ei, halt ein Ei ... kurz: es bleibt keine Zeit, den Lendenschurz umzubinden.

SAUL: Ich hätte die Leiden mit meinem Joschua geteilt oder wäre ihm bei seiner Verteidigung beigesprungen an deiner Stelle.

MARKUS: Und mein Auftrag? Die Biografie? Im übrigen: hast du zur Zeit des Pontius Pilatus in Judäa gelebt, Saul? Wer bist du, was maßt du dir an, Knabe!

SAUL: Saul.

MARKUS: Also schweig!

GEHEILTER: Verehrter, liebenswürdiger, junger Mann, im Paradiese zürnt man nicht.

MARKUS: Ich zürne nur wegen Kephas.

SAUL: Ein Schlemmer und Alkoholiker. Heimlich.

Jesus springt erschrocken auf, streckt die Hände abwehrend gegen den Hintergrund, als komme von dort eine bedrohliche Menge auf ihn zu, und flieht an die Schulter Sauls.

JESUS: Kephas!

MARKUS *stellt sich neben die Gruppe hinter Jesus*: Bleib in Nazareth, Joschu, hüte die Ziegen deines Vaters. Versöhne dich mit deinen Eltern und führe ein friedliches Leben in der Stille.

JESUS: Zurückkehren? Nach diesen Drohungen, die mir von dort entgegenschallen?
MARKUS: Höre dieses eine Mal auf mich, dieses einzige Mal!
JESUS: Du hast doch gesehen, wie es mir dort erging.
MARKUS: Der Prophet gilt nichts im eigenen Städtchen. Aber nur, solange er sich als Prophet gebärdet.
GEHEILTER *freut sich*: Wo er in die Windeln schiß. Wo er so 'ne großen ... Eier legte. Aber ich weiß von Anfang an, welchen Schatz die da brüten.
MARKUS: Warum gibst du immer so schnell auf, Jeschu?
JESUS: Die Langmut selber.
MARKUS: Nicht, sobald's um deine Familie geht. Deine sture Mutter, deinen alten, unter Mutters Pantoffel stehenden Vater.
JESUS: Es geht nicht.
MARKUS: Dein Größenwahn.
JESUS: In Nazareth werde ich krank!
MARKUS: Deine Stimmungsschwankungen hören auf. Eine Last fällt dir vom Herzen.
JESUS: Was verstehst du von meinem Herzen.
MARKUS: Sonore Stimme und kräftiger, leicht gekräuselter Vollbart, ich weiß!
JESUS *nimmt auf der freien Bank Platz*: Können wir dieses unerfreuliche Gespräch nicht auf andere Personen lenken?

– I,8 –

Maria Magdalena stürzt auf Jesus zu.
MARIA: Deine Füße, ich liebe deine Füße! *Leckt seine Füße ab und reibt sie mit ihren Haaren trocken. Dann kriecht sie unter sein Gewand, so ungestüm, daß er samt der Bank halb nach hinten kippt.*
GEHEILTER *lacht*: Ob er auch gerade hinter der Palme ein Ei, so ein Ei legte und überrascht wird?
MARKUS: Eine stadtbekannte Hure, als wir sie zum ersten Mal sehen. Hundezahm seit dem Morgen, da sie zu uns stößt.
GEHEILTER: Maria Magdalena?
MARKUS: Genau.
Maria drängt und kost noch immer. Saul räuspert sich, Geheilter hebt mit einer Krücke ihr Gewand an und tätschelt sie aus dem Abstand. Maria steht auf, streicht sich die Haare glatt und läuft hektisch, aber ohne ein Anzeichen von Enttäuschung weg.
Das ist ihm mächtig zu Kopfe gestiegen.
GEHEILTER: Er übt einen Einfluß, Junge!
MARKUS: Markus.
GEHEILTER: Samson, angenehm.

MARKUS *zu Jesus*: Denkst, ich merke nicht, wie dir diese Erfolge zu Kopfe steigen? Nicht diese verliebten, vernagelten, wundergläubigen Menschen brauchen Hilfe, du selber brauchst Hilfe!

JESUS: Und du bist der, der mir den übermütigen Kopf wäscht?

MARKUS: Wenn es niemand anderer tut?

JESUS *ironisch*: Ein echter Freund.

MARKUS: Ich sage dir, wo das hinführt! So ein zarter und, entschuldige, memmenhafter Mann, dessen Stimmungen schwanken wie die Stimmungen eines menstruierenden Fischweibs …

SAUL: Na na na!

JESUS: Bin ich am Kreuz nicht tapfer? Jammere ich etwa?

MARKUS: Im Leiden sollen die Frauen uns Kerlen sowieso voraus sein.

SAUL: „Uns Kerlen!" Hört euch das bartlose Männlein an! Uns Kerlen. Brechen können muß man als Mann, Markus! Aus, Strich, basta! Bei den Eltern die Ziegen hüten, ein friedliches Leben in der Stille führen! Bist du denn von allen guten Geistern verlassen!

MARKUS: Hast du ihn gekannt? Hast du miterlebt, wie er litt unter dieser ständigen Öffentlichkeit?

JESUS: Will ich etwa nicht weitermachen?

MARKUS: Manchmal, wenn der Rausch deiner Größe die Größe deiner Furcht hinwegfegt unter den Einflüsterungen dieser bartgetarnten Memme, dann willst du es. Eine Minute später schaust du ihn dann an, deinen Kephas, von unten, sein kleiner Schoßhund: „Sie erdrücken mich, Kephas, töten mich!"

Jesus ruht an Sauls Brust.

Und wenn die Menge sich murrend zerstreut, gibt er dir dann immer denselben Rat und du sagst wie immer nein und er geht zu seinen Saufkumpanen und spricht beim Würfelspiel seinem Roten zu. Ich aber bleibe bei dir und belausche die Träume deiner dunkelsten Stunden.

JESUS *schrickt auf; reibt sich die Augen; blickt in die Ferne*: Ich sehe es kommen. Meine Neider sind stark und die Menge wird meiner überdrüssig. Keiner macht sich stark für mich in der Stunde meiner Not.

MARKUS: **Ich** werde bei dir sein.

JESUS: Aber vielleicht bin ich wirklich der Mann, der Israel rettet? *Wechselt in die Arme von Markus* Markus, mir graut – vor mir. Markus, halt mich ganz fest! Ich glaube … ich bin ein besonderer Mann.

MARKUS: Natürlich bist du ein besonderer Mann.

JESUS: Aber ein ganz, ganz besonderer Mann!

MARKUS *schiebt ihn sachte von sich weg*: Du kennst kein Maß. Nicht in deiner Verzagtheit und nicht in deinem Größenwahn.

Maria Magdalena bringt in ihrem bis über den Bauch vorne hochgeschürzten Gewand Stücke eines entkernten und geviertelten Apfels und verteilt die Stücke an die Männer.
Saul räuspert sich und ißt sein Viertel widerstrebend, der Geheilte blickt ihr genüßlich augenzwinkernd unters Kleid. Markus und Jesus nehmen beiläufig an.

MARIA: Sauber geschält. Und gewaschen. Was man von euch ungewaschenen Kerlen nicht sagen kann. *Passiert mit vielsagenden Grimassen Saul, Geheilten, Markus* Die Nille und der Haarbusch am Hintern haben das Wasser lange nicht gesehen. Nur zu den drei Festen im Jahr wäscht eurereiner sich ab. Keinen Gedanken auf die Sauberkeit! Ist Frauensache! Ein Mann hat für so etwas Überflüssiges keine Zeit. So läuft der Mann stinkend herum wie ein nasser Straßenhund. Der saure Geruch strömt von seinem Schamhaar aus. In den Haaren der Kimme hängen ihm Kotreste eines ganzen Jahres. Den Arsch sauber auswischen ist eines Mannes unwürdig. Der Schweiß verströmt aus allen Poren seinen widerlichen Geruch. Die Füße? Pfui! Aber selbstbewußt! Als wärst du der wahre König des Lebens. Ja merkst du nicht, daß du stinkst? Aus allen Löchern. Sogar aus dem Maul. Wie eine Bütte Sauerkraut. Unverdaute fette Wurst. Eine Geruchsfahne schlechter Zwiebeln. Und das Bier. Pfui. Da lerne eine die Liebe!
Aber die ungewaschenen Schwänze und fauligen Ärsche, die eklen Füße und Mäuler schützen auch. Wenn so ein Schweinkerl über dich rubbelt, bleibst du keusch. Keusch wie eine verlorene Rose im Unkrautacker. Sie vergewaltigen dich. Bezahlen dich. Du bleibst unberührt. Keusch. Bereit für den wahren Bräutigam.
Sinkt zu Jesu Knien Dich, Jesus, dich!
Du rochst wie die Narde, die ich über deine Füße goß, süßer als alle Blumen des Feldes. Nur manchmal strömte ein etwas saurer Geruch über deine Lippen: wenn du deine Depri hattest. Das Zeichen deiner Empfindsamkeit. Ein leichtes Sodbrennen. Das war alles, was manchmal an den Geruch der eklen Männer erinnerte. Aber es war das einzige. Und es machte dich schutzbedürftig.
Streicht ihm zärtlich das Haar aus der Stirn.

SAUL: Das im Paradies! So eine Ausdrucksweise!

GEHEILTER: Laß sie, Alter!

JESUS: Tut sie Übles, Saul?

GEHEILTER *lacht*: Jetzt rafft er endlich, daß du nicht Kephas bist. Kephas verdrückt sich nämlich immer, wenn er Maria sieht. Eine willkommene Gelegenheit für ihn, sich zu verdrücken. Seine Saufkumpane machen ihm mehr Vergnügen als diese Dame da und ihr anstrengender Geliebter mit dem gelegentlichen Sodbrennen und dem Geruch nach Narde.

SAUL *ringt nach Atem*: Diese Ausdrücke verpesten die himmlische Luft! *Geheilter lacht ihn aus.*

MARIA *im Schneidersitz zu Jesu Füßen kauernd*: Du mein ewiger Bräutigam, Quell meiner Hochstimmung, nie Tier. Manchmal fällt das Warten freilich schwer. Dann hab ich meine Depri weg. Warum bist du nie Tier? Ich wünsche es mir! Aber dann klopf ich mir selber auf die Schulter und sage bei mir: „Gutes Mädchen, diese Liebe ist einzig. Jesus ist dein **Bräutigam**. Von den **Männern** hast du genug. Daran erinnere dich täglich – zur Buße deiner Sünden!"

Aber einmal habe ich deinen Schwanz doch gesehen, Joschua.

SAUL: Ich ersticke.

Jesus faßt ihn am Arm.

MARIA: Am Kreuz! Dir geht ein Spritzer ab. Von den Schmerzen. Aber schön anzuschauen ist er, dein Schwanz, und ich hätte nicht übel Lust, ihn dir sauberzuschlecken!

Bedeckt das Gesicht. Saul geht auf und ab, kocht. Jesus streichelt Maria das Haar.

Aber dann, als du das Leben ausgehaucht hast, um zu prüfen, ob du gestorben bist, durchbohrt ein Soldat, der jede Stunde kommt, um die Gekreuzigten zu prüfen … Er bringt noch einen andern mit. Die beiden tuscheln. Am Boden liegt der Hammer, mit dem du ans Kreuz geschlagen wurdest. Und ein spitzer, großer, übriggebliebener Nagel liegt dort. Die beiden Männer tuscheln noch immer. Da hebt der andere, der dazugekommen ist, den Hammer auf und den Nagel auch, setzt die Spitze an deine Weichteile und schlägt den Nagel, den langen Nagel, spitzen Nagel, brutal, um zu prüfen, ob du wirklich schon tot bist, dir in' Sack. Dein Schwanz regt sich nicht. Dein Gesicht bleibt unbewegt. Da sehe ich, von ferne hinter der Absperrung, daß mein Bräutigam mich verlassen hat. *Läuft weinend hinaus.*

SAUL: Wie kann man in diesen Gefilden so reden!

JESUS: Deine Vorstellungen von Form und Anstand erscheinen mir noch ziemlich irdisch, Saul. Welche Eifersucht reitet dich?

SAUL: Eifersucht auf deinen sauberen Ruf!

JESUS: Was kann es Unsauberes geben unter Gottes alleserschaffendem Auge? Ist Liebe unsauber? Sind die Sekrete des Körpers unsauber? Ja selbst der Geruch der Freier, den Maria so verabscheut, was ist daran schlecht?

SAUL: Sie leidet darunter.

JESUS: Oder dein Klumpfuß, Saul.

SAUL: Kürzeres Bein, nicht Klumpfuß!

JESUS: Aber du mußt einen fünf Zentimeter höheren Absatz tragen, und trotzdem humpelst du.

GEHEILTER: Sie sind von Geburt an schief, verehrter Herr und großer Apostel? Samson ist mein Name. Ich grüße Sie! *Reicht Saul die Rechte.*

SAUL: Angenehm, Saul.

GEHEILTER: Das entschuldigt alles.

JESUS: Maria hat nie den Zeh ins Wasser der Verderbnis getaucht, Saul.

MARKUS: Du idealisierst sie. Wie alle, die du besonders liebst – wie du sie haben möchtest in deiner selbstsüchtigen Fantasie!

SAUL: Sie spinnt doch.

JESUS: Aber liebenswert.

GEHEILTER: Rühmst dich vieler Anhängerinnen unter den Frauen, wie? Der da weniger! Angenehm, Samson. *Gibt Saul die Hand.*

SAUL *erwidert den Händedruck beiläufig; geht, die Stirn mit der Hand wie mit einem Schirm bedeckend, auf und ab*: Kann ich mein kurzes Bein etwa zeigen? Wird sie mich nicht auslachen? Bestimmt! Genug, daß sie ein Humpeln an mir bemerkt. Aber das Gewand ablegen, die Sandale zeigen? Sie sieht den lächerlichen Absatz links. Es sieht aus wie ein Klumpfuß. Auch … mein Stachel ist ein wenig unregelmäßig gebaut. Nicht zu klein, aber eben … linksläufig etwas. Wie eine Banane. Oder ein türkischer Säbel. Oder, wenn das den Anwesenden besser gefällt: eine Sichel.

GEHEILTER: Doppelter Stachel: Fuß krumm, Stachel krumm!

SAUL *schüttelt verzweifelt den Kopf*: Mit diesen Gebresten ist man zur Liebe nicht bestimmt.

GEHEILTER: Aber daß du anderen vom Liebemachen abrätst, muß das denn sein?

SAUL: Die Zeit ist kurz. Zu kurz für die Liebe.

GEHEILTER: Die Erde dreht sich noch.

SAUL: Seltsam, in der Tat.

– I,9 –

Vierter Auftritt Agrippas. Während seines Vortrags trottet er genau einmal von der einen Seite zur gegenüberliegenden.

AGRIPPA: Ich hab's! Ich hab's ergrübelt. So war's, so war's exakt! Barabbas war der Verflossene der Geliebten, die der Hohepriester Kaiphas in gebotewidrigem Ehebruch skandalöser Weise ihm, Barabbas, am Abend nach seiner Inhaftierung ausspannte. Barabbas ließ durch denselben Soldaten der römischen Palastwache den Kaiphas aus dem Gefängnis wissen, daß er, Barabbas, die Öffentlichkeit von seinem, Kaiphas', gesetzeswidrigem Verhältnis zu seiner, Barabbas', verflossenen Geliebten in Kenntnis setze, falls er, Kaiphas, nicht schleunigst etwas unternehme, daß er, Barabbas, aus dem Gefängnis entlassen wird.

Daraufhin besorgt – oder sage ich besser: spendiert? – der Hohepriester Kaiphas dem Statthalter Pontius Pilatus noch einmal ein paar Frauen und liegt ihm noch aufdringlicher in den Ohren als sonst. Er faselt ihm davon vor, wie vorteilhaft es für ihn, Pilatus, wäre, Barabbas zu begnadigen. Er, Barabbas, habe dem Terrorismus gänzlich abgeschworen und verlange dies auch von seinen Mitstreitern. Verstöße würde er selber ihm, Pilatus, zu Ohren bringen. Er, Pilatus, habe nie ein größeres Werk für den Frieden getan als an dem Tag, an dem er Barabbas begnadige.

Wie nun jener Soldat der römischen Palastwache und Zuträger sowohl zwischen Barabbas und Kaiphas wie zwischen Kaiphas und Pilatus auf des Kaiphas Hinweis ihm, Pilatus, ins Ohr flüstern kommt, daß Maria Magdalena die Geliebte des vor ihm, Pilatus, stehenden gefesselten Angeklagten, nämlich Jesus, sei, wirft Pilatus einen fragenden Blick zu Kaiphas hinüber. Kaiphas aber zwinkert ihm, eine Gebärde der Ungeduld nur ungenügend unterdrückend, zu: Maria Magdalena nicht, doch an ihrer Statt eine andere Schöne. Pilatus endigt darauf rasch und erspart ihm, Kaiphas, den Skandal, sich selbst eine Menge Ärger und entlastet die Vertreter der Judenschaft von einem Stänkerer, der ihnen lange querlag.

Du mit deinen Heilungen am Schabbath auch, deinen Versuchen, ihnen ins Handwerk zu pfuschen, deinem Ehrgeiz, deiner Besserwisserei! *Ab.*

MARKUS: Aber die Claqueure?

AGRIPPA *außerhalb*: Einmal getarnte Mitläufer des Barabbas, zum andern Knechte des Kaiphas.

MARKUS: Und was schrieb **ich**!

JESUS *legt ihm tröstend die Hand auf den Arm*: Die Absicht ehrt den Biografen.

MARKUS: Neid, schrieb ich, habe die Vertreter der Judenschaft gegen dich aufgebracht!

JESUS: Neid? Auf mich armes Mensch? Mich depressiven Größenwahnsinnigen?

MARKUS: Ich hätte forschen müssen! Da war doch was mit den Frauen und Barabbas, Pilatus und Kaiphas, der immer heimlich tut.

SAUL: Kephas tut immer heimlich!

MARKUS: Kaiphas sowohl als Kephas, Saul!

AGRIPPA *außerhalb; lacht*: Getarnte Mitläufer des Barabbas, Knechte des Kaiphas.

MARKUS: Das mir!

SAUL: Ein bißchen Überraschung muß bleiben. Auch im Paradies, Markus.

MARKUS: Erzlump!

SAUL: Jetzt verrätst du dein Niveau, Markus.

GEHEILTER: Ein Kompliment muß ich dir machen, Markus. Deine Kollegen Evangelienschreiber benutzen das Wort wie Diplomaten. Dich aber leitet Liebe zur Wahrheit. In die Hölle mit den Diplomaten!

SAUL: Aber Samson, es gibt keine Hölle. Im Fegfeuer schwitzen die Irrenden ihrer Erlösung entgegen. Wie kann man so fluchen im Paradies?

GEHEILTER *freudestrahlend*: Laß mir doch meinen Zorn, lieber Saul!

– I,10 –

Maria bringt und verteilt wie zuvor, von analogen Reaktionen begleitet, eine zweite Lage Apfelstücke.

MARIA: Von wegen Geliebte! Gemeinsame Hure: Judith vom Tempelstrich! Judith ist die schönste von uns allen. Jetzt will Kaiphas den Pilatus mit ihr überraschen, nachdem ich den Pilatus enttäuscht hab. Barabbas wird den Kaiphas nämlich hochgehn lassen, wenn der Kaiphas ihm nicht zur Freiheit verhilft. Und da ist dem Kaiphas jedes Mittel recht.

Setzt sich, mit dem Rücken angelehnt, zu Jesu Füßen.

Die Frau damals vor Tyrus bot uns auch Wasser und Früchte in sauberen Gefäßen an, weißt du noch, nach deiner Pleite in Nazareth, als du in der Fremde, außerhalb der jüdischen Gebiete, dich verkriechen wolltest. *An Markus gewandt* Du kannst nicht wissen, daß ich es bin, die die Frau auf Jesus losschickt. Sie hat eine besessene Tochter. Da geh ich zu ihr und erzähl ihr von dem Wundermann.

Sie tut mir leid, Joschua. Was gilt höher, unser Bedürfnis nach Ruhe oder die herzzerreißende Not dieser Witwe und ihrer besessenen Tochter? Außerdem gibt's da ein kleines Vorurteil, das ich dir unbedingt austreiben muß.

Du trinkst das Wasser und kostest die Früchte, nichts ahnend von deinem Schicksal und vom Schicksal der Frau. Sie: „Meine Tochter schlägt um sich. Ich werde mit ihr nicht fertig. Du hast Macht über die Besessenen, Herr." Du: „Laß erst die Kinder sattwerden! Denn es ist nicht recht, den Kindern das Brot wegzunehmen und es den Hündlein hinzuwerfen." Mit den Kindern aber meinst du dein eigen Volk und mit den Hündlein die Fremden, unter denen wir uns aufhalten, inkognito, **wir** die Fremden,

sie die Einheimischen. Das wurmt mich sehr, und ich lege mich ins Zeug.

Sie: „Aber die Hündlein unter dem Tisch fressen doch von den Resten der Kinder.“ Da durchfährt’s dich, so erschrecken hab ich dich nie sehen außer beim ersten Schlag, als der Hammer den Nagel in deine Gelenke trieb. Du: „Um dieser Antwort willen geh zu deiner Tochter. Sie ist gesund.“

Bist schon manchmal ein bißchen provinziell. Anders als der da *Saul*. Der denkt immer nur in Kategorien von Welt. Ins Große. Immer. Zu sehr ins Große. Welteroberer-Typ. Macho. Sein Klumpfuß …

SAUL: Kürzeres Bein!

MARIA: Gar nicht das Problem. Aber diese Welteroovererattitüde. Wir Frauen wollen ja schließlich auch einmal unsre Männlichkeit beweisen.

Wie anders, Joschua, du. In vielem sehr verschwommen. Und ziemlich provinziell. Aber man kann dich beeinflussen. Du läßt Einfluß zu. Es ist eine Freude, in deiner Nähe Frau zu sein.

SAUL: Kam der Soldat damals und richtete Ihnen einen Antrag des Gouverneurs Pontius Pilatus aus?

MARIA *lacht*: Jetzt lenken Ihre Unbeugsamkeit von meinem belehrenden Zwischenruf ab!

SAUL: Kam er, oder schließt Agrippa fehl?

MARIA *vor sich hin*: Für Jesus tu ich alles. *Zu Jesus; hilflos* Aber hättest du **das** gewollt?

SAUL: Um ihn zu retten? Aus höchster Not?

Schweigen. Jesus glättet der untröstlich vor sich hinstarrenden Maria unzart das Haar.

MARIA *drückt seine Hand weg, hält sie, biegt den Kopf zurück und blickt ihn selig an*: Ich bin dir nachgestorben, mein Liebling!

Markus steht ungeduldig auf, nimmt Maria bei der Hand und zieht sie mit sich fort. Der Geheilte folgt in derselben Richtung. Da läuft Maria noch einmal auf die Szene, fällt vor Jesus nieder, küßt ihm hastig die Füße ab und verschwindet endgültig.

– I,11 –

JESUS: Ich würde gern alle Menschen lieben. Kephas, der prosaische Brummbär, liebt die Wirtshäuser und sein eigen Leben. Maria Magdalena liebt mich. Exklusive. Aber ich liebe nur inklusive. Liebe sie ergo nicht. Markus tobt vor Eifersucht auf meinen Kephas und grämt sich darüber, daß er nicht den Platz in meinem Leben einnimmt, der Kephas wie selbstverständlich zufliegt. Ob es einmal in einer andern Welt so kommen wird, daß jeder jedes Liebe erwidert, wie der Zufall es gerade mischt?

SAUL: Wünschst du das, Jesus?

JESUS: Du liebst die Frauen, Saul, aber die Frauen lieben Männer, die weniger dickköpfig auf **eine** Frau, **einen** Menschen, **eine** Sache steuern. Du leidest darunter, daß du keine Frau gewinnst. Mutige Männer, Gefolgsleute deiner Robustheit umgeben dich statt ihrer. Ich leide unter der Liebe allzu vieler, der Liebe der Massen und der Liebe der Frauen.

SAUL: Ich habe einen Klumpfuß – jetzt sag ich's schon selber! – kurzes Bein, fünf Zentimeter. Damit durchreise ich die Welt, als trügen mich geflügelte Pferde. Robuste Gefährten begleiten mich, jünger und gesünder als ich. Ich sehne mich nach einer Frau, aber keine beißt an. Ich leide darunter. Es ist mein Stachel, mein Brand. Aber der Brand verzehrt mich nicht. Er wird zum treibenden und tröstenden Feuer.

JESUS: Damaskus.

SAUL: Damaskus und zwei Jahre Einsiedelei in der Wüste.

JESUS: Im Angesicht des nahen Endes.

SAUL: Im Angesicht des nahen Endes der Welt.

JESUS: Warum ließ der Donnerer uns nicht Liebe finden, als wir das Finden der Liebe so sehr liebten? Ließ uns statt dessen Frieden finden, indem er uns die Liebe zum Finden nahm? Ist das der Frieden? Ist das die Liebe? Der Stachel ausgerissen. Der Brand an Luftmangel erstorben. In einem Durchgangsaugenblick gedächtnisloser Zeitlosigkeit. In einem unbemerkten Akt folgenreicher Aktlosigkeit. In einer Wegnahme einer Annahme, die uns vorwegnehmend einnehmend gefangennahm.

SAUL: Ist Harmonie das Weltgesetz? Ist Frieden das Weltgesetz? Ist es der Krieg? Ist es das Gute? Sind es die Dämonen? *Sieht Jesus entschlossen an* Die Unruhe und der Ausgleich ist's.

Pause. Sie sinnen nach.

Amüsiert Um ein Haar hätte mich der Wächter des Paradieses abgewiesen, Jesus. Das muß ich den Zuschauern noch erzählen.

JESUS: O ja!

SAUL: Mein Coup!

JESUS: Davon berichten die Schriften nichts.

SAUL: Dein Kephas, dieses laue Waschweib. Ich kenne ihn. Aber die Brüder und Schwestern …

JESUS: Schwestern und Brüder!

SAUL: Schwestern und Brüder in Rom möchten einen Zeugen von Angesicht kennenlernen, einen Augenzeugen. Ich habe dich nicht gekannt. Nur vom Hörensagen. Wie sie. Kephas hat dich gekannt aus nächster Nähe. Eigentlich war er kaum viertelherzig bei der Sache, während es die andern auf Einsechstel-, Zweineuntel- und Vierelftelherzigkeit brachten, wenn sie dich denn nicht ganz aus ihrem Leben ausgeblendet hatten. Um der Wahrheit die Ehre zu geben: dein Kephas ist der unvernünftigste von allen, der versoffenste und, angetrunken, der eitelste. Wenn er über den Durst getrunken hat, kannst du ihm ein leichtsinniges Versprechen ablotsen, und wenn du ihn mit weiteren geistigen Getränken verwöhnst, kann es geschehen, daß er dabei bleibt. Ich weihe meinen tapferen Timotheus in die Sachlage ein.

JESUS: Dein Assistent.

SAUL: Mein Assistent und erster Gefolgsmann. Ein schlauer, wendiger Bursche. Du kannst dir keinen Begriff davon machen, wie sehr dem ehemaligen Fischer und Bootsbesitzer und nunmehrigen Starapostel Kephas davor graut, einen großen Kahn zu besteigen und übers Meer zu schippern.

JESUS: Aber er überwindet seine Furcht und fährt.

SAUL: Er überwindet. Fluchend wie ein Rohrspatz, trinkend, was das Zeug hält. Timotheus hat für den nötigen Nachschub gesorgt. Ich hole die beiden im Hafen Ostia ab. Da steht er, dein Vertrauter, der Augenzeuge, in der Hauptstadt des römischen Reiches Rom, schimpfend, brabbelnd, blau. Die Ungeduld meiner Brüder und Schwestern – Schwestern und Brüder im Glauben in meinem römischen Exil –

beschert erstens: Kephas das Ungemach einer unbequemen Seereise mit den Begleiterscheinungen der gewöhnlichen Seekrankheit;

beschert zweitens: meinen Schwestern und Brüdern in Rom einen raunzigen Graubart, der ständig angetrunken ist, unverständlich in den Bart nuschelt und wenig gut auf dich zu sprechen ist;

beschert drittens: der Menschheit zwanzig wirre Jahrhunderte lang das Märchen, er, Kephas, wäre in deinem Auftrag gekommen, um in Rom den Grundstein klerikaler Herrschaft zu legen. „Du bist Petrus, der Fels, und auf diesen Felsen will ich meine Kirche bauen“, du kennst das Zitat, dir in den Mund gelegt. Neulich noch hat der jüngste Papst, der in die Jahre kommt, die Bischöfe eines europäischen Landes in seinen Palast zitiert und mit weinerlicher Stimme ihnen, just wie Kephas, wenn er getrunken hatte, den Kopf gewaschen. Und alle kamen und ließen sich schurigeln wie die Schulbuben. Alles, weil ich dem Drängen deiner römischen Anhängerinnen und Anhänger damals, als ich auf meine letzte Instanz wartete, wider besseres Wissen nachgab und meinen schlauen Timotheus bat, den Graubart herzuschicken.

Kephas ist von seinem Ausflug nach Rom nicht zurückgekehrt.

JESUS: Mein Kephas ist in Rom verschollen.

SAUL: Wie wir wenigen alle, die auf die Warnungen nicht hören, in der Stadt bleiben und uns weigern, diesem Größenwahnsinnigen, diesem Kaiser …

JESUS: Tiberius.
SAUL: Nicht Tiberius.
JESUS: Augustus.
SAUL: Nero den Respekt zu bekunden, der nur dem Donnerer gebührt. „Denn ich, der Herr, dein Gott, bin ein eifersüchtiger Gott."
JESUS: Armer Kephas.
SAUL: Drei Tage vor meinem letzten suche ich ihn in seinem Quartier auf. Ich finde es leer.
JESUS: Als ich ihn zuletzt sah, hatte er ein paar graue Fäden im Bart.
SAUL: Als ich ihn kennenlernte, hatte er schütteres Haupthaar und dicke graue Strähnen in seinem filzigen Bart. In Rom war er ein Tattergreis, alkoholabhängig, weiß, der Bart filzig wallend, unappetitlich wie der ganze Mann.
JESUS: Mach mir meinen Kephas nicht schlecht.
SAUL: Wir können ihm einen Besuch abstatten, Jesus!
JESUS: Werde ich ihn wiedererkennen?
SAUL: Ich helfe dir.
JESUS: Warum stehst du eigentlich als Älterer vor mir, der du zehn Jahre nach mir geboren bist?
Pause.
SAUL: Daß ich diese Genugtuung erfahren darf! Dich kennenlernen, wie du bist. Diesen Weg gehn täglich von der Verzweiflung meines Stachels zur versöhnend gereichten Hand! Um wieviel mehr gefällst du mir, wie du bist, als wie der, den ich träumte! Damaskus. Meine Vision. Wenn ich damals nicht gesponnen hätte, die Menschen hätten dich erkannt und geliebt als den, der du bist. Ich bitte dich von ganzem Herzen: sei gnädig mit mir!
Geht vor Jesus in die Knie und küßt ihm die Hände. Jesus streicht ihm das schüttere Haar aus der Stirn.

2. Abend: Fegfeuer – Erde

– II,1 –

Fegfeuer. Lukas, Johannes 1, Kephas und Pilatus in wechselnden Anordnungen. Matthäus, nervös, mit dem unsicheren Gang eines klapprigen Greises, dreht Schleifen.
PILATUS: Hmhm! Nichts langweilt mehr als verrückte alte Männer, die sich um nichts streiten. Hmhm!
KEPHAS *zu Lukas*: Alte Petzliese!
LUKAS: Ich war's nicht. Saul war's.
KEPHAS: Ihr steckt unter einer Decke.
MATTHÄUS *grimmig*: Wir müssen mystischer werden.

KEPHAS: Närrischer Greis!

Matthäus hebt drohend die Hand, Kephas dreht sich weg.

Matthäus gesellt sich zu den andern, nur Pilatus hält sich abseits.

JOHANNES 1 *zu Kephas*: Du sorgst als nächstes dafür, daß die Abschreiber des Markus ein paar Worte über die Auferstehung anfügen.

KEPHAS: Das kann ich nicht.

JOHANNES 1: Du kannst es. Und du willst es.

KEPHAS: Wenn ich doch nicht weiß …

JOHANNES 1: Kein Wort!

KEPHAS: Gewiß, der eine oder andere hat ihn gesehen. Wie manche Menschen nach dem Tode eines Freundes ihn in Gedanken noch einmal vor sich sehen.

JOHANNES 1: Kephas! Du hast den Auferstandenen gesehen!

KEPHAS: Auferstanden? Ich glaube, nein.

JOHANNES 1: Er war's!

KEPHAS: Ich hatte …

MATTHÄUS *kichert*: Getrunken?

KEPHAS: Schweig, Alter!

Matthäus hält sich beleidigt die Hand vor den Mund.

Besonders Maria Magdalena hat ihn gesehen. Da brach das Fieber aus und sie starb. Ihr müßt wissen, sie liebte unsern Rabbi sehr und glaubte, sie müsse ihm, als seine Witwe, sozusagen …

JOHANNES 1: Du als Zeuge, erster Zeuge, erster Apostel, Kephas, du **mußt** ihn gesehen haben!

LUKAS *kichert*: Er ist dem Saul erschienen.

MATTHÄUS: Was hat der dem Kephas Beine gemacht zu seiner Zeit!

KEPHAS: Nur weil er Saul erschienen ist, ist er mir noch lange nicht erschienen, Lukas!

JOHANNES 1: Stehe zu deiner Abmachung, Kephas!

KEPHAS: Meiner Abmachung? Deiner!

JOHANNES 1: Sodann mußt du die Abschreiber dazu bringen, die Wunder, die unser geliebter Josua vollbracht hat, in ein würdigeres Licht zu setzen. Mit den ungeschliffenen Wundern, die dein junger verstorbener Bekannter aufschrieb, ist ja leider kein Staat zu machen.

MATTHÄUS *kichert*: Keine Religion zu gründen.

KEPHAS: Ungeschliffen? Er hielt sich im Unterschied zu dem, was ihr von mir verlangt, an die Wahrheit.

JOHANNES 1: Ich erinnere besonders daran, daß sein Wandeln über dem Wasser im Abriß deines Freundes bisher keine gebührende Erwähnung findet.

KEPHAS: Warum nimmst **du** das Wunder nicht auf, Johannino?

JOHANNES 1: Soeben geschehen! Kapitel 6, Vers 16, und aufs eleganteste mit dem davor geschilderten Wunder, der wunderbaren Brotvermehrung, verknüpft. Selten wurde von einem Autorenteam ein so geschlossenes, einheitliches Werk verfaßt, wie es unter dem Decknamen „Johannes“ gerade entsteht. Schließlich müssen wir den Josua unsern gebildeten Mitbürgern in Syrien und Hellas als einen Menschengott …

KEPHAS: Er war kein Menschengott! Nie! Einer ist Gott allein! „Du sollst keine fremden Götter neben mir haben! Ich, der Herr, dein Gott, bin ein eifersüchtiger Gott.“

LUKAS: Papperlapapp.

KEPHAS: Und er ist auch nicht auferstanden. Nur in der Fantasie dieser zwei fieberkranken Wahnsinnigen!

MATTHÄUS *blickt sich um*: Wo stecken eigentlich deine dreizehn Mitarbeiter, Johannino?

KEPHAS: Dreizehn? Drei mal dreizehn!

MATTHÄUS: In der Hölle natürlich! Neununddreißig!

JOHANNES 1: Kephas, von Mann zu Mann. Ihr habt es doch bezeugt, Maria, Saul und die andern. Nur du willst dich auf einmal weigern. Aus einem unerfindlichen Grund. Du warst doch dabei, erinnere dich! Oder warst du etwa nicht dabei? Warst du etwa … Kephas, warst du..?

KEPHAS: Im Wirtshaus war ich!

MATTHÄUS *dreht weiter seine Schleifen*: Du mußt Johannino parieren, Kephas, gegen den richtest du nichts aus. Sind ein Team, drei mal dreizehn, da nützt kein Trotz. Wir sind denen für's Fußvolk gut. Bedienen selbst die vornehmen Leute, die intelligenten. Zum Beispiel den Doktor Rudolf Steiner.

JOHANNES 1 *geht Matthäus an den Kragen*: Nenn mir den Wortverdreher nicht!

MATTHÄUS *drückt mit aller Greisenkraft die Hand weg*: Selber einer! Doktor Rudolf Steiner! Euer größter Fan!

JOHANNES 1: Ich bringe dich um!

MATTHÄUS: Wir müssen mystischer werden. Doktor Rudolf Steiner.

JOHANNES 1: Wo steckt der Gauner?

MATTHÄUS: Zur Strafe deiner Sünden im Paradies.

KEPHAS *lacht*: Das bleibt jetzt auf dir sitzen, Johannino! Hättet das Buch ja nicht schreiben brauchen. Ich für meinen Teil gebe nichts Schriftliches aus der Hand. Damit's die andern dann drehn und wenden, bis es auf dem Kopf steht? Ich bin doch nicht toll! *Tippt sich an die Stirn.*

JOHANNES 1: Keine Großtat für einen analphabetischen Laukopf.

KEPHAS: Petzliese.

MATTHÄUS: Wir müssen mystischer werden.

LUKAS: Du reißt das Ruder nicht rum mit deinen schlechtgefälschten Zitaten, Matthäus, deinen improvisierten Rückverbindungen – „damit die Schrift in Erfüllung gehe“! Siehst es doch, wir können deine Vorschläge nicht gebrauchen.

MATTHÄUS: Warum schreibst du dann bei mir ab, Lukas?

LUKAS: Ich denke …

MATTHÄUS *lacht*: Du denkst. Du denkst, ich hätte die Tatsachen blind übernommen.

Johannes 1 und er lachen Lukas aus.

LUKAS: Vor allem die Reihenfolge. Warum mußte ich die auch übernehmen. Geht auf keine Kuhhaut. Verpfuscht, verpfuscht. Hätte ich den Markus früh genug gekannt! Bei Markus tritt uns noch ein echt biografischer Mensch entgegen.

MATTHÄUS: Kannst den Markus doch nehmen, Luki. Wer hindert dich?

LUKAS: Du selber, wer denn sonst! Ihn nehmen! Aber ihn nicht rausrücken!

MATTHÄUS: Dir meine Schätze überlassen? Damit du mir zuvorkommst? Ich bin der erste. Du bist dagegen ein kleiner Trittbrettfahrer.

LUKAS: Selber Trittbrettfahrer! Aber in den Gemeinden als erster dastehn wollen!

PILATUS: Ist das wahr?

MATTHÄUS: Wenn er sich keine Zeit nimmt, gründlich zu forschen, Herr Gouverneur?

PILATUS: Du kennst den Markus, aber hältst den Markus zurück?

LUKAS: Bis sein eigener Bericht in den Gemeinden kursiert.

PILATUS: Und alle denken, der Markus ist zweiter?

LUKAS: Alle sollen denken, er, Matthäus, ist erster und Markus ist zweiter.

PILATUS *lacht*: Ihr seid nicht schlecht! Von euch können unsere besten Taktiker lernen! Und warum wartest du nicht, bis Matthäus erscheint und der Markus anschließend ans Tageslicht tritt?

LUKAS: Saul drängt.

PILATUS: Und da schreibst du gleich bei dem alten Schlaukopf ab.

LUKAS: Die Gemeinden in Cilizien, wo Saul herstammt, und Ephesus wünschen einen Bericht nach ihrem Geschmack. Saul vertröstet sie. Aber dann gibt er nach, und den Druck kriege ich ab.

PILATUS: Auf ein paar Lügen mehr oder weniger kommt es euch auch nicht an, wie?

KEPHAS: Sie reden schon wie ein halber Europäer, Herr Gouverneur.

PILATUS: Ich bin ein Europäer!

MATTHÄUS: Deine niedliche Kindheitsgeschichte, gehört die auch zum Geschmack deiner Cilizianer, Luki?
LUKAS: Die Leute im Norden lieben diese Geschichten, ja, Matthäus.
MATTHÄUS *kichert*: Etwas muß ja hinein, damit man dich von mir unterscheidet.
KEPHAS: Saul schaut dir auch gar nicht auf die Finger, wie, Lukas?
LUKAS: Um Kleinigkeiten kümmert Saul sich nicht.
KEPHAS: Hauptsache, die Leute laufen dem Rattenfänger scharenweise hinterher.
PILATUS: Neidisch, Simon Petrus?
KEPHAS: Hat der gute Rabbi etwa je erzählt, er wäre in einer Futterkrippe in den Schlaf gewiegt worden und hätte von drei angestrichenen Karnevalisten aus Morgenland Geschenke erhalten?
LUKAS: Könige!
MATTHÄUS: Magier!
KEPHAS: Morgenland! Im Morgenland leben wir alle!
LUKAS: Östliches Morgenland, nicht westliches. Indien und China, Kephas.
KEPHAS: Und der Neger?
LUKAS: Steht nicht bei mir im Text.
KEPHAS: Ist aber Tradition: Kaspar, Melchior und Balthasar.
LUKAS: Immerhin der Lieblingstext aller Frömmlerinnen und Diabolitinnen.
MATTHÄUS: Meine Bergpredigt ist beliebter.
LUKAS: Quellen frommer Erbauung.
MATTHÄUS: Futterkrippe. Narren aus Indien. Ein Stern. Unmystisch, unspirituell!
LUKAS: Garanten überfüllter Weihnachtsspektakel!
JOHANNES 1: Unsere Aktion „Johannes“ stellt euch, ihr werdet's sehen, alle in den Schatten!
MATTHÄUS: Dank Doktor Rudolf Steiner.
JOHANNES 1 *höhnisch*: Die ersten werden die letzten sein. Wer zuletzt lacht, lacht am besten.
PILATUS: Bitte mehr Wahrheit, meine Herren, mehr Wahrheit. *Kriecht auf allen Vieren* Was ist Wahrheit? Riecht man sie? Schmeckt man sie? Wie ein Hund werde ich, auf allen Vieren kriechend, schnuppernd danach schnappen. *Steht auf* Bitte, meine Herren, bitte!
KEPHAS: Ach ihr kühlen Europäer. Wir lieben's, die Geschichten auszuschmücken. Übertreiben schon mal ein bißchen.
LUKAS: Timotheus wird den Bericht, den ich ihm schicke, gewiß nicht mißverstehen.
KEPHAS *aufbrausend*: Der Vertraute des Erzlumpen Saul!

LUKAS: Kein Erzlump.
KEPHAS: Erzlump selber!
LUKAS: Laß mir meinen Timotheus in Ruhe!

Pause.

Übermütig Lenkt auf Nebenschauplätze ab. Will verhindern, daß wir auf seinen Verrat im Hof des Kaiphas zu sprechen kommen.

KEPHAS: Ich geb dir Nebenschauplätze! *Will auf Lukas los, Pilatus hält ihn am Bart zurück.* Au!

LUKAS: Wann hast du den Rabbi zum letzten Mal gesehen? Bei Kaiphas? Nein: im Garten Gethsemani.

KEPHAS *geschlagen*: Im Garten Gethsemani.

LUKAS: Als du gegen den Knecht das Schwert zogst.

KEPHAS: Ich zog kein Schwert.

Die Evangelisten zucken konsterniert zusammen.

Trugst du im römischen Reich etwa Schwert? Oder du? Au. Laß mich doch los! Oder du? Ich trug keins. Nur die Soldaten trugen Schwert. *Pilatus läßt ihn los.*

Ich schlage mit einem Ast nach Malchus.

LUKAS UND MATTHÄUS ZUSAMMEN: Malchus?

KEPHAS: Dieser dahergelaufene Knecht, dieser blödsinnige Knecht.

JOHANNES 1: Welchen Grund hätte Kephas auch sonst gehabt, meine Herren, Jesus zu verleugnen? Kaiphas' Leute wollen Kephas stellen. Darum muß Kephas daran liegen, unerkannt zu bleiben. Es geht ihm an den Kragen, wenn herauskommt, daß er der ist, der sein Schwert …

KEPHAS: Ast!

JOHANNES 1: Zieht und dem Knecht, dem Malchus, ein Ohr abschlägt.

KEPHAS: Verletzt! Nicht entfernt! Mit einem ordinären Ast!

JOHANNES 1: Hört euch den heimlichen Schlemmer an!

KEPHAS: Ich warne dich!

Pilatus packt ihn vorsorglich am Bart.

JOHANNES 1 *nimmt Lukas' Arm und streckt ihn zur Seite weg*: Laß ab! Nicht weiter! *Kephas faßt den andern Arm. Sie drücken Lukas' Arme nach unten.*

MATTHÄUS *bildet aus einer Ecke seines Gewandes ein Ohr und hält es neben Lukas' Kopf*: Sagt's und leimt dem Knecht des Hohenpriesters mit Spucke das Ohr wieder an.

Pilatus faßt Matthäus am Arm. Matthäus steckt erschrocken den Zipfel in den Mund.

KEPHAS: Nicht abgeschlagen! Verletzt! *Faßt Matthäus am andern Arm* Stecke dein Schwert ein! Der zum Schwert greift, wird vom Schwerte sterben!

Pilatus besorgt von außerhalb eine Waschbütte.

JOHANNES 1 *faßt Matthäus an den Beinen*: Glaubst du nicht, mein Vater sendet nicht augenblicklich ein ganzes Heer von Engeln, um mich zu befreien, wenn ich nur schnippe! *Pilatus schnippt einladend mit den Fingern. Kephas, Lukas, Johannes 1 heben Matthäus hoch und tauchen ihn, Kopf voran, in die Waschbütte. Matthäus strampelt und zuckt mit wechselnder, dann nachlassender, zuletzt abbrechender Energie. Die andern setzen ihn ab.*

KEPHAS *hockt sich mit vor den Kopf gehaltenen Armen hin*: Keiner weiß was! Aber alle reden wie wild drauflos! Als wären sie dabei gewesen! Nur Markus war dabei!

LUKAS: Habe ich deine Wunder jemals unterdrückt, Kephas? Habe ich dich bei meiner Berichterstattung jemals zurückgesetzt?

KEPHAS: Warst du je Zeuge?

LUKAS: Nein.

PILATUS: Eure Streitereien gehen uns gestandenen Leuten ganz schön am Arsch vorbei, Herrschaften.

MATTHÄUS *kichert*: Wir müssen mystischer werden. Doktor Rudolf Steiner! *Johannes 1 streckt die Faust gegen ihn aus, packt dann aber Lukas.*

KEPHAS *faßt Lukas am andern Arm; zu Pilatus*: Sehn Sie, ich habe nie einen Toten zum Leben erweckt, und mein edler Jesus hat auch nie einen Toten zum Leben erweckt. Niemand von uns hat gewirkt, was dieser Schwachkopf und Intimus meines Erzfeindes Saul behauptet.

JOHANNES 1: Aber Kephas, erster Zeuge, erster Apostel, natürlich hast du Wunder gewirkt!

KEPHAS: Du kommst auch noch an die Reihe.

LUKAS: Wo steckt Markus?

KEPHAS: Immer wenn's für ihn brenzlig wird, lenkt Lukas ab.

Pilatus bringt die Waschbütte näher, Matthäus entnimmt einen Trichter und steckt ihn dem röchelnden Lukas in den Mund. Pilatus hebt die Waschbütte und gießt den Inhalt in den Trichter. Lukas schluckt krampfhaft.

Die Gruppe löst sich auf.

LUKAS: Durst, Durst.

KEPHAS: Immer noch kein Regen. Seit 2000 Jahren dürsten wir.

PILATUS: Seit 2000 Jahren kümmert sich kein Schwein um uns.

JOHANNES 1 *kichert*: Gott ist tot!

LUKAS *winkt mit Johannes' Arm*: Stecke dein Schwert in die Scheide!

Pilatus packt Matthäus derb am Unterleib. Der Alte heult auf. Pilatus schüttelt sich vor Lachen. Kephas nimmt Johannes' anderen Arm.

Soll ich den Leidenskelch nicht schlürfen, den der Vater mir reicht?

Pilatus zückt ein langes spitzes Messer und macht Schlürfgeräusche.

PILATUS *rückt Johannes 1 aufs Fell*: Streck deine Lügenzunge raus!

Johannes 1 wehrt sich heftig gegen seine Bedränger. Umsonst.

Zunge! Oder Auge! Oder lieber Hals? Den ganzen Kopf, langsam, ab! Zunge!

Johannes streckt die Zungenspitze heraus. Matthäus zerrt an seinem Kiefer. Johannes gelingt es, sich loszureißen. Er rennt ein paar Schritt gegen den Szenenrand. Die andern lachen. Pilatus steckt das Messer ein und stellt die Waschbütte mit dem Trichter an die Seite.

MATTHÄUS *blickt suchend umher*: Wo steckt Saul? Ihm wird doch nichts passiert sein auf dem Weg?

KEPHAS: Die Hölle hält den Schurken fest!

PILATUS *stellt sich rechtslastig schief; komisch*: Herr Kurzbein.

LUKAS: Das linke, Ponzi.

Pilatus stellt sich linkslastig schief.

PILATUS: Aber es gibt doch keine Hölle, Kephas.

KEPHAS: Weil Sie dafür reif sind, Herr Gouverneur, behaupten Sie, daß es keine Hölle gibt!

JOHANNES 1: Es gibt sie nicht, weil unser großer Jesum Christulum uns durch sein Leiden und seine Auferstehung von der Hölle losgeopfert hat.

PILATUS: Ganz falsch. Es gibt sie nicht, weil der große Donnerer – *stellt sich gerade* – nicht zugibt, daß er sich beim Versuch, ein Lärmkonzert namens Welt hinzudonnern, klangschief verklangdonnert hat.

JOHANNES 1: Typisch Angehöriger eines diktatorischen Regimes, Ponzi.

PILATUS: Leben wir unter der Herrschaft des großen Donnerers in einem andern Regime, Johannino? Im übrigen, das System – superb. Nur mit der Anwendung hapert's. Aber diese Hitze auch in Jerusalem immer. Meine Glatze. Ich sollte Mütze tragen. Aber das schickt sich nicht für 'nen Mann von Würde. Die Uniformordnung, weißt. Helm? Unterm Helm brutzelst noch mehr. Helm ist schon Kochtopf. *Zu den andern Anwesenden* Würde euch so passen, wenn ich mich in Flammen auflöse? Kochsülze aus dem Helmtopf! *Klopft sich auf Wange und Stirn. Geht in gebeugter Haltung langsam auf und ab; zu Johannes 1* Also blanke Glatze, Vollglatze, Sonnenstich. *Reibt sich die Glatze* Juckt jetzt noch, wenn ich nur daran denke.

MATTHÄUS *ruft in verschiedene Richtungen hinter die Szene*: Saul! Saul! Saul!

PILATUS: Wenn ich wieder zurückgerufen werde, nehm ich 'ne Koppel von Hmhm – Möse plus Drumherum – nach Norden mit. Bei euch ist's ja, um der Wahrheit die Ehre zu geben, auch dafür, auch dafür ein wenig zu … *fächelt sich prustend Luft zu.* Du erblickst die Hmhm – Möse plus Drumherum, nenn schon das Wort! Hmhm? Die Fantasie geht mit dir durch. Aber wenn du sie auf den Divan geflegelt siehst, macht der kleine Freund so *Gebärde des sich krümmenden Fingers*.

Unbedingt muß ich mich versetzen lassen. Muß nach Gallien. Oder noch besser: nach Britannien. Ins Kühle, wo der kleine Freund wieder mitmischt. Norden. Kühle Luft. Weniger Sonnenstich. Andernfalls werd ich klammheimlich – *Setzt sich das Messer an den Hals, die andern stoßen einen gespielten Entsetzensschrei aus.* – krrr. *Lacht und wirft das Messer in die Waschbütte.* Oder bei 'ner Patrouille auf'm Berg Sinai mal kurz versehentlich in 'ne Spalte stürzen und ausatmen! Aber Ponzi, schlaues Sonntagskind, das du immer gewesen bist bis zu dem unseligen Tag, an dem dich der weise Tiberius in die vermaledeite Hitze hier unten schickte, gibt es denn keinen Ausweg? Immer nur danebenbenehmen? Noch mehr..? Damit du wegen Unfähigkeit abberufen wirst? Zu schön, um wahr zu sein! Gallien! Britannien! Und 'ne ganze Koppel von Hmhm mitnehmen. Die Hmhm hier unten sind sehr schön. Muß man ihnen lassen. Dort oben in Gallien – oder Britannien – loslegen! 'ne Legion von Bastarden in die Welt setzen! Ach Ponzi! *Geht verstört umher, hält immer wieder ausschauend inne. Lukas hält daraufhin ebenfalls, jedoch wach und interessiert umhergehend, Ausschau.*

MATTHÄUS: Wie kann der Donnerer uns so quälen?

JOHANNES 1: Bringen wir die Sache an ein Ende! Werden wir einig! Werden wir glaubwürdig!

LUKAS: Unter deiner Regie, Johannino? Weilst doch selber hier, genau wie wir!

JOHANNES 1: Ja, weil ich gegen Laumänner wie euch nicht ankomme.

PILATUS: Große Verwirrung. Sehr viel lernen. Hmhm! Das Wort.

JOHANNES 1: Weil der da *Matthäus* und der da *Lukas* und der da *Kephas* nicht am selben Strang zieht.

PILATUS: Zieht jeder am eigenen Strang. Strang Strang Strang. *Macht eine obszöne Bewegung in der Leistengegend und grölt.*

MATTHÄUS: Wir müssen mystischer werden.

Kephas sitzt, von den andern isoliert, auf dem Boden und grübelt vor sich hin.

PILATUS: Warum sitzt du hier, Kephas? Was ist die Schuld?

KEPHAS: Habe mein Leben nicht angepackt. Nicht angepackt. Verplempert. Die Hölle. Der Donnerer hat sich verdonnert. Sag, es ist die Hölle, Pilatus.

PILATUS: Hölle? Hmhm?

KEPHAS: Du sagst es nicht. Aus alter diplomatischer Gewohnheit.

MATTHÄUS *kichert*: Loben, loben! Halleluja hosianna! Lang lebe Kaiser Tiberius!

DIE ANDERN BIS AUF KEPHAS: Lang lebe Kaiser Tiberius!

Die Evangelisten und Pilatus schwärmen irrend über den Flecken und um Kephas herum.

JOHANNES 1: Wenn wir doch nicht wissen, worin wir irren?

PILATUS: Bei diesem Lärm kann keiner einen klaren Gedanken fassen. Das Wort!

LUKAS: Damals, bei seinem Besuch bei uns …

KEPHAS *schlägt nach ihm, Lukas entwischt*: Petzliese!

LUKAS: Munden Muschel und Schwein nicht gut, Kephas?

KEPHAS *läuft Lukas hinterher*: Verleumder!

LUKAS: Ich war's nicht.

KEPHAS: Aber du und Timotheus posaunen's überall herum!

LUKAS: Nicht wir. Saul …

KEPHAS: Um sich vor mir zu erhöhen, der Niedrigtuer!

PILATUS *ans Publikum gewendet*: Saul nennt sich, wenn er draußen im Reich missioniert, Paulus. Paulus bedeutet in unserm klassischen Latein „der Kleine", hihi. *Kephas hält sich schnaufend die Seite. Lukas läßt sich neben Pilatus auf den Boden fallen.*

LUKAS *keuchend*: „Ihr glaubt nicht, welche Kraft es mich kostet, einen Gastwirt zu finden, der koscher kocht. Alles ißt Muschel und Schwein. Aber eher faste ich mich zu Tode, als daß ich anrühre Muschel und Schwein."

KEPHAS: Ich warne dich, Luki!

MATTHÄUS: Was hat der Saul dem Beine gemacht zu seiner Zeit!

KEPHAS *drohend gegen Matthäus*: Alte Petzliese!

Matthäus erschrickt und dreht verstört Schleifen.

LUKAS *springt auf; jubelt*: Munden Muschel und Schwein nicht gut? *Grunzt.*

KEPHAS: Au! *Hält sich die Milz.*

MATTHÄUS *umherirrend*: Markus! Markus! Markus! Nicht da. Nirgends da.

Die Evangelisten stecken die Köpfe zusammen und tuscheln.

PILATUS: Ein bißchen mehr Wahrheit bitte, ein bißchen mehr Wahrheit!

KEPHAS: Wo steckt meine Martha eigentlich?

Die andern blicken verblüfft herüber.

Meinethalben stecke sie im Paradies. Kein Unglück ist zu groß. Man möchte die Hölle am Ende liebgewinnen!

JOHANNES 1 *streng*: Fegfeuer. Wir werden alle im Paradiese sein.

KEPHAS: Ohne mich!

PILATUS *hält ihn am Bart zurück*: Es ist doch Platz genug da für dich und deine Martha.

MATTHÄUS *kauert sich in die Mitte*: Warum halten wir nicht den Rand, lassen Gras über das Geschehene wachsen? Warum müssen wir in dieser dunklen Sache herumwühlen und die Menschen verwirren?

LUKAS: Es war nichts. Nichts war. Er ist gestorben. Durch Pontius Pilatus *zeigt auf Pilatus*.

MATTHÄUS *dreht weiter Schleifen*: Und weil die vom Tempel ihn nicht mochten.

LUKAS: Als ein Störenfried ist er gestorben.

MATTHÄUS: Basta.

KEPHAS: Jawohl, gestorben, elend gestorben. Nicht auferstanden und nicht übers Wasser geschritten. Und dies nicht und jenes nicht. Schande über mich, daß ich nicht auf meine Martha hörte und euch entschlossener widersprach!

MATTHÄUS: Dort! Saul! Es muß die Hölle sein!

Bedeckt die Augen und rennt weg. Er stolpert über die Waschbütte und landet in den Armen der nachfolgend Auftretenden: Jesus, Saul, Agrippa, Markus, Maria Magdalena.

– II,2 –

Kephas wendet sich ab.

JESUS: Ist das Kephas?

SAUL: Jawohl, mein Jesus, Kephas.

JESUS: Ist aber altgeworden, Saul.

SAUL: Sah so aus, wie die Römer ihn abholen kamen.

JESUS: Kephas, was hast du?

Kephas bedeckt das Gesicht. Jesus zieht ihm die Hände mit mildem Kraftaufwand weg. Kephas blickt auf, aber an ihm vorbei, wie ein Blinder.

KEPHAS: Wer bist du?

JESUS: Sieh mich an, Kephas!

KEPHAS: Ich kenne dich nicht.

MARKUS: Er kennt dich nicht. Seit deiner Verhaftung im Garten Gethsemani kennt er dich nicht. Hat das Schwert wohl nur aus Zorn, blindem Zorn gezogen.

KEPHAS: Zog kein Schwert!

MARKUS *schluckt*: Wen denn?

Lukas, Johannes 1 und Matthäus blicken schadenfroh herüber.

KEPHAS: Wir Juden tragen im römischen Reich auch Schwert!
MARKUS *Jesus hilflos ansehend*: Für mich sieht es so aus, als zöge Kephas sein Schwert.
KEPHAS: Ich hau mit 'nem ordinären Ast nach Malchus.
MARKUS: Malchus?
MATTHÄUS: Der Knecht, dieser blöd dazwischenkommende Knecht.
JOHANNES 1: Welchen Grund hätte Kephas auch sonst, Jesus anschließend zu verleugnen, Markus? Die Leute des Kaiphas wollen Kephas stellen. Darum liegt Kephas dringend daran, nicht als der erkannt zu werden, der …
LUKAS: Schon gut, Johannino.
JOHANNES 1: Sein Schwert …
KEPHAS: Ast! Ohr! Blutig! Ast!
MARKUS *zu Jesus; ängstlich*: Muß ich dich jetzt verlassen? Liefert ihr mich aus, weil ich die Wahrheit verfehle?
JESUS *geht auf den erschreckenden Matthäus los*: Einen Clown und Wahrsager hast du aus mir gemacht! Die Todesart muß ich Kephas voraussagen: „Stecke dein Schwert ein! Der zum Schwert greift …"
KEPHAS: Ast! Ast!
JESUS: Nicht genug, daß du mich kirmesmäßige Schaustückchen aufsagen läßt, ein Angeber und Hochstapler bin ich auch!
LUKAS UND JOHANNES 1 ZUSAMMEN *hämisch*: „Glaubst du nicht, mein Vater sendet nicht augenblicklich ein ganzes Heer von Engeln, wenn ich nur schnippe!" *Jesus schnippt mit den Fingern, Matthäus loslassend.*
MATTHÄUS: Dafür habe ich dir nicht angedichtet wie der da, du hättest mit Spucke dem blöd dazwischenkommenden Knecht …
JOHANNES 1: Malchus.
MATTHÄUS: Das Ohr, das abgeschlagen am Boden …
KEPHAS: Verletzt! Nicht abgeschlagen! Diese Streitereien höre ich mir nun schon seit 2000 Jahren Tag für Tag an! *Bedeckt das Gesicht; theatralisch* Befreie mich von dem Wahn, mein Jesus! *Blickt auf; zu Agrippa* Sehn Sie, ich habe nie ein Wunder gewirkt und nie einen Toten ins Leben zurückgeholt, und mein edler Jesus tat das auch nie. *Verbirgt das Gesicht und wiegt den Oberkörper hin und her. Jesus schließt ihn mitleidig in die Arme.*
JESUS: Er hat lange genug gelitten. Was macht er noch hier?
MATTHÄUS: Lassen Sie sich nicht täuschen, schöner Gott! Kephas simuliert!
LUKAS: Kephas steckt voller Zorn, Rabbi. Begnadigen Sie lieber mich!
AGRIPPA: Wir werden den Donnerer bitten, daß er ihn am nächsten Fünfzehnten ins Paradies entläßt, Jesus.

JESUS: Der gute alte Zottelpelz.

AGRIPPA: Außerdem hat er für seine Zugehörigkeit zu eurer Sekte unter Nero das Martyrium durch das Schwert erlitten.

KEPHAS *hebt den Kopf*: Ast!

AGRIPPA: Doch nicht im Garten Gethsemani in Jerusalem. In Rom, Kephas, in Rom!

KEPHAS: Wohin der da und sein sauberes Früchtchen Timotheus mich gelockt haben! Ich wäre so gerne in den Armen meiner geliebten Martha gestorben! *Weint laut theatralisch.*

SAUL: Wer kann denn wissen, daß der neue Kaiser, dieser verrückte Nero, durchdreht und uns alle mit sich in den Abgrund reißt!

KEPHAS: Was stellst du mir alles in Aussicht über deinen windigen Liebling Timotheus, Saul! Der erste soll ich sein unter den Aposteln! Nichts ist wahr. Wie ich in Rom ankomme, gehört die erste Stelle längst dir!

PILATUS: Tauscht die Wohnungen: Saul eine Woche ins Fegfeuer, Kephas eine Woche ins Paradies.

KEPHAS: Laß meinen Bart los!

PILATUS *lacht*: Wirst dich an deiner Obrigkeit nicht vergreifen wollen, Simon Petrus!

JOHANNES 1: Warum weilst du in seiner Nähe, Markus, und wir weilen hier? Weilt der geliebte Rabbi Josua denn nicht im Paradies?

MATTHÄUS *kauert im Hintergrund*: Werden wir befreit? O du gemeiner Gott! Warum erkennen wir dich nicht?

LUKAS *kichert*: Gott ist tot!

Jesus und Saul absentieren sich.

JESUS *zu Saul*: Nirgends wird soviel geflunkert wie unter meinen sogenannten Anhängern, die mir unterstellen, ich hätte gesagt, ich sei der Weg, die Wahrheit und das Leben. Ein Spruch, der gar nicht zu mir paßt.

SAUL: Wenn du die Wahrheit bist, dann hast du die Wahrheit mit dir genommen, dann kam die Wahrheit abhanden. Wenn du die Wahrheit bist, verstehst, dann können sie seit deinem Weggang den Ehrlichkeitsacker nicht mehr beackern.

JESUS: Sie flunkern und schieben derweil das Diewahrheitsagen auf mich ab? *Saul nickt.*

Eine infame Logik. Ich hoffe, es gibt noch andere Menschen.

Sie wenden sich den übrigen zu.

JOHANNES 1 *fällt vor Jesus auf die Knie*: Die Menschen haben dich so gewollt!

JESUS: Und wo bleibe **ich**? Bin ich etwa **kein** Mensch?

MATTHÄUS *kichert*: Stecke dein Schwert in die Scheide!

Pilatus packt Maria herzhaft am Unterleib. Sie schüttelt sich lustvoll.

KEPHAS: Laß die Frau in Frieden!
PILATUS: Frieden, Frieden! Möse plus Drumherum: Frieden!
AGRIPPA: Möse plus Drumherum: nicht Frieden – Frau!
PILATUS: Frau, das ist das Wort. Möse plus Drumherum: Frieden.
KEPHAS *ans Publikum gewandt*: Wie ich den Verräter Judas an der Spitze der Kaiphas-Bande sehe, gerat ich in 'nen tiermäßigen Zorn. Ich hebe 'nen verknorzten Ölbaumast vom Wegrand auf und ziele nach dem Schwein. Das Schwein zieht seine giftspeiende Visage aus der Schlinge und mein Ast trifft ein unbekanntes Gesicht aus der Menge hier an der Backe. Hier genau, die linke Backe bis hinters Ohr. Der Kerl brüllt. In dem Augenblick küßt das Verräterschwein den Rabbi auf die Stirn und säuselt: „Der Friede sei mit dir!" Dann sagt er zu mir: „Das gibt 'ne Anzeige, Simon. Mich hast du nicht erwischt, aber 'nen Angestellten des Hohenpriesters hast du getroffen. Das wird ein Nachspiel haben."

Hätte ich das Schwein erschlagen! Immer diese Halbherzigkeit!
MARKUS *setzt sich mit dem Gesicht zum Publikum im Vordergrund auf den Boden*: Und das Ohr?
KEPHAS: Bevor sie ihn abführen, bittet er um 'nen Augenblick, um nach der Wunde von dem Malchus zu schauen. Er legt ein Gras auf und geht mit der Verräterbande ab.

Wegen der Anzeige von dem Verräterschwein pack ich's nachher auch nicht, zuzugeben, daß ich bei der Verhaftung dabei war.
MARKUS: Sag jetzt noch, du wärst dem Verhafteten nicht sofort gefolgt.
MARIA: Er hat mich doch noch – *Pilatus kneift sie in den Hintern* – unsittlich berührt! *Schlägt Pilatus auf die Finger.*
MARKUS: Laß ihn selber reden, Maria!

Maria schmollt. Pilatus grapscht nach ihr, sie entwischt mit einem Schlenker und lacht übermütig.

Und hättest nicht dreimal geleugnet, den Rabbi zu kennen?
KEPHAS: Drei?
MARKUS: Und der Hahn hätte nicht zweimal …
MATTHÄUS: Ein …
MARKUS: Zwei …
JOHANNES 1: Ein …
LUKAS: Einmal.
MARKUS: Gekräht.
KEPHAS: Unentwegt streite ich ab, ihm gefolgt zu sein, unentwegt! Alle fragen sie mich aus in dem Gedränge. Ich beharre: ich kenne den Menschen nicht. Der Malchus, dieser Schwächling, gibt sich mit einem Mal ziemlich lebendig für 'nen schwerver-

letzten Mann. Und wieder schickt er einen her, der mich ausquetscht. Da halt ich's nicht mehr aus und renne, was das Zeug hält. Zwei starke Kerle hinter mir her. Der vordere tritt 'nem körnerpickenden Huhn auf die Krallen. Das Huhn schreit. Die Männer lachen und lassen von ihrer Verfolgung ab. Wer weiß, was passiert wär, hätte der vordere nicht diesem aufgescheuchten Huhn auf die Krallen gestampft. *Zu Jesus* Dich aber sah ich nicht wieder. *Kauert sich, das Gesicht in den verschränkten Armen versteckend, in den Hintergrund.*

JOHANNES 1: Kephas!

KEPHAS: Johannino?

JOHANNES 1: Denk an die Abmachung! Der erste Zeuge, der erste Apostel, du hast ihn sehr wohl nochmal gesehen!

KEPHAS: Niemals! Frag ihn selber! Frag ihn, ob er auferstanden ist! Du kannst ihn fragen, dort steht er!

MATTHÄUS *Schleifen drehend*: Wir müssen mystischer werden.

PILATUS *verpaßt Matthäus eine Ohrfeige*: Gestatten, Pontius Pilatus.

AGRIPPA *tippt Pilatus von hinten an, ohrfeigt ihn und hält ihm die Rechte hin*: Gestatten, Agrippa. Unter Freunden Agrippino.

PILATUS *schlägt irritiert in die Rechte ein*: Angenehm, Pontius Pilatus. Unter Freunden Ponzi Quastus oder einfach Ponzi. Und wie heißt die Hmhm an deiner Seite?

AGRIPPA *zieht seine Hand weg, bevor es zum Händedruck kommt*: Maria.

PILATUS: Ah, Maria.

AGRIPPA: Sie ist die Freundin des Königs der Juden.

PILATUS: Königs der Juden?

AGRIPPA: Den du soeben befragt hast.

PILATUS: Befragt, ich?

AGRIPPA: Fragtest ihn: „Bist du der König der Juden?"

PILATUS: Tat ich? Wenn man das behauptet, muß ich ihn wohl so befragt haben. Und was antwortet er?

AGRIPPA: Er sagt: „Ja, ich bin's."

PILATUS: Ein Verrückter wohl. Von allen guten Geistern verlassen.

AGRIPPA: Du glaubst ihm etwa nicht?

PILATUS: Muß ein komischer Vogel sein.

AGRIPPA *zu Jesus*: Du siehst, er glaubt dir nicht. *Zu Pilatus* Erinnere dich!

PILATUS: Die Gesetze hab ich drauf. Wäre sonst nicht nach Jerusalem von unserm weisen Tiberius als Gouverneur geschickt worden.

AGRIPPA: Weiß ich, weiß ich.

PILATUS: Meine Glatze. Vollglatze. Glatze – Sonne. Sonne – Glatze. Glatze. Sonne. Sonne. Glatze. Wenn ich die ... Möse nicht auf der Stelle krieg!

AGRIPPA: Die Frau. Maria Magdalena. Erinnere dich. Du meldest den Fall nach Rom.
PILATUS: Maria?
AGRIPPA: König der Juden.
PILATUS: Meldung über den König der Juden? Weißt, Agrippino, darin verstehe ich keinen Spaß.
AGRIPPA: Ein König, Anführer einer wildgewordenen Terroristenbande.
PILATUS: Barabbas, hieß der nicht so? Barabbas.
AGRIPPA: Der andere.
PILATUS: Das müßte ich sicher wissen.
MARIA: Dein Blick schweift ab. Hinten, gegen die Häuserwand gedrückt, fasziniert dich was.
MARKUS: Laß es ihn selber sagen!
PILATUS: Die Möse.
AGRIPPA: Maria Magdalena. Seine Freundin.
PILATUS: Seine?
AGRIPPA: Du drehst dich zu ihm hin, gelangweilt. Du sagst etwas.
PILATUS: Wie es das Gesetz verlangt bei einer solchen Anklage, sage ich: „Ja wenn du dich zum König der Juden machst, dann muß ich dich um die Ecke bringen lassen. Überleg's dir genau. Unser Kaiser in Rom ist unser König, der einzige Kaiser Tiberius."
JESUS: Du sagst etwas anderes. Du murmelst: „Ja dann muß ich euch bestochene Schelme anhören, die mir Freund Kaiphas aufs Auge drückt."
PILATUS: Schöner Freund der Kephas, wenn er mir so kommt!
KEPHAS: **Kai**phas, der Hohepriester!
MARIA: Ein Betrüger sagt aus. Josua hat sich ihm gegenüber jüngst geweigert, einen Trick zu nennen, mit dem man sich aus der Patsche hilft. Dann sagen die Waisen einer hundertundneunundneunzigjährigen Witwe …
JESUS: Hundertundneunzehnjährigen Witwe.
PILATUS: König der Juden! Verrückt! Abtreten! Der nächste Schelm! Noch einer dieser falschzüngigen gekauften Zeugen. Na, was hat Kephas dir für deine Lüge bezahlt?
KEPHAS: **Kai**phas, der Hohepriester!
PILATUS: Diese ständige Hitze bei euch da unten immer!
MARIA: Da läuft Silas, ein Freund des Kaiphas, auf dich zu und flüstert dir etwas ins Ohr. Daraufhin blickst du den Kaiphas an. Kaiphas macht so *zuckt die Achseln*. Jetzt gibt es Unruhe am Tor. Leute unter Silas' Aufsicht schleppen ein Dreigestirn hübscher Venusdienerinnen an, wie sie Kaiphas dir immer wieder vom Tempel besorgt.

PILATUS: Kaiphas? Mir?

MARIA: Dir. Dann sagst du, und deine Stimme klingt sehr fest: „Wir kommen nun zum Schluß. Ich will heute großzügig sein und euch einen Verbrecher freigeben. Das Vergehen von diesem erscheint mir gering. Ich gebe **ihn** heraus."

Da ruft alles im Palaste wie aus einem Mund: „Den Barabbas wollen wir! Wir wollen den Barabbas! Gib den Barabbas heraus!"

PILATUS: Dann gebe ich euch eben … den Bernibaß heraus. Wenn ihr den Bernibaß so liebt … ich erteile Amnestie? dann wohl dem Bernibaß. *Die andern Fegfeuerbewohner jubeln.* Diesen aber *meint Markus*, der gesteht, der König der Juden zu sein – *die andern stimmen ein Gelächter an, Pilatus blickt irritiert, wie einer, der nicht weiß, worum es geht* – lasse ich ans Kreuz heften. Unser einziger König regiert in Rom. Lang lebe Kaiser Tiberius!

DIE ANDERN FEGFEUERBEWOHNER *ausgelassen*: Lang lebe Kaiser Tiberius!

AGRIPPA: Liegt der Kaiphas dir nicht schon lange in den Ohren, Pilatus, schwärmt davon, wie vorteilhaft es für dich wäre, wenn du den Barabbas begnadigst?

PILATUS: Die schöne … Hmhm auch?

AGRIPPA: Immer erst der Dienst, Herr Gouverneur. Dann die Möse. Dienst ist Dienst.

PILATUS: Aber ja doch.

AGRIPPA: Dienst ist Dienst und Frau ist Frau.

PILATUS: Frau? Wau? Dienst ist Dienst. Wau.

MATTHÄUS *schnappt das Wort auf*: Wau? Wau! Wauwau. *Er und Pilatus kriechen auf allen Vieren.*

PILATUS UND MATTHÄUS ZUSAMMEN: Wau! Wau! Wauwauwau!

PILATUS *steht auf; zu Jesus*: Mir scheint, Ihr Gesicht ist mir schon einmal begegnet.

JESUS: Jesus.

PILATUS *geben sich die Hand*: Angenehm, Pontius Pilatus. Bis zum Dienstantritt der Hauptmänner Felix und Festus Botschafter in Jerusalem. Wegen lockerer Rechtsbegriffe, Sie verstehen, nach Gallien versetzt. Die Hitze war schuld, die Glatze. Wie Gott mich schuf. Sonne, Glatze, Glatze, Sonne. Sie sagen doch Gott? Du mußt mich nehmen, wie ich bin. Wie noch mal dein werter Name?

JESUS: Jesus.

PILATUS: Jesus. Aber heißen so nicht viele? Josua, Joschua, Jesua, Jesus.

MATTHÄUS: Die Sonne steigt im Osten. Wir müssen zurück!
Er voran, laufen die Fegfeuerbewohner im Chaos von der Szene.

– II,3 –

AGRIPPA: Was hat Kephas getan? Ein paarmal geschummelt. Ist das gerecht vom großen Donnerer, weil einer heimlich praßt und hurt ein paar Jährchen im Erdendasein, ihn nun schon zwei Jahrtausende Schwefeldämpfe inhalieren zu lassen im Schatten des Büßervulkans? In diesen Dünsten, die keinen klaren Gedanken gebären? Ist das ein Ort der inneren Einkehr? Ist das eine Stätte der Rehabilitation?

SAUL: Aber, aber, Agrippino, dein Mitleid in allen Ehren …

AGRIPPA: Ich kann nicht glücklich werden, wenn ich diese Ungerechtigkeit mitansehen muß!

JESUS: Du schweigst, Maria?

MARIA: Komm, Markus. Wir sollten diesen Zwischenaufenthalt beenden. Ist mir eine schöne Regie!
Mit Markus ab.

– II,4 –

Jesus, Saul, Agrippa lassen sich nebeneinander im Schneidersitz nieder.

JESUS: Nirgends finde ich mehr Gleichgültigkeit gegen meine Person als unter meinen sogenannten Anhängern. Ob sie für ihr Phlegma darben? „Wir müssen mystischer werden“, ist alles, was dieser närrische Greis zu meinem Dasein weiß. In seiner senilen Narretei spricht er aber nur das aus, was alle denken.

SAUL: Einen gibt’s, zehn Millionen Meilen von hier entfernt, im Norden dort *zeigt die Richtung*, der macht sich die Mühe und studiert die Schriften neu, gerade so, als läse er sie zum ersten Mal. Er versucht, die Illusionen einer jungen Frau zu zerstreuen und als das auszugeben, was sie sind: Verbrechen an deiner Menschlichkeit.

JESUS: Aber etwas muß an mir gewesen sein, Saul, daß diese Narren diese närrischen Geschichten so närrisch anhaltend verkaufen können!

SAUL: Du hast gelebt. Das ist die Schuld.

JESUS: Dieser Schuld entgeht niemand.

AGRIPPA: Dem kann nicht stattgegeben werden, meine Herren. Niemand haftet für die Folgen der alleinigen Tatsache, daß er lebt.

JESUS: Schon die Eltern interessierten sich nicht für mich.

SAUL: Und wohnen dennoch, ob auch getrennt, unterm selben Dach.

JESUS *lacht*: Ich merke, es geht nicht um mich. Es ging noch **nie** um mich. Ich falle auf die Tricks dieser Propagandatüten schon herein und halte mich schon selber für den Mittelpunkt der Welt!

AGRIPPA: So sind wir Menschen: jeder sich selbst der Mittelpunkt.

JESUS: Aber den Mann, der mich aus den Schriften kennenlernen will, möcht ich kennenlernen. *Die drei stehen auf.*

AGRIPPA: Ab zur Erde!

Saul und Jesus gehen. Agrippa schaut ihnen freundlich nach.

*

– III,1 –

Erde. Maria, eine junge Pflegerin, Markus, ein junger Pfleger. Dekoration zunächst mit dem christlichen Emblem. Die Seiten der Bühne verschwimmen im Dunkeln.

Markus paßt Maria ab, die ein Teekännchen in der Hand hält.

PFLEGER: Den Fall gesetzt, du hast bereits gelebt, existiert deine Seele dann doppelt, oder muß die Seele in ihrer alten Existenz für dich sterben ungefähr so wie dein blauer Schmetterling?

FRAU: Mein blauer Schmetterling ist **einmalig** für uns gestorben. Und auferstanden. Durch sein Opfer und seine Auferstehung hat er uns vom Tode losgekauft.

PFLEGER: Ein für allemal.

FRAU: Ein für allemal.

PFLEGER: Für alle Ewigkeit. Nach ein paar läppischen Jahren irdischer Urlaubszeit.

FRAU: Wenn wir uns anstrengen, unsere Zeit nicht zu verplempern?

PFLEGER: Keine Ironie?

FRAU: Was du darunter verstehst.

PFLEGER: Kein Humor?

FRAU: Haha.

PFLEGER: Ich finde kein wärmendes Vergnügen bei dem Gedanken, einen andern für mich sterben zu sehen.

FRAU: Wenn er es doch freiwillig für mich tut?

PFLEGER: Wie der blaue Schmetterling.

FRAU: Wie er.

PFLEGER: Haha.

FRAU: Immerhin besser als Reinkarnation.

PFLEGER: Wer sagt denn, daß ich daran glaube? Ein Flug meiner wie auch immer gearteten Seele durchs Weltall ist freilich für einen reiselustigen Menschen wie mich ein verlockendes Angebot. Stell dir vor, wir wären uns zu Zeiten deines geliebten blauen Falters schon mal begegnet.

FRAU: Du natürlich in besserwisserischer Nähe zu ihm.

PFLEGER: Und du als seine schmachtendste Verehrerin.

FRAU: Haha.

PFLEGER: Ich wette mit dir: so wahr dein blauer Schmetterling von den Toten auferstand, so wahr gehst du heute abend mit mir ins Bett.

FRAU: Pfui.

PFLEGER: So wahr dein blauer Schmetterling Gott war, so wahr erlebst du heute abend in meinen Armen die Liebe.

FRAU: Ich sollte kehrtwendend dieses Gespräch beenden.

PFLEGER: Solange wir gemeinsam Schicht schieben, nicht so einfach. Außerdem: es gefällt dir.

FRAU: Ich liebe dich nicht.

PFLEGER: Und wohl liebst du mich. So wahr dein blauer Falter mehr war als bloßer Mensch. Damit dein blauer Schmetterling das bleibt, was du von ihm annimmst. Wenn du mich heute abend nämlich nicht begehrst, dann war dein blauer Schmetterling ein ganz gewöhnlicher Mensch, gestorben, von Irrtum behaftet, nicht auferstanden.

FRAU: So dient deine theologische Beschäftigung zur Zeit allein dazu, mich zur Erwiderung deiner unappetitlichen Gedanken zu bewegen.

PFLEGER: Ohne das wären mir die alten Geschichten in der Tat egal geblieben.

FRAU: Man kann sie eben nur mit den Augen der Liebe verstehen.

PFLEGER: Sage ich doch.

FRAU: Nicht dieser Liebe!

PFLEGER: Welcher Liebe denn?

FRAU: Der Liebe zur Offenbarung.

PFLEGER: Ich bin der Weg, die Wahrheit und das Leben. Ich bin der Weinstock. Johannes sowieso, Vers sowieso.

FRAU: Wer in mir bleibt und in wem ich bleibe, der bringt viele Frucht. Wer aber nicht in mir bleibt, wird wie ein Rebzweig weggeworfen.

PFLEGER: Große Sprüche eines penetranten Angebers. Gefallen sie dir? Berauschen sie dich?
Du würdest besser mich lieben als diesen penetranten Großschwätzer!

FRAU: Dir ist der blaue Schmetterling wirklich egal!

PFLEGER *setzt sich*: Dabei möchte ich nur beweisen, daß er **dir** egal ist. Du siehst das Abziehbild, ich sehe den Menschen.

FRAU: Er **ist** dir egal.

PFLEGER: Ist er das? Ist er mir egal? Ist die Wahrheit mir egal? Ist der Mensch mir egal? Möchtest **du** als Mensch den Menschen egal sein?

FRAU: Du nimmst mich nicht ernst. Wie soll ich dir da glauben, daß du ausgerechnet den blauen Schmetterling ernstnimmst?

PFLEGER: Ich reize dir gegenüber meine Karten aus, Maria.

Maria bringt das Teekännchen weg.

Sie kommt wieder und nimmt auf dem zweiten Stuhl Platz.

Aber schnell zurück.

FRAU: Schwester Manulita schläft.

PFLEGER: Dann können wir unser Schäferstündchen bis morgen mittag ungestört fortsetzen.

FRAU: Ich werde eine Stunde länger bleiben.

PFLEGER: Schwester Manulita das Händchen halten.

FRAU: Mich mit ihr unterhalten.

PFLEGER: Dich mit ihr händchenhaltend unterhalten.

FRAU: Falls sie bis dahin aufwacht.

PFLEGER: Bei ihrem leichten Schlaf kein Wunder.

FRAU: Aber **du** bist ein Wunder an Unruhe, Mann.

PFLEGER: Du machst mich kribbelig.

FRAU: Kotz dich aus.

PFLEGER: Im Ernst: es wäre schade um dich.

FRAU: Der Bischof entscheidet, ob er mich in den Orden aufnehmen wird, nicht du.

PFLEGER: Schwester Manulita, die letzte der Diabolitinnen.

FRAU: Oder ich. Aber ich werde nicht die letzte sein.

PFLEGER: Die letzten werden die ersten sein. Wer zuletzt lacht, lacht am besten. Im Ernst: du willst aufgenommen werden?

FRAU: Vom Bischof.

PFLEGER: Wo es den Orden doch praktisch, außer in den Träumen der alten Himmelswanze, nicht mehr gibt.

FRAU: Ich erneuere ihn. Ich gründe ihn neu. Aber solange Schwester Manulita nominell den Orden fortsetzt, muß ich nur anknüpfen.

PFLEGER: Du wirst Novizin sein, Oberin und Generaloberin in einem. Abgesehen davon, daß der Bischof umgehend einen Klostergeistlichen für eine Person allein wird abstellen wollen. Nonnenorden sind nun mal unabhängig von einer gewissen Mindeststärke Orden.

FRAU: Das lasse meine Sorge sein.

PFLEGER: Daß der Größenwahn dich reitet, war mir bis heute neu.

FRAU: Ich fühle mich stark. Ich fühle mich ... jawohl: ich fühle mich auserwählt. Auserwählt, dem Orden neues Blut, neue Kraft zuzuführen.

PFLEGER *steht auf*: Was doch eine Angst in dir steckt. *Fummelt an dem Emblem.*

FRAU *faßt ihn erschrocken bei der Hand*: Laß das!

PFLEGER *streichelt die Hand, die sie vorsichtig wegzieht*: Willst du auch so 'ne alte Himmelswanze werden wie Schwester Manulita, mit Lappen und Politur diese abergläubischen Zeichen wetzen, bis die Farbe blättert? Man wird von dir einmal sagen, wenn du stirbst: eine wunderliche Alte. Ein bißchen skurril. Ein bißchen plemplem. Aber standhaft katholisch! *Setzt sich und lacht vor sich hin.*

FRAU *setzt sich*: Wie finster muß es in dir aussehn, daß du so dreckig lachen kannst.

PFLEGER: Der Bischof wird vernünftig sein und beim Papst die Auflösung des Ordens der Diabolitinnen beantragen.

FRAU: Du nimmst mich nicht ernst.

PFLEGER: Du liebst mich nicht, ich weiß.

FRAU: Du bist nicht mein Fall.

PFLEGER: Also ist dein blauer Schmetterling auch nicht Gott.

Schweigen.

Wenn es in Kürze keine Diabolitinnen mehr gibt und in ein paar Jahren dann keine Bischöfe mehr, hört diese Bevormundung auf.

FRAU: Welche Bevormundung?

PFLEGER: Reicht es nicht, daß ich mein Lächeln zwölf Schichten in vierzehn Tagen spielen lasse? Muß ich mich auch noch nötigen lassen, den Wisch zu unterschreiben?

FRAU: Du meinst den Zusatz in deinem Arbeitsvertrag.

PFLEGER: So was gibt es auch nur noch in der Provinz.

FRAU: Geh doch woandershin!

PFLEGER: Wenn es den Orden nicht mehr gibt, dann laß ich die Sau raus.

FRAU: Wegen ein bißchen, wie du es nennst, Bevormundung. Geschieht ganz zu deinem Heil.

Pfleger lacht.

Da sitzt der lebende Beweis: ein absoluter Zweifler. Ein Chaos hinundherspringender Gedanken. Ein Mensch mit Möglichkeiten überall, aber ohne Schneid. Normen wie die, zu denen du dich verpflichtest, helfen dir. Ohne, wie du es nennst, Bevormundung läuft dein Leben aus dem Ruder. Mit, wie du es nennst, Bevormundung gewinnt es Festigkeit und Halt. Du weißt, dieses ist wichtig und jenes ist wichtig, aber dieses ist es nicht und jenes ist es auch nicht.

PFLEGER: Ich binde mich, wenn die kommt, die zu mir paßt.

FRAU: Und gleichzeitig meinst, ich bin diejenige welche.

PFLEGER: Um der Göttlichkeit deines blauen Schmetterlings willen.

FRAU: **Willst** du an ihn glauben? Wäre es nicht bequemer für dich, ich liebe dich nicht und du brauchst also nicht zu glauben?

PFLEGER: Will ich an ihn glauben? An deine Liebe glauben will ich.

FRAU: Bloß, die kriegst du nicht allein. Also … ich liebe dich.

Pfleger packt sie herzhaft, sie entzieht sich energisch und klopft ihm lachend auf die Finger.
Aber doch nicht so!

PFLEGER: Deine Einseitigkeit macht mich platt.

FRAU: Eben.

PFLEGER: Sie fasziniert mich.

FRAU: Weil du meine Überlegenheit darin spürst.

PFLEGER: Ich bekenne, daß ich ein Chaos in mir habe. Darum bin ich aber noch lange nicht unterlegen.

FRAU: Im Gegenteil. **Mich** hältst du für etwas unterbelichtet.
Pause.

PFLEGER: Dein angebeteter Weltgeist hat doch einen merkwürdigen Riß durch die Menschen gezogen, Maria. Ich finde dein Anderssein anziehend und interessant. Wie selbstverständlich du am göttlichen Wesen des Schmetterlings festhältst und dein Leben dieser Fantasterei opferst, fordert meinen Widerspruch heraus. Und zieht mich zugleich magisch an. Ich berausche mich daran, aber es gehört zu deinem Anderssein dazu, daß du umgekehrt an meinem Anderssein leider nur wenig Geschmack findest. Dein angebeteter Weltgeist hat die Welt, mit Verlaub, ziemlich schief gestaltet.

FRAU: Das sagst du, weil du deine innere Stimme noch nicht erkennst.

PFLEGER: Aber du erkennst sie?

FRAU: Mein Gefühl gibt mir das Richtige ein. Wenn **dein** Gefühl für **dich** noch kein Kompaß ist, dann frage dich mal, ob etwas bei dir nicht stimmt.

PFLEGER: Es **ist** doch mein Kompaß. *Packt sie* Aber wenn du nicht einsiehst, daß du mit mir schlafen willst?

FRAU *weicht aus*: Haha.

PFLEGER: Liebe den blauen Schmetterling, er sagt nicht nein! Zum mindesten nicht in deiner Sprache.

FRAU: Haha.

PFLEGER *stellt sich vor das Emblem*: Ein blauer toter Schmetterling. Gefangen im Kokon deiner wuchernden Fantasie. Schau, wie er sich regt. Sein Flügelspiel! Echo des Winds, will sagen: deiner Träume.
Der wahre Jesus möchte deinen Verzicht nicht, Maria.

FRAU: Komm mir jetzt so!

PFLEGER: Er verbittet sich deinen Verzicht entschieden.

FRAU: Ich verzichte nicht, ich folge einzig der Stimme meines Herzens.

PFLEGER: Er hätte dich auch, als er noch lebte, nicht geliebt. War ein durchlässiger Typ, ziemlich schwankend, wenig auf Frauen fixiert.

FRAU: Und Maria Magdalena?

PFLEGER: Jetzt verrätst du dich!

Pause.

Der blaue Schmetterling berührt mich. Seine Anziehung auf die Schwachen und Kranken. Seine Wirkung auf hysterische Personen. Er kriegt's mit der Angst. Sein Leben wird zur Flucht. „Sagt's nicht weiter!" schärft er den Menschen ein, denen er die Hand auflegt. Er sagt es aus purer Angst. „Dein Glaube hat dir geholfen."

FRAU: Womit er nur umso besser auf seine göttliche Sendung hinweist. Er kennt die Menschen doch!

PFLEGER: Dein blauer Schmetterling: scheu, zurückhaltend. Aber Maria Magdalena gefällt ihm. Sie zieht ihn an. Er ist in sie verliebt.

FRAU: Eine Büßerin.

PFLEGER: Hure. Verrucht. Nicht so spröde und abweisend wie du. Wie alle Schüchternen zieht ihn das Verruchte an.

FRAU: Und sie?

PFLEGER: Versucht ihn rumzukriegen.

FRAU: Ob sie's schafft?

PFLEGER: Vielleicht. Oder vielleicht … eher nein. Die alte Schüchternheit. Aber wenn er allein ist, dann wird er manchmal ganz merkwürdig euphorisch. In der Art der Depressiven. „Am Ende", sagt er sich, „bin ich tatsächlich der, auf den alle warten, der Befreier, der, der sich opfern muß."

FRAU: Ich sehe, dein Studium trägt Früchte.

PFLEGER: Wie sagt dein blauer Falter bei Markus: „Was nennst du mich gut? Niemand ist gut als Gott allein."

FRAU: Womit er nicht undeutlich seine Gottheit zu erkennen gibt.

PFLEGER: Was nennst du mich gut? Niemand ist gut als Gott allein!

Bei den letzten Worten treten Jesus und Saul im linken Vordergrund auf. Saul drückt auf einen in seinem Gewand verborgenen Gegenstand. Es klingelt und Maria, dann Markus springen auf und gehen ab.

– III,2 –

JESUS: Hier arbeitet der Mensch, der mich versteht?

SAUL: Er wartet gerade auf das Ableben der letzten Nonne dieses Klosters.

JESUS: Warum wartet er?

SAUL: Weil das Krankenhaus dann offiziell einen anderen Träger erhält und er aus der Kirche austreten wird, wie er schon lange wünscht.

JESUS: In meinem Namen wird er gehindert, das zu tun, was er in meinem Namen längst getan haben müßte? In meinem Namen zwingen Menschen andere Menschen dazu, meiner zu spotten?

SAUL: Solange er unter der offiziellen Trägerschaft dieses Ordens arbeitet, muß er deinem göttlichen Wesen Anerkennung heucheln, obwohl er weiß, daß du nicht göttlicher bist als er selbst und daß du niemanden gebeten hast, in deinem Namen Orden zu gründen.

JESUS: Die Menschen sind losgelassene Irre.

SAUL: Es kommt so weit, daß sie einander den Tod wünschen um eines bißchens Ehrlichkeit willen.

JESUS: Ich wünsche diesen Irren, die mich bedrängen, auch den Tod.

SAUL: Aber Jesus!

JESUS: Für diese Bande von Irren habe ich ein verkorkstes Leben geführt! Ich hätte es schöner haben können, ich Irrer!

SAUL: Wir kommen uns als Mittelpunkt des Weltalls vor. Wir sehen alles aber auch nur aus diesem einen Fenster heraus, diesem kleinen Käfig mit den beiden schmalen Luken rechts und links oberhalb der Nase.

Damaskus: die Sonne, in der Mittagshitze die Palmen der Oase streifend; sengende Glut, quälender Durst; schmerzhaft durchgegerbtes Sitzleder, mein kürzeres Bein aber noch stärker schmerzend als der Hintern. Der Magen knurrt, das Pferd scheut. Ich sehe das Licht und höre die Stimme. Deine Stimme? Haste gedacht. Eine anonyme Stimme ... Die Stimme aus der Staubwolke damals, vor Nazareth, als die Bewohner dich vertrieben. Die Stimme des Mannes, ich erkenn's immer deutlicher, des Mannes, der auf mich zukam: „Jesus ist der Sohn Mirjams und Jussufs, die als geachtete Leute unter uns leben. Es heißt, daß er Kranke heilt und weise Worte spricht."

Was bilde ich mir ein. Ich, in dieser winzigen Oase, hitzetrunken und durstig, Mittelpunkt der Welt, der große Eingeweihte, ich, Saul!

JESUS: Damals war der Kosmos auch noch um einiges leichter zu überblicken als heute. Schöne Zeit irgendwie. Irgendwie gemütlich.

Ich sollte aufhören, mich so wichtig zu nehmen. Nimmst du dich auch so wichtig, Saul?

SAUL: Danke, daß du nicht mehr Kephas zu mir sagst.

JESUS: Nimmst du dich so wichtig?

Er dreht das Emblem um 180 Grad, so daß der Schmetterling von der Decke prangt.

Aber der junge Mann, der die letzte Nonne aus dem Orden der Diabolitinnen pflegt, versucht, aus den Quellen den Umriß meiner Person wahrheitsgemäß zu rekonstruieren?

SAUL: Du siehst es doch.

JESUS: Ich höre es aber so gern aus fremdem Mund bestätigt.

SAUL: Markus.

JESUS: Wie mein guter Markus, der Evangelist.

SAUL: Eine Reinkarnation.
JESUS: Aber wie kann Markus gleichzeitig im Paradies und unter den Erdensöhnen leben?
SAUL: Bilokation, mein Jesus.
JESUS: Bilokation?
SAUL: Spaß beiseite. Markus wird für neugeborene Buben in diesen Tagen häufiger verwendet.
JESUS: Ein moderner Name?
SAUL: Möchte diese in deine Gottheit verrannte frömmelnde Jungfrau von deiner Menschheit überzeugen.
JESUS: Etwas Besseres kann er gar nicht tun.
SAUL: Daß du die Tatsachen auch so wichtig nehmen mußt, mein Jesus. *Zieht ihn mit sich ins Halbdunkel. Maria und Markus kommen zurück.*

– III,3 –

PFLEGER: Wie ihre Augen leuchten!
FRAU: Weißt du nicht, daß Schwester Manulita ihre Augen erst schließen wird am Tage, da du dein Damaskus erlebst?
PFLEGER: Am Tage, an dem sie dem Verlöbnis zwischen dir und mir den Segen geben darf.
FRAU: Am Tag, an dem du deine Berufung erkennst und die Weihen empfängst!
PFLEGER: Ich als Diakon, mit der Stirn die Kirchenfliesen kitzelnd: der Witz des Jahrhunderts!
FRAU: Ich werde Schwester Manulita gleich das Weihnachtsevangelium vorlesen. Es gibt nichts Schöneres für sie als die Geschichte der Geburt des Erlösers, wie sie Lukas schildert.
PFLEGER: Weihnachten liegt, soweit ich mich dunkel entsinne, Ende Dezember.
FRAU: Für Schwester Manulita ist Weihnachten jeden Tag.
PFLEGER *zieht den Pflegerkittel aus*: Mich hält die alte Himmelswanze keine Minute länger vom Feierabend ab.
FRAU: Von deinem theologischen Studium.
PFLEGER: Haha.
FRAU: Das du betreibst, um mich von meiner längst getroffenen Entscheidung abzubringen.
PFLEGER: Das ich betreibe, damit du die Dinge so siehst, wie sie nun einmal sind.
FRAU: Aus Liebe zum Erlöser.
PFLEGER: Aus allgemeiner Liebe.
FRAU: Zu **ihm**.
PFLEGER: Wir, ob lebend oder tot, müssen das Recht erhalten, von unsern Mitmenschen als Menschen anerkannt oder, um in deiner Sprache zu bleiben, ernstgenommen zu werden.

FRAU: Eben.

PFLEGER: Wenn du nicht willst, daß ich dich liebe, dann eben auch gut.

FRAU *entdeckt das neue Emblem; entsetzt*: Was ist das? Ein Wunder ist geschehen!

PFLEGER: Der blaue Schmetterling.

FRAU: Du hast ihn ausgetauscht!

PFLEGER: Wie das? Ich war mit dir bei der Himmelswanze.

FRAU: Du warst's! Du hast es angekündigt!

PFLEGER: Bilokation. Ich bin ein Heiliger.

JESUS *im Halbdunkel; zum Publikum*: Die jüngste Theorie meiner Auferstehung besagt: Bilokation. Vor meinem Tod am Kreuze spaltete sich mein Ich in zwei Körper. Der eine Körper starb. Der andere Körper erschien nach Ablauf dreier Tage den Schülern. Rudolf Steiner möchte dagegen meinen Astralleib und Ätherleib am Grabe sitzen wissen.

SAUL: Bilokation lautet der Fachbegriff für die Erscheinung der Seele in zwei Körpern gleichzeitig und gilt in der Heiligentheorie als klassischer Hinweis auf die Heiligkeit eines Erwählten.

JESUS: Ein anderer Heiligkeitsnachweis besteht im Überwinden der Schwerkraft. Bereits geringen Heiligen gelingt es, im freien Flug einen Meter über dem Erdboden zu schweben. Ich als bedeutendster aller Erwählten schwang mich zu einer normgerechten Himmelfahrt auf. Allerdings: meine Mutter, mit der ich auseinander bin, soll diese Kraft später ebenfalls erworben haben. Zeugen dafür fanden sich nicht.

PFLEGER *zu Maria; lacht*: Der blaue Schmetterling hat sich selber ausgewechselt!

FRAU: Ich hasse dich!

Schmeißt ihm ihren Kittel ins Gesicht. Er fängt ihn auf und schnuppert daran. Sie läuft von der Szene. Markus, in entgegengesetzte Richtung gehend, stößt mit den Himmelsbewohnern zusammen.

PFLEGER *zu Jesus*: Wer sind Sie?

JESUS: Wer sind **Sie**?

PFLEGER: Markus ist mein Name. Und Ihrer?

SAUL *fällt Jesus ins Wort*: Wir sind das neue Nachtpersonal.

PFLEGER: Schönes Nachtpersonal! *Ab.*

Jesus und Saul rücken die Stühle nebeneinander und nehmen Platz.

– III,4 –

JESUS *läßt den Kopf an Sauls Seite sinken*: Wohlige Wärme durchzieht den Leib. Mir war, dieser Tag begann in großer Spannung. Wovon träumte ich?

Der Kopf sinkt ihm nach vorn. Von Saul gehalten, nickt Jesus ein.

Im Hintergrund wird es hell. In gerader Linie stehen nebeneinander: Markus und Maria Magdalena, die Kittel, die sie als Pfleger und Pflegerin trugen, in Händen; Agrippa; Pontius Pilatus, auf die Krücken des Geheilten gestützt; Kephas, Lukas, Matthäus, Johannes 1.

JESUS *zuckt zusammen*: Kephas, sie erdrücken mich!

SAUL *rüttelt ihn; versucht aufzustehen*: Laß uns gehen.

JESUS: Sie kommen näher. Drängen in das Haus.

Die Reihe hinten rückt näher.

SAUL: Jesus, erwache.

JESUS: Kephas!

KEPHAS *aus dem Hintergrund*: Ja?

SAUL: Ich bin nicht Kephas, nur Saul.

JESUS: Kephas!

KEPHAS: Ja?

PILATUS *wirft die Krücken hin und wendet sich an seine Mitspieler; intervenierend*: Die Applausordnung bitte! Achtung!

Jesus wacht auf. Er und Saul treten, er torkelnd, zu den andern. Die Schauspieler, Jesus verschlafen, verneigen sich, jedoch nicht zum Zuschauerraum, sondern seitlich vor dem unsichtbaren Antlitz des Donnerers. Gewittergrollen.